Nachhaltiges Leistungs- und Vergütungsmanagement

Jürgen Weißenrieder

(Hrsg.)

Nachhaltiges Leistungs- und Vergütungsmanagement

Klarheit schaffen, Führung unterstützen

Mit Beiträgen von Peter Bender, Steffen Fischer, Jens Tigges, Klaus Weiss und Gunther Wolf

Herausgeber
Jürgen Weißenrieder
Tettnang
Deutschland

ISBN 978-3-658-04159-5   ISBN 978-3-658-04160-1 (eBook)
DOI 10.1007/978-3-658-04160-1

Die Deutsche Nationalbibliothek verzeichnet diese Publikation in der Deutschen Nationalbibliografie; detaillierte bibliografische Daten sind im Internet über http://dnb.d-nb.de abrufbar.

Springer Gabler
© Springer Fachmedien Wiesbaden 2014

Lektorat: Stefanie A. Winter

Gedruckt auf säurefreiem und chlorfrei gebleichtem Papier

Springer Gabler ist eine Marke von Springer DE. Springer DE ist Teil der Fachverlagsgruppe Springer Science+Business Media
www.springer-gabler.de

Vorwort

Ich habe mir lange überlegt, ob ich das Wort „nachhaltig" in den Titel dieses Buches aufnehmen soll, weil es für viele (auch manchmal für mich) abgedroschen klingt. Wenn man es bei Google abfragt, erhält man Tipps für nachhaltiges Einkaufen, nachhaltiges Predigen, nachhaltiges Reisen, nachhaltiges Publizieren und nachhaltiges Genießen. Am 10. Mai 2013 fand sogar der bundesweite Aktionstag für „Nachhaltiges (Ab-)Waschen" statt. Aber ernsthaft: Man kann nachhaltig investieren, man kann nachhaltige Formen der Energiegewinnung nutzen und generell nachhaltig mit Ressourcen umgehen. Auch bei Vergütungs- und Leistungsmanagement geht es um Ressourcen und der Gedanke, den Nachhaltigkeitsbegriff auf HR-Prozesse zu übertragen, hat mich schon seit vielen Jahren angespornt und umgetrieben. Dieses Buch ist für mich mehr als ein Sachbuch. Es verbindet meine Grundhaltung der Nachhaltigkeit und viele meiner Erfahrungen in Projekten mit meinem Leib- und Magenthema „Vergütung".

An vielen Stellen werde ich meine Einschätzungen zu diesem Thema erläutern und Empfehlungen aussprechen, ohne in jedem Einzelfall eine Beweisführung antreten zu wollen. Wenn Sie meine Erläuterungen plausibel finden und Sie mit meinen Empfehlungen gut arbeiten können, soll das für uns ausreichend sein.

Was also ist mit Nachhaltigkeit im Zusammenhang mit Vergütungs- und Leistungsmanagement gemeint?

1. Geht es darum, es einfach nur gut, professionell und nach den Regeln der Kunst zu machen, damit es lange hält?
2. Oder geht es darum, ein HR-Instrument, das in der Regel sehr lange in Gebrauch ist, so zu gestalten, dass es auf zukünftige Entwicklungen und Trends reagieren kann, ohne dass diese Trends und Entwicklungen schon bekannt oder zumindest absehbar sind?
3. Oder geht es darum, mit den „human resources" nachhaltig umzugehen?
4. Oder geht es darum, nachhaltiges Handeln in Unternehmen in ein System für Leistungs- und Vergütungsmanagement zu integrieren?

Um eine schnelle Antwort schon im Vorwort zu geben: Ich antworte auf alle vier Fragen mit JA und möchte mir gerne die Zeit nehmen, diese Gedanken der Nachhaltigkeit der Vergütung und der Vergütung der Nachhaltigkeit auf den folgenden Seiten zu entwickeln.

Auch wenn Sie sich nicht im Besonderen mit dem Begriff der Nachhaltigkeit, sondern mit der professionellen und langfristig haltbaren Gestaltung Ihrer betrieblichen Vergütungsstrukturen auseinandersetzen wollen, dann sind Sie mit diesem Buch auf dem richtigen Weg. Sie erhalten hier Impulse und praktische Anleitung dafür. Wenn Sie sich in einem eher akademischen Diskurs oder unter Personalkostenaspekten mit dem Thema befassen möchten, dann bietet Ihnen dieses Buch vielleicht die eine oder andere Einsicht und auch interessante Blickwinkel, es wird Sie allerdings nicht vollständig zufriedenstellen. Auch Arbeitsrechtler, die gerne juristische Feinheiten ausloten möchten, brauchen dazu andere weiterführende Literatur[1].

Alle anderen erhalten eine Anleitung, um sich strukturiert mit der Bewertung von Arbeitsplätzen, leistungsvariablen und am Unternehmensergebnis ausgerichteten Vergütungselementen befassen zu können. Auch die Konzeptions-, Einführungs- und Umstellungsprozesse, die letztlich wesentlichen Einfluss auf die konfliktfreie Arbeit mit dem Ergebnis haben, werden intensiv beleuchtet. Ich möchte sogar noch weitergehen und behaupten, dass die „technische Raffinesse" eines Vergütungssystems weniger erfolgsentscheidend ist als die Integration aller Beteiligten im Zuge der Konzeptions-, Einführungs- und Umstellungsprozesse. Mit vielen Experten kann man dazu eine „Henne-Ei-Diskussion" führen, der ich mich nicht anschließen möchte. Vielmehr kommt es auf viele Details an, aber auch darauf, das Gesamtkunstwerk, also das angepeilte Ergebnis und den erwarteten Nutzen im Zuge des Konzeptionsprozesses nicht aus dem Auge zu verlieren.

Damit richtet sich dieses Buch an HR-Manager, Geschäftsführer, Personalreferenten, Benefits- und Compensation-Experten, aber auch an Betriebsräte und Mitarbeiter, die verstehen möchten, wie betriebliche Vergütungssysteme „ticken" und was dahintersteckt.

• Gedankensprung
  Vor ein paar Jahren war ich mit meiner Frau in der Toskana unterwegs. In der Galleria dell'Accademia in Florenz befindet sich ein außerordentliches Kunstwerk.

Der David von Michelangelo[2], der diese mehr als fünf Meter hohe und mehr als sechs Tonnen schwere Statue aus einem Marmorblock schlug, sieht auf einem Bild einfach nur schön aus. Wenn man vor ihm steht, ist die Statue unglaublich beeindruckend. Auf die Frage, wie er bei seiner Arbeit vorgegangen sei, sagte Michelangelo dazu eher lapidar, er habe von einem Marmorblock einfach nur alles weggeschlagen, was nicht nach David ausgesehen habe. Mit einem Schmunzeln auf den Lippen sehe ich drei Parallelen zwischen Vergütungssystemen und der David-Statue von Michelangelo:

1. Michelangelo arbeitete zu Anfang des 16. Jahrhunderts fast bis auf den Tag genau drei Jahre an der Statue. Das ist ungefähr die Zeit, die es braucht, um ein neues Vergütungs-

---

[1] Steuer- oder sozialversicherungsrechtliche Aspekte bleiben vollständig außen vor, aber selbstverständlich sind alle Konzepte und Darstellungen auch in dieser Hinsicht ohne Einschränkungen abbildbar.

[2] Bildquelle: Wikimedia Commons, file: David von Michelangelo.jpg, Genehmigung: GNU-FDL, Urheber: Rico Heil (User: Silmaril).

Abb. 1 Michelangelo's David

system zu entwickeln, zu implementieren, zu evaluieren, wirklich funktionsfähig zu machen und vollständig in Betrieb zu nehmen.

2. Michelangelo hat angefangen zu arbeiten und hatte einen groben Rahmenplan. In dem Plan war nicht schon jedes Detail erkennbar, sondern die Details ergaben sich auf dem Weg. Hätte er für jedes Fältchen schon im Voraus eine Vorgabe gehabt, hätte er sich selbst in seiner Kreativität beschränkt und außerdem noch heillos verzettelt. Es gab zwar Modelle im Vorfeld, aber zu genaue Vorstellungen von Details, an denen man festhält, behindern den Weg zum Gesamtkunstwerk. Die Lösungen für Details ergeben sich auf dem Weg.

3. Im Zuge der Arbeit an einem neuen Vergütungssystem tauchen regelmäßig noch viele andere Themen in Unternehmen auf, die auch bearbeitet werden müssten wie zum Beispiel ungewöhnliche Arbeitszeitregelungen, Mehrarbeitsproblematiken, organisatorische Unklarheiten, Führungskräfte, die ihren Job nicht machen (können/wollen/dürfen) und alte Geschichten, die die Arbeit zwischen den Betriebsparteien manchmal erschweren. Wenn man den Versuch macht, diese Themen alle auch noch im Zuge des Vergütungsprojekts mit zu bearbeiten, wird das eigentliche Thema so überfrachtet, dass das Vergütungsprojekt daran fast zwangsläufig scheitern muss. Deshalb: Lassen Sie wie Michelangelo alle anderen „Baustellen" weg, die nicht unmittelbar mit dem Projekt zu tun haben. Registrieren Sie gemeinsam diese „Baustellen", listen Sie sie auf, aber bearbeiten Sie sie später. Vielleicht erscheinen sie später auch schon gar nicht mehr so wichtig. Sie haben auf jeden Fall sonst kaum eine faire Chance, dass Sie am Ende Ihr Gesamtkunstwerk „Vergütungssystem" auch bekommen.

Meine Mitautoren und HR-Kollegen Peter Bender, Steffen Fischer, Jens Tigges, Klaus Weiss und Gunther Wolf sind den Entwicklungsweg für ihr unternehmensspezifisches „Gesamtkunstwerk" gegangen. Für die praktischen Beispiele, die Sie uns damit zur Verfügung stellen, möchte ich mich bei Ihnen besonders herzlich bedanken: „Es ist nicht selbstverständlich, sein Vergütungssystem offenzulegen. Mit ihren Beiträgen haben Sie das Buch rund gemacht." Der Dank gilt aber auch meinen Kunden, die sich mir mit diesem eher kniffligen Thema anvertraut haben und mich an den betrieblichen Entwicklungsprozessen teilhaben ließen. Ohne diese Projekte würde es dieses Buch nicht geben. Das Gleiche wäre der Fall, wenn meine Kolleginnen bei WEKOS nicht ihre Zeit und Energie eingesetzt hätten, um mich zu unterstützen – dafür meinen herzlichen Dank an Annette Eppler und Sabine Scherer. Stefanie Winter hat als Lektorin des Verlages dem Buch mit viel Fingerspitzengefühl den letzten Schliff gegeben.

Gleichzeitig hat mir das Schreiben dieses Buches geholfen, mein Leib- und Magenthema erneut zu ordnen und zu verdichten, mich fit zu halten für dieses spannende, herausfordernde Thema und meine Expertise weiterzuentwickeln. Deshalb vielen Dank an Sie als Leser, der Sie mir Ansporn sind, auch beim Schreiben mein Bestes zu geben.

Tettnang, Herbst 2013   Jürgen Weißenrieder

Inhaltsverzeichnis

Mitarbeiterverzeichnis

Peter Bender SV Kaufmännischer Service GmbH & Co. KG, Karlstraße 16, 88212 Ravensburg, Deutschland, E-Mail: p.bender@schwäbisch-media.de

Steffen Fischer ifm electronic GmbH, ifm-Straße 1, 88069 Tettnang, Deutschland, E-Mail: steffen.fischer@ifm.com

Jens Tigges Tigges GmbH & Co. KG, Kohlfurther Brücke 29, 42349 Wuppertal, Deutschland, E-Mail: gw@wiog.de

Klaus Weiss Fritz GmbH & Co. KG, Neipperger Str. 11, 74193 Schwaigern, Deutschland, E-Mail: Klaus.weiss@fritz-gruppe.de

Jürgen Weißenrieder Am Ranken 9, 88069 Tettnang, Deutschland, E-Mail: j.weissenrieder@wekos.com

Gunther Wolf Wolf I.O. Group GmbH, Engelsstraße (Villa Engels) 6, 42283 Wuppertal, Deutschland, E-Mail: gw@wiog.de

Die Autoren der Beiträge

Peter Bender wurde 1962 in Nördlingen geboren. Nach dem Abitur im fränkischen Dinkelsbühl folgte das Studium der Pädagogik an der Universität der Bundeswehr in München. Studienschwerpunkte waren Medienpädagogik und Psychologie. Seit 1996 verantwortet er bei Schwäbisch Media die Personalarbeit der Unternehmensgruppe. In dieser Zeit hat er vielseitige Erfahrungen mit allen Facetten moderner Personalarbeit sammeln können. Gerne gibt er diese weiter und berücksichtigt dabei insbesondere die Anforderungen und Rahmenbedingungen klein- und mittelständischer Unternehmen.

Steffen Fischer studierte Rechtswissenschaften in Berlin mit dem Schwerpunkt Wirtschafts- und Arbeitsrecht. Er war von 1996 bis 2006 für die MTU Maintenance Berlin-Brandenburg GmbH tätig, zuletzt als Prokurist und Leiter der Abteilung Personal & Recht. Heute ist Herr Fischer Leiter Personal Konzern und Mitglied der Geschäftsleitung bei der ifm electronic gmbh, Essen. Er beschäftigt sich zudem mit ganzheitlichen Ansätzen in der Personalarbeit und hat sich unter anderem 2004 in einer Diplomarbeit an der Business School St. Gallen mit der Änderung der Unternehmenskultur nach Erwerb durch ein Private-Equity-Unternehmen befasst. Seit 2012 ist er stellvertretender Leiter des Arbeitskreises Strategisches Personalmanagement beim Bundesverband für Personalmanager.

Jens Tigges wurde am 17. Mai 1970 geboren. Seiner Ausbildung als Industriekaufmann schloss er ein Studium an, das er als Diplom-Wirtschaftsingenieur (FH) abschloss. Im Jahre 1998 übernahm er von seinem Vater die Geschäftsführung der TIGGES GmbH & Co. KG in Wuppertal. In den vergangenen 15 Jahren hat er das Unternehmen in weiten Teilen umfassend modernisiert und strategisch neu ausgerichtet. TIGGES ist heute ein führender Spezialhersteller von Verbindungselementen und gilt weltweit als ein kompetenter und erfahrener Lieferantenpartner und Lösungsanbieter für viele Bereiche, Branchen und Kunden.

Klaus Weiss studierte Betriebswirtschaftslehre an der Friedrich-Alexander Universität Erlangen-Nürnberg mit den Schwerpunkten Führungslehre, Personalwesen und Arbeitsrecht. Seit 1996 ist er als Kaufmännischer Leiter Mitglied der Geschäftsleitung der Fritz-Gruppe und Prokurist bei der Fritz GmbH & Co. KG beziehungsweise Fritz Logistik GmbH und Geschäftsführer der Firmen Beck Fahrzeugtechnik GmbH und der Personal-Logistik-Service Heilbronn GmbH. Er ist dort unter anderem für die Bereiche Finanzen, Personal und Recht zuständig und verantwortet unter anderem die Ausgestaltung der Vergütungssysteme. Herr Weiss ist ehrenamtlicher Arbeitsrichter, Mitglied im Richterausschuss und Vorsitzender des Prüfungsausschusses der IHK für den Ausbildungsberuf Kauffrau/-mann für Spedition- und Logistikdienstleistung. Er ist zudem Mitinitiator im Dialogkreis Schule und Wirtschaft in Schwaigern.

Jürgen Weißenrieder hat in Konstanz, Madrid und Frankfurt/ Main Verwaltungswissenschaften studiert. Seit 1987 ist er in unterschiedlichen Personalmanagementfunktionen tätig. 1996 übernahm er die Niederlassungsleitung der manage.ing Unternehmensberatung GmbH in Tettnang. Im Jahr 2003 erfolgte die Gründung von WEKOS Personalmanagement GmbH gemeinsam mit Marijan Kosel. Aus den Erfahrungen in unterschiedlichen Personalmanagementprojekten und Personalmanagementstudien wurde das Konzept des Nachhaltigen Personalmanagements entwickelt. Auf dieser Grundlage ist er als Berater, Trainer und Speaker zu den Themenfeldern Nachhaltiges Personalmanagement und Führung unterwegs. Als Autor und Herausgeber veröffentlichte er mehrere Bücher und zahlreiche Fachbeiträge.

Gunther Wolf ist Experte für Performance Management sowie ein gefragter Referent und Key Note Speaker für aktuelle Managementthemen. Mit dem Konzept der Zieloptimierung hat Herr Wolf 1996 einen revolutionären Meilenstein in der Entwicklung von wirklich nachhaltigen Vergütungs- und Anreizsystemen gesetzt. Mit der Wenn-Dann-Verbindung (2002) schuf er die Möglichkeit, in variablen Vergütungssystemen Anreize für zusätzliche Zielerreichung zu geben, ohne dass diese eine Bonifizierung erfordern. Gunther Wolf ist Autor mehrerer Managementfachbücher, unter anderen „Variable Vergütung" (Verlag Dashöfer, 4. Auflage 2013) und „Variable Vertriebsvergütung" (Verlag Dashöfer, 2011). Der Diplom-Ökonom und Diplom-Psychologe ist seit 1984 als Management- und Strategieberater national und international tätig. Zu den Kunden der Wolf I.O. Group GmbH Unternehmensberatung zählen mittelständische Unternehmen ebenso wie international operierende Konzerne.

Abbildungsverzeichnis

Ein paar Gedanken vornweg

Jürgen Weißenrieder

Zusammenfassung

In diesem Kapitel erfahren Sie von den unterschiedlichen Beweggründen oder Hinderungsgründen der verschiedenen Betroffenen und Beteiligten von Vergütungssystemen. Es ist von verschiedenen Beispielen die Rede, in denen Sie auch Ihre Ausgangssituation wiederfinden können, aber auch von „dicken Brettern", von „Best Fit" und von „Best Practises". Wir versuchen uns in Definitionen von Leistung und Ergebnissen und ergründen den Zusammenhang von leistungsvariablen Vergütungssystemen und Motivation. Der Begriff der Nachhaltigkeit im Kontext von Leistungs- und Vergütungsmanagement taucht auf und wird ein- und abgegrenzt. Und dann wird uns noch eine Illusion genommen: Wahrscheinlich taugen Vergütungssysteme für sich genommen gar nicht zur Motivation. Oder vielleicht doch und wenn ja, unter welchen Umständen? Manches ist anders, als es scheint, aber eines scheint klar: Leistungsvariable Vergütungssysteme führen nicht, sie unterstützen Führung nur.

1.1 Die Stimmungslage zum Thema – Wir bohren dicke Bretter

In vielen Unternehmen ist zu erkennen, dass die Betroffenen und Beteiligten bezüglich der aktuellen Anwendung oder der Funktionsweise des Vergütungssystems unzufrieden sind. Trotz dieser teilweise massiven Unzufriedenheit erscheint es oft schwierig, das bestehende Vergütungssystem zu verändern. Es gibt eine ganze Reihe von Unternehmen, in denen sich

J. Weißenrieder (✉)
Am Ranken 9,
88069 Tettnang, Deutschland
E-Mail: j.weissenrieder@wekos.com

J. Weißenrieder (Hrsg.), *Nachhaltiges Leistungs- und Vergütungsmanagement*,
DOI 10.1007/978-3-658-04160-1_1, © Springer Fachmedien Wiesbaden 2014

die Betriebsparteien bereits seit vielen Jahren einig sind, dass ihr Vergütungssystem teilweise eklatante Mängel aufweist, und trotzdem bleibt es so, wie es ist. Das mag verwunderlich erscheinen, aber dafür gibt es eine ganze Reihe möglicher Gründe:

1. Aus unterschiedlichen Interessenslagen resultieren unterschiedliche Ziele. Es besteht lediglich Einigkeit darüber, dass das alte System die Erwartungen nicht erfüllt: „Wir sind uns nur einig darüber, dass wir das Alte nicht mehr wollen. Wir sind uns aber nicht einig darüber, wie das Neue aussehen soll."
2. Häufig haben sich auch Empfindlichkeiten im Zuge der Anwendung entwickelt, die sich immer wieder zu Konflikten zwischen Führungskräften, Mitarbeitern, Betriebsräten und Personalbereich auswachsen. Im Ergebnis ist dann folgende Haltung erkennbar: „Wenn wir schon bei der Anwendung des Alten ständig uneinig sind, wie soll uns dann die Entwicklung eines neuen Systems gelingen?"
3. Das Thema Entgelt ist selbstverständlich ein wesentliches Gestaltungselement der betrieblichen Mitbestimmung und hat damit in der Regel hohe Aufmerksamkeit. Gleichzeitig wird es häufig von anderen Themen überlagert beziehungsweise beeinflusst und mit anderen Themen verbunden wie zum Beispiel Arbeitszeitgestaltung, Handhabung von Mehrarbeit, Befristung von Arbeitsverträgen und so weiter. Dadurch werden Lösungen nicht einfacher: „Wenn wir schon an anderen Fronten kämpfen, wie sollen wir uns dann zu einem so wichtigen und komplexen Thema wie Vergütung auch noch einig werden?"
4. Vergütungssysteme „leben" in der Regel über einen langen Zeitraum. Die Anwender sind sie seit vielen Jahren, oft sogar seit Jahrzehnten, gewohnt. Viele Führungskräfte und Mitarbeiter sind damit „aufgewachsen" und können sich andere Regelungen kaum noch vorstellen: „Wir mögen es zwar nicht, aber wir kennen es wenigstens."
5. Eine Änderung des Vergütungssystems kann gleichzeitig die Einkommensperspektive der Mitarbeiter wie auch die Kostenperspektive des Unternehmens massiv beeinflussen. Deshalb wird bei Veränderungen das Risiko von Fehlern und die damit einhergehende Verantwortung für beide Betriebsparteien besonders spürbar: „Es ist ein wirklich dickes Brett!" Man will auf keinen Fall etwas falsch machen.

Angesichts der vielen möglichen Hindernisse machen sich deshalb viele Unternehmen schon gar nicht auf den Weg, um die aktuell unbefriedigende Situation zu ändern. Es scheint aus den oben genannten Gründen kein Projekt wie jedes andere zu sein. Doch was die Arbeitsweise angeht, ist es ein Projekt wie jedes andere[1]. Bei Projekten wird immer Neuland betreten und es erscheint immer auch riskant. Es gibt viele Beteiligte und Betroffene, die sich in ihren Zielsetzungen teilweise ein bisschen, teilweise aber auch massiv unterscheiden. Das Thema hat eine gewisse Komplexität und braucht entsprechende Ressourcen. Und trotzdem: Andere sind diese Wege auch schon gegangen, haben dieses

---

[1] Siehe Weißenrieder und Kosel (2007, S. 19–32).

dicke Brett auch schon gebohrt. Deshalb folgt man am besten einer systematischen Vorgehensweise und den guten Beispielen anderer Unternehmen, über die im Folgenden zu sprechen sein wird.

1.2 Halbwahrheiten und Geschichten um Vergütung

Halbwahrheiten und Geschichten ranken sich hartnäckig rund um das Thema Vergütung. Es gibt unzählige Experten, die genau wissen, was ankommt, was motiviert und was nicht motiviert, was derzeit Mode ist und was funktioniert oder noch nie funktioniert hat. Äußerungen wie zum Beispiel „Zielvereinbarung ist der Stand der Technik", „Kennzahlen sind das einzig Wahre. Nur was gemessen werden kann, gilt" oder „Leistungsbeurteilung ist veraltet und geht doch nur nach dem Nasenfaktor" oder „Akkord ist doch ein Dinosaurier aus der betrieblichen Welt der 1950er- bis 1970er Jahre" oder „Leistungsbeurteilung ist immer subjektiv, aber wenigstens ruckzuck fertig" sind nicht ungewöhnlich. Sie klingen alle, je nach Standpunkt des Betrachters, falsch oder richtig. Dazu möchte ich drei Beispiele aus Unternehmen geben, die sich über mehrere Jahre hinweg eher auf der Stelle bewegt haben, weil wichtige Meinungsbildner den oben genannten Halbwahrheiten und Geschichten nachhingen. Daraus entstanden unrealistische und sich teilweise widersprechende Zielsetzungen, die eine Weiterentwicklung über einen längeren Zeitraum verhinderten. Jeder der Beteiligten hatte so seine Vorstellungen und Interpretationen zu dem Thema vor Augen.

Beispiel

In einem Unternehmen der Elektrotechnik mit circa 1.500 Mitarbeitern in den Fertigungsbereichen und etwa 500 Mitarbeitern in den anderen Funktionsbereichen galten seit Gründung des Unternehmens in den 50er Jahren Akkordregelungen. In den Anfangsjahren war die Produktpalette überschaubar, Kunden bestellten ab Lager und der manuelle Anteil im Fertigungsprozess war relativ hoch. Schon in den 1990ern hatte sich das Bild geändert. Die Produktpalette umfasste mehrere hundert Produkte unterschiedlicher Komplexität, die Kunden bestellten unvorhersehbar in eher geringen Stückzahlen, aber dafür teilweise mehrmals täglich. Die Fertigung ist schon Ende der 1990er Jahre hochautomatisiert und deutlich stärker durch den Takt der Maschinen bestimmt.

Unter diesen Rahmenbedingungen ist der Anteil der Arbeitsplätze, an denen die Voraussetzungen für Akkord noch gegeben waren, beständig gesunken. Immer mehr Mitarbeiter arbeiteten im „unechten Akkord". Für sie wurden Arbeitsergebnisse auf der Basis von Durchschnitten der Vergangenheit hochgerechnet und die Verbindung zu konkreter individueller Leistung ging immer mehr verloren. Es war absehbar, dass um 2005 nur noch etwa ein Viertel der Mitarbeiter in den Fertigungsbereichen im echten Akkord arbeiten würde. Trotzdem gelang es nicht, neue Regelungen zur Ablösung des Akkords zu gestalten. Ein wesentlicher Teil der Führungskräfte hatte seine gesamte berufliche Entwicklung in diesem akkordgeprägten Umfeld verbracht. Akkord steuerte die Produktion und die Führungskräfte führten nicht im eigentlichen Sinne. Der Akkord führte, er „belohnte" und „bestrafte" – zumindest vermeintlich. Die Meister und Vorarbeiter konnten sich nicht mehr vorstellen, wie die Fertigung ohne Akkord funktionieren sollte, obwohl Akkord für alle sichtbar schon nicht mehr funktionierte. Eine Alternative war kaum vorstellbar.

Aus diesem Kreis der Mitarbeiter und Führungskräfte rekrutierte sich auch der Betriebsrat. In dieser Runde ging es wesentlich darum, die Besitzstände der Mitarbeiter zu sichern und gleichzeitig fehlte doch das Vorstellungsvermögen, wie eine Alternative aussehen könnte. Im Zuge der Einführung von ERA (Entgeltrahmentarifvertrag) wurde dann schnell – eher im Hau-ruck-Verfahren – die tarifliche Leistungsbeurteilung eingeführt, die auf dem Nährboden einer jahrzehntelangen Akkordkultur schon im ersten Jahr der Anwendung scheiterte. Als Rettung und Notlösung sollte dann die noch anspruchsvollere Zielvereinbarung als Leistungsentgeltmethode zügig eingeführt werden, die aber schon in der Konzeptionsphase von den betrieblichen „Mühlen" zermalmt wurde.

In dieser Situation war die gemeinsam verspürte „Not" so groß und damit die Zeit reif, sich endlich auf die Suche nach einer realistischen betrieblichen Lösung zu machen. Die Betriebsparteien „rauften" sich zusammen und begannen, eine gemeinsame Lösung zu suchen. Der Auftakt dieser Suche war klassisch. Es ging erst einmal darum, die gemeinsamen Ziele und auch die Unterschiede herauszuarbeiten.

Die Ausgangssituation in einem anderen Unternehmen unterschied sich davon wiederum deutlich. Ein Unternehmen mit Hightech-Produkten der Elektromechanik mit 8.000 Mitarbeitern hat eine sehr bunte Vergütungslandschaft. Ein Tantiememodell für die obere Führungsmannschaft mit Entscheidungsprozessen, das sich im Wesentlichen nach „Gutsherrenart" vollzieht, führt über viele Jahre hinweg zu akzeptierten Ergebnissen. Als der Gründer als unbestrittene Integrationsfigur ausscheidet, führt die bisherige Vorgehensweise für viele Beteiligte nicht mehr zu nachvollziehbaren Ergebnissen und zu Konflikten zwischen den neuen Entscheidern. In anderen Zielgruppen im Unternehmen werden Gehälter zwischen Mitarbeitern und Führungskräften ausgehandelt. Wer nicht verhandelt, kommt zu kurz. In wieder anderen Bereichen werden Akkordsysteme aus den 1980er Jahren fortgeschrieben. Sie können nur noch mit großem bürokratischen Aufwand aufrechterhalten werden und werden von den Anwendern nicht mehr verstanden und akzeptiert. Sie sind einfach schon immer da gewesen und für den Einzelnen scheinen Änderungen ohnehin aussichtslos zu sein, zumal der zuständige Geschäftsführer verfügt hat, dass alles so bleiben soll, weil man derzeit andere „Baustellen" habe.

Die wesentlichen Entscheider spürten zwar, dass Veränderungen notwendig waren, aber bei den ersten Anläufen wurden zu viele Erwartungen damit verbunden und zu viele Ziele sollten gleichzeitig erreicht werden, sodass das Brett zu dick erschien. Mit jeder neuen Frage, die auftauchte, wurde es immer dicker. Die Zeit war noch nicht reif für Veränderungen. Deshalb endete das Projekt, noch weit bevor der Betriebsrat überhaupt involviert werden konnte.

Auch im folgenden Beispiel war das Brett ein dickes. Allerdings war auch der Veränderungsdruck höher, sodass nicht nur der Startschuss gegeben wurde, sondern am Ende das im Projektteam vereinbarte Konzept auch umgesetzt wurde.

Beispiel

In einem IT-Unternehmen mit 300 Mitarbeitern soll eine Vergütungskomponente eingeführt werden, die sicherstellt, dass die individuelle Leistung jedes Mitarbeiters und gleichzeitig das Unternehmensergebnis sowohl das Jahresentgelt wie auch die individuelle mittelfristige Entgeltentwicklung jedes Mitarbeiters steuern sollen. Eigentlich ist dies eine Standardaufgabe, die konzeptionell keine große Herausforderung darstellen würde. Allerdings: Während einer dynamischen Wachstumsphase erfolgte das Vergütungsmanagement immer noch durch wenige Entscheider auf der Geschäftsleitungsebene. Während der Konzeptionsphase wurde schnell klar, dass zukünftig die unterste Ebene der Teamleiter in den Entscheidungsprozess einbezogen sein müsste, da nur auf dieser Ebene realistische Führungsspannen zu verzeichnen waren. Die Teamleiter hatten aber bis zu diesem Zeitpunkt nur fachliche und keine disziplinarischen Leitungsaufgaben. Mit Leistungsmanagement und Vergütung hatten sie bis zu diesem Zeitpunkt nichts zu tun.

Die Projektaufgabe bestand darin, nicht das modernste Vergütungssystem zu schaffen, sondern die Teamleiter, die diese Funktion aus ganz anderen Motiven heraus übernommen hatten, zu Entgeltverantwortlichen für die ihnen zugeordneten Mitarbeiter zu machen und ihnen damit wirklich Führungsaufgaben zu übertragen. Diese Erkenntnis fügte den ohnehin schon komplexen Projektzielen noch ein weiteres hinzu, nämlich in diesem Zuge die Teamleiter mit ihrer neuen Rolle als Führungskräfte vertraut zu machen. Dass sich in diesem Zuge die Rolle der nächsthöheren Führungsebene ebenfalls änderte, liegt auf der Hand. Diese Veränderung war nicht für alle Beteiligten leicht zu vollziehen.

Schon aus diesen wenigen Beispielen wird deutlich, dass die Themen, die im Zuge von Vergütungsprojekten auftauchen und bearbeitet werden müssen, sehr vielschichtig sind. Das zeigt auch: Vergütungssysteme sind Führungssysteme und können nicht losgelöst von Führungs- und Steuerungsprozessen betrachtet werden. Beides gehört zusammen.

Mit einer systematischen und systemischen Arbeitsweise lassen sich für diese Aufgabenstellungen Lösungen erarbeiten, die nicht „modern" sein müssen, sondern passen. Auf der Suche nach dem, was derzeit aktuell ist, stoßen Suchende auf sogenannte „Best-Practise"-Beispiele. Das ist grundsätzlich gut. Auch dieses Buch enthält Best-Practise-Beispiele, weil sie für das jeweilige Unternehmen einen guten Beitrag leisten können. Allerdings darf nicht vergessen werden zu fragen, für welche Rahmenbedingungen das Best-Practise-Beispiel gesucht wird. Das Beste ist das, was am besten für die konkrete Situation passt. Es geht also nicht um Best Practise, sondern um Best Fit, um in diesem Wortspiel zu bleiben.

Die systematische Vorgehensweise wird im Kapitel 4 ausführlich dargestellt.

1.3   Leistung, Ergebnisse, Motivation – Eine Begriffsklärung

Vor dem Eintauchen in die Konzeption und die Funktionsweise von Vergütungssystemen ist es hilfreich, einige Begriffe zu klären, die in der Diskussion um Entgeltsysteme fast zwangsläufig immer wieder genutzt, erwähnt und teilweise auch gebeugt werden.

Leistung In stark technisch geprägten Unternehmen wird gerne und häufig auf die rein physikalische Definition von Leistung verwiesen: Leistung = Arbeit pro Zeit. Das lässt sich rechnen und ist physikalisch korrekt, greift aber für Leistung im Zusammenhang mit leistungs- und ergebnisorientierter Vergütung regelmäßig zu kurz, weil es suggeriert, dass es sich nur um eine Dimension handeln würde. Das mag für klassische Akkordsysteme noch zutreffen. Wenn man allerdings in Unternehmen fragt: „Woran erkennen Sie gute Leistung in Ihrem Unternehmen?", erhält man viel weitreichendere Antworten, die mit in Betracht ziehen, wie Menschen sich in betrieblichen Prozessen bewegen, sich einfügen, Öl statt Sand im Getriebe des betrieblichen Geschehens sind. Auf die Definition von Leistung im Unternehmen werden wir später wieder zurückkommen, ebenso wie auf die Arbeitsschritte zu einer betriebsspezifischen oder sogar individuellen Definition – allerdings vor dem Hintergrund, dass Leistung wahrscheinlich nur in den wenigsten Unternehmen eindimensional ist.

Dazu eine persönliche Geschichte: Am Anfang meines Berufslebens durfte ich als Personalreferent mit sehr erfahrenen Führungskräften auf unterschiedlichen Ebenen zusammenarbeiten, unter anderem mit einem Entwicklungsbereichsleiter, den ich sehr schätzte und der auch mit mir als Newcomer sehr wertschätzend umging. Doch was die Leistungsbeurteilung seiner Mitarbeiter betraf, konnte ich ihm nicht folgen. Er beurteilte Mitarbeiter sehr positiv, die dafür bekannt waren, dass sie in der Zusammenarbeit mit ihren Kollegen und Chefs sehr schwierig waren. Mitarbeiter hingegen, die in Projekten dafür sorgten, dass nicht nur technische Aspekte, sondern auch Anwenderaspekte sowie Kosten- und Zeitplanungen berücksichtigt wurden, beurteilte er kritisch.

Als ich diese Beobachtung mit ihm besprechen wollte, fertigte er mich unerwartet barsch mit dem Hinweis ab, dass Leistung das sei, was am Ende herauskommt – und zwar technisch. In diesem Moment und mit meinem damaligen Horizont konnte ich nicht widersprechen und weiter argumentieren. Ich wusste nur, dass etwas nicht stimmte, aber ich konnte nicht orten, was es genau war. Obwohl Leistung in diesem Unternehmen mehrdimensional definiert war, verwendete er nur eine Dimension.

Ich schätze diesen Bereichsleiter übrigens auch heute noch sehr, aber in dieser Hinsicht war er auf dem Holzweg.

Ergebnisse Streng genommen geht es im betrieblichen Geschehen gar nicht um Leistung. Leistung ist nur ein Inputfaktor im Prozess. Eigentlich geht es um Ergebnisse, die erzielt werden. Allerdings macht diese Erkenntnis leistungsorientierte Vergütung nicht automatisch einfacher. Aber es ist wichtig, Leistung und Ergebnisse zu unterscheiden. Es kommt auf die Ergebnisse an, nicht auf den individuellen Inputfaktor der persönlichen Leistung.

Unabhängig von der Leistungsentgeltmethode müssen die erreichten Ergebnisse die Einflussgröße für das variable Entgelt sein.

Allerdings sind auch die Ergebnisse meist nicht eindimensional, sondern auf mehreren Ebenen zu erkennen oder zu vermissen. Also könnte man die Leitfrage in diesem Sinne umformulieren: „Woran erkennen wir bei uns im Unternehmen gute Ergebnisse?"

Motivation Bei verschiedenen Untersuchungen zeigt sich seit vielen Jahren, dass Vergütung unter den verschiedenen Faktoren, die die Arbeitszufriedenheit beeinflussen, je nach Studie auf den Plätzen vier bis sechs landet. Davor rangieren sehr stabil:

- ein positives, kollegiales Arbeitsumfeld;
- Arbeitsinhalte, die passen und Spaß machen;
- ein guter Chef/eine gute Chefin;
- Möglichkeiten der Gestaltung und Einflussnahme.

Danach folgt eine angemessene (wohlgemerkt nicht überdurchschnittliche) Vergütung, die mehr die Rolle eines Hygienefaktors spielt. Die Studien zeigen weiterhin, dass Vergütung am motivierendsten wirkt, wenn sie als transparent und fair empfunden wird, wirklich variabel ist und durch die eigene Leistung beeinflusst werden kann[2].

Also ist Motivation (und Arbeitszufriedenheit) nicht monokausal. Sie kann durch sehr unterschiedliche Ereignisse, Verhaltensweisen oder Situationen ausgelöst oder gemindert werden: durch materielle Belohnungen, soziale Belohnungen wie Lob oder durch das Schaffen von günstigen Rahmenbedingungen wie Freiraum, Arbeitsmittel, Herausforderungen und so weiter.

▶   „Nicht jeder Mensch kann den genau zu ihm und seinen Motiven und Werten passenden Beruf ausüben, auch wenn das wünschenswert wäre. Das Arbeitsleben ist nun einmal kein Wunschkonzert, sondern vielfach härteste und schwer verdauliche Realität. Viele Menschen sind nicht aufgrund von persönlicher Neigung, sondern oft genug durch gut gemeinten, aber leider falschen Rat, Zufall oder existenzielle Notwendigkeit an ihren Job geraten. Glücklich sind diejenigen, die den Job haben, der zu ihnen, ihren Stärken, Motiven und Werten passt. Sie können leicht aus sich selbst heraus motiviert arbeiten. Aber sind das wirklich so viele, die das von sich behaupten können? Ich wage zu behaupten: Nein."[3]

---

[2] Vergleiche Hay Group (2012, S. 7).
[3] Vergleiche Rössler-Kruszona 2013.

In diesem Statement sind mehrere wichtige Informationen enthalten:

1. Entgelt ist nur ein Aspekt unter den Anreizen, die im Zusammenhang mit Motivation betrachtet werden müssen. Das weite Feld immaterieller Anreizsysteme ist nicht Gegenstand dieses Buches.[4]
2. Im Zusammenhang mit Vergütungssystemen gehe ich nicht primär von einem Motivationsinstrument aus. Vergütungssysteme regeln die Bezahlung. Sie geben der Vergütungslandschaft im Unternehmen eine Struktur, sodass man nicht ständig zu jedem Zeitpunkt im Laufe eines Jahres und für jede Position und Person im Unternehmen über deren Wert und Leistung im Zusammenhang mit Vergütung nachdenken muss. Sie schaffen Spielregeln für Leistung und Gegenleistung.
3. Vergütungssysteme allein schaffen keine Motivation, geben der Arbeit keinen Sinn, schaffen kein produktives Umfeld, produzieren keine neuen Ideen und optimieren keine Prozesse. Sie stellen lediglich sicher, dass nach bestem Wissen und Gewissen eine angemessene Vergütung für gezeigte Ergebnisse nach dem Grundsatz erfolgt: Vergütung folgt der Leistung.

Vergütung kann also allenfalls eingeschränkt die Motivation für die Zukunft beeinflussen. Sie ist gleichzeitig eine Gegenleistung für gezeigte Leistungen und Ergebnisse und auch ein Feedback, das motivieren und beflügeln kann, aber das allein schafft noch keine Motivation. Eher das Gegenteil ist der Fall: Tendenziell wirkt sich eine unangemessene Vergütung eher demotivierend aus. Eine angemessene Vergütung wird eben als angemessen empfunden und wirkt somit eher als Hygienefaktor und weniger als Motivationsfaktor. Sie stellt ein Führungsinstrument dar, das seine Wirkung negativ entfaltet, wenn es nicht funktioniert oder falsch gehandhabt wird. Führungskräfte, die erwarten, dass Vergütungssysteme Führung ersetzen oder automatisieren können oder Motivation schaffen, wo ansonsten keine Motivation wäre, werden regelmäßig enttäuscht werden.

Fazit

Ich möchte hier nicht die vielfach geführten Diskussionen um unterschiedliche Motivationstheorien und Menschenbilder aufgreifen und weiterführen, sondern mich ganz praktisch der Frage widmen, wie Leistung und Gegenleistung klug geregelt werden können. Der Mindestanspruch ist, dass diese Regelungen nicht demotivieren. Eine motivatorische Wirkung entsteht allenfalls dadurch, dass Leistung und Gegenleistung in einer guten Balance sind. Das ist allerdings weit weniger, als sich manche Führungskräfte davon erhoffen.

Ich möchte sogar noch weitergehen. Eine Nicht-Regelung führt mit hoher Wahrscheinlichkeit zu einer Demotivation, weil sie nicht transparent sein kann und das Risiko birgt, als willkürlich und/oder manipulierend wahrgenommen zu werden. Die Mitarbeiter wissen nicht, wie sie auf ihr Entgelt Einfluss nehmen können. Führungskräfte

---

[4] Weitere Anregungen dazu finden Sie in: Weißenrieder und Kosel 2005.

und Mitarbeiter bewegen sich auf unsicherem Terrain und Verunsicherung führt eher zu Demotivation.

1.4 Nachhaltiges Leistungs- und Vergütungsmanagement – Warum und wozu?

Zur Beschreibung nachhaltigen Personalmanagements gibt es verschiedene Zugänge. Die sehr weit gefasste Definition, die in einem Expertenkreis der DGFP (Deutsche Gesellschaft für Personalführung) erarbeitet wurde, in dem ich mitwirken durfte, lautet: „Nachhaltigkeit ist ein Schlüsselkonzept für die Wirtschaft des 21. Jahrhunderts. Der Begriff steht für die gesellschaftliche Verantwortung von Unternehmen und erinnert Entscheider aus Organisationen daran, langfristige Konsequenzen ihres Handelns mitzudenken – in ökonomischer, ökologischer und sozialer Hinsicht. Unternehmen müssen im Rahmen ihrer Selbstverpflichtung transparent machen, welche Folgen das unternehmerische Tun hat und was zur Beseitigung und zur Prävention möglicher ökonomischer, ökologischer und sozialer Probleme geleistet wird, andernfalls drohen Reputations- und Imageverlust, aber auch Sanktionen auf den Finanz-, Ressourcen- und Absatzmärkten.

Auch das professionelle betriebliche Personalmanagement ist davon betroffen, da es das Unternehmensimage als Arbeitgeber mitbeeinflusst, die Humanressourcen-Flüsse im Unternehmen mitgestaltet und die gesellschaftliche Verantwortung des Unternehmens in mehrfacher Hinsicht mitträgt.

- Erstens muss das professionelle Personalmanagement die Unternehmensleitung bei der Umsetzung von Konzepten einer verantwortungsbewussten Unternehmensführung unterstützen, insbesondere durch die Sensibilisierung und Entwicklung von Führungskräften und die Verankerung entsprechender Werte mit Nachhaltigkeitsbezug in der Unternehmenskultur.
- Zweitens muss das Personalmanagement durch ein nachhaltiges Belegschaftsmanagement sicherstellen, dass das Unternehmen langfristig an der Erreichung aller Ziele arbeiten kann – mit einer gut ausgebildeten, motivierten und professionell gestalteten und eingesetzten Belegschaft. Das hat zur Folge, dass sämtliche Personalprozesse unter dem Gesichtspunkt der Nachhaltigkeit neu durchdacht werden müssen.

Beide Perspektiven ergänzen sich gegenseitig und führen (…) zu einem neuen strategischen Handlungsprogramm, das (…) als nachhaltiges Personalmanagement bezeichnet wird. Der Grundgedanke (…) ist, dass Nachhaltigkeit als Leitidee des Personalmanagements zum nachhaltigen Unternehmenserfolg führt und nur dadurch gerechtfertigt werden kann."[5]

---

[5] Vergleiche DGFP (2011).

Etwas pragmatischer ausgedrückt findet man auch andere Zugänge zu nachhaltigem Personalmanagement[6]. Ein erster wesentlicher Aspekt nachhaltigen Personalmanagements ist somit die Ausrichtung der Personalarbeit an mehrdimensionalen und langfristigen Zielen des Unternehmens. Die eher langfristige Gestaltung und Entwicklung des Unternehmens bestimmen das Handeln. Verschiedene Personalmanagementinstrumente werden so miteinander verknüpft, dass sie nicht nur potenziell die Unternehmensziele unterstützen, sondern nachweislich einen Beitrag zum Unternehmenserfolg leisten.

Ein zweiter zentraler Aspekt bezieht sich auf die Haltbarkeit beziehungsweise die langfristige Funktionsfähigkeit der eingesetzten Personalmanagementinstrumente. Sie sind so gestaltet, dass sie in ihren zentralen Funktionalitäten langfristig ausgerichtet und gleichzeitig langfristig haltbar sind.[7]

Übertragen auf das betriebliche Leistungs- und Vergütungsmanagement bedeutet dies:

1. Die wesentlichen Prozesse, Kennzahlen oder Eckdaten der betrieblichen Leistungserstellung sind im Vergütungssystem abgebildet.
2. Die wesentlichen Aufgaben und Funktionen im Prozess der betrieblichen Leistungserstellung sind im Vergütungssystem verankert.
3. Der Prozess der Leistungsmessung oder -einschätzung führt zuverlässig zu belastbaren Ergebnissen.
4. Der Erfolg des Unternehmens ist eine Einflussgröße im Vergütungssystem.
5. Führungskräfte und Mitarbeiter kennen die wichtigen Parameter und betrieblichen Spielregeln. Sie wenden das Vergütungssystem im Sinne der Zielsetzungen an.
6. Die Anwendung erfolgt auf dem „kulturellen Nährboden" nachhaltigen Personalmanagements mit einer eher längerfristigen und entwicklungsorientierten Ausrichtung.
7. Die Spielregeln des Vergütungssystems unterstützen längerfristige Unternehmensziele.
8. Das Vergütungssystem ist so konzipiert, dass es in seinen Grundzügen langfristig funktionsfähig ist.

Weiterhin stellt sich die Frage: „Worüber reden wir bei nachhaltigem Leistungs- und Vergütungsmanagement und worüber reden wir nicht? Nachhaltig gestaltete Vergütungssysteme beziehen ihre Wirksamkeit nicht über kurzfristige Gestaltungtricks, wie zum Beispiel steuerfreie Tankgutscheine, die verwendbar sind, solange der Gesetzgeber sie zulässt, oder Cafeteria-Modelle, in denen man zwischen einer Lebensversicherung, einer betrieblichen Altersversorgung oder einem schicken Dienstwagen wählen kann. Auch die ultimativen Provisions- und Verkaufsanreizsysteme oder Aktienoptionsmodelle für das Topmanagement sind nicht Gegenstand dieses Buches. Sie sind mögliche Ergänzungen zu einem Vergütungssystem, das mit den folgenden Entgeltelementen eine solide Basis bildet:

---

[6] Vergleiche Weißenrieder und Kosel (2010).
[7] Vergleiche Weißenrieder und Kosel (2005).

- Element 1: Die Funktion des Mitarbeiters und der Wert der Funktion im Unternehmen, also die Bewertung der Arbeitsplätze (Abschn. 2.1)
- Element 2: Die individuellen Leistungsergebnisse (Abschn. 2.2)
- Element 3: Das Ergebnis beziehungsweise die Entwicklung des Unternehmens (Abschn. 2.3)
- Element 4: Die leistungsorientierte Entwicklung des individuellen Entgelts (Abschn. 2.4)

Die Auszahlung der Elemente 2 und 3 kann in monatlichen oder jährlichen Euro-Beträgen erfolgen oder durchaus auch in Form einer Altersversorgung, eines Dienstwagens et cetera erfolgen. Dies setzt aber zuerst eine Systematik voraus, wie Funktionen im Unternehmen bewertet werden, wie Leistungsergebnisse ermittelt werden, wie das Ergebnis beziehungsweise die Entwicklung des Unternehmens in die Vergütung einfließen und wie individuelle Leistung und individuelle Ergebnisse die Entwicklung des Entgelts steuern. Deshalb gilt das Hauptaugenmerk dieses Buches diesen vier Elementen.

Außerdem konzentrieren wir uns in diesem Buch[8] insbesondere auf die Anwendung in Fertigungs-, Entwicklungs- und Administrationsbereichen von produzierenden Unternehmen. Die Grundgedanken können natürlich auch ohne großen Aufwand auf andere Branchen und Funktionsbereiche im Unternehmen übertragen werden. Die Beispiele entstammen aber dem unternehmenskulturellen Umfeld von produzierenden Unternehmen.

1.5   Auslöser und Ziele für die Neu- oder Umgestaltung von Vergütungssystemen

Wenn wir über die Ziele nachhaltiger Vergütungssysteme sprechen, dann sind die folgenden Alternativen als Beispiele zu verstehen. Es sind keine Muss-Ziele, aber alle Themen können Auslöser oder Ziele sein. Teilweise widersprechen sich die folgenden Beispiele sogar. Entscheidend ist, dass im Unternehmen dazu Klarheit geschaffen wird, welche Ziele mit der Gestaltung oder Umgestaltung von Vergütungssystemen verfolgt werden. Im Zuge des Einführungsprozesses werden wir uns im Kapitel 4 mit diesem Denkschritt noch einmal befassen. Er ist elementar, denn abhängig von den Zielsetzungen können Vergütungsprojekte zu sehr unterschiedlichen Regelungen kommen.

Folgende Zielkategorien lassen sich unterscheiden:

1. Quantitative oder prozessbezogene Ziele
   - Anpassung an veränderte Abläufe
   - Anpassung an eine veränderte Aufbauorganisation
   - Unterstützung der Optimierung betrieblicher Prozesse
2. Finanzwirtschaftliche Ziele
   - Verbesserung der Planbarkeit der Kosten
   - Reduzierung der Kosten

---

[8] Auch die Praxisbeispiele zeigen dies deutlich.

- Bessere Allokation der Ausgaben für Personal
- Verknüpfung von Unternehmensentwicklung und Personalkosten
3. Qualitative beziehungsweise führungsbezogene Ziele:
    - Unterstützung der Führungskräfte durch ein kraftvolles Führungsinstrument
    - Schaffung von Anreizen
    - Steigerung der Leistungsorientierung im Unternehmen[9]
    - Orientierung geben, Energien lenken beziehungsweise fokussieren
    - Steigerung der Leistungsgerechtigkeit
    - Reduzierung der Unzufriedenheit mit dem bisherigen Verfahren
    - Abbau des Drucks der Führungskräfte, Mitarbeiter, Betriebsräte
    - Veränderung der Unternehmenskultur

Es ist durchaus nachvollziehbar, dass alle oben genannten Ziele beziehungsweise Auslöser vorkommen können, spannend ist allerdings schon die Frage:

„Welche Ziele verfolgt das eigene Unternehmen primär mit der Einführung eines neuen Entgeltsystems?" beziehungsweise „Was sind die Hauptauslöser für die Gestaltung oder Umgestaltung des Entgeltsystems?"

Es ist zwar verständlich, dass man gerne alles und von allem viel möchte, wenn man schon beginnt, diese mächtige Thema zu schultern. Allerdings ist es von Bedeutung, sich der Haupttreiber bewusst zu sein. Das wird dabei helfen, die verschiedenen Elemente sauber auszutarieren und fein abzustimmen.

Den unternehmensspezifischen Antworten auf diese Frage werden wir uns im Zusammenhang mit dem Gestaltungsprozess betriebsspezifischer Entgeltsysteme im Kapitel 4 widmen.

Literatur

DGFP e. V. (Hrsg.). (2011). *Personalmanagement nachhaltig gestalten. Anforderungen und Handlungshilfen.* Bielefeld: Bertelsmann.
Hay Group. (2012). http://www.4managers.de/uploads/media/20120222_Ergebnisbericht_Umfrage_ Arbeitsmotivation.pdf. Zugegriffen: 28. Okt. 2013.
Rössler-Kruszona, J. (2013). Kommentar zu der Diskussion im mw-Blog: Hört auf zu motivieren. http://mwonlineblog.blogspot.de/2013/02/hort-auf-zu-motivieren-2.html. Zugegriffen: 28. Okt. 2013.
Weißenrieder, J., & Kosel, M. (2005). *Nachhaltiges Personalmanagement. Acht Instrumente zur systematischen Umsetzung.* Wiesbaden: Gabler.
Weißenrieder, J., & Kosel, M. (2007). *Projekte sicher managen. Mit sozialer Kompetenz die Ziele erreichen.* Weinheim: Wiley-VCH Verlag.
Weißenrieder, J., & Kosel, M. (Hrsg.). (2010). *Nachhaltiges Personalmanagement in der Praxis. Mit Erfolgsbeispielen mittelständischer Unternehmen.* Wiesbaden: Gabler.

---

[9] Basierend auf der Annahme: Leistungsorientierte Vergütungssysteme ziehen leistungsorientierte Menschen an und schrecken andere eher ab.

Die Elemente nachhaltiger Vergütungssysteme

2

Jürgen Weißenrieder

Zusammenfassung

Die drei Grundelemente nachhaltiger Vergütungssysteme sorgen dafür, dass alle wesentlichen Einflussgrößen zum Tragen kommen: Die Anforderungen der Tätigkeit eines Mitarbeiters, die Leistung, die er individuell erbringt oder zu der er in einem Team beiträgt, und das Ergebnis des gemeinsamen Handelns, das Unternehmensergebnis. Wir lernen die Vergütungsmatrix kennen, die die individuelle Vergütung abbilden kann und mit der man die mittel- und langfristige Entwicklung des individuellen Entgelts steuern kann.

Mit einer pfiffigen Methode kann die Arbeitsplatzbewertung abseits der schon ausgetretenen Pfade zügig und nachhaltig erfolgen. Drei Methoden stehen für das Leistungsentgelt zur Verfügung: Kennzahlen, Zielvereinbarung und Leistungsbeurteilung. Jeder Weg bietet an verschiedenen Stellen gute Aussichten und auch gleichzeitig riskante Passagen (manchmal sogar mit Fallen). Die einzelnen Methoden werden detailliert mit ihren Vor- und Nachteilen „durchlebt", gute und weniger hilfreiche Anwendungsfelder werden diskutiert, Hürden und charmante Ergänzungen werden entdeckt. Den Abschluss findet dieser Abschnitt in einem Vergleich der verschiedenen Leistungsentgeltmethoden, sodass Sie sich ein Bild machen können, welche Methode für Ihr Unternehmen am besten passt.

Viele Unternehmer wünschen sich, dass sich das Unternehmensergebnis systematisch im Entgelt niederschlägt und möglichst die Mitarbeiter, die mehr zum Ergebnis beigetragen haben, auch mehr von diesem „Kuchen" bekommen. Das lässt sich realisieren – nicht immer, aber öfter, als man denkt.

J. Weißenrieder (✉)
Am Ranken 9,
88069 Tettnang, Deutschland
E-Mail: j.weissenrieder@wekos.com

J. Weißenrieder (Hrsg.), *Nachhaltiges Leistungs- und Vergütungsmanagement,*
DOI 10.1007/978-3-658-04160-1_2, © Springer Fachmedien Wiesbaden 2014

Auch Unternehmen, die von sich sagen würden, dass sie kein Vergütungssystem haben, orientieren sich – wenn sie es gut machen – bei Entgeltentscheidungen daran, was Mitarbeiter tun und wie (gut) sie es tun. Ich bin in einem Handwerksbetrieb „aufgewachsen" und ab und zu tut es ganz gut, sich an ein paar ganz einfachen strukturellen Überlegungen zu orientieren. In (fast) jedem Handwerksbetrieb werden Meister höher bezahlt als Gesellen und diese wiederum höher als Helfer. Es kann aber auch passieren, dass ein Mitarbeiter zwar einen Meisterbrief hat, aber nicht als Meister eingesetzt wird. Dann wird er in der Regel auch niedriger bezahlt als der Meister, der auf der Baustelle die Verantwortung trägt. Es kommt auch vor, dass ein Tophelfer, der mit offenen Augen durch die Welt geht, flott dazulernt und engagiert arbeitet, in Bezug auf das Entgelt einen Gesellen überholt, der sich eher am unteren Ende des Leistungsspektrums bewegt. Dann erhält der Helfer vielleicht einen niedrigeren Sockellohn oder ein niedrigeres Grundentgelt, aber er erhält eine höhere Leistungszulage auf sein Grundentgelt.

Diese intuitive (und richtige) Vorgehensweise spiegelt die beiden zentralen Elemente von Entgeltsystemen wider. Wenn der Inhaber des Handwerksbetriebs die Bandbreiten für die drei unterschiedlichen Tätigkeiten auf ein Blatt Papier schreiben würde und das Grundentgelt für die Tätigkeit und eine entsprechende Zulage für individuelle Leistung separat darstellen würde, wäre dies schon ein einfaches Vergütungssystem. Der Grundgedanke wäre hier: Es gibt ein tätigkeitsbezogenes Grundentgelt und eine zusätzliche Leistungszulage für individuelle Leistung.

Es ist transparent, die Mitarbeiter können sich daran orientieren und es gibt einen Rahmen für Vergütungsentscheidungen durch den Inhaber oder andere Verantwortliche. Ein nächster wesentlicher Schritt ist es dann zu formulieren, welche Merkmale der Bewertung von Tätigkeiten und individueller Leistung zugrunde liegen.

Ergänzen lassen sich diese beiden Basiselemente durch ein drittes, das die Entwicklung oder die Situation des Unternehmens widerspiegelt (Abb. 2.1).

In einem meiner Seminare lehnte sich einmal ein anspruchsvoller Zuhörer nach ungefähr einer viertel Stunde lässig zurück und sagte etwas herablassend: „Sie, das ist doch ein alter Hut. Haben Sie auch mal was Neues?" In dem Moment ärgerte ich mich, weil ich genau wusste, dass er in seinem Unternehmen noch nicht einmal die „alten Hüte" zum Laufen gebracht hatte. Aber in der Tat ist diese Zusammenstellung verschiedener Vergütungselemente nicht ungewöhnlich, völlig neu oder besonders modern – aber was macht diesen „alten Hut" nachhaltig, wirklich dauerhaft funktionsfähig und wie unterstützt er die Unternehmensziele?

Bevor wir die drei Vergütungselemente einzeln und detailliert betrachten, möchte ich deutlich machen, dass es für die Gestaltung eines nachhaltigen Vergütungssystems nicht so sehr darauf ankommt, völlig neue, bisher nicht bekannte und noch nicht gedachte Vergütungselemente zu schaffen, sondern bei durchaus bewährten (deshalb aber nicht altmodischen) Elementen über die Ausgestaltung und den zugrunde liegenden Stil der Anwendung neu nachzudenken. Das erfordert etwas mehr Mühe, als mit ein paar flotten Pinselstrichen ein paar Bildchen aufs Papier zu zaubern.

Abb. 2.1 Die drei Grundelemente von Vergütungssystemen

1. Es wird in allen Vergütungssystemen immer ein Vergütungselement notwendig sein, mit dem man die Bedeutung einer Tätigkeit im Unternehmen mit anderen Tätigkeiten vergleichen kann. Mitarbeiter, die einmal in einem professionell geführten Unternehmen gearbeitet haben, erwarten auch, dass ihr Job in irgendeiner Form bewertet wird. Auch sämtliche Tarifsysteme sind so gestaltet, dass Arbeitsplätze bewertet werden. Der spannende Schritt besteht darin, Jobs nicht statisch zu bewerten, sondern zuerst die betrieblichen Prozesselemente oder -schritte unabhängig von der Bewertung sinnvoll so zusammenzufassen, dass sie effiziente Arbeit ermöglichen. Die Bewertung der Tätigkeiten erfolgt damit entlang betrieblicher Prozesse und führt kein Eigenleben nur zum Zwecke des Vergütungssystems. Genaueres dazu erfahren Sie im Abschn. 2.1.

2. Die Definition von Leistung steht in Verbindung mit den Ergebnissen, die sich aus den Notwendigkeiten der betrieblichen Prozesse ergeben. Auch hier gilt: Es erfolgt keine mehr oder weniger abstrakte und statische Definition von Leistung, in dem man vielleicht sogar die Definition anderer Unternehmen übernimmt. Im Gegenteil, man sucht eine unternehmensspezifische Antwort auf die Frage: „Woran erkennt man bei uns im Unternehmen Leistung?" oder „Was müssen Mitarbeiter tun oder lassen, damit man sie als Leistungsträger oder Spitzenleister erkennt?" oder „Woran erkennen wir erfolgreiche Mitarbeiter bei uns im Unternehmen?" Wenn man diese Definition immer wieder überprüft, bleibt auch sie nicht statisch, sondern verändert sich mit den Anforderungen der betrieblichen Prozesse. An dieser Stelle sei angemerkt, dass bei dieser Vergütungskomponente sowohl individuelle Leistung wie auch die Team- oder Bereichsleistung einfließen kann. Genaueres dazu erfahren Sie im Abschn. 2.2.

3. Mit den gleichen Grundgedanken erfolgt die Gestaltung des dritten Vergütungselements, das das Unternehmensergebnis oder die Erreichung unternehmerischer Ziele abbildet. Auch hier ist die Bandbreite der Möglichkeiten groß: Ohne große Umschweife

das Unternehmensergebnis zu nutzen, um es direkt in einen Jahresbonus zu übersetzen, ist ein Ansatz. Für Unternehmen, die nicht gerne über das Unternehmensergebnis beziehungsweise den Gewinn sprechen, können andere betriebliche Kennzahlen genutzt werden, die einen Zusammenhang mit der gemeinsam erbrachten Leistung herstellen. Das Prinzip ist: Das Entgelt steigt, wenn sich das Unternehmen gut entwickelt hat und fällt, wenn das gemeinsam erzielte Ergebnis nicht erfolgreich war. Das Unternehmensergebnis oder die Erreichung unternehmerischer Ziele hat einen spürbaren Einfluss auf die Vergütung und die Erreichung der Unternehmensziele ist wirklich die Variable. Dass dies gleichzeitig eine Flexibilisierung der Personalkosten abhängig von der Entwicklung des Unternehmens ergibt, ist ein sinnvoller Nebeneffekt, aber nicht das Ziel der Übung. Genaueres dazu erfahren Sie im Abschn. 2.3.

▶ Der Grundgedanke ist also immer: Vergütungssysteme sind in erster Linie Führungssysteme für das Leistungsmanagement im Zusammenwirken mit den betrieblichen Prozessen, die sozusagen als Nebenprodukt auch Entgelt „produzieren". Vergütung folgt der Leistung und den Ergebnissen und ist in den betrieblichen Prozessen verankert!

Die Abschn. 2.1 bis 2.4 beschreiben ausführlich die drei Gestaltungselemente und Wirkungsweisen nachhaltiger Vergütungssysteme. Dem Entstehungsprozess im Zuge der Konzeptions-, Einführungs- und Umsetzungsphase ist insbesondere Kap. 4 gewidmet. Allerdings wird auch in den folgenden Kap. 2 und 3 immer wieder auf wichtige Schritte in der Konzeptionsphase verwiesen. Um zwei wichtige Elemente der Konzeptionsphase vorwegzunehmen: Bei allen Überlegungen gehe ich immer davon aus, dass die Eckpfeiler eines Vergütungssystems in einem Projektteam entworfen werden, in dem HR, Führungskräfte, Mitarbeiter und Betriebsräte involviert sind. An manchen Stellen lässt sich sogar die ganze Belegschaft einbeziehen. Diese Arbeitsweise stellt sicher, dass beim Entwicklungsprozess nichts Wichtiges vergessen wird und das Ergebnis bereits während der Entstehung mit der Organisation „verwächst". Dies stellt einen wesentlichen Beitrag zur nachhaltigen Wirkung von Vergütungssystemen dar.

Es gibt somit eine ganze Reihe von „Stellschrauben", um das Leistungs- und Vergütungsmanagement professionell zu gestalten, und weitere, um diese Systeme mit einer nachhaltigen Wirkung und einer Wirkung für Nachhaltigkeit zu versehen.

2.1 Tätigkeitsbezogenes Grundentgelt

Der größte Teil der Literatur im deutschsprachigen Raum zur Gestaltung von Vergütungssystemen widmet sich der leistungsorientierten variablen Vergütung. Dieser Teil des Gesamtthemas scheint zeitgemäßer zu sein und man könnte darauf schließen, dass zur Bewertung von Arbeitsplätzen alles schon gesagt sei oder dieser Teil nicht weiter der Aufmerksamkeit bedarf. In der Tat handelt es sich auch aus meiner Sicht um den weniger schicken Teil des Themas. Allerdings bildet er die Basis der Gestaltung nachhaltiger Vergütungssysteme, die solide gebaut werden muss. Andernfalls purzeln unter Umständen kreativ gestaltete, variable und leistungsorientierte Vergütungselemente vom wackeligen Sockel.

In den Arbeitswissenschaften sind sich die Experten seit vielen Jahren uneinig bezüglich der „richtigen" Vorgehensweise zur Arbeitsplatzbewertung. Sie unterscheiden die analytische und die summarische Arbeitsplatzbewertung. Die Befürworter der analytischen Arbeitsplatzbewertung führen ins Feld, dass diese genauer sei, weil sie die einzelnen Einflussgrößen genauer betrachte.

Wenn die Messung einzelner Parameter bei der Arbeitsplatzbewertung möglich wäre, wäre die analytische Variante der summarischen überlegen. Da es sich aber trotzdem auch bei der analytischen Arbeitsplatzbewertung um Einschätzungen einzelner Parameter handelt, ist sie letztlich der summarischen Arbeitsplatzbewertung nicht überlegen. Diese führt ebenso zu validen wie auch reliablen Ergebnissen. Aufgrund des deutlich geringeren Aufwands bevorzuge ich deshalb die summarische Form der Arbeitsplatzbewertung, die bei richtiger Anwendung zu guten und nachvollziehbaren Ergebnissen führt, wenn man mehrere Bewerter nutzt, die eine vollständigere Betrachtung sicherstellen und deren mögliche Ungenauigkeiten sich gegenseitig ausgleichen können.

Im Folgenden wird deshalb die vergleichende summarische Arbeitsplatzbewertung als Methode bei allen Arbeitsschritten angewendet. Die jeweiligen Beispiele sind der betrieblichen Praxis eines Maschinenbauunternehmens mit circa 1.500 Mitarbeitern entnommen. Sie sind in gleicher Weise auch auf andere Branchen und Unternehmensgrößen anwendbar. Die Systematik der Vorgehensweise bleibt unverändert. Es handelt sich nur um andere Dimensionen.

Folgende Arbeitsschritte sind notwendig:

1. Bewertungsmerkmale festlegen,
2. Referenzjobs identifizieren,
3. Referenzjobs beschreiben,
4. Rangreihe der Referenzjobs festlegen,
5. Anzahl der notwendigen Vergütungsstufen festlegen,
6. Alle anderen Jobs beschreiben,
7. Andere Jobs im Unternehmen im Vergleich zu den Referenzjobs den Vergütungsstufen zuordnen,
8. Mitarbeiter entsprechend ihrer Tätigkeiten den Vergütungsstufen zu ordnen,
9. Vergütungsbandbreiten für die einzelnen Vergütungsstufen auf der Basis der IST-Entgelte der zugeordneten Mitarbeiter festlegen.

2.1.1 Bewertungsmerkmale festlegen

Die Bewertungsmerkmale geben eine Antwort auf die Frage: „Woran erkennen wir die Bedeutung beziehungsweise die Wertigkeit einer Tätigkeit im Unternehmen?" Wir suchen noch nicht nach einer Antwort auf die Frage, wie eine Tätigkeit marktgerecht vergütet wird. (Dieser Frage gehen wir im Abschn. 2.3 nach.) Wenn man Menschen im Unternehmen unvorbereitet die Frage nach Bewertungsmerkmalen stellt, vermischen sich häufig die Anforderungen, die die Tätigkeiten an die Menschen stellen, mit der individuellen Leistung, die Menschen an diesen Arbeitsplätzen erbringen. Es ist also wichtig, sauber zwischen Arbeitsplatzbewertungsmerkmalen und Leistungsmerkmalen zu unterscheiden.

Arbeitsplatzbewertungsmerkmale beziehen sich auf die Inhalte von Tätigkeiten, das *was* an einem Arbeitsplatz zu tun ist und welche Anforderungen dort erfüllt werden müssen. Leistungsmerkmale beziehen sich wiederum darauf, *wie* ein konkreter Mitarbeiter mit diesen Anforderungen umgeht beziehungsweise *wie* er die damit verbundenen Erwartungen erfüllt. Mithilfe der Arbeitsplatzbewertungsmerkmale werden folglich nur Anforderungen an Arbeitsplätze geprüft und es wird nicht die Frage beantwortet, ob ein konkreter Mitarbeiter, der aktuell diesen Arbeitsplatz innehat, diese Anforderungen erfüllt. Dies ist ein Aspekt des zweiten Vergütungselements, mit dem wir uns im Kap. 2.2 beschäftigen werden.

Mögliche Arbeitsplatzbewertungsmerkmale möchte ich gerne an folgendem Beispiel betrachten (Tab. 2.1):

Die Arbeitsplatzbewertung auf der Basis dieses Beispiels würde also der Logik folgen, dass Arbeitsplätze umso höher bewertet werden, je höher die dafür notwendige Ausbildung und möglicherweise notwendige Zusatzqualifikationen sind. Weiterhin wird die Bewertung umso höher ausfallen, je größer der Entscheidungsrahmen und die damit einhergehende Verantwortung und die Komplexität einer Tätigkeit einzuschätzen sind. Gleiches gilt bezüglich der Anforderungen eines Arbeitsplatzes an die soziale Kompetenz – je höher die Anforderungen sind, umso höher ist der Arbeitsplatz zu bewerten.

In diesem Beispiel sind die Merkmale gleich gewichtet. Unterschiedliche Gewichtungen sind aber durchaus möglich.

2.1.2 Referenzjobs identifizieren und beschreiben

Referenzjobs dienen dazu, ein erstes grobes Gefüge der Arbeitsplatzbewertung zu erstellen. Dies soll verhindern, sich gleich zu Beginn in den feinen Verästelungen unterschiedlichster Arbeitsplätze zu verlieren. Wenn nämlich von Anfang an über die „exotischen" Arbeitsplätze im Unternehmen diskutiert wird, die möglicherweise noch von etwas kantigen Persönlichkeiten ausgefüllt werden, ist die Wahrscheinlichkeit relativ hoch, dass das Projekt schon nach kurzer Zeit auf der Strecke bleibt.

Einige Beispiele für derartige Stolperfallen sind Arbeitsplätze wie das Sekretariat des Chefs, die Pforte, der Sanitätsdienst, der Patentingenieur, die Fachkraft für Arbeitssicherheit, die Gebäudeinstandhaltung oder Arbeitsplätze, die im Unternehmen nur vereinzelt vorkommen oder mit Mitarbeitern besetzt sind, die als Person eher umstritten sind.

Tab. 2.1 Arbeitsplatzbewertungsmerkmale (Beispiel)

Ausbildung	Erfahrungen/ Zusatzqualifikation	Entscheidungs- rahmen und Verantwortung	Komplexität	Soziale Kompetenz
Notwendige Berufsausbildung (z. B. zwei- bis dreieinhalbjährige fachspezifische Berufsausbildung, Techniker-, Meister-, Fachwirtausbildung, akademisches Studium) oder	Notwendige Anlernzeit	Verantwortung für Menschen, Betriebsmittel, Material und Budget	Komplexität der Aufgabenstellung	Anzahl der Schnittstellen
Vergleichbare Fach- kenntnisse, die auf diesen Arbeitsplatz bezogen, denen einer formalen Aus- bildung entsprechen	Berufserfahrung im Sinne verwert- barer Kenntnisse und Fertigkeiten	Personalver- antwortung	Kenntnisse über Gesamtzusammen- hänge	Teamfähigkeit
	Besondere methodische und/ oder manuelle Fertigkeiten, die über eine übliche Berufsausbildung hinausgehen	Entschei- dungsfreiheit/ Kompetenzen/ Befugnisse	Grad der Flexibilität	Repräsen- tation nach außen
	Besondere, für die Tätigkeit notwendige und eine Ausbildung ergänzende Zusatzkenntnisse, z. B. besondere Sprachkenntnisse	Auswirkungen von Fehlern auf das Unter- nehmens-/ Bereichsergebnis	Kreativität	Anforderun- gen an die Kommunika- tionsfähigkeit
			Grad der Selbstständigkeit	
			Anforderungen an Selbstorganisation	

Als Referenzjobs eignen sich Arbeitsplätze, von denen es viele im Unternehmen gibt und deren wesentliche Inhalte im Unternehmen weitgehend bekannt sind (Tab. 2.2).

Dafür reichen 20 Jobs aus, auf denen oft 30 bis 60 % der Mitarbeiter des Unternehmens arbeiten. Oft werden sogar zwei Drittel der Mitarbeiterzahl mit 20 Referenzjobs abgebildet. Am leichtesten lassen sich Referenzjobs identifizieren, indem eine Liste aller Tätigkei-

Tab. 2.2 Beispiele für Referenzjobs

Abteilungsleiter	Entgraten	Konstrukteur
Produktmanager	Team-/Gruppenleiter	Maschinenbediener II
Technischer Berater ID	Versuchsmitarbeiter	Arbeitsvorbereiter
Entwickler	Kfm. Sachbearbeiter II	Montage
Meister	Maschinenprogrammierer/-bediener	PC-Support
Kfm. Sachbearbeiter I	Lagerist/Fuhrpark/WE	Maschinenbediener I

Tab. 2.3 Schema für die Beschreibungen der Referenzjobs (ausführlich als Anlage in Abschn. 9.1, S. 219 ff.)

Bewertungsmerkmal	Maschinenbediener I	Meister II	Produktmanager I	Entwickler III
Notwendige Ausbildung				
Erfahrung/ Zusatzqualifikation				
Entscheidungsrahmen und Verantwortung				
Komplexität				
Soziale Kompetenz				

ten im Unternehmen nach der Häufigkeit sortiert wird. Die ersten 15 bis 20 können in der Regel als Referenzjobs sinnvoll verwendet werden.

Falls im Unternehmen Stellenbeschreibungen vorhanden sind, die bisher schon zur Arbeitsplatzbewertung oder zu anderen Zwecken verwendet wurden, kann auf diese zurückgegriffen werden. In der Regel ist eine Aktualisierung erforderlich. Mindestens muss aber sichergestellt sein, dass die relevanten Arbeitsplatzbewertungsmerkmale dokumentiert sind.

Meine Empfehlung geht allerdings eher dahin, zum Zwecke der Arbeitsplatzbewertung eher kurze Beschreibungen der Referenzjobs auf der Basis der Arbeitsplatzbewertungsmerkmale zu erstellen, die nur zum Vergleich verschiedener Tätigkeiten untereinander Verwendung finden (Tab. 2.3).

Die verwendeten Beispiele[1] machen deutlich, dass es nicht darauf ankommt, alle Arbeitsschritte und Aufgaben aufzulisten, die eine Tätigkeit beinhaltet. Es handelt sich hier weder um Stellenbeschreibungen noch um Arbeitsanweisungen oder Prozessbeschreibungen, sondern es geht nur darum, die wertigkeitsprägenden Aspekte einer Tätigkeit zu erfassen, sodass sie mit anderen Arbeitsplätzen verglichen werden kann.

---

[1] Die Bezeichnungen Maschinenbediener I, Meister II, Produktmanager I oder Entwickler III deuten darauf hin, dass es verschiedene Ausprägungen einzelner Tätigkeiten gibt. Darauf werden wir in den Abschn. 2.1.5 und 9.2 zurückkommen.

Tab. 2.4 Rangreihe der Referenzjobs (Beispiel)

Rangplatz	Tätigkeitsbezeichnung	TN 1	…	TN 12[a]	Durch-schnitt	Umrech-nung[b]	Delta max-min[c]
1	Abteilungsleiter	1	1	1	1,0	20,0	0
2	Produktmanager	2	2	3	2,8	18,2	2
3	Techn. Berater ID	6	5	4	4,2	16,8	4
4	Entwickler	5	3	6	4,3	16,7	3
5	Meister	4	7	2	5,2	15,8	5
6	Team-/Gruppenleiter	3	10	9	6,0	15,0	8
7	Konstrukteur	7	4	5	7,3	13,7	8
8	Arbeitsvorbereiter	8	6	7	8,1	12,9	5
9	Assistenz (Studium)	9	13	10	8,8	12,2	9
10	Maschinenprogr.	10	9	8	9,6	11,4	5
11	Kfm. Sachbearb. II	11	8	15	10,9	10,1	7
12	Maschinenbediener II	14	11	12	12,8	8,2	5
13	Versuchsmitarbeiter	12	14	14	12,8	8,2	8
14	Sondermontage	13	12	11	13,3	7,7	6
15	PC-Springer	15	15	16	14,3	6,7	5
16	Kfm. Sachbearbeiter I	16	17	18	16,1	4,9	5
17	Lagerist/Fuhrpark/WE	18	16	13	17,0	4,0	6
18	Maschinenbediener I	19	19	17	17,6	3,4	3
19	Montage	17	18	19	18,1	2,9	3
20	Entgraten	20	20	20	20,0	1,0	0

[a] In diesem Beispiel handelt es sich um ein Projektteam mit zwölf Mitgliedern
[b] Diese Umrechnung dient nur zur Umkehrung der Tabelle, sodass eine Tätigkeit umso mehr Punkte erhält, je höher sie in der Rangreihe steht. Dies ist für weitere Betrachtungen hilfreich
[c] Dieser Wert gibt die Differenz zwischen der höchsten und der niedrigsten Wertung einzelner Teammitglieder wider

2.1.3   Rangreihe der Referenzjobs und Vergütungsstufen festlegen

Für eine erste Näherung zur Bewertung der Referenzjobs ist es vollkommen ausreichend, im Projektteam die Bewertungsmerkmale und die Inhalte der Referenzjobs ausführlich zu besprechen. Gegebenenfalls ist es sinnvoll, gemeinsam vor Ort einzelne Arbeitsplätze zu besichtigen oder auch konkrete Stelleninhaber oder deren Vorgesetzte einzuladen, damit diese über die wesentlichen Aspekte einer Tätigkeit berichten.

Dieser Informationsstand ist in der Regel ausreichend, um dann von jedem Projekt-teammitglied eine Rangreihe der Referenzjobs wie im folgenden Beispiel erstellen zu lassen (Tab. 2.4).

Tab. 2.5 Kategorien für Vergütungsstufen

Tätigkeitsanforderung „Anlerntätigkeit"			Tätigkeitsanforderung „Fachspezifische Ausbildung"			Tätigkeitsanforderung „Akademisches Studium"		
VS 1	VS 2	VS 3	VS 4	VS 5	VS 6	VS 7	VS 8	VS 9

VS = Vergütungsstufe

Dieses Verfahren stellt wohlgemerkt keine Messung dar, sondern es arbeitet mit vergleichenden Einschätzungen verschiedener betrieblicher „Experten", also Menschen, die die notwendige Sachkenntnis haben. Dort, wo große Unterschiede zwischen einzelnen Wertungen deutlich werden, wie zum Beispiel bei den Rangplätzen 6, 7, 9, 11 und 13, ist es ratsam, diese Arbeitsplätze erneut zu betrachten, um besser zu verstehen, was genau zu diesen unterschiedlichen Wertungen führt.

Was die Arbeitsweise betrifft, geht es also nicht darum, wer es falsch oder richtig sieht, sondern es geht darum, Informationen auszutauschen, die die Bewertung beeinflussen. Bleiben die großen Abweichungen auch nach ausführlicher Diskussion bestehen, eignen sich diese Arbeitsplätze zuerst einmal nicht als Referenzjobs. Sie werden später diskutiert und noch einmal im Zusammenhang mit allen anderen Tätigkeiten betrachtet. Referenzjobs sind nur als solche geeignet, wenn ein hohes Maß an Einigkeit bezüglich der Wertigkeit im Vergleich zu anderen Tätigkeiten besteht. Im Zuge der weiteren Diskussion der Rangreihe können einzelne Mitglieder des Projektteams ihre Wertungen immer wieder verändern. Die so überarbeitete Rangreihe der Referenzjobs ist die Grundlage für den nächsten Arbeitsschritt.

Auch für Unternehmen, die der Tarifbindung unterliegen, eignet sich das Ranking von Referenzjobs als Vorstufe zur Zuordnung einzelner Tätigkeiten zu Tarifgruppen. Ich habe immer wieder erlebt, dass sich Bewertungskommissionen heillos im Dickicht von Bewertungsmerkmalen und bereits eingruppierten Tätigkeiten verirren. Einfacher wäre oft die Frage: Mit welcher bereits eingruppierten Tätigkeit ist die aktuell diskutierte Tätigkeit vergleichbar?

In den meisten Unternehmen würde die folgende grobe Struktur von neun Vergütungsstufen und drei Kategorien von Vergütungsstufen ausreichen (Tab. 2.5).

Das Arbeitsplatzbewertungsmerkmal „Notwendige Ausbildung" schafft eine einfache Grundstruktur mit deren Hilfe eine erste und schnelle Zuordnung der Referenzjobs erfolgen kann. In der Kategorie „Anlerntätigkeiten" sind diejenigen Arbeitsplätze zusammengefasst, die ohne fachspezifische Berufsausbildung ausgeübt werden können. Dazu zählen zum Beispiel Reinigungstätigkeiten, Kommissionierungsaufgaben in Lagerbereichen, die meisten Montagetätigkeiten oder weitere Helfertätigkeiten in Produktionsbereichen. Auch in kaufmännischen Bereichen kommen Anlerntätigkeiten vor, wie zum Beispiel Dokumentationsassistenz, Katalogversand oder Ähnliches.

Die Kategorie „Fachspezifische Ausbildung" beinhaltet alle Arbeitsplätze, für die klassische drei- bis dreieinhalbjährige Berufsfachausbildungen notwendig sind. Tätigkeiten, für die zweijährige Berufsfachausbildungen notwendig sind, sind in der Regel nicht in dieser Kategorie abgebildet.

Ebenso eindeutig ist die Zuordnung in der Kategorie „Studium". Alle Tätigkeiten, für die üblicherweise ein akademisches Studium notwendig ist, sind dort zusammengefasst.

Bezüglich der Anzahl der Vergütungsstufen gilt die Devise: Weniger Vergütungsstufen unterstützen eine stärkere Leistungsorientierung des Systems. Eine stärkere Leistungsorientierung entsteht bei weniger Vergütungsstufen dadurch, dass die Abstände zwischen den Vergütungsstufen naturgemäß größer sind. Dadurch kann der Anteil des variablen Leistungsentgelts am Gesamtentgelt stärker betont werden. Hohe mögliche Leistungszulagen führen somit dazu, dass es zu starken Überlappungen über mehrere Vergütungsstufen hinweg kommen kann. Dieser Sachverhalt stößt bei Anwendern in der Regel auf wenig Resonanz.

Außerdem erleichtert eine eher geringe Anzahl von Vergütungsstufen die Zuordnung einzelner Tätigkeiten zu Vergütungsstufen. Mit steigender Anzahl von Vergütungsstufen wird die Zuordnung einzelner Tätigkeiten schwieriger, weil dadurch die Trennschärfe zwischen den Vergütungsstufen sinkt – die Übergänge verwischen. Je mehr Vergütungsstufen verwendet werden, umso schwieriger wird es, jede Stufe so genau zu definieren, dass die eindeutige Zuordnung von Arbeitsplätzen noch gut gelingen kann.

Die drei Kategorien „Anlerntätigkeit", „Facharbeiterausbildung" und „Studium und/ oder Führung" können auch mit jeweils vier Stufen belegt werden. Genauso kann eine Ergänzung zwischen den beiden oberen Kategorien für typische Techniker-/Fachwirt- oder Meistertätigkeiten hilfreich sein, die eine Qualifizierung über die drei- bis dreieinhalbjährigen Berufsausbildungen hinaus repräsentieren. Um auch Managementfunktionen in das System zu integrieren, ist es ohne Weiteres möglich, am oberen Ende eine vierte Kategorie mit der gleichen Grundidee „anzubauen".

▶   Drei Vergütungskategorien mit jeweils drei bis vier Vergütungsstufen reichen
    für eine pragmatische Arbeitsplatzbewertung und Grundentgeltgestaltung
    aus.

Wir werden später noch bei den Leistungsstufen sehen, dass sich das „Drei-Kategorien-Prinzip" und „Drei-Stufen-Prinzip" auch bei den meisten Anwendern gut bewährt. Je mehr Kategorien es gibt, desto schwerer fällt die Zuordnung (Abb. 2.2).

Abbildung 2.2 ist ein Beispiel für eine vorläufige Rangreihe der Referenzjobs, die sich aus einer ersten Bewertung ergeben hat. Sie stimmt zwar nicht mit dem abschließenden Ergebnis überein, aber sie war der Ausgangspunkt für Abstimmungen im Projektteam, die letztlich die Zuordnung aller Tätigkeiten im Unternehmen zu Vergütungsstufen möglich machte (siehe Abschn. 2.1.4). Wenn man über diese Rangreihe ein Raster von neun Vergütungsstufen legt, ergibt sich schon fast im ersten Durchgang eine schlüssige Zuordnung der Referenzjobs zu den neun Vergütungsstufen.

Mit diesem eher mechanistisch anmutenden Akt ist die Aufgabe allerdings nicht abgeschlossen. Wichtig: Zu diesem Zeitpunkt sind den Vergütungsstufen noch keine Geldbe-

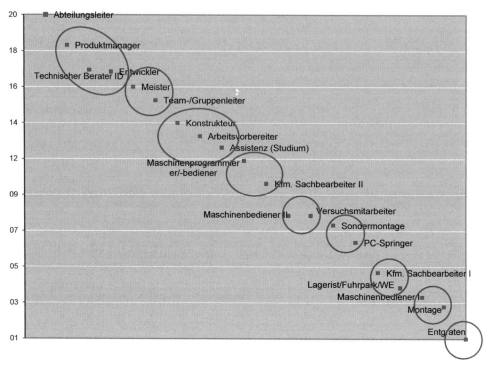

Abb. 2.2 Rangreihen von Referenzjobs in 9 Clustern (Vergütungsstufen)

träge zugeordnet. Es geht ausschließlich um eine Rangreihe, die verschiedene Tätigkeiten im Unternehmen vergleicht und eine Aussage über die interne Wertigkeit trifft. Dieser Arbeitsschritt verdeutlicht außerdem, dass es für verschiedene Tätigkeiten verschiedene Ausprägungen gibt, die später unterschiedlichen Vergütungsstufen zugeordnet werden müssen, zum Beispiel Maschinenbediener I bis III, Entwickler I bis IV, Teamleiter I bis V oder Meister I bis III.

Damit ist diese vorläufige Rangreihe der Referenzjobs eben, wie der Name schon sagt, nur ein Zwischenprodukt.

2.1.4 Alle anderen Jobs beschreiben und bewerten

Die Beschreibung aller anderen Arbeitsplätze im Unternehmen erfolgt nach demselben Raster wie die Beschreibung der Referenzjobs in Abschn. 2.1.3. Ich empfehle, die Anzahl der verschiedenen Jobs so gering wie möglich zu halten, da eine trennscharfe Beschreibung und Zuordnung mit steigender Anzahl von Beschreibungen umso schwieriger wird, je mehr verschiedene Jobs detailliert beschrieben werden. Im zugrunde liegenden Beispiel wurden im Zuge der Konzeption und Einführung für etwa 1.500 Mitarbeiter 95 Arbeitsplatzbeschreibungen erstellt, die auch nach mehreren Jahren Anwendungsdauer immer noch ausreichend sind. Es scheint manchmal nur so, dass eigentlich jeder Mitarbeiter im

Tab. 2.6 Schema der Entwicklungspfade in einer Tätigkeitsfamilie (ausführlich in der Anlage in Abschn. 9, S. 221)

Arbeitsplatzbewertungs-merkmal	Entwickler I	Entwickler II	Entwickler III	Entwickler IV
Notwendige Ausbildung				
Erfahrung/ Zusatzqualifikation				
Entscheidungsrahmen und Verantwortung				
Komplexität				
Soziale Kompetenz				

Unternehmen eine eigene Arbeitsplatzbeschreibung bräuchte. Das ist aber nur ein Zeichen für unklare Arbeitsteilungen, die sich nicht entlang von Prozessen ergeben, sondern sich eher an den Vorlieben und Abneigungen der Mitarbeiter für bestimmte Tätigkeiten ausrichten.

Während dieses Bearbeitungsschrittes ist es wichtig, bei verschiedenen Tätigkeiten unterschiedliche Ausprägungen vorzusehen. Dadurch ist abbildbar, dass es Tätigkeitsfamilien geben kann, die sich in ihren Inhalten sehr ähnlich sind, sich aber trotzdem bezüglich einzelner Bewertungsmerkmale unterscheiden und deshalb auf unterschiedlichen Anforderungsniveaus angesiedelt sind. Im vorliegenden Beispiel wurde dies unter anderem für die Tätigkeitsfamilien Maschinenbediener, Meister, Produktmanager und Entwickler realisiert. Diese verschiedenen Stufen bilden abseits der Vergütungswirkung auch Entwicklungswege ab, auf denen Mitarbeiter innerhalb einer Tätigkeitsfamilie sukzessive mehr Verantwortung übernehmen und sich inhaltlich weiterentwickeln können. Das unterstützt auch eine an Inhalten orientierte Personalentwicklung.

Dieser Aspekt hat mit der Leistungskomponente in der Vergütung nur insofern zu tun, als dass selbstverständlich meist leistungsfähige und leistungsbereite Mitarbeiter diese Entwicklung zu mehr Verantwortung schneller und weiter vollziehen als andere. Trotzdem wird bei diesem Arbeitsschritt nur die Anforderung an die jeweilige Tätigkeit auf dieser Entwicklungsstufe bewertet und nicht die individuelle Leistung.

Am Beispiel der Tätigkeitsfamilie „Entwickler" lässt sich diese Grundidee mit den Stufen „Entwickler I" bis „Entwickler IV" veranschaulichen (Tab. 2.6).

Von Stufe zu Stufe nehmen die Anforderungen bezüglich der Bewertungsmerkmale zu und bilden Entwicklungspfade für Mitarbeiter in dieser Tätigkeitsfamilie ab. Damit werden diese Stufen auch relevant für die Personalentwicklung.

Die notwendige Ausbildung, die jeweils für die einzelnen Stufen bewertungsrelevant ist, gilt im Übrigen nicht als unverzichtbare formale Anforderung für einzelne Mitarbeiter, die diese Tätigkeit auf einer bestimmten Stufe ausüben. Ein Ingenieur, der eine Tätigkeit als Entwickler I ausübt, wird auch als solcher eingestuft. Umgekehrt gilt natürlich auch, dass ein Techniker, der eine Tätigkeit als Entwickler IV ausübt, ebenfalls als solcher eingestuft und vergütet wird.

Im folgenden Arbeitsschritt werden folglich nicht Tätigkeitsfamilien, sondern einzelne Tätigkeiten auf ihrer jeweiligen Stufe den Vergütungsstufen zugeordnet. Die Grundlage für diesen Arbeitsschritt bilden die Arbeitsplatzbewertungsmerkmale aus Tab. 2.1. Es geht wieder ausschließlich um die Bewertung von Anforderungen an Arbeitsplätze. Mitarbeiterindividuelle Leistungsaspekte werden nicht berücksichtigt und wir folgen wieder dem Prinzip der vergleichenden Bewertung.

Im ersten Schritt werden die Jobs einer Kategorie gemäß Tab. 2.5 zugeordnet und dann innerhalb der Kategorie einer Vergütungsstufe. Jobs mit gleichem Anforderungsniveau werden der gleichen Vergütungsstufe zugeordnet. So weit die Theorie! In der Praxis zeigt sich, dass unterschiedliche Bewerter zu sehr unterschiedlichen Ergebnissen kommen können, wie dies in Tab. 2.4 bezüglich der Referenzjobs erkennbar wurde. Auf den ersten Blick mögen diese unterschiedlichen Bewertungen störend wirken. Sie sind letztlich Ergebnis unterschiedlicher Informationsstände und selbstverständlich auch unterschiedlicher persönlicher Werthaltungen wie auch teilweise unterschiedlicher Interessenslagen. Das ist nicht ungewöhnlich bei diesem Thema und darf auch hier wiederum nur als ein Zwischenergebnis betrachtet werden.

Im zugrunde liegenden Beispiel wurden 95 verschiedene Tätigkeiten im Zuge des Bewertungsprozesses den neun Vergütungsstufen zugeordnet. Bei mehr als 80 Tätigkeiten lagen die ersten Bewertungen der verschiedenen Bewerter sehr nahe beieinander. Sie mussten nicht lange diskutiert werden und bildeten sehr schnell ein stabiles Gerüst. Eine wesentliche Rolle bei der Bewertung der Tätigkeiten spielte die Visualisierung des jeweils aktuellen Standes. Auf einer Pinnwand waren die Tätigkeiten in den verschiedenen Bereichen, bei denen Konsens bestand, den jeweiligen Vergütungsstufen zugeordnet. Die noch offenen Bewertungen wurden auf Karten an einer separaten Pinnwand verwahrt. Damit wurde auch sichtbar, dass es viel mehr Gemeinsamkeiten als Unterschiede gab. Die Unterschiede lagen somit bei etwas mehr als 10 % der Gesamtzahl der zu bewertenden Tätigkeiten. Die Form der Visualisierung lässt sich variieren, entscheidend ist aber, dass der Überblick jederzeit möglich ist und das Projektteam nicht in eine kleinteilige Betrachtung „abtaucht". (Ein Beispiel dazu findet sich im Anhang im Abschn. 9, S. 223 f.)

Die Tätigkeiten, bei denen es sehr unterschiedliche Bewertungen im Projektteam gab, wurden in einem zweiten Durchgang intensiver betrachtet. Die Tätigkeitsbeschreibungen wurden ergänzt, die Arbeitsplätze gemeinsam besucht, die zuständigen Leiter und Mitarbeiter befragt. Es wurden Informationen gesammelt und es erfolgten auf dieser Basis noch einmal Vergleiche zu ähnlichen Tätigkeiten im bereits vorhandenen Gerüst. Dabei ging es noch nicht um eine finale Bewertung, sondern nur um das Vervollständigen der Informationen und das Verstehen aller Blickwinkel. Die einzelnen Projektteammitglieder wurden anschließend noch einmal zu ihrer Bewertung befragt und um Begründungen für ihre Sichtweise gebeten. In diesem zweiten Durchgang konnten bis auf wenige Ausnahmen (< 5 %) alle Tätigkeiten im Konsens den Vergütungsstufen zugeordnet werden. Die verbleibenden Tätigkeiten blieben bis auf Weiteres offen und konnten später in einem intensiveren Diskussionsprozess zwischen Betriebsrat und Personalbereich geklärt werden. Dabei handelte es sich, wie so häufig, um Sonderfunktionen, wie Sekretariat, Haustechnik und Arbeitsschutz, mit einer sehr überschaubaren Zielgruppe.

Ein wesentlicher Erfolgsfaktor zur Bewältigung dieser Aufgabe ist die Methode der vergleichenden Bewertung im Unterschied zur absoluten Bewertung. Es kommt tatsächlich nicht darauf an, jede Tätigkeit für sich allein in diesem Raster von neun Vergütungsstufen bewerten zu können. Bei diesem Arbeitsschritt kommt es nur darauf an, dass die internen Quervergleiche stimmig sind. Der externe Bezug zum Markt erfolgt erst später, wenn die einzelnen Vergütungsstufen mit Geldbeträgen hinterlegt werden. Die Frage ist also nur: Sind zwei Tätigkeiten gleich zu bewerten oder ist eine der beiden Tätigkeiten höher zu bewerten. Auch die Methode des Paarvergleichs hat sich dabei schon bewährt[2]. Diese Methode lässt sich in Teams leicht anwenden und führt sehr zügig zu nachvollziehbaren Ergebnissen.

Auch in Unternehmen, für die ein Tarifvertrag die Bewertung von Arbeitsplätzen regelt, steht ein bestimmtes Spektrum von Tarifgruppen zur Verfügung. Hier kann ebenfalls im ersten Schritt über einen Paarvergleich auf der Basis der tariflichen Bewertungsmerkmale eine interne Rangliste erstellt werden. Diese Rangliste kann anschließend im nächsten Schritt in die tarifliche Struktur „eingehängt" werden.

Mitarbeiter entsprechend ihrer Tätigkeiten den Vergütungsstufen vorläufig zuordnen Dieser Arbeitsschritt ist noch keine mitbestimmungspflichtige Eingruppierung im Sinne des Betriebsverfassungsgesetzes. Er dient ausschließlich der Bestimmung der Entgeltbandbreiten, also der Austarierung des Vergütungssystems. Die Mitarbeiter werden entsprechend ihrer konkreten Tätigkeit den Vergütungsstufen vorläufig zugeordnet. Dabei ist es unerheblich, ob sie alle Anforderungen oder Erwartungen erfüllen. Diese Frage stellt sich erst im Zusammenhang mit dem Leistungsentgelt.

Für die Zuordnung eines Mitarbeiters zu einer Vergütungsstufe ist es außerdem nicht relevant, ob er die geforderte Ausbildung beziehungsweise Zusatzqualifikation tatsächlich formal vorweisen kann. Entscheidend ist die Ausübung der Tätigkeit, für die üblicherweise eine bestimmte fachspezifische Berufsausbildung oder Zusatzqualifikation notwendig ist. Umgekehrt führt eine vorhandene fachspezifische Berufsausbildung oder Zusatzqualifikation nicht zwangsläufig zu einer entsprechend höheren Zuordnung zu einer Vergütungsstufe, wenn zum Beispiel nur eine Anlerntätigkeit ausgeübt wird.

▶   Die Zuordnung zu Vergütungsstufen erfolgt stringent entlang den Anforderungen des Arbeitsplatzes und nicht entlang der konkreten Qualifikation des jeweiligen Mitarbeiters. Wer in der Lage ist, auf der Basis seiner Erfahrung oder informell erworbener Qualifikationen eine höherwertige Tätigkeit auszuüben, erwirbt sich dadurch auch den Anspruch auf die entsprechende Vergütungsstufe.

---

[2] Ein Paarvergleich ist eine Vergleichsmethode, bei der einzelne Objekte paarweise verglichen werden. Im Gegensatz dazu wird bei der Skalierung beziehungsweise beim „Ranking" jedes Objekt einzeln betrachtet und auf eine Skala einsortiert. Der Paarvergleich wird oft verwendet, wenn subjektive Kriterien erfasst werden sollen.

Tab. 2.7 Auswertung der Vergütungs-IST-Situation

Vergütungs-stufe	Minimum	Mittelwert der untersten 5 %	Median	Mittelwert	Mittelwert der obersten 5 %	Maximum
9						
8						
7						
6						
5						
4						
3						
2						
1						

2.1.5 Vergütungsbandbreiten, Eingruppierung und Vergütungsmatrix

Für Unternehmen, deren Vergütungsniveau tariflichen Regelungen unterliegt, ist dieser Arbeitsschritt nicht relevant. Unternehmen ohne tarifliche Regelungen stehen vor der Aufgabe, für ihre Vergütungsstufen (im Beispiel VS 1 bis VS 9) Bandbreiten festzulegen, innerhalb derer sich die individuelle Vergütung der Mitarbeiter bewegt. In diesem Zusammenhang ist durchaus auch die Frage relevant, inwieweit diese Festlegung zu marktgerechten Vergütungsstrukturen führt.

Die Grundidee: Wenn es dem Unternehmen bisher gelungen ist, bei einer angemessenen Fluktuationsrate auch neue Mitarbeiter mit passenden Einstiegsvergütungen zu gewinnen, darf davon ausgegangen werden, dass das Gesamtvergütungsniveau marktgerecht war. Dann können auf der Basis der bisherigen Vergütungen die neuen Vergütungsbandbreiten festgelegt werden. Wenn dies nicht der Fall ist, ist die Einführung eines neuen Vergütungssystems eine gute Gelegenheit, nicht das ganze System, sondern gezielt die Mitarbeiter systematisch anzuheben, die mit Tätigkeit und Leistung im Vergleich zu den Kollegen zu niedrig liegen. Die Überleitung zum neuen System werden wir im Abschn. 4.5 genauer betrachten.

Für die aktuelle Bestimmung der Vergütungsbandbreiten für jede Vergütungsstufe ist es ausreichend, die IST-Entgelte der den Vergütungsstufen zugeordneten Mitarbeiter zu analysieren. Folgende Daten sind dafür zunächst relevant (Tab. 2.7):

Im konkreten Beispiel ergab sich aus dieser Analyse eine Vergütungsmatrix nach dem Prinzip überlappender Entgeltbänder in den verschiedenen Vergütungsstufen (VS) wie sie in Abb. 2.3 schematisch dargestellt ist. In diese Vergütungsmatrix ist eine Leistungskomponente auf der Basis einer Leistungsbeurteilung eingearbeitet, auf die wir noch in Abschn. 2.2.2 zu sprechen kommen werden (Tab. 2.8).

In diesem Beispiel betragen die vertikalen Sprünge von Vergütungsstufe zu Vergütungsstufe jeweils 13 % und die horizontalen Sprünge von der Mitte jeder Leistungsstufe zur Mitte der nächsthöheren Leistungsstufe jeweils 8 %. Dies ergibt eine Bandbreite für Leistung von mehr als 50 % von D_{min} = Index 100 bis A_{max} > Index 150. Diese Justierung muss

Abb. 2.3 Das Prinzip überlappender Entgeltbänder

Tab. 2.8 Beispiel für eine Vergütungsmatrix

	LS (Leistungsstufen)											
	D		C		B3		B2		B1		A	
	Min	Max	Min	Max	Min	Max	Min	Max	Min	Max	Min	Max
VS 9	3,860	4,210	4,211	4,561	4,562	4,912	4,913	5,263	5,264	5,614	5,615	5,966
VS 8	3,416	3,726	3,727	4,036	4,037	4,347	4,348	4,657	4,658	4,968	4,969	5,279
VS 7	3,023	3,297	3,298	3,572	3,573	3,846	3,847	4,121	4,122	4,396	4,397	4,672
VS 6	2,675	2,917	2,918	3,161	3,162	3,404	3,405	3,647	3,648	3,890	3,891	4,134
VS 5	2,367	2,582	2,583	2,797	2,798	3,012	3,013	3,227	3,228	3,443	3,444	3,659
VS 4	2,095	2,285	2,286	2,475	2,476	2,665	2,666	2,856	2,857	3,046	3,047	3,238
VS 3	1,854	2,022	2,023	2,190	2,191	2,359	2,360	2,527	2,528	2,696	2,697	2,865
VS 2	1,641	1,789	1,790	1,938	1,939	2,087	2,088	2,236	2,237	2,386	2,387	2,536
VS 1	1,452	1,583	1,584	1,715	1,716	1,847	1,848	1,979	1,980	2,111	2,112	2,244

unternehmensspezifisch auf der Basis der erwünschten Bandbreite für Leistung und auch der in der Vergangenheit realisierten Bandbreite erfolgen. Ob die Bandbreite 50, 40, 30 % oder weniger beträgt, ist in hohem Maße von den Zielsetzungen und der Anwendungskultur in der Vergangenheit abhängig. Eine Vergrößerung der Bandbreite ist im Zuge des Einführungsprozesses in mehreren Schritten möglich.

Diese Vergütungsmatrix findet auch Verwendung bei den Entscheidungen über individuelle Erhöhungen des Entgelts bei einzelnen Mitarbeitern. Mehr dazu in Abschn. 2.4.

Eingruppierung der Mitarbeiter Wenn die Bewertung der Arbeitsplätze abgeschlossen ist und die Vergütungsmatrix mit ihren Zielbereichen erstellt ist, kann die abschließende Eingruppierung der Mitarbeiter erfolgen. Der Begriff „Eingruppierung" ist dem Betriebsverfassungsgesetz entnommen. Damit ist dieser Arbeitsschritt in mitbestimmten Unternehmen auch nur mit Zustimmung des Betriebsrats möglich. Technisch gesprochen ist es nur eine Zuordnung der Tätigkeiten der Mitarbeiter zu den Vergütungsstufen.

▶   Auch hier geht es eigentlich nicht um die Eingruppierung des Mitarbeiters, sondern um die Eingruppierung der Tätigkeit, die der Mitarbeiter ausübt. Die Eingruppierung erfolgt sozusagen unabhängig vom konkreten Mitarbeiter mit seinen Eigenschaften, Qualifikationen und seinem Leistungsverhalten.

Manche Führungskräfte machen sich bei diesem Arbeitsschritt das Leben kurzfristig einfach. Sie nehmen die Zuordnung vor, indem sie Mitarbeiter entsprechend ihres bisherigen Entgelts eingruppieren. Das ist nicht zielführend, weil nicht sicher ist, ob das bisherige Entgelt tatsächlich der Tätigkeit entspricht: Es kann zu hoch oder zu niedrig sein und wenn es so wäre, würde die Fehlstellung der Vergangenheit nicht korrigiert werden, sondern in der Zukunft noch weiter fortgeschrieben werden.

Vergütungsmatrix marktgerecht austarieren Wenn Vergleichsdaten von ähnlichen Unternehmen vorliegen, kann zu diesem Zeitpunkt auch ein Quervergleich zu anderen Unternehmen in der gleichen Region vorgenommen werden, mit denen man im Wettbewerb um die gleichen Mitarbeiter steht. Meist reicht auch ein Vergleich der Referenzjobs aus.

Oft sind diese vertraulichen Daten zwischen den Unternehmen einer Region aber nicht zugänglich. Vergleiche zu Tarifstrukturen sind auch nicht immer hilfreich. Sie bilden auch häufig nicht die wirkliche Entgeltsituation ab, da übertarifliche Entgeltkomponenten und unterschiedliche Arbeitszeiten et cetera das Bild beeinflussen. Auch Entgeltvergleiche, die von Beratungsunternehmen durchgeführt werden und deren Ergebnisse erworben werden können, helfen oft nicht weiter, da die angeführten Bandbreiten so groß sind, dass sie wenig Aussagekraft für die konkrete regionale Wettbewerbssituation haben.

In diesem Fall, der mir häufig bei der Einführung neuer Entgeltstrukturen begegnet, hilft ein Blick auf die Erfahrungen, die in Bewerbungsgesprächen mit externen Kandidaten gesammelt werden und auch die Signale, die man in Austrittsgesprächen von Mitarbeitern erhält, die das Unternehmen verlassen. Damit erhält man in der Regel ausreichende Information darüber, ob die eigenen Vergütungsbandbreiten für einzelne Tätigkeiten im Markt liegen oder gegebenenfalls darunter oder darüber. Entsprechend lässt sich auch die Vergütungsmatrix justieren.

▶   Wichtig ist, dass die Schlüsselfunktionen für Spitzenleister (Leistungsstufe A) im Vergleich zum Markt überdurchschnittlich und für Leistungsträger (B1 und B2) im Marktdurchschnitt positioniert werden. Es gibt im Übrigen auch Unternehmen, die dauerhaft keine kompetitiven Entgelte bereitstellen und trotzdem erfolgreich Mitarbeiter rekrutieren und im Unternehmen halten. Das ist nicht immer eine Frage der Entgelthöhe, sondern vieler verschiedener Faktoren (siehe Abschn. 1.3).

Tab. 2.9 Methoden und Zielgruppen

	Unternehmen	Bereich/Team	Individuum
Kennzahlen	X	X	X
Leistungsbeurteilung		X	X
Zielvereinbarung		X	X

Tab. 2.10 Methoden, Zielgruppen und Fundstellen

	Unternehmen	Bereich/Team	Individuum
Kennzahlen	Abschn. 2.3	Abschn. 2.2.1	Abschn. 2.2.1
Leistungsbeurteilung		Abschn. 2.2.2	Abschn. 2.2.2
Zielvereinbarung		Abschn. 2.2.3	Abschn. 2.2.3

2.2   Leistungsbezogene Vergütungsanteile

Die Aufgabe leistungsbezogener Vergütungselemente besteht darin, die unterschiedlichen individuellen Leistungen einzelner Mitarbeiter, Teams oder Bereiche systematisch in Entgelt umzusetzen. Eine „echte" Variabilisierung von bisher vielleicht eher fixen Entgeltbestandteilen soll dazu führen, dass Leistungsergebnisunterschiede nachvollziehbar in Schwankungen des monatlichen oder jährlichen Entgelts übersetzt werden.

Wo variable Vergütung auf individueller Ebene eher als individuelles Leistungsfeedback mit teilweise motivatorischem Charakter betrachtet werden kann, sollen variable Vergütungselemente auf Unternehmensebene eher zur Flexibilisierung der Personalkosten in Abhängigkeit vom wirtschaftlichen Erfolg des Unternehmens dienen. Die Zielsetzung von variablen Vergütungselementen auf Bereichs- oder Teamebene dienen wiederum eher der Honorierung von gemeinsam erzielten Ergebnissen und der Stärkung der Zusammenarbeit in gemeinsamen betrieblichen Prozessen.

Für die Umsetzung von leistungsvariablen Vergütungselementen stehen im Kern drei Methoden zur Verfügung, die auch in Kombination miteinander angewendet werden können:

1. Kennzahlen mit Prämien- beziehungsweise Akkordsystemen,
2. Zielvereinbarung als Variante von Kennzahlensystemen,
3. Leistungsbeurteilung mit unterschiedlichen Ausprägungen.

Theoretisch können die drei Methoden für alle Zielgruppen angewendet werden. Wie in den Kapiteln 2.2.1 bis 2.2.3 jeweils noch ausgeführt wird, ergeben sich aus praktischen Gründen eine Reihe von Einschränkungen, sodass die drei Leistungsentgeltmethoden für die verschiedenen Zielgruppen sinnvoller Weise wie folgt angewendet werden (Tab. 2.9):

Die Fundstellen für Beispiele der Anwendung der verschiedenen Methoden für die verschiedenen Zielgruppen entnehmen Sie bitte Tab. 2.10.

2.2.1 Kennzahlen

Die klassischen Vertreter der Methode „Kennzahlen" sind Akkord- und Prämiensysteme sowie Provisionsregelungen. In der Entwicklung von Entgeltsystemen waren dies die ersten drei Ausprägungen von leistungsvariabler Vergütung. Die Reinformen von Kennzahlensystemen setzen die Messbarkeit der jeweils zugrunde gelegten Größen voraus. Sie geben aber noch keinen Hinweis darauf, dass die richtigen Größen gemessen werden. Die fundamentale Frage ist deshalb in erster Linie: „Woran erkennen wir gute Leistung bei *uns* im Unternehmen beziehungsweise in den verschiedenen Bereichen des Unternehmens?" Auf der Suche nach den *richtigen* Kennzahlen kann man sich auch die Frage stellen: „Welche Kennzahlen haben wir denn bisher für die Steuerung der verschiedenen Funktionsbereiche des Unternehmens verwendet?" Manchmal hilft auch die Frage weiter: „Wenn wir über Probleme diskutieren, welche Kennzahlen benutzen wir denn, um die Probleme zu beschreiben?" oder „Welche Themen schlagen immer wieder im Managementteam auf und haben unsere Aufmerksamkeit?"

Im Folgenden werden die drei Ausprägungsformen von Kennzahlensystemen vorgestellt, die Vor- und Nachteile sowie die notwendigen Rahmenbedingungen für deren Einsetzbarkeit diskutiert.

Individuelle Kennzahlen, Gruppenkennzahlen und Unternehmenskennzahlen Vorab möchte ich Ihre Sinne dafür schärfen, für welchen Individualisierungsgrad Kennzahlensysteme erfolgreich anwendbar sind. Meine Thesen dazu sind folgende:

1. Je individueller die Kennzahlen werden, umso schwieriger wird der Zusammenhang mit Entgelt.
2. Je tiefer in der Hierarchie die Kennzahl geht, desto eher geht es um Gruppen- oder Unternehmensziele und weniger um individuelle Ziele mit Entgeltwirkung.

Zu These 1 Wenn individuelles Leistungsentgelt mit Kennzahlen gesteuert wird, haben die betroffenen Mitarbeiter den Anspruch und die Erwartung, dass sie diese Kennzahl auch maßgeblich beeinflussen können und dass sie absolut korrekt ermittelt wird. Der Beeinflussung durch den Mitarbeiter sind umso engere Grenzen gesetzt, je tiefer der Mitarbeiter in der Hierarchie angesiedelt ist. Die Störeinflüsse aus der Umgebung nehmen zu und es wird zunehmend die Leistung mehrerer Mitarbeiter gemessen und nicht mehr die eines einzelnen Mitarbeiters. Die Kennzahl wird „verunreinigt".

Außerdem steigt der Aufwand der Ermittlung trennscharfer und „sauberer" Kennzahlen, die wirklich nur die Leistung eines einzelnen Mitarbeiters abbilden.

Zu These 2 Mitarbeiter bewegen sich gemeinsam in Prozessen. Es gibt nur wenige Mitarbeiter in den unteren hierarchischen Ebenen, die das Ergebnis eines Prozesses allein beeinflussen können. Die Prozessqualität und die Prozessergebnisse hängen also vom erfolgreichen Zusammenwirken mehrerer Beteiligter ab. Somit ist es auch für die Entgeltwirkung sinnvoll, diese verschiedenen Beteiligten zu einer Gruppe mit einer Gruppenprämie zusammenzufassen.

2.2.1.1   Akkord auf der Basis von Kennzahlen

Ein Akkordzuschlag wird in der Regel auf ein anforderungsbezogenes Grundentgelt aufgeschlagen, wenn eine Vorgabezeit unterschritten oder eine Vorgabestückzahl überschritten wird. Zum Grundentgelt wird also ein zeit- oder stückzahlabhängiger Zuschlag in Prozent vergütet, der sich wie folgt berechnet:

$$\text{Akkordzuschlag in Prozent} = \text{Individuelle Leistung} : \text{Normalleistung} \times 100$$

Die Normalleistung ergibt sich aus detaillierten Vorgabezeiten, die im Vorfeld für einzelne Arbeitsgänge ermittelt werden. Der Charme von Akkord besteht darin, dass er einen einfachen Zusammenhang zwischen individueller Leistung und Entgelt herstellt und zudem noch die Aufmerksamkeit auf eine unternehmerisch wichtige Kennzahl lenkt. Zudem können Vorgabezeiten nicht nur für die Entgeltfindung, sondern auch zur Fertigungsplanung und Kalkulation herangezogen werden. Akkord ist damit sowohl zur Steuerung wie auch zur Ermittlung leistungsvariablen Entgelts tauglich. Und doch steckt die Herausforderung im Detail, um dem Aufwand für die Ermittlung von Vorgabezeiten eine möglichst lange Nutzungsdauer eben dieser Vorgabezeiten gegenüberstellen zu können. Aus diesem Grund sind einige Rahmenbedingungen notwendig, um Akkord effektiv und effizient als Methode für leistungsvariables Entgelt einsetzen und die Vorteile voll ausschöpfen zu können:

- ein starker Seriencharakter mit hohen Stückzahlen in gleicher Form und hohen Auftragslosgrößen,
- stabile, gleichförmige Prozesse beziehungsweise eher gleichförmige Tätigkeiten,
- eine stabile Besetzung der verschiedenen Arbeitsplätze und starke Arbeitsteilung, um „Meisterschaft" in einzelnen Arbeitsschritten zu erreichen,
- wenig Unterbrechungen beziehungsweise Störungen durch Material, Auftragsänderungen und Maschinen,
- wenig technische Veränderungen in Produkten und Prozessen,
- hohe Beeinflussbarkeit des Ergebnisses durch den Mitarbeiter selbst, das heißt wenig Taktung beziehungsweise Geschwindigkeitsvorgabe durch Maschinen.

Demgegenüber stehen Risiken und Trends, die bei der Abwägung von Vor- und Nachteilen berücksichtigt werden müssen:

1. In vielen Unternehmen ist erkennbar, dass die Auftragslosgrößen eher abnehmen. Die Vielzahl von Aufträgen mit kleineren Stückzahlen nimmt zu, die Anzahl der Rüstvorgänge und Rüstzeiten nimmt ebenfalls tendenziell zu.

2. Terminflexibilität wird als Anforderung von Kunden immer stärker. Aufträge können wegen Terminvorgaben immer seltener zu effizienteren Arbeitspaketen zusammengefasst werden.

3. Die Anforderungen an die Mitarbeiter bezüglich zeitlicher und Einsatzflexibilität nehmen immer weiter zu. Es kommt immer mehr darauf an, den Gesamtablauf und nicht nur kleinteilig einzelne Arbeitsschritte optimal zu gestalten.

4. Großserien sind tendenziell „Automatisierungskandidaten" und werden hauptsächlich von Maschinen abgearbeitet, die die Mitarbeiter in der Leistung kaum beeinflussen können.

5. Akkord mit großen Stückzahlen und zeitliche Flexibilität sind Antagonisten und führen zu Akkordprämieneinbußen für die Mitarbeiter.

6. Die Vorarbeiten zur Ermittlung der Vorgabezeiten sind nicht zu unterschätzen. Da diese auch der Mitbestimmung unterliegen, sind sie häufig Anlass für Diskussionen und Rumoren in den Fertigungsbereichen.

7. Vorgabezeiten brauchen ständige Pflege, insbesondere bei technologischen und Produktänderungen, die zu Rationalisierungen führen, die nicht durch höhere Leistung der Mitarbeiter verursacht werden. Unterbleibt dies, so entwickeln sich Akkordzuschläge tendenziell nach oben. Um die Lohnkosten unter Kontrolle zu halten, erfolgen häufig „Deckelungen", die letztlich den Nutzen von Akkord gefährden und eine weitere Leistungsentwicklung behindern. Mitarbeiter bauen „Vorderwasser" auf, indem sie zeitweise Überschreitung der Normalleistung zum Ausgleich für zeitweilige Unterschreitung nutzen.

8. Mitarbeiter erkennen die „Lücken" in Akkordsystemen sehr schnell, sodass das Risiko besteht, dass Verbesserungsmöglichkeiten nicht für den Gesamtprozess, sondern für die Sicherung der eigenen Akkordleistung genutzt werden.

Statt Vorgabezeiten können aber auch andere Kennzahlen verwendet werden, die zwar einfacher zu messen sind, aber in ihrer Einfachheit nur selten Leistung umfassend abbilden, wie zum Beispiel

- das Gewicht der Produkte, die erzeugt wurden;
- das Gewicht, das bewegt wurde:
- die Fläche, die Länge oder das Volumen der Erzeugnisse;
- und so weiter.

Fensterputzer können in Quadratmeter gereinigter Fensterfläche pro Stunde vergütet werden, Fliesenleger in Quadratmeter verlegter Fliesen und Transporteure in bewegten Tonnen pro Stunde. Aber Vorsicht: Es gilt der Grundsatz:

▶   „You get what you pay for!"

Abb. 2.4 Beschäftigungsstruktur nach Entgeltmethoden[3]

Die Verwendung von nur einer Kennzahl fördert meistens eindimensionales Leistungsverhalten. Wenn nur Menge honoriert wird, werden tendenziell andere Aspekte wie Produktqualität oder Prozessqualität oder die Hand-in-Hand-Arbeit mit Kollegen vernachlässigt. Sie werden auch nicht bezahlt. Die aktuelle betriebliche Welt lebt allerdings immer mehr davon, dass Gesamtprozesse durch mitdenkende Mitarbeiter „gut geschmiert" laufen. Jedes Sandkorn im Getriebe stört und wenn Mitarbeiter nur kleinteilig ihre eigenen Arbeitsschritte beschleunigen und optimieren, leidet unter Umständen das Ganze. Wohlgemerkt: Das muss nicht so sein, aber eine genaue Prüfung ist sinnvoll, da die Haltbarkeitsdauer von Vergütungssystemen, wenn sie einmal eingeführt sind, eher lang ist. So leicht ändert man sie nicht.

Weiterhin ist es wichtig zu bemerken, dass die Anwendungshäufigkeit von Akkordsystemen (siehe Abb. 2.4) aufgrund der oben genannten Entwicklungen beständig zurückgeht. Eine Einführung in der jetzigen Entwicklungsphase industrieller Prozesse muss deshalb sehr genau überdacht werden.

2.2.1.2   Prämien auf der Basis von Kennzahlen

Eine Weiterentwicklung der Ausprägung „Akkord" innerhalb der Kennzahlensysteme ist die Prämie. Auch hier besteht das Entgelt aus einem anforderungsbezogenen Grundlohn als Festbetrag, der auf der Arbeitsplatzbewertung beruht und einem variablen Zuschlag, der Leistungsprämie.

Prämienlohn unterscheidet sich vom Akkordlohn durch Bezug auf mehrere und andere Kriterien als das reine Zeit-Mengen-Verhältnis. Wie aus Abb. 2.4 zu entnehmen ist, löst Prämienlohn in vielen Unternehmen Akkordprämien ab. Ein Grund dafür sind nicht nur zusätzliche Kriterien, die verwendet werden können, sondern auch das nicht notwendigerweise linear verlaufende Verhältnis von Leistung (Standardleistung + Mehrleistung) zu Entlohnung (Grundlohn, Prämienrichtsatz und Prämie).

---

[3] Quelle: Gesamtmetall (2011).

Abb. 2.5 Leistungsentgelt mit
Gruppenleistungsprämie und
Leistungsbeurteilung

Die Prämie kann sich nach folgenden Kennzahlen oder einer Kombination bemessen:

- Arbeitsmenge im Verhältnis zu einer Vorgabezeit,
- Qualität, zum Beispiel Anteil fehlerhafter Stücke, Reduzierung der Ausschussquote oder Reklamationen,
- Nutzung von Maschinen als Maschinennutzungszeit beziehungsweise Reduzierung von Stillstandszeiten,
- Materialausbeute, -ersparnis,
- Energieeinsparung,
- Personaleinsatz,
- Termintreue,
- Produktivität,
- Qualifikation.

Dabei wird jeweils ein Normalniveau beziehungsweise eine Normalleistung zugrunde gelegt, deren Unter- oder Überschreitung eine Auswirkung auf die zu zahlende Prämie hat. Ein Beispiel liefert ein metallverarbeitendes Unternehmen mit langer Akkordgeschichte, das eine Produktivitätsprämie einführte:

In den Fertigungsbereichen dieses Unternehmens wurde seit den 1950er Jahren im Akkord gearbeitet. Ganze Generationen von Mitarbeitern und Führungskräften sind quasi in einer Akkordumgebung aufgewachsen. Manche konnten sich nicht einmal mehr vorstellen, dass ein Unternehmen ohne Akkord überhaupt funktionieren kann. Diese Haltung veränderte sich auch kaum, obwohl seit den 1990er Jahren ein ganze Reihe der oben genannten Veränderungen erkennbar waren. Die großen Stückzahlen gingen zurück und Kunden bestellten immer kurzfristiger in immer kleineren Mengen. Gleichzeitig nahm die Produktvielfalt extrem zu, viele Varianten machten es fast unmöglich, mit der Zeitaufnahmen für die Vorgabezeiten Schritt zu halten. Als Folge davon arbeiteten immer mehr Mitarbeiter im „unechten" Akkord, das heißt für Arbeiten, für die keine aktuellen Vorgabezeiten existierten und für die Rüstzeiten wurde „Durchschnitt" bezahlt. Kurz vor Ablösung des Akkords arbeiteten 70 % der Mitarbeiter im „unechten" Akkord, also praktisch mit fixem Entgelt, und trotzdem fehlte vielen das Vorstellungsvermögen, wie die betriebliche Welt ohne Akkord aussehen und funktionieren könnte. Das Motto musste heißen: Etwas Bekanntes mitnehmen und etwas Neues hinzufügen (Abb. 2.5).

Tab. 2.11 Leistungskennzahl und Leistungszulage

Leistungskennzahl (%)	Leistungszulage aus der Leistungsprämie (%)
ab 59	2
61	4
64	6
67	8
72	10
77	12
82	14
87	16

Über die Komponente der Leistungsbeurteilung mit einem Anteil von durchschnittlich 60 % am gesamten Leistungsentgelt wird der persönliche Erfolg im Sinne der individuellen Leistung eines Mitarbeiters honoriert. Auf die Leistungsbeurteilung als Methode werden wir im Abschn. 2.2.2 eingehen.

Im Zusammenhang mit der Methode „Kennzahlen" und der Gestaltung einer Prämie betrachten wir in diesem Kapitel die Gruppenleistungsprämie, die in einem interessanten betrieblichen Beispiel wie folgt berechnet wird:

$$\text{Leistungskennzahl} = \sum (\text{Gutstück} \times \text{Vorgabezeit}) : \sum \text{Anwesenheitszeiten}$$

Diese Leistungskennzahl wurde in diesem Unternehmen bereits seit vielen Jahren schon ermittelt, spielte aber für die Mitarbeiter keine Rolle, sondern wurde nur vom Management beobachtet. Für die Mitarbeiter spielten nur ihre individuellen Vorgabezeiten und Akkordzulagen eine Rolle. Das Ziel der neuen Gruppenleistungsprämie war nun, mit der Verbesserung der Leistungskennzahl eine Verbesserung der Produktivität zu erreichen. Deshalb wurde für die Zukunft die Verbesserung der Leistungskennzahl zur Grundlage für die Gruppenleistungsprämie mit dem Ziel, dass die Mitarbeiter an der Verbesserung der bisherigen Leistungskennzahl mitwirken können. Der Fünfjahresdurchschnitt vor der Einführung der Gruppenleistungsprämie lag bei 67 % (Tab. 2.11).

Bei einer weiterhin durchschnittlichen Leistungskennzahl von 67 % erhalten die Gruppen eine durchschnittliche Gruppenleistungszulage von 8 %. Dies entspricht der tariflichen Vorgabe für mindestens auszuschüttende Leistungszulagen. Bei einer Verbesserung dieser durchschnittlichen Leistung aus dem Bezugzeitraum der vergangenen fünf Jahre steigt die Gruppenleistungsprämie, andernfalls fällt sie.

Die Gruppenleistungsprämie übernimmt aus der Vergangenheit den Kennzahlengedanken mit Stückzahlen und Vorgabezeiten, allerdings mit einigen Variationen.

1. In der Vergangenheit wurde der Genauigkeit der Vorgabezeiten höchstes Augenmerk gewidmet, da das individuelle Leistungsentgelt davon abhängig war. Es kommt immer

noch auf korrekte Vorgabezeiten[4] an, allerdings wirken sich „Unschärfen" nicht mehr in dem hohen Maße aus und werden auch eher zugelassen.

Eine wesentliche Veränderung stellt die Handhabung der Gemeinkosten- und Nebenzeiten wie sachliche und persönliche Verteilzeiten, Reparaturen, Rüsten, Reinigen, Wartung, Transport, Einarbeitung, Datenerfassung, Nacharbeit, Prüfen, Qualitätskontrolle und so weiter dar. Sie werden zukünftig nicht mehr wie im Akkord aus den Leistungszeiten herausgerechnet, sondern sie sind vollständig in der Summe der Anwesenheitszeiten enthalten. Dies stellt zum einen eine wesentliche administrative Vereinfachung dar, zum anderen stellen diese Gemeinkosten- und Nebenzeiten das Optimierungspotenzial für die Mitarbeiter dar. Je weniger Zeit sie für die Gemeinkosten- und Nebenzeiten brauchen, desto höher wird die Leistungskennzahl liegen. Dies stellt eine Umkehrung der bisherigen Handhabung der Gemeinkosten- und Nebenzeiten dar. Die Logik: Wenn es nicht mehr um die individuelle Vergütung, sondern um eine gemeinsame Vergütung aller Beteiligten geht, dann spielen Gemeinkosten-/Nebenzeiten keine Rolle mehr. Gemeinkosten-/Nebenzeiten wie Umrüsten, Reinigen, Wartung, Nacharbeit, Qualitätskontrolle, Wartezeiten wurden in der Vergangenheit mit dem Akkorddurchschnitt vergütet. Dann kann man diese Zeiten in der Entgeltbetrachtung zukünftig auch weglassen. Damit wird ein Anreiz für alle gemeinsam geschaffen, diese Gemeinkosten- und Nebenzeiten zu reduzieren. Wenn keine Reduzierung erreicht werden kann, dann wäre dies nicht zum Nachteil des Mitarbeiters, sondern würde nur den Status quo fortschreiben.

2. Ein weiteres wichtiges Thema in diesem Zusammenhang ist der Umgang mit Störungen. Störungsquellen sind vielfältig: Maschinenstörungen, -stillstand, Materialfehler, Nachschubstörungen, Fehlzeiten, um nur einige zu nennen. Es ist nachvollziehbar, dass Mitarbeiter, deren individuelle Leistungsprämie von bestimmten Kennzahlen abhängig ist, großen Wert darauf legen, dass nur sie selbst mit ihrer persönlichen Leistung die Entwicklung der Kennzahl und damit ihre Prämie beeinflussen. Jede Störung von außen, die nicht vom Mitarbeiter selbst zu beeinflussen ist, hemmt ihn aus seiner persönlichen Sicht, eine optimale Leistung zu erbringen und seine individuelle Prämie in seinem Interesse zu optimieren. Dies gilt insbesondere dann, wenn die Störung nicht alle Arbeitsplätze in gleicher Weise betrifft, sondern nur wenige Arbeitsplätze oder sogar nur einen Arbeitsplatz, nämlich den des Mitarbeiters. Auch hier gilt die gleiche Logik wie unter 1.: Störungen kamen auch in der Vergangenheit vor und sie werden auch zukünftig nicht zu vermeiden sein. Im Gegenteil: Wie in der Vergangenheit geht es auch in Zukunft darum, als Gruppe intelligent mit Störungen umzugehen. Trotz Störungen lieferfähig zu bleiben oder wenigstens noch das Beste aus der Situation zu machen, so produktiv wie möglich zu bleiben, das bleibt bei Störungen die Aufgabe – wie in der Vergangenheit auch. Die Botschaft ist also: Je besser ihr mit Störungen umgeht, desto höher ist eure Produktivität und desto höher ist auch eure Prämie.

---

[4] Auch zu Kalkulations- und Planungszwecken.

Tab. 2.12 Produktivitätssteigerung und Leistungszulage

Veränderung der Leistungskennzahl zum Vorjahr (%)	Leistungszulage aus der Leistungsprämie (%)
−4	2
−2	4
±0	6
+1	8
+2	10
+3	12
+4	14
+5	16

3. Um diesen Prozessgedanken zu unterstützen, ist es hilfreich, auch vor- und nachgelagerte Bereiche entlang der Prozesskette wie Einkauf, Logistik, Arbeitsvorbereitung und vielleicht sogar Produkt- und Betriebsmittelkonstruktion auf der Basis der gleichen Kennzahlen mit der gleichen Prämie zu vergüten.

Dieses Prinzip kann auch dynamischer gestaltet werden, indem die Verbesserung der Produktivität gegenüber dem Vorjahr prämienrelevant wird. Übertragen auf das vorherige Beispiel in Tab. 2.11 würde die Prämienregelung wie folgt aussehen:

Im Beispiel aus Tab. 2.12 wird also zugrunde gelegt, dass erst eine Produktivitätssteigerung um + 1 % zum Vorjahr zu einer durchschnittlichen Leistungszulage von in diesem Fall 8 % führt. Insbesondere unter dem Aspekt der nachhaltigen Wirkung und der Haltbarkeit des Systems ist diese Variante interessant. Es setzt insofern alle Beteiligten der Erwartung aus, an ständiger Verbesserung zu arbeiten, als Mitarbeiter erfahrungsgemäß auch angrenzende Bereiche zur Prozessverbesserung ermuntern beziehungsweise diese einfordern, um ihre Prämie optimieren zu können.

▶ Ich möchte diese Wirkung als eine Wirkung zweiter Ordnung bezeichnen. Es gibt noch eine Wirkung dritter Ordnung für das gesamte betriebliche System. Im Gegensatz zum Akkord, der eine eher statische Wirkung entfaltet und Strukturen eher „zementiert", entfaltet eine Prämie in dieser Form auch ein betriebliches Ambiente von ständiger Verbesserung. An dieser Stelle sei nur Folgendes angemerkt, ohne dass dieser Gedanke hier detailliert weiter verfolgt werden kann: Ein Vergütungssystem kann diese Wirkung dritter Ordnung nicht allein entfalten, sondern eher unterstützend wirken. Ein ansonsten eher starres und konservatives Klima wirkt hier selbstverständlich begrenzend.[5]

---

[5] Mehr dazu bei Weißenrieder und Kosel (2005).

Eine wichtige Rolle bei der nachhaltigen Gestaltung der Prämie spielt die Festlegung der Bezugszeiträume. Diese Form der Prämiengestaltung unterstützt eher Marathonläufer als Sprinter. Individuelle Spitzenleistung für ein paar Wochen wird wenig Effekte für die Prämie haben. Deshalb sind Vergleiche zum Vormonat oder Vorjahresmonat eher wenig hilfreich. Eine beständige Leistungsverbesserung ist einem kurzfristigen Spitzenergebnis vorzuziehen. Aus diesem Grund hat es sich in vielen Fällen bewährt, eher einen rollierenden Dreimonatszeitraum mit dem gleichen Zeitraum im Vorjahr zu vergleichen. Damit wird auch der Einfluss von immer wieder auftretenden kurzfristigen Störungen wie Material- oder Personalengpässe, Qualitäts- oder Maschinenstörungen geglättet. Außerdem besteht immer der Anreiz für die Mitarbeiter, die Auswirkungen von Störungen so gering wie möglich zu halten und sich selbst dafür einzusetzen.

Im Akkordumfeld ziehen sich Mitarbeiter eher darauf zurück, dass es in der Verantwortung anderer Bereiche (Logistik, Entwicklung, Arbeitsvorbereitung und so weiter) liegt, die Störung zu beseitigen. Weiterhin darf in fast allen Unternehmen unterstellt werden, dass sich in einem rollierenden Dreimonatszeitraum negativ wirkende Störungen und positiv wirkende Einflüsse ausgleichen. Einfachere und schwierigere Produkte, störungsfreie und Störungszeiten et cetera gleichen sich über längere Zeiträume aus.

Wohlgemerkt: Alles in diesem Zusammenhang ist Verhandlungssache. Sowohl die konkrete Leistungs-/Entgeltrelation wie auch die jeweiligen Bezugszeiträume unterliegen selbstverständlich der betrieblichen Mitbestimmung gemäß § 87 Abs. 1, Nummern 10 und 11 Betriebsverfassungsgesetz. Was konkret realisierbar ist, ist abhängig von der jeweiligen betrieblichen Situation. Auf die Einbindung des Betriebsrats und anderer Beteiligter im Zuge der Konzeptionsphase wird im Kap. 4 eingegangen.

An dieser Stelle soll noch auf die Chancen und Risiken insbesondere der Gruppenprämie eingegangen werden. In ähnlicher Weise treffen diese Gedanken auch auf andere Vergütungselemente zu, die nicht individuelle, sondern Gruppenleistung zugrunde legen:

1. Die Auswirkungen einer Gruppenprämie sind unter dem Strich positiv. Mitarbeiter haben einen Anreiz dafür, Hand in Hand zu arbeiten und sich gegenseitig zu unterstützen, damit ihr gemeinsames Ergebnis besser wird. Aber: Fast jedes System hat Lücken und kann nach einer gewissen Lernphase von den beteiligten Mitarbeitern und Führungskräften bedient und teilweise virtuos genutzt werden. Einzelne oder mehrere Mitarbeiter können sich zurücklehnen und ihre Leistung reduzieren in der Annahme, dass andere in der Gruppe dies kompensieren würden. Gute Mitarbeiter reagieren in der Regel allerdings so, dass sie sich nicht dauerhaft von anderen ausnutzen lassen und das Thema zur Sprache bringen. Außerdem bleibt es Aufgabe der Führungskräfte, genau dann ihrer Aufgabe auch nachzukommen und korrigierend einzugreifen.[6]
2. Flankierend zur Gruppenprämie ist es sinnvoll und hilfreich, andere Leistungsentgeltmethoden wie zum Beispiel die individuelle Leistungsbeurteilung zu nutzen, um weiterhin auf individuelle besondere Leistung positiv, aber auch auf Leistungsmängel mit

---

[6] Vergleiche Kosel (2012).

Tab. 2.13 Behälterprämie

Ausgangsbe-hälterleistung pro Stunde pro Mitarbeiter	Index = 100				
Behälterleistung pro Mitarbeiter	Entspricht einer Steigerung zum aktuellen Stand	Einsparung pro Mann-stunde	Prämie pro Stunde an Mitarbeiter	Reduzierte Prämie pro Stunde bei Reklamationen von 65 bis 100 ppm	Reduzierte Prämie pro Stunde bei Reklamationen von mehr als 100 ppm
102	2,0 %				
103	3,0 %				
104	4,0 %				
105	5,0 %				
106	6,0 %				
107	7,0 %				
108	8,0 %				
109	9,0 %				
110	10,0 %				

einem Abschlag reagieren zu können. Individuelle Spitzenleistung und Gruppenleistung sind keine konkurrierenden, sondern sich ergänzende Aspekte. Im betrieblichen Geschehen ist beides notwendig und auch beides im Vergütungssystem abbildbar. Auch dieses Zusammenspiel von Einzel- und Gruppenleistung entfaltet eine nachhaltige Wirkung, indem die positiven Aspekte beider Pole genutzt und Schwächen ausgeglichen werden können.

3. Für manche Mitarbeiter erscheinen die eigenen Einflussmöglichkeiten auf die Gruppenleistungsprämie zu gering und in der Tat beeinflussen Einzelleistungen und Einzelereignisse bei einem rollierenden Dreimonatszeitraum die Leistungsprämie nur geringfügig. Dieser Effekt kann durch ständige Information über den aktuellen Leistungsstand und regelmäßiges, kurzfristiges Leistungsfeedback ausgeglichen werden. Im folgenden Beispiel in Tab. 2.13 gibt es täglich eine Information über das Leistungsergebnis der Gruppe vom Vortag und die hochgerechnete Leistungsprämie für den laufenden Monat.

4. Positiv zu vermerken ist, dass die bereichsübergreifende Zusammenarbeit optimiert werden kann, indem zum Beispiel die an Fertigungsbereiche angrenzenden, zuarbeitenden Bereiche, wie die Logistik oder auch die Arbeitsvorbereitung, mit der gleichen Kennzahl gesteuert werden können. Das Motto ist: Alles dient dazu, die Fertigung optimal am Laufen zu halten.

In den oben genannten Beispielen in den Tab. 2.11 und 2.12 steuert eine Kennzahl die Gruppenleistungsprämie. Wohlgemerkt: Durch „Gutstück" sind Qualitätsaspekte bereits vertreten, optimale Maschinennutzungszeiten fließen indirekt ein und Durchlaufzeiten sind zum Beispiel ebenfalls integriert. Alle diese unterschiedlichen Aspekte sind mit einem gewissen Charme in einer Kennzahl „Produktivität" gebündelt.

Um verschiedene Zielsetzungen parallel zu verfolgen und auch sichtbar machen zu können, können in einer Prämie verschiedene Kennzahlen verbunden werden oder aber verschiedene Prämien zu einem Entgeltsystem kombiniert werden.

In einem Logistikunternehmen, in dem es auf den schnellen, fehlerfreien und pünktlichen Transport von Behältern an bestimmte Fertigungsorte ankommt, wurde ein Prämiensystem realisiert, das die Behälterleistung, die Fehlerquote in ppm (parts per million) und Schäden berücksichtigt. Die Grundidee war auch hier, eine durchschnittliche Leistung in Vorjahren zu verbessern und die Mitarbeiter an dieser Verbesserung zu beteiligen. Die sogenannte Behälterprämie wird zusätzlich zu einem anforderungsbezogenen Grundentgelt und einer individuellen Leistungszulage[7] bezahlt.

Das monatliche Gesamtentgelt bestand aus drei Komponenten:

- Grundlohn aus der Vergütungsstufe,
- persönliche Leistungszulage aus einer Leistungsbeurteilung,
- Gruppenprämie aus der Behälterleistung (Behälterprämie).

Die Behälterleistungsprämie wurde auf der Basis der Parameter in Tab. 2.13 gestaltet.

Das Prinzip, das auch auf andere Fälle übertragen werden kann, besteht darin, die Verbesserung eines Zustandes mit einem Bonus zu honorieren und für prozessqualitätsentscheidende Störgrößen einen Malus anzusetzen. Schäden reduzieren zum Beispiel die Behälterprämie: Die Jahresschadenssumme beinhaltet Waren-, Gebäude-, Betriebsmittelschäden und so weiter. Wenn sich die Schadenssumme unterjährig negativ entwickelt, gibt es ein Signal durch intensive Information. Wenn sich die Schadenssumme weiter erhöht, mindert sie die Behälterprämie.

An diesem Beispiel lässt sich eine weitere Gestaltungsform von variablem Leistungsentgelt darstellen. Die Einsparungen, die durch die Verbesserung der Behälterleistung erzielt werden, werden zwischen dem Unternehmen und den Mitarbeitern geteilt.

▶ Dieses Prinzip des *Gainsharing* ist eine Form des Prämienlohns, die mitberücksichtigt, dass Verbesserungen nicht immer nur durch Mitarbeiter verursacht werden, sondern auch technologisch oder organisatorisch bedingt sein können. Der Nutzen der daraus entsteht, wird geteilt.

Diese Regelung trägt der Tatsache Rechnung, dass nicht jede Produktivitätssteigerung den Gewinn des Unternehmens steigert, sondern sie in vielen Fällen notwendig ist, um die Marktposition durch eine entsprechende Preiskalkulation halten zu können. Wie hoch die

---

[7] Aus Leistungsbeurteilung.

Leistungsabweichung			Ausbeute in % der			Reklamationen pro			Rüstzeit/Rüstvorgang in		
erzieltes Ergebnis	Einsparung pro MA/Monat	Prämie pro MA pro Monat	erzieltes Ergebnis	Einsparung pro MA/Monat	Prämie pro MA pro Monat	erzieltes Ergebnis	Einsparung pro MA/Monat	Prämie pro MA pro Monat	erzieltes Ergebnis	Einsparung pro MA/Monat	Prämie pro MA pro Monat
-	- €	- €	90,00	- €	- €	19,00	- €	- €	2,50	- €	- €
-17,0%	- €	- €	90,50	- €	- €	18,00	- €	- €	2,40	- €	- €
-16,5%	32 €	8 €	91,00	- €	- €	17,00	- €	- €	2,30	- €	- €
-16,0%	63 €	16 €	91,50	- €	- €	16,00	- €	- €	2,20	- €	- €
-15,5%	95 €	24 €	92,00	- €	- €	15,00	- €	- €	2,10	- €	- €
-15,0%	127 €	32 €	92,50	93 €	12 €	14,00	- €	- €	2,00	- €	- €
-14,5%	158 €	40 €	93,00	187 €	23 €	13,00	- €	- €	1,90	147 €	37 €
-14,0%	190 €	48 €	93,50	280 €	35 €	12,00	- €	- €	1,80	293 €	73 €
-13,5%	222 €	55 €	94,00	373 €	47 €	11,00	- €	- €	1,70	440 €	110 €
-13,0%	253 €	63 €	94,50	467 €	58 €	10,00	- €	- €	1,60	587 €	147 €
-12,5%	285 €	71 €	95,00	560 €	70 €	9,00	11 €	9 €	1,50	733 €	183 €
-12,0%	317 €	79 €	95,50	653 €	82 €	8,00	23 €	17 €	-		
-11,5%	348 €	87 €	96,00	747 €	93 €	7,00	34 €	26 €	-	Schwellenwert	
-11,0%	380 €	95 €	96,50	840 €	105 €	6,00	45 €	34 €	-		
-10,5%	412 €	103 €	97,00	933 €	117 €	5,00	57 €	43 €	-	-	-
-10,0%	443 €	111 €	97,50	1.027 €	128 €	4,00	68 €	51 €	-	-	-
-	Obergrenze		98,00	1.120 €	140 €	3,00	79 €	60 €	-	-	-
-			98,50	1.213 €	152 €	2,00	91 €	68 €	-	-	-
-	-		99,00	1.307 €	163 €	1,00	102 €	77 €	-	-	-

Abb. 2.6 Gruppenleistungsprämie mit vier Kennzahlen

Gainsharing-Quote jeweils ist, ist damit abhängig von der konkreten Situation des Unternehmens. Außerdem ist selbstverständlich auch diese Quote in mitbestimmten Unternehmen mitbestimmungspflichtig und damit zu Teilen auch wiederum Verhandlungssache.

Das Festlegen einer „pauschalen" Gainsharing-Quote verhindert, dass ständig über den Anteil der Verbesserungen diskutiert werden muss, die auf das Wirken der Mitarbeiter oder im Gegensatz dazu auf technologische oder organisatorische Prozess- oder Produktverbesserungen zurückgehen. Die nachhaltige Wirkung an der Stelle besteht darin, dass mögliche Konfliktfelder, die langfristig „Energie verschwenden", aus der Diskussion genommen werden.

Ein weiteres Beispiel in Abb. 2.6 zeigt auf, wie mehrere unterschiedliche Aspekte zu Kennzahlen für ein Prämiensystem kombiniert werden können. In diesem Fall handelt es sich ebenfalls um eine Gruppenprämie, da es auch hier um das Zusammenwirken mehrerer Beteiligter zu einem Gesamtergebnis geht, das mit Kennzahlen beschrieben werden kann. Individuelle Leistung ist ebenfalls Teil der leistungsvariablen Vergütung, wird aber durch eine Leistungsbeurteilung separat abgebildet, da individuelle Kennzahlen für diesen Funktionsbereich nicht vorliegen.

Diese Gruppenleistungsprämie[8] folgt ebenfalls dem Prinzip des Gainsharing und schüttet jeweils 25 % der monatlichen Einsparungen an die Mitarbeiter aus. Jede der Kennzahlen wurde bereits seit mehreren Jahren vor der Einführung der Gruppenleistungsprämie erhoben. Sie wurden nicht zum Zwecke der Vergütung implementiert, sondern hatten be-

---

[8] Die Leistungsabweichung gibt die tatsächliche Maschinenlaufzeit von der möglichen Maschinenlaufzeit wieder. Die Ausbeute bildet die tatsächlich verarbeitete Menge des Rohmaterials in Prozent der (Material-)Einsatzmenge ab.

Tab. 2.14 Ausschüttungsverlauf nach Einführung der Prämie

	I. Qu. 20xx (€)	II. Qu. 20xx (€)	III. Qu. 20xx (€)	IV. Qu. 20xx (€)	I. Qu. 20xx + 1 (€)	II. Qu. 20xx + 1 (€)
Leistungsabweichung	103	127	159	71	127	71
Rüstzeit pro Rüstvorgang	37	37	–	–	37	110
Ausbeute	23	12	–	–	–	–
Reklamationen	51	–	–	9	68	26
Gesamtprämie pro Mitarbeiter pro Monat	214	176	159	80	232	207

reits eine lange Geschichte im Unternehmen. Diese lange Historie machte die Kennzahlen vergütungstauglich, da sie sowohl für die Mitarbeiter als auch das Unternehmen vertraut und kalkulierbar waren. Alle Beteiligten wussten, mit welchen Chancen und Risiken sie rechnen konnten. Diese Tatsache hat wesentlich zur unproblematischen Einführung und langfristigen Funktionsfähigkeit beigetragen.

Um eine Verstetigung der Leistung zu erzielen und Spitzen und Störungen etwas auszugleichen, wird die Berechnung der Gruppenprämie jeweils quartalsweise vorgenommen. Die Ergebnisse, die im Quartal erzielt werden, bestimmen die monatlichen Prämienzahlungen pro Mitarbeiter im Folgequartal. Auch hier gilt: Die Prämie ist nicht nur ein Vergütungselement, sondern hat seit vielen Jahren eine wesentliche Steuerungsfunktion, die durch die Zahlung einer Prämie verstärkt wird. Deshalb erhalten die Mitarbeiter täglich Feedback zur Leistung am Vortag und eine Hochrechnung auf die Quartalsergebnisse. Aus dem Ausschüttungsverlauf der Prämie in den ersten eineinhalb Jahren nach der Einführung in Tab. 2.14 ist erkennbar, dass die Prämie für die Mitarbeiter nennenswert ist. Sie bewegt sich in der Größenordnung von etwa 6 % der Gesamtjahresvergütung.

Für das Unternehmen ist diese Form der Gruppenprämie ebenfalls nennenswert. Sie führte in den ersten beiden Jahren nach der Einführung für das Unternehmen zu einer Einsparung gegenüber dem vorherigen Stand von circa 1.300.000 € in einem Funktionsbereich der Produktion mit etwa 60 Mitarbeitern – und dies ohne, dass technische Änderungen vorgenommen wurden, die mit Investitionen verbunden waren.

Prozessoptimierungen wurden von den Mitarbeitern selbst initiiert und mit Störungen wurde intelligenter und lösungsorientierter umgegangen. Eine wesentliche organisatorische Änderung wurde nach einer Übergangs- und Testphase vonseiten des Unternehmens in die Wege geleitet. Die früheren Schichtleiter waren nicht mehr disziplinarische Vorgesetzte, sondern wurden als Coach bezeichnet und außerdem wurde pro Schicht ein Gruppensprecher gewählt. Diese Organisationsform hat sich nicht bewährt und nach weiteren zwei Jahren wurden wieder „richtige" Leitungsfunktionen eingerichtet, auf denen sich allerdings keiner der früheren Schichtleiter wiederfand.

Vier Kennzahlen sind aufwändig. Es sind aber die für diesen Bereich steuerungsrelevanten Größen. Da sie auch in der Vergangenheit ohnehin schon erhoben wurden, entstand kein zusätzlicher Erhebungsaufwand, nur die Aufbereitung und die schnelle Darstellung mussten optimiert werden. Allerdings machten die Controller die Erfahrung, dass die Genauigkeit der Kennzahlen eine größere Bedeutung erhält, wenn die Kennzahlen entgeltrelevant werden. Die Häufigkeit und die Intensität der Nachfragen nahmen sofort zu.

Im Interesse der Nachhaltigkeit war das Unternehmen geduldig. Erst nach einer zweijährigen Pilotphase im oben genannten Produktionsbereich, wurde das Prinzip in andere Produktionsbereiche übertragen. Die Produktionssupportbereiche wie Arbeitsvorbereitung, Betriebsmittelkonstruktion, Logistik und Wartung- und Instandhaltung wurden nach einer Übergangzeit an das Prämiensystem der Gruppen angeschlossen. Damit wurde ein „Prämientopf gefüllt", dessen Verteilung auf der Basis einer Leistungsbeurteilung nach individueller Leistung verteilt wurde.

2.2.1.3   Provision auf der Basis von Kennzahlen[9]

Provisionen sind klassische leistungsvariable Entgeltkomponenten für folgende Unternehmensbereiche, die unmittelbar im Kundenkontakt stehen: Verkauf, Kundenberatung, technischer Kundendienst oder technische Beratung. Diese sind wiederum nicht im Fokus dieses Buches. Trotzdem möchte ich gerne einige Provisionsregelungen skizzieren, um deutlich zu machen, dass sie sich eigentlich nicht von den Kennzahlenregelungen für andere Bereiche unterscheiden. Die Grundideen sind die gleichen.

Provisionen gehören auch zu den Urformen leistungsvariabler Vergütung und sowohl die Zielsetzungen wie auch die Ausgestaltung von Provisionen liegen unmittelbar auf der Hand. Mit Provisionen werden in der Regel Ergebnisse, die einzelnen Mitarbeitern oder Mitarbeitergruppen genau zugeordnet werden können, vergütet. Die Fragestellung lautet aber auch hier: „Woran erkennen wir gute Leistung?" Die Kennzahlen, die verwendet werden, dürfen auch an dieser Stelle nicht einfach übernommen werden, sondern müssen eine Antwort auf diese Frage sein. Ansonsten können Sie keine Steuerungswirkung entfalten oder sie bewirken sogar Fehlsteuerungen, denn auch hier gilt das Motto: „You get what you pay for!"

Beispiel

Vor einiger Zeit traf ich einen Kollegen, der in einem großen Einzelhandelhandelsunternehmen der Bekleidungsbranche für Benefits & Compensation zuständig ist. Er beschrieb eine Provisionsregelung, die typisch für diese Branche ist und die in diesem Unternehmen schon weit vor seiner Zeit eingeführt worden ist. Verkäufer erhalten eine Provision für den Umsatz, den sie mit Kunden erzielen, die sie beraten haben. Das ist der Sinn der Sache und hat auch seine Berechtigung. Er berichtete von zwei Fehlsteuerungen, die er gerne abstellen würde:

---

[9] Provisionsregelungen sind eine Form der variablen Vergütung, die in der Regel nur für den Vertriebsaußendienst oder den Verkauf relevant ist. Es handelt sich um ein eigenständiges Thema im weiten Feld der leistungsorientierten Vergütung, das hier nicht umfassend behandelt werden kann. Zur Vertiefung von Provisionsregelungen steht umfangreiche und spezielle Literatur zur Verfügung, zum Bespiel Kieser, Heinz-Peter: Variable Vergütung im Vertrieb: 10 Bausteine für eine motivierende Entlohnung im Außen- und Innendienst. Wiesbaden, Gabler 2012.

1. Mit den verschiedenen Produkten im Sortiment werden sehr unterschiedliche Margen erzielt. Mit besonders teuren Markenprodukten werden wiederum geringere Margen erzielt als mit Eigenmarken, die günstiger sind. Sie sind allerdings für den Verkäufer aufgrund des geringeren Preises nicht so provisionswirksam.
2. Die Kunden wundern sich darüber, dass sie sich in betriebsstarken Zeiten quasi selber bedienen müssen, aber auf dem Weg zur Kasse noch von einem Verkäufer „abgefangen" werden, der die Ware, ohne eine Beratungsleistung erbracht zu haben, nur auf seine Nummer bonieren möchte. Viel Umsatz ohne Beratung, ein guter Tag!?

Folgende Kennzahlen können beispielhaft für die Zahlung einer Provision herangezogen werden:

- der Umsatz in einem bestimmten Zeitraum, die Umsatzsteigerung oder die Erreichung eines Planumsatzes,
- die Gewinnung von neuen Kunden oder von Kunden mit bestimmtem Umsatzvolumen,
- der Umsatz mit neuen Kunden,
- die Gewinnung von neuen Kunden in einer bestimmten Region oder Branche,
- der Umsatz mit bestimmten Produkten (mit hohem Rohertrag),
- der Deckungsbeitrag des erzielten Umsatzes (Tab. 2.15).

Die folgenden Beispiele zeigen, dass nur selten *eine* Kennzahl für Provisionen verwendet wird, sondern immer „begleitende" Kennzahlen sicherstellen, dass verschiedene Teilaspekte einer Tätigkeit gleichzeitig im Auge behalten werden. Auch hier kommt es eben wieder auf die zentrale Frage an: „Woran erkennen wir gute Leistung bei uns im Unternehmen wirklich?"

Folgende Aspekte sollten bei Provisionsregelungen vereinbart werden:

- Kennzahlen und Verfahren zur Ermittlung der Provision,
- Provisionssatz oder -betrag, Provisionskurve oder -tabelle für ein bestimmtes Erfolgskriterium, Schwellenwerte, minimaler und maximaler Wert des Kriteriums, für das Provision gewährt wird,
- Gegebenenfalls eine Höchstprovision („Deckelung"),
- Verfahren für Planwerte und die Veränderung von Planwerten,
- Berechnungszeitraum,
- Auszahlung, Abrechnung und Verwaltung.

Wenn Provisionen dezentral und differenziert beispielsweise für verschiedene Produkte, Kundengruppen oder Regionen ausgestaltet werden, bilden sie ein zielgenaues Steuerungsinstrument in der Hand des Managements.

▶   Wenn nicht nur Umsatz, sondern zum Beispiel Roherträge oder Deckungsbeiträge als Kennzahlen verwendet werden, lassen sich betriebliche Vertriebsziele sehr genau abbilden.

Tab. 2.15 Verschiedene Umsetzungsformen von Provisionen

Beispiel	Beschreibung
Neukundenprämie	Sie prämiert die Leistungen hinsichtlich Anzahl, Qualität und Gesamtumsatz gewonnener Neukunden mit einer quantitativen und einer qualitativen Neukundenprämie.
Akquisitionsleistung	Maßgebend für die Errechnung der Prämie ist die im Geschäftsjahr akquirierte Leistung eines einzelnen Verkäufers. Die Kriterien, für die Provisionen gewährt werden, lassen sich messen oder zählen. Zusätzlich werden Faktoren wie Stornierungen eingeworbener Aufträge, Zahlungsverzug der Kunden, gewährte Preisnachlässe und so weiter berücksichtigt, die den Erfolg und damit die Prämie möglicherweise schmälern.
Gebrauchtwagenprovision	Die Basis für die Berechnung der Gebrauchtwagenprovision ist zum Beispiel der Auszeichnungspreis. Der Auszeichnungspreis wird vom Verkaufsleiter festgelegt. Der Provisionsanspruch des Verkäufers ist abhängig vom Nachlass, den er dem Kunden gewährt.
Neukunden-Umsatz-Provision	Der Verkäufer erhält für den getätigten Neukunden-Umsatz x Prozent Provision.

Je differenzierter Provisionen allerdings gezahlt werden, umso mehr verlieren sie an Transparenz. Zentral und einheitlich gestaltete Provisionen schaffen zwar gleiche Voraussetzungen für die zusätzliche Vergütung von Erfolgen, es bleibt aber der Einfluss von nicht durch den Mitarbeiter zu beeinflussenden Faktoren, wie beispielsweise die konjunkturelle Entwicklung, die Kaufkraft, die Stärke der Konkurrenz im regionalen Markt oder im speziellen Produktbereich beziehungsweise Kundensegment. Die Leistungen und der (Verkaufs-) Erfolg von im Außendienst, der Kundenbetreuung oder dem im Verkauf beschäftigten Mitarbeitern sind auch von der Zuarbeit des Betriebs, vom Service und der Unterstützung des Innendienstes abhängig. Einige Unternehmen beteiligen deshalb die kundenferneren Mitarbeiter, zum Beispiel die für die Kundenberatung tätigen internen Servicebereiche, an Provisionen. Dies realisieren sie über einen festgelegten Anteil der Provisionen, der an die Mitarbeiter des Betriebsbereiches ausgezahlt wird. In ähnlicher Weise werden Provisionen für Führungskräfte im Vertrieb festgelegt, die auf der Leistung der ihnen zugeordneten Mitarbeiter basieren.

Fazit

Dies sind die gleichen Aspekte, die auch bei Kennzahlensystemen für andere Funktionsbereiche berücksichtigt werden müssen. Sie folgen den gleichen Gesetzmäßigkeiten und halten die gleichen „Fettnäpfchen" bereit. Trotzdem bieten Provisionsregelungen für Vertriebs- oder vertriebsnahe Organisationseinheiten tendenziell noch die meisten Gestaltungsmöglichkeiten für eine individuelle variable Vergütung auf der Basis von Kennzahlen.

2.2.2 Leistungsbeurteilung: Beobachten – Beurteilen – Mitteilen

Wie die anderen beiden Methoden für leistungsvariables Entgelt hat auch die Leistungsbeurteilung wie ein Medikament ein bestimmtes Wirkungsspektrum, innerhalb dessen sie
bei richtiger Anwendung zu guten, nachhaltig wirksamen Ergebnissen führt. Außerhalb
dieses Wirkungsspektrums oder bei falscher Anwendung bleibt die erwartete Wirkung
aus oder die Folgen sind problematisch. Um im Bild von Medikamenten zu bleiben: Fuß-
pilz liegt eben nicht im Anwendungsspektrum einer Augensalbe, wohingegen Aspirin bei
Kopfschmerzen hilft, allerdings auch nur dann, wenn man die richtige Dosis schluckt und
nicht versucht, die Tablette einmal pro Woche äußerlich anzuwenden.

Das Anwendungsspektrum: Wann ist Leistungsbeurteilung die richtige Methode? Leistungsbeurteilung ist dann die richtige Methode für Leistungsentgelt, wenn man Leistung
nicht *umfassend* mit wenigen Kennzahlen (wie in Abschn. 2.2.1) messen oder beschreiben
kann. Diesen beiden Aspekten möchte ich mich bei der Beschreibung des Anwendungs-
spektrums der Leistungsbeurteilung vorab noch besonders widmen.

In Gesprächen mit Führungskräften begegne ich immer wieder folgender Formulierung: „Eigentlich wäre er ja ein toller Mitarbeiter, aber …“. „Toll“ bezieht sich auf die rein
fachliche Leistung in Bezug auf einen hohen Mengenoutput bei möglicherweise auch guter
oder sehr guter Arbeitsqualität im engeren Sinne. Das „aber“ bezieht sich auf die Art und
Weise, wie sich dieser Mitarbeiter in die betrieblichen Prozesse einbringt: wie er Kollegen
unterstützt, mit Kollegen, Betriebsmitteln, Konflikten oder Problemen umgeht, wie es um
seine zeitliche oder Einsatzflexibilität bestellt ist und so weiter. Es spielen also noch andere
Aspekte eine Rolle, die man nicht messen kann und die trotzdem eine wichtige Rolle für
das gute Gelingen der betrieblichen Prozesse spielen. Sie sind sozusagen das Öl im Getriebe des betrieblichen Geschehens. Wenn man diese Aspekte messen wollte, würde dies
möglicherweise im Einzelfall noch gelingen. Der Aufwand wäre aber beträchtlich, wenn
man tatsächlich alle Aspekte ausreichend messen wollte. Die erste Frage, die man sich
bei der Gestaltung eines leistungsvariablen Vergütungssystems stellen muss, ist also: Welche Voraussetzungen müssen erfüllt sein, damit Leistungsbeurteilungen hochwertig und
nachhaltig wirksam gelingen?

Voraussetzungen für hochwertige und nachhaltige Leistungsbeurteilungen Leistungsbeurteilungen wie auch Zielvereinbarungen und Kennzahlen als Methoden für leistungsvariables Entgelt werden regelmäßig kontrovers und kritisch diskutiert. Oft sind aber eher
handwerkliche Mängel und nicht die jeweiligen Methoden an sich Gegenstand der Diskussion. Aus diesem Grund werde ich auf folgende notwendige Rahmenbedingungen für
hochwertige Leistungsbeurteilungen eingehen:

- Definierte Leistungsmerkmale: Woran erkennen wir gute Leistung bei uns im Unternehmen?
- Geklärte Zielsetzungen: Was wollen wir mit Leistungsbeurteilung erreichen?

- Saubere Technik: Wie muss die Leistungsbeurteilung als solche gestaltet sein?
- Mehrstufiger Beurteilungsprozess mit klaren Rollen, Spielregeln und Transparenz für alle Beteiligten: Wer muss wann was tun?

2.2.2.1 Am Anfang von allem: Woran erkennen wir bei uns im Unternehmen gute Leistung?

Diese Frage ist so elementar und wird doch oft übergangen, indem man sich mit dem zufrieden gibt, was man bei anderen abschreiben kann. Ich stelle diese Frage immer am Anfang von Vergütungsprojekten und involviere dabei so viele Beteiligte wie möglich (zu den Varianten der Beteiligung der Betroffenen in Abschn. 4.2), denn es geht nicht nur die Sammlung von Merkmalen, sondern auch um einen Bewusstseinsbildungsprozess im Unternehmen zum Thema „Leistung". Wenn die Antworten auf diese Frage so vielschichtig sind wie in folgendem konkreten Beispiel aus einem Unternehmen, dann bietet sich die Leistungsbeurteilung als Methode für leistungsvariables Entgelt an.

Woran erkennen wir bei uns im Unternehmen gute Leistung? (Auszüge[10]) Der Mitarbeiter …

- … handelt zielorientiert.
- … bewältigt ein überdurchschnittliches Arbeitspensum.
- … arbeitet konzentriert und zielstrebig.
- … arbeitet selbstständig.
- … denkt mit und schaut über den Tellerrand hinaus.
- … stimmt Prioritäten ab und handelt danach.
- … arbeitet rationell und geht sorgfältig mit seiner Zeit um.
- … erkennt Probleme und löst sie systematisch.
- … erkennt Zusammenhänge laufender Prozesse und denkt ans Ganze (zum Beispiel an die Arbeitsschritte anderer Beteiligter).
- … hält seinen Arbeitsplatz und seine Arbeitsumgebung sauber und ordentlich.
- … arbeitet sorgfältig und fehlerfrei.
- … kontrolliert seine Arbeit selbst.
- … erzielt auch unter Zeitdruck gute Arbeitsergebnisse.
- … behält auch in kritischen Situationen den Überblick.
- … hält vereinbarte Termine ein.
- … kann sich in die Lage des (auch internen) Kunden versetzen.
- … verfügt über umfassende und vielseitige Fachkenntnisse, auch in Randbereichen.
- … denkt und handelt vorausschauend.
- … bringt sich aktiv ein (zum Bespiel bei TPM, in Projekten oder bei Sonderaufgaben).
- … identifiziert sich mit seinen Aufgaben.
- … zeigt eine hohe Eigenmotivation und Eigeninitiative.

---

[10] Weitere Beispiele finden Sie im Anhang in Abschn. 9 (S. 224 ff.).

- … macht Vorschläge zur Verbesserung der täglichen Arbeit.
- … interessiert sich für Neues und unterstützt notwendige Veränderungen.
- … findet sich bei Veränderungen schnell zurecht.
- … übernimmt Zusatzaufgaben.
- … richtet seine Arbeitszeit nach dem betrieblichen Arbeitsaufkommen.
- … ist an verschiedenen Arbeitsplätzen einsetzbar.
- … engagiert sich – in kritischen Fällen oder bei wichtigen Terminen – auch über das normale Maß hinaus.
- … vermeidet unnötige Kosten.
- … behandelt seine Arbeitsmittel pfleglich.
- … hält seine Fähigkeiten und Fertigkeiten aktiv auf dem Laufenden.
- … verhält sich loyal gegenüber Vorgesetzten und dem Unternehmen.
- … geht offen, ehrlich und respektvoll mit Kollegen und Vorgesetzten um.
- … hat positiven Einfluss auf das Arbeitsklima innerhalb der Abteilung und wirkt motivierend auf die Mitarbeiter.
- … spricht Konflikte offen und konstruktiv an.
- … bietet in Gesprächen aktiv Lösungsvorschläge an.
- … unterstützt andere Kollegen und gibt Informationen weiter.
- … gibt sein Wissen an neue Kollegen weiter.
- … lässt Kritik zu und äußert Kritik angemessen.

Diese und weitere Beschreibungen von Leistung können folgenden Oberbegriffen beziehungsweise Leistungsmerkmalen zugeordnet werden, die in einer systematischen Leistungsbeurteilung Verwendung finden können:

- Arbeitsmenge und Effizienz,
- Arbeitsqualität,
- Einsatzbereitschaft und Flexibilität,
- verantwortungsbewusstes Handeln,
- Zusammenarbeit mit anderen.

Diese Beschreibungen der Leistungsmerkmale (es könnten auch andere sein) dienen der Definition des betriebsspezifischen Leistungsbegriffs. Sie bilden damit die Grundlage für die Beurteilung der Leistung durch die Führungskräfte und machen zugleich für die Mitarbeiter transparent, worauf es ankommt und welche Erwartungen in Bezug auf Arbeitsergebnisse und Arbeitsverhalten an sie gerichtet sind. Diese beiden Aspekte sind von Bedeutung, weil sie über das reine Beurteilen hinaus Orientierung für Mitarbeiter und Führungskräfte geben. Es handelt sich um feedbackfähige Beschreibungen, die das Besprechen des Beurteilungsergebnisses erheblich erleichtern. Sie unterstützen dadurch die langfristige Haltbarkeit und damit die nachhaltige Wirkung des Systems.

▶   Schon an dieser frühen Stelle der Überlegungen besteht die erste Gelegen-
    heit, Nachhaltigkeitsaspekte in Form von Erwartungen an die Mitarbeiter in das
    Vergütungssystem zu integrieren. Der verantwortungsbewusste Umgang mit
    Ressourcen, die Einhaltung von Arbeitsschutzvorschriften, das Beisteuern von
    Verbesserungsvorschlägen, der Blick über den Tellerrand hinaus und die Selbst-
    kontrolle der Arbeitsergebnisse sind Beispiele dafür.

Welche Ziele verfolgen wir mit der Leistungsbeurteilung? Leistungsbeurteilung kann
auch in der „vergütungsfreien Zone" angewendet werden. Man kann mit Mitarbeitern
auch ohne Entgeltwirkung über Leistung reden und Feedback geben. In diesem Kontext
ist die Leistungsbeurteilung eher ein Personalentwicklungsinstrument, weil aus dem Leistungsfeedback letztlich immer auch Schlüsse über Lernfelder und die weitere Entwicklung
des Mitarbeiters gezogen werden können. In vielen Fällen verändert sich der Charakter des
Feedback- und Entwicklungsgesprächs auf der Basis einer Leistungsbeurteilung, wenn die
Leistungsbeurteilung entgeltrelevant wird. Sowohl für Mitarbeiter wie auch für Führungskräfte hat der Entgeltaspekt einen so hohen Aufmerksamkeitswert, dass Feedback- und
Entwicklungsaspekte eher in den Hintergrund gedrängt werden.

Es ist somit im Vorfeld wichtig, die Ziele, die mit der Leistungsbeurteilung verfolgt
werden, zu klären. Beide möglichen Ziele (Vergütung und Personalentwicklung) gleichzeitig in höchster Ausprägung zu erreichen, wird kaum gelingen. Aus diesem Grund entscheiden sich viele Unternehmen dafür, das entgeltrelevante Beurteilungsgespräch und das
entwicklungsorientierte Feedbackgespräch zeitlich zu entkoppeln. Ich sehe das allerdings
nicht so eng, weil ich davon überzeugt bin, dass intelligente Menschen immer einen Zusammenhang herstellen zwischen Lernbedarfen in einem Personalentwicklungsgespräch
und Leistungsdefiziten in einem entgeltrelevanten Beurteilungsgespräch. Aus meiner Sicht
kann man durchaus beide Themenfelder in einem Gespräch klären. Dazu ist es hilfreich,
die unterschiedlichen Themenfelder auch als solche zu benennen.

Im Kontext von leistungsvariabler Vergütung werden wir den Schwerpunkt naturgemäß
auf die entgeltrelevanten Aspekte der Leistungsbeurteilung legen. Bei kluger Gestaltung
lassen sich aber auch gute Personalentwicklungsergebnisse bei einem „Arbeitsgang" erzielen. Im Kern geht es wie schon eben in Abschn. 2.2 beschrieben darum, Leistungsunterschiede zwischen Mitarbeitern zu entdecken und diese Leistungsunterschiede auf systematische und nachvollziehbare Art und Weise in Entgeltunterschiede zu übersetzen – im
Falle der Leistungsbeurteilung allerdings nicht durch Messen, sondern durch Beurteilen.

Die Technik muss stimmen Damit eine Beurteilung systematisch und nachvollziehbar
erfolgen kann, sind folgende „technische" Elemente unverzichtbar:

- definierte Leistungs-(beurteilungs-)merkmale,
- eine aussagefähige Beurteilungsskala beziehungsweise Beurteilungsstufen,
- eine wirkungsvolle Leistungs-/Entgeltrelation, also eine Übersetzung der Ergebnisse
  der Leistungsbeurteilung in Entgelt.

Tab. 2.16 Leistungsbeurteilung (Schematische Darstellung)

	Leistungsskala bzw. Leistungsstufen					
	Stufe 1	Stufe 2	Stufe 3	Stufe 4	Stufe 5	Stufe 6
Leistungsmerkmal 1						
Leistungsmerkmal 2						
Leistungsmerkmal 3						
Leistungsmerkmal 4						
Leistungsmerkmal 5						
_____ Leistungszulage (% oder €)						

Dabei ist eine Vielzahl unterschiedlicher Ausprägungen möglich. Sie folgen allerdings immer dem gleichen Schema: Mehrere Leistungsmerkmale werden auf mehreren Leistungsstufen beurteilt und es erfolgt eine Umrechnung in eine Leistungszulage in Prozent (einer Bezugsgröße wie zum Beispiel Grundentgelt) oder Euro (Tab. 2.16).

Im Folgenden werden die einzelnen Elemente ausführlich in verschiedenen Varianten dargestellt.

Definierte und beschriebene Leistungs-(beurteilungs-)merkmale Klassische Beurteilungssysteme verwenden oft fünf Leistungsmerkmale, die das Arbeitsergebnis (Welche Ergebnisse erzielt der Mitarbeiter?) und das Arbeitsverhalten (Wie kommt der Mitarbeiter zu diesen Ergebnissen?) beschreiben.

Je mehr Leistungsmerkmale verwendet werden, desto mehr Überschneidungen sind zwangsläufig zwischen den verschiedenen Merkmalen zu verzeichnen. Die Trennschärfe lässt nach. Es fällt immer schwerer, ein bestimmtes Arbeitsergebnis oder ein bestimmtes Arbeitsverhalten dem einen oder dem anderen Merkmal eindeutig zuzuordnen. Je weniger Leistungsmerkmale (im Extremfall eines, nämlich Leistung) verwendet werden, desto undifferenzierter wird die Leistungsbeurteilung und setzt sich stärker dem Risiko aus, als zu pauschal und subjektiv disqualifiziert zu werden.

In der Praxis haben sich in vielen Projekten bei vielen Befragungen von Führungskräften und Mitarbeitern vier bis fünf Merkmale zum Zwecke der Entgeltfindung herauskristallisiert, die noch trennscharf genug und gleichzeitig hinreichend differenziert sind. Sie liegen fast auf der Hand, wenn man Leistungsdifferenzierung erkennen will (Tab. 2.17):

Mitarbeiter und Führungskräfte legen gleichermaßen Wert darauf, dass „Arbeitsmenge und Effizienz" und die Qualität der Arbeitsergebnisse ein Unterscheidungsmerkmal bei Leistungsbeurteilungen darstellen. In gleicher Weise besteht Einigkeit bei Führungskräften und Mitarbeitern darüber, dass sich Mitarbeiter in ihrem Arbeitsverhalten unterscheiden. Dass dabei der soziale Umgang, aber auch die Eigenmotivation und die Flexibilität der Mitarbeiter eine wichtige Rolle spielen, unterscheidet sich von Unternehmen zu Unternehmen, allerdings nur in Nuancen.

Deshalb sind genaue Beschreibungen der einzelnen Merkmale in Form von beobachtbaren Verhaltensweisen unverzichtbar. Sie stellen sicher, dass es ein gemeinsames Verständ-

Tab. 2.17 Leistungskategorien

Arbeitsergebnisse	Arbeitsmenge und Effizienz
	Arbeitsqualität
Arbeitsverhalten	Einsatzbereitschaft und Flexibilität
	Verantwortungsbewusstes Handeln
	Zusammenarbeit mit anderen

nis davon gibt, welche Erwartungen an die Mitarbeiter gestellt werden. Es wird Klarheit darüber geschaffen, worauf es ankommt. In der Konzeptionsphase des Systems ist dieser Arbeitsschritt insbesondere auch deshalb von elementarer Bedeutung, weil dabei die Spezifika der Unternehmen in den typischen Formulierungen aufgenommen werden können, die zum konkreten Sprachgebrauch dieser Unternehmen gehören. Im Abschn. 9 (S. 224 f.) finden Sie weitere Beispiele für die Beschreibungen von Leistungsmerkmalen.

Was ist mit beobachtbarem Verhalten gemeint? Plakative Begriffe wie „Effizienz" oder Eigenschaften wie „flexibel" benennen einen Zustand, in dem sich jemand befinden kann. Sie beschreiben, was oder wie jemand ist. Für die Beurteilung der Leistung und der Ergebnisse eines Mitarbeiters ist aber nur relevant, was er tut, wie er handelt und zu welchen Ergebnissen dieses Handeln führt.

> ▶   Wie der Mitarbeiter ist, welche Eigenschaften er hat, ist für eine Leistungsbeurteilung nicht relevant. Sie ist kein Persönlichkeitsgutachten. Es geht nur um sein Verhalten und zu welchen Ergebnissen es führt. Darauf kommt es an!

Man kann beobachten, ob die folgende Aussage auf das Verhalten eines Mitarbeiters zutrifft oder nicht: „Arbeitet rationell und geht sorgfältig mit seiner Zeit um" ist keine Eigenschaft, die ein Beurteiler in einem Mitarbeiter sozusagen suchen muss, sondern er sieht ein gewünschtes Verhalten – oder eben nicht. „Richtet seine Arbeitszeit nach dem betrieblichen Arbeitsaufkommen" ist ebenfalls ein gewünschtes Verhalten, das ein Beurteiler konkret beobachten kann. Im Vergleich dazu ist „flexibel" eine Eigenschaft, die eher im Menschen verborgen ist. Ob aber ein Mitarbeiter im Unterschied zu anderen Mitarbeitern immer wieder bei Bedarf zu (selbstverständlich bezahlten) Sonderschichten am Samstag bereit ist, kann eine Führungskraft konkret erleben und kann damit seine Aufgabe besser bewältigen – oder eben nicht. Ob ein Mitarbeiter in seinem Innersten beziehungsweise in seinen Anlagen flexibel ist oder eher nicht, darf ruhig weiter Gegenstand von Vermutungen bleiben.

Ein schönes Beispiel dafür ist eine unternehmensspezifische Formulierung zum plakativen Begriff „Motivation": „Geht auch mal die Extrameile" ist in unserem Beispielunternehmen ein geflügeltes Wort für eine Erwartung, die an Mitarbeiter gerichtet ist, die als Spitzenleister gelten möchten. Ob ein Mitarbeiter motiviert ist, wissen wir nicht, aber wir können sehen, ob er noch „einen Zahn zulegen kann, wenn es darauf ankommt."

Tab. 2.18 Gewichtung der Leistungsmerkmale/1

		Gewichtung 1	Gewichtung 2	Gewichtung 3
Arbeitsergebnis	Arbeitsmenge und Effizienz	1	2	3
	Arbeitsqualität	1	2	3
Arbeitsverhalten	Einsatzbereitschaft und Flexibilität	1	1	1
	Verantwortungs-bewusstes Handeln	1	1	1
	Zusammenarbeit mit anderen	1	1	1

Bisher wurden die Beschreibungen beobachtbaren Verhaltens durch die Brille der Bedürfnisse eines Beurteilers betrachtet. Der Beurteiler kann damit seiner Beurteilungsaufgabe besser nachkommen. Es gibt aber noch einen weiteren Aspekt. Beurteilungen werden sinnvollerweise den beurteilten Mitarbeitern in einem Beurteilungsgespräch erläutert. Im Hinblick darauf ist es bezüglich der Gesetzmäßigkeiten von Feedback hilfreicher, Verhalten zu beschreiben statt Eigenschaften zuzuschreiben. „Für uns ist es wichtig, dass du neuen Kollegen deine Fertigkeiten weitergibst" ist eine nachvollziehbare und berechtigte Erwartung, der man nachkommen kann. Sie ist entwicklungsorientiert formuliert. Im Vergleich dazu ist „Du bist nicht hilfsbereit" die Zuschreibung einer charakterlichen, persönlichen Eigenschaft, die unveränderlich klingt und damit schwerer zu akzeptieren ist. Entscheiden Sie bitte selbst, welche Formulierung für den Gesamtprozess hilfreicher und eher wirksam ist.

▶   Die nachhaltige Wirkung liegt an dieser Stelle darin begründet, dass nicht nur
      eine Leistungsbeurteilung zum Zwecke der Steuerung leistungsvariablen Ent-
      gelts erstellt wird, sondern durch diesen entwicklungsorientierten Ansatz auch
      Verhaltensänderungen und Lernprozesse ausgelöst werden können.

Rein technisch gesehen ist nun noch zu überlegen, wie die verschiedenen Leistungsmerkmale gewichtet werden sollen. Damit gibt man ihnen Bedeutung oder man nimmt ihnen Bedeutung. Ich möchte meine Überlegungen dazu gerne am Beispiel der oben genutzten Leistungsmerkmale deutlich machen (Tab. 2.18).

Die unterschiedlichen Gewichtungen der Leistungsmerkmale führen zu sehr unterschiedlichen Ergebnissen für die Kategorien Arbeitsergebnis und Arbeitsverhalten. Die Gewichtung 1 legt größeren Wert auf die Art und Weise wie Mitarbeiter zu ihrem Arbeitsergebnis kommen, wogegen die Gewichtung 3 größeren Wert auf das Arbeitsergebnis legt. Gewichtung 3 betont das, was fachlich-technisch herauskommt. Gewichtung 2 wiederum betont nur leicht das Arbeitsergebnis und gewichtet das Arbeitsverhalten fast gleich (Tab. 2.19).

Tab. 2.19 Gewichtung der Leistungsmerkmale/2

	Gewichtung 1	Gewichtung 2	Gewichtung 3
Arbeitsergebnis	2	4	6
Arbeitsverhalten	3	3	3

Welche Gewichtung für Ihr Unternehmen die richtige ist, mag ich aus der Ferne nicht zu beurteilen. Die Entscheidung hängt wesentlich von der Vorgeschichte und von den Zielsetzungen ab: Worauf kommt es uns besonders an?

Unternehmen mit Akkordvergangenheit, die nicht aus dem Auge verlieren möchten, dass es nach wie vor auf Menge und Qualität ankommt, entscheiden sich eher für Gewichtung 3. Unternehmen, die Menge und Qualität schon lange souverän im Blick haben und den Fokus auf eine stärkere Vernetzung und Prozessorientierung der Mitarbeiter verschieben und Eigenverantwortung stärken möchten, entscheiden sich eher für Gewichtung 1. Schon allein die Diskussion darüber im Projektteam ist oft spannend und die Sichtweisen sind sehr unterschiedlich. Die Entscheidungsprozesse in Projektteams werden wir in Abschn. 4.2 intensiver betrachten.

Fazit

Vier bis fünf Leistungsmerkmale reichen aus und sollten mit unternehmensspezifischen und beobachtbaren Verhaltensbeschreibungen hinterlegt sein!

An dieser Stelle sei noch angemerkt, dass alle Beurteilungsmerkmale und ihre Beschreibungen für alle Mitarbeiter und Funktionen gelten können – theoretisch sogar durchgängig vom einfachen Mitarbeiter in der Fertigung oder der Logistik bis zum Management, wenn man dort nicht andere Vergütungsmechanismen zur Verfügung hat. „Behandelt seine Arbeitsmittel pfleglich" ist auf allen Ebenen und in allen Funktionen wichtig. Die Arbeitsmittel sind zwar unterschiedlich, aber die Erwartung, damit pfleglich umzugehen, ist bei allen Mitarbeitern berechtigt. Die „Extrameilen" sind vielleicht bei einem Projektleiter in der Produktentwicklung etwas länger als bei der Hilfskraft in der Kantine, aber die Erwartung ist an beide berechtigt. Auch hier hat sich in vielen Befragungen von Führungskräften und Mitarbeitern gezeigt, dass die Themen der Erwartungen im Unternehmen universell anwendbar sind, allerdings die „Messlatten" umso höher liegen, je höher die jeweilige Funktion angesiedelt ist.

Noch eine Anmerkung: Wird die Leistungsbeurteilung zur Personalentwicklung und nicht zur Entgeltfindung eingesetzt, spielen die oben genannten Überlegungen hinsichtlich der Anzahl und Gewichtung der Leistungsmerkmale sowie der daraus resultierenden Trennschärfe und Differenzierung keine Rolle. Mit mehr als fünf Merkmalen kann man aus verschiedenen Blickrichtungen mit Mitarbeitern über ähnliche Aspekte sprechen. Für diesen Verwendungszweck würde ich Ihnen eher zu mehr als zu weniger Leistungsmerkmalen raten.

2.2.2.2   Beurteilungsskala

Mithilfe der Beurteilungsskala beziehungsweise der Beurteilungsstufen bringen Beurteiler im Wesentlichen zum Ausdruck, in welchem Maße ein Mitarbeiter Erwartungen erfüllt beziehungsweise ob er im Vergleich zu anderen Mitarbeitern im, über oder unter dem Durchschnitt liegt. Wie die Erwartungen beziehungsweise der Durchschnitt zustandekommen, werden wir später noch klären. Wenn Leistung gemessen wird, ergibt sich ein Kontinuum von Messwerten einzelner Mitarbeiter in einer gewissen Bandbreite, dem Leistungsspektrum. Theoretisch ließe sich dieser Ansatz auch bei einer Leistungsbeurteilung realisieren. Insbesondere in stark technisch orientierten Unternehmen finde ich häufig eine Neigung zu möglichst vielen Beurteilungsstufen – zehn oder noch mehr. Diese Neigung folgt dem Bestreben, Sachverhalte möglichst genau zu beschreiben. Das ist legitim und folgt dem berechtigten Anspruch, auch bei Leistungsbeurteilungen korrekt und genau zu sein.

Praktisch setzt aber die Fähigkeit der Beurteiler zur Differenzierung diesem berechtigten Anspruch recht enge Grenzen. Im konkreten Fall ist es eben nicht so einfach, einem Mitarbeiter bei jedem Leistungsmerkmal auf jeweils elf Beurteilungsstufen zu erläutern, warum die Beurteilung auf Stufe 8 und nicht auf Stufe 9 liegt. Und selbst wenn der Beurteiler noch so differenziert in seiner Wahrnehmung wäre, so scheitern die meisten Beurteiler daran, dass sie es nicht mehr erklären können oder die Mitarbeiter diese Erklärungen nicht mehr nachvollziehen können.

A-, B- und C-Mitarbeiter   Deshalb neige ich zu eher weniger Beurteilungsstufen und möchte gerne ein Beispiel von Jack Welch, dem früheren CEO von General Electric, verwenden, das von Knoblauch[11] wie folgt dargestellt wird:

Er spricht aus meiner Sicht etwas despektierlich von A-, B- und C-Mitarbeitern. A-Mitarbeiter sind für ihren jeweiligen Job perfekt geeignet, B-Mitarbeiter sind bedingt geeignet und C-Mitarbeiter sind für den jeweiligen Job schlecht geeignet. Er verwendet damit sozusagen drei Beurteilungsstufen, die allerdings wiederum aus meiner Sicht sogar ausreichen würden, auch wenn mir die Form des Ausdrucks so nicht gefällt. Deshalb verwende ich vorläufig die drei Stufen von Jack Welch, allerdings mit etwas anderen Beschreibungen.

Es gibt eine Leistungsstufe A mit Mitarbeitern, die in ihrem Job im Vergleich zu anderen Mitarbeitern eine Spitzenleistung zeigen. Sie sind Vorbild für andere in Bezug auf die Leistungsmerkmale, die definiert worden sind. Spitzenleistung heißt aber auch in meinem Weltbild, dass in der Spitze wenig Platz ist. Wie viel Prozent der Mitarbeiter können aus Ihrer Sicht gerade noch in der Spitze sein, damit die Spitze noch spitze ist? Ich gehe von 10 %, allerhöchstens 20 % aus und ziehe gerne einen Vergleich zur Fußballbundesliga. In den anderen Sportarten kenne ich mich nicht so gut aus, aber ich weiß, dass es dort ähnlich ist. In der Spitze bewegen sich drei Mannschaften, die am Ende der Saison sicher zur Champions League dürfen.

---

[11] Vergleiche Knoblauch (2010), S. 12.

Am anderen Ende der Skala findet sich die Leistungsstufe C mit Mitarbeitern, die für ihren Job im Vergleich zu den anderen Mitarbeitern eher schlecht geeignet sind. Wie groß ist in Ihrem Unternehmen der Anteil der Mitarbeiter auf dieser Leistungsstufe? 5 %, 10 % oder wie in der Fußballbundesliga? Zwei müssen sicher absteigen, eine Mannschaft muss in die Relegation. Das sind 17 %. Ich muss und will mich an dieser Stelle nicht festlegen, weil der Anteil der Mitarbeiter, die für ihren Job schlecht geeignet sind, sicher von Unternehmen zu Unternehmen und von Abteilung zu Abteilung stark schwanken kann. Aber ich bin sicher, dass es Mitarbeiter gibt, deren Leistung auf dieser Leistungsstufe angesiedelt ist.

Damit bleibt in der Mitte zwischen A und C die Leistungsstufe B mit Mitarbeitern, deren Leistung im besten Sinne im Mittelfeld liegt. Ich bezeichne sie als Leistungsträger, die einen guten Job machen. Die Leistung liegt in der Mitte des Leistungsspektrums und wir sind froh, dass wir diese Mitarbeiter haben – ohne jede Einschränkung. Mag sein, dass wir nicht von allem, was der Mitarbeiter tut und wie er es tut, begeistert sind. Aber unter dem dicken Bilanzstrich steht: Wir sind froh, dass wir ihn haben.

▶   Diese Bilder basieren auf einem dynamischen Leistungsverständnis. Es kommt also nicht darauf an, einmal und für alle Zeit Erwartungen zu definieren, deren Erfüllung dann beurteilt wird. Es kommt viel mehr darauf an, immer wieder neu diejenigen zu identifizieren und zu belohnen, deren Leistung im Spitzenfeld angesiedelt ist. Das macht auch die nachhaltige Wirksamkeit aus, denn das System muss nicht immer wieder neu justiert werden.

Drei Leistungsstufen reichen aus Diese drei Stufen reichen manchen Unternehmen aus und ich kann deren Argumentation gut verstehen. Sie beurteilen jedes Leistungsmerkmal wie in Beispiel 5 in Abschn. 9 (S. 228) auf drei Beurteilungsstufen und kommen darüber zu einer Gesamteinschätzung. Sie argumentieren: „Für uns gibt es nur diese drei groben Kategorien und wir kommen gut damit zurecht. Wenn wir mehr Zwischenstufen verwenden würden, würden wir uns trotzdem immer wieder fragen, ob die Leistung nicht doch zwischen Stufe 8 und 9 liegt. Jede Zwischenstufe würde eine weitere nach sich ziehen. Grobes Kategorisieren ist für uns griffiger." Wenn das weitgehend Konsens im Unternehmen ist, dann ist diesem Unternehmen geholfen. Es muss passen. Die richtige Lösung für alle gibt es nicht. Es gilt eher das Prinzip „Best Fit" statt „Best Practise".

Im Anhang in Abschn. 9 (S. 227 f.) sind verschiedene Beispiele von Beurteilungsskalen zusammengestellt. Sie reichen mit unterschiedlichen Beschreibungen von drei bis sechs Stufen. Es gibt aber durchaus Unternehmen, die mehr Beurteilungsstufen verwenden – allerdings aus meiner Sicht nicht besonders erfolgreich.

Die Vielfalt der Beschreibungen und der unterschiedlichen Anzahl von Beurteilungsstufen trägt der Tatsache Rechnung, dass jede Unternehmens- und Führungskultur passende Werkzeuge mit passenden Bezeichnungen braucht. Manche Unternehmen haben eher das Bedürfnis nach Klarheit und scheuen sich nicht, um der Klarheit willen auch

Tab. 2.20 Meine „Lieblingsbeurteilungsskala"/1

Stufe 6	Stufe 5	Stufe 4	Stufe 3	Stufe 2	Stufe 1
		B 3	B 2	B 1	
Die Grundanforderungen der Arbeitsaufgabe werden nicht erfüllt.	Die Grundanforderungen der Arbeitsaufgabe werden erfüllt: Es sind aber deutliche Verbesserungen notwendig, um zum Leistungsdurchschnitt aufzuschließen.	Die Anforderungen der Arbeitsaufgabe werden in vollem Umfang, aber mit unterschiedlichen Leistungsergebnissen erfüllt. Der Leistungsdurchschnitt liegt in B2.			Spitzenleistung: Die Leistung liegt deutlich über dem Leistungsdurchschnitt.

Tab. 2.21 Meine „Lieblingsbeurteilungsskala"/2

D	C	B			A
		B 3	B 2	B 1	
Die Grundanforderungen der Arbeitsaufgabe werden nicht erfüllt.	Die Grundanforderungen der Arbeitsaufgabe werden erfüllt: Es sind aber deutliche Verbesserungen notwendig, um zum Leistungsdurchschnitt aufzuschließen.	Die Anforderungen der Arbeitsaufgabe werden in vollem Umfang, aber mit unterschiedlichen Leistungsergebnissen erfüllt. Der Leistungsdurchschnitt liegt in B2.			Spitzenleistung: Die Leistung liegt deutlich über dem Leistungsdurchschnitt.

etwas kantige Formulierungen zu verwenden. Andere wiederum neigen zu eher weichen Formulierungen und versuchen, die Kanten zu glätten.

Bei der Beschreibung der Beurteilungsstufen muss auch berücksichtigt werden, dass sie sich nicht nur für den Arbeitsschritt des reinen Beurteilens durch die Führungskraft eignen müssen. Sie müssen ebenfalls tauglich und aussagefähig für das Besprechen der Beurteilung mit dem Mitarbeiter sein (mehr zum Führen von Beurteilungsgesprächen finden Sie im Abschn. 2.2.2.6).

Mein Favorit? Ich möchte nicht verhehlen, dass es eine Skala gibt, die ich als meinen Favoriten bezeichnen würde. Anhand der Argumentation für diesen „Favoriten" würde ich gerne aufzeigen, welche Abwägungen bei der Entscheidung für die Anzahl und die Beschreibung der Beurteilungsstufen aus meiner Sicht wichtig sind. Ich habe mich aus mehreren Gründen für das Beispiel in Tab. 2.20 als meinen Favoriten entschieden. Diese Gründe muss man nicht in jedem Fall teilen. Man kann beim Abwägen durchaus zu anderen Ergebnissen kommen.

Das Beispiel in Tab. 2.21 nutzt sechs Stufen, aber eigentlich sind es bei genauerem Hinschauen doch nur drei: A, B und C.

Das Beispiel in Tab. 2.20 kombiniert somit die Variante der groben Kategorisierung und deren Vorteile der einfacheren ersten Zuordnung in „Tabellenspitze", „Tabellenende" und „Mittelfeld" mit der Möglichkeit, innerhalb der meist breiteren Mitte noch differenzieren zu können. In Leistungsstufe B werden die Anforderungen in vollem Umfang erfüllt. Jeder Mitarbeiter mit einer Beurteilung in Leistungsstufe B weiß: Ich bin okay! Allerdings gibt es auch in der Mitte Mitarbeiter, deren Leistung eher nach oben in Richtung A tendiert und damit in Leistungsstufe B1 beurteilt wäre oder eher nach unten in Richtung C tendiert und damit in Leistungsstufe B3 angesiedelt wäre. Es gibt eine Leistungsstufe C, die signalisiert: Die Grundanforderungen sind erfüllt. Fußballer würden sagen: „Du bist im Kader, aber nicht bei jedem Spiel auf dem Platz dabei." Damit erfüllt der Mitarbeiter die Grundfertigkeiten, die für diesen Job erwartet werden dürfen und mit dem Grundentgelt abgegolten sind. Für Leistungsstufe C gibt es noch keine individuelle Leistungszulage, aber das Signal: „Lieber Mitarbeiter, du bist richtig bei uns. Du gehörst dazu, aber wenn du in vollem Umfang zur Stammmannschaft gehören möchtest, musst du noch an dir arbeiten – und das trauen wir dir zu." Damit ist Leistungsstufe C kein Vorplatz auf dem Weg zur Hölle und darf deshalb auch nicht die unterste Leistungsstufe darstellen, denn …

1. … es gibt Mitarbeiter, die definitiv die Grundanforderungen insgesamt oder bei einzelnen Merkmalen nicht erfüllen. Dafür ist Leistungsstufe D als unterste Leistungsstufe vorgesehen. Sie wird sicher nicht häufig genutzt, aber sie macht deutlich, dass alle anderen die Anforderungen erfüllen – zwar mit unterschiedlichen Ausprägungen, aber insgesamt im grünen Bereich. Diese Leistungsstufe ist zwingend notwendig, weil Beurteilungssysteme dazu tendieren, dass die unterste Leistungsstufe von Beurteilern gar nicht oder nur in wenigen Ausnahmefällen genutzt wird. Deshalb ist es wichtig, sie auch so zu beschreiben, dass deutlich wird: Das ist ein Zustand, den wir dauerhaft nicht tolerieren werden. Damit wird Beurteilern aber mit den Leistungsstufen A bis C auch ein Spektrum zur Verfügung gestellt, das tatsächlich nutzbar ist und entsprechende Leistungsdifferenzierung zulässt.
2. Die Fundamentalisten unter den Skalenexperten streiten seit Jahrzehnten darüber, ob bei Leistungsbeurteilungen eher eine gerade oder eine ungerade Anzahl von Beurteilungsstufen angemessen ist. Aus meiner Sicht geht es bei Leistungsbeurteilungen nicht darum, eine Entscheidung für JA/NEIN oder OBEN/UNTEN zu erzwingen, sondern es gibt ein Leistungsmittelfeld, das in der Leistungsstufe B abgebildet wird. Die vierte Leistungsstufe D ist nur eine Ergänzung, die den Leistungsstufen A bis C zu ihrer vollen Wirksamkeit verhelfen soll. In einem Unternehmen wurde die Leistungsstufe D im Projektteam „KOCH"-Stufe genannt. Der Abteilungsleiter Koch hatte vehement für eine unterste Stufe geworben, die eigentlich gar nicht benutzt werden soll, aber die Leistungsstufe C überhaupt erst für die Beurteiler nutzbar macht. Er dachte an Beurteiler, die sich sonst nicht trauen würden, ihren Mitarbeitern eine Beurteilung in Leistungsstufe C mitzuteilen – sehr pragmatisch und realitätsnah.
3. Das Beispiel in Tab. 2.21 arbeitet mit dem Begriff „Durchschnitt" im Unterschied zu anderen Skalen, die mit der Erfüllung von Anforderungen beziehungsweise Erwartungen agieren. Beurteilungssysteme tendieren dazu, im Laufe der Jahre nach oben zu driften. Sie laufen weg. Ohne besondere Vorkehrungen wird aus einem anfänglichen Leistungszulagendurchschnitt von 10 % im Laufe der Zeit 13 % oder mehr. Wenn

das beabsichtigt sein sollte, dann ist das in Ordnung. Allerdings neigen die meisten Unternehmen dazu, das Budget für Leistungszulagen selbst steuern zu wollen und dafür einen Prozentsatz X von der Summe der Grundentgelte vorzusehen. Wenn man mit den Begriffen „Anforderungen" oder „Erwartungen" arbeitet, ist absehbar, dass Beurteiler und Mitarbeiter mit ständig steigenden Anforderungen und Erwartungen argumentieren – und durch diese Brille betrachtet haben sie sogar recht. Anforderungen und Erwartungen steigen ja tatsächlich. Das findet zwar in kleinen Schritten statt, aber über einen Zeitraum von einigen Jahren ist diese Entwicklung durchaus spürbar. Allerdings wird diese Entwicklung durch regelmäßige Erhöhungen der Grundentgelte (meist im Zuge von Tariferhöhungen) abgebildet. Da Leistungszulagen in prozentualer Abhängigkeit von Grundentgelten bezahlt werden, steigen Leistungszulagen absolut in Euro immer mit. Damit sind auch insgesamt steigende Anforderungen abgegolten. Eine Leistungsbeurteilung hat nur die Aufgabe, individuelle Leistungsunterschiede zu erkennen und in Entgelt umzusetzen: Spitzenleister sollen eine höhere Zulage erhalten als Mitarbeiter, die erst die Grundanforderungen erfüllen. Das ist die Aufgabe, und diese ist leichter zu erfüllen, wenn man sich jedes Jahr erneut fragt: „Wer sind denn meine Spitzenleister und wie ist die Leistung der anderen Mitarbeiter im Vergleich zu ihr einzuschätzen?"

Beispiel

In der Fußballbundesliga wundert sich niemand darüber, dass jedes Jahr 18 Plätze zu vergeben sind und am oberen Ende nicht jedes Jahr ein neuer Tabellenplatz entsteht. Auch bei der Olympiade stehen bei jeder Disziplin immer drei Sportler auf dem Treppchen, auch wenn bei diesem Wettkampf alle schneller gewesen sein sollten als im Vorjahr. Wenn man sich in diesem Bild der Sportwelt bewegt, wird das Grundprinzip des Beispiels in Tab. 2.21 noch deutlicher. Beurteiler und Mitarbeiter können damit gut arbeiten, auch wenn es im Einzelfall sicher leichter ist, Leistungsstufe A als Leistungsstufe C im Ergebnisgespräch mitzuteilen. Mit den passenden Bildern und Symbolen wird es leichter.

Trotz meines Favoriten kommen Unternehmen in ihren Abwägungsprozessen zu unterschiedlichsten Varianten. Welche Beurteilungsskala letztlich in Ihrem Unternehmen realisiert wird, soll deshalb auch Ergebnis eines internen Diskussionsprozesses sein.

Eine Skala für alle Merkmale Im Bestreben, möglichst genau und differenziert zu arbeiten, wird in manchen Projekten diskutiert, ob es nicht angemessen wäre, jedes Leistungsmerkmal mit einer eigenen Skala und eigenen Stufenbeschreibungen zu versehen. Noch weitergehend ist es auch denkbar, für unterschiedliche Funktionen und Anforderungsniveaus jeweils eigene Skalen zu formulieren.

Um es kurz zu machen: Ich neige aus mehreren Gründen zu einer Skala für alle Merkmale und alle Jobs im Unternehmen.

- Skalen erhalten dadurch einen statischen Charakter. Anforderungen verändern sich und damit müssten sich auch Beurteilungsskalen regelmäßig mit verändern. Wenn sie allgemeiner formuliert sind und sich immer am Durchschnitt als Bezugsgröße orientieren, können sie langfristig verwendet werden.
- Die Anzahl von Skalen für verschiedene Merkmale in unterschiedlichen Funktionsbereichen wäre relativ hoch. Damit würde der Pflegeaufwand noch weiter erhöht.
- Es müssen neue interne Einigungsprozesse für eine neue Skala und die anschließende erneute Information und Neuausrichtung für Beurteiler und Mitarbeiter erfolgen. Das kann durchaus auch zu Irritationen führen.
- Da Veränderungen am Vergütungssystem aus unterschiedlichen Gründen nicht so häufig stattfinden, würde in der Folge ständig mit überholten Skalen gearbeitet werden, was zu erheblichen Störeffekten führen würde.

Fazit

Drei bis sechs Beurteilungsstufen, die verständlich beschrieben sind, reichen aus. Die Orientierung der Skala am Durchschnitt ist sinnvoll. Die einzig richtige Lösung gibt es dafür nicht. Es gilt eher „Best Fit" statt „Best Practise"!

Mit den Leistungsmerkmalen und der Beurteilungsskala, also den Leistungsstufen, ist die Erstellung des Beurteilungsinstruments als solches abgeschlossen. Im Folgenden werden wir auf den Prozess der Erstellung der Leistungsbeurteilung eingehen, ohne bisher über eine Umsetzung der Leistungsbeurteilung in Entgelt nachgedacht zu haben. Dies geschieht im Abschn. 2.2.2.5. Vorher werden wir uns dem Beurteilungsprozess widmen, der unabhängig von der Umrechnung des Ergebnisses in Euro eine eigene Qualität braucht und eine eigenständige Bedeutung hat, um das Ziel hochwertiger Leistungsbeurteilungen zu erreichen.

2.2.2.3 Der Beurteilungsprozess ... ist ein Dreisprung!

Beobachten – Beurteilen – Mitteilen Kennzahlensysteme stellen in der Konzeptionsphase höhere Anforderungen an die Führungskräfte und brauchen stabile Rahmenbedingungen. Im Betrieb sind sie für die Führungskräfte eher einfach zu handhaben. Beurteilungssysteme wiederum sind flexibler, stellen aber im Betrieb höhere Anforderungen an Führungskräfte als Kennzahlensysteme. Leistungsbeurteilung ist kein technischer Akt, sondern geschieht zwischen den beteiligten Menschen und braucht mehr Interaktion zwischen Menschen mit all den Chancen und Risiken, die das mit sich bringt. Manchmal passiert es, dass Führungskräfte diese Anforderungen erkennen und dann sagen: „Uff, das kann ich nicht! Wie soll *das* denn gehen?"

Kennzahlensysteme sind für Führungskräfte einfacher und geben Mitarbeitern automatisch und zeitnah Feedback. Jeder Mitarbeiter weiß sofort, wo er steht, und wenn man damit nicht zufrieden ist, dann ist im Zweifelsfall das System der Verursacher und damit der „Gegner". Unter Umständen sind sich Führungskräfte und Mitarbeiter sogar einig, dass das System ja unzulänglich ist: „Aber gut, man muss eben damit leben!" Auf diese Art

Abb. 2.7 Alte Frau oder junge Frau?

und Weise hat manche Führungskraft (unter Umständen jahrzehntelang) „geführt" ohne Mitarbeitern im Einzelnen persönlich Feedback geben zu müssen beziehungsweise Auge in Auge über Leistung und Ergebnisse reden zu müssen. Das hat das System übernommen.

Wenn man Führungskräften, die ihre Rolle auf diese Art und Weise gelebt haben, ihren Akkord- oder Prämienlohn quasi wegnimmt und sie einem Beurteilungssystem aussetzt, ändert sich ihre Rolle erheblich. Sie können ihren Job nur noch gut machen, wenn sie sich dessen bewusst sind, dass ein Beurteilungssystem sie als Führungskraft und damit als Mensch in höherem Maße fordert als ein Kennzahlensystem.

Was sehen Sie in Abb. 2.7?[12] Eine alte Frau oder eine junge Frau? Beurteilern ergeht es oft ähnlich. Vorausgesetzt, dass Sie das Leistungs- und Arbeitsverhalten ihrer Mitarbeiter beobachten, sehen sie etwas und interpretieren oder beurteilen es anders als andere.

Deshalb werden wir in Abschn. 4.3 und Kap. 5 bei der Diskussion des Einführungsprozesses die Ausbildung der Führungskräfte besonders betrachten. Die Anforderungen, die der Beurteilungsprozess an die Führungskräfte stellt, bezeichne ich als Dreisprung. Dem Dreisprung haften die Eigenschaften an, dass von den Nicht-Eingeweihten niemand so genau die Regeln kennt und nur wenige den Dreisprung beherrschen. Deshalb muss man über die Regeln reden und diesen Sport mit Neulingen trainieren. Der Dreisprung im Beurteilungsprozess lautet: Beobachten – Beurteilen – Mitteilen.

---

[12] Urheber unbekannt.

Vor einiger Zeit saß ich mit einem Produktionsleiter, der mit dem angewendeten Beurteilungsverfahren nicht glücklich war, nach einer bereits abgeschlossenen Beurteilungsrunde zusammen. Die Beurteilungsrunde war aus seiner Sicht nicht zufriedenstellend verlaufen. Zuerst schimpfte er über unfähige Produktgruppenleiter und Schichtleiter, die keine richtigen Führungskräfte seien, aber dann schwenkte er um und drückte sich drastisch aus: „Aber eigentlich sind sie ja arme Schweine. Sie rotieren das ganze Jahr über mit teilweise mehr als 40 Mitarbeitern. Dann kommen immer wieder überraschend und unerwartet wie Weihnachten die Beurteilungszettel aus der Personalabteilung und dann sollen sie sich innerhalb von zwei Wochen Beurteilungen aus dem Ärmel schütteln. Was bleibt ihnen unter diesen Umständen anderes übrig, als die Beurteilungen vom Vorjahr zu nehmen, ein bisschen zu würfeln und hier und da ein paar Punkte mehr zu geben? Wenn sie weniger Punkte geben, dann reißen ihnen die Mitarbeiter den Kopf ab und wenn sie zu viele Punkte vergeben, reißen wir ihnen den Kopf ab. So ist es doch ein blödes Spiel, bei dem sie nur verlieren können."

Die Geschichte ist real, aber nicht unabwendbar. Es kommt auf den Dreisprung an. Zum einen, dass er stattfindet und zum anderen, dass er in guter Qualität stattfindet – einfach nur zu springen reicht nicht: Beobachten – Beurteilen – Mitteilen. In den folgenden Abschnitten werde ich detailliert auf die drei Phasen dieses Dreisprungs und seine Erfolgsfaktoren eingehen.

Unterjährige Beobachtungen und Notizen Angenommen, die Leistungsbeurteilung findet einmal jährlich statt. Dann bedeutet dies, dass ein Beurteiler die Eindrücke und Ergebnisse eines ganzen Jahres in die Leistungsbeurteilung einfließen lassen muss. Das wiederum bedeutet, dass er während des Jahres auch genau hinschauen muss, um Eindrücke zu sammeln. Nur wenn der Beurteiler das Jahr über Mosaiksteine sammelt, ist er in der Lage, bei der Leistungsbeurteilung ein schlüssiges und stimmiges Gesamtbild entstehen zu lassen. Viele Führungskräfte neigen dazu, sich ihrer Verantwortung als Beurteiler immer wieder erst kurz vor der Leistungsbeurteilung bewusst zu werden. Dann ist ein großer Teil des Jahres vergangen und wichtige Ereignisse und Leistungsergebnisse sind vergessen oder in der Erinnerung zumindest stark verblasst. Sie stehen für eine hochwertige Leistungsbeurteilung nicht mehr zur Verfügung. Schon einige wenige Notizen helfen, sich diese beurteilungsrelevanten Situationen wieder in Erinnerung zu rufen. Aus den Notizen entsteht für jeden Mitarbeiter bei der Beurteilung wieder ein „Film des vergangenen Jahres". Auch wenn der Film unter Umständen „stark geschnitten ist", ist dies deutlich mehr wert als ein paar bruchstückhafte Erinnerungen aus den letzten wenigen Wochen oder Monaten.

Aus diesem Grund ist es sinnvoll, den Beurteilern ein Hilfsmittel an die Hand zu geben, das ihnen hilft, unterjährige Eindrücke zu sammeln und festzuhalten, sodass diese zum Zeitpunkt der Beurteilung auch zur Verfügung stehen. Eine simple Form dieses Hilfsmittels könnte folgende Struktur haben (Tab. 2.22):

Tab. 2.22 Unterjährige Beobachtungen/Notizen

Notizen zur Leistungsbeurteilung 201__		
Name, Vorname	Abteilung	
Aktuelle Tätigkeit	Vergütungsstufe	
Weiter so!		Datum/Kz
Aufpassen!		Datum/Kz

Ob dieses Hilfsmittel in Papierform genutzt wird, eine Datenbank angelegt wird oder es in Excel geführt wird, ist egal. Die Hauptsache ist, dass Führungskräfte angehalten werden, unterjährig auf die Leistungen, die Ergebnisse und das Verhalten ihrer Mitarbeiter zu achten und dies zu dokumentieren, damit sie in der Lage sind, zum Beurteilungszeitpunkt hochwertige Beurteilungen zu erstellen. Der Dokumentation kommt eine entscheidende Bedeutung zu, da bei großen Führungsspannen und vielen Ereignissen nicht sichergestellt ist, dass das Gedächtnis ausreicht, um die Vielzahl der notwendigen Eindrücke bis zu einem Jahr später zuverlässig zur Verfügung zu stellen. Mir ist auch bewusst, dass allein die Existenz dieses Blattes noch nicht zu besseren Leistungsbeurteilungen führt, deshalb ist es bei manchen Führungskräften auch notwendig, dass deren Chef unterjährig immer wieder nachhakt und sich gegebenenfalls sogar diese Notizen vorlegen lässt und sie mit dem Beurteiler durchspricht.

Ich plädiere dafür, diese unterjährigen Notizen bewusst noch nicht im Beurteilungsformular einzutragen, sondern aus der Vielzahl der Eindrücke erst später eine Leistungsbeurteilung zu erstellen und auch erst später die Begründungen im Beurteilungsformular zu notieren.

Vorläufige Beurteilungen oder Rohbeurteilungen Die unterjährigen Notizen stehen dem Beurteiler zur Verfügung, um einmal pro Jahr die vorläufigen Leistungsbeurteilungen für seine Mitarbeiter vorzubereiten. Ich spreche aus zwei Gründen bewusst von vorläufigen Beurteilungen. Zum einen brauchen Leistungsbeurteilungen sozusagen mehrere Anstriche bis die Farbe gut deckt. Dazu muss man sie mehrmals in die Hand nehmen. Zum anderen ist ein Beurteiler allein streng genommen nur in der Lage, eine Rangliste seiner Mitarbeiter zu erstellen und diese Rangliste zu begründen. Um eine abschließende Leistungsbeurteilung zu erstellen, braucht er den *Nullpunkt* und/oder die *Mitte*, je nachdem wie man das System betrachtet. Er muss wissen, wo die anderen Beurteiler die

Messlatte anlegen. Außerdem gibt es bekanntermaßen eine ganze Reihe von möglichen Beurteilungsfehlern:

- Tendenz zur Mitte: „Alle Mitarbeiter sind doch irgendwie gleich gut. Jeder hat seine Stärken und Schwächen. Die Stars gibt es nicht wirklich und Fehler können jedem einmal passieren. Das macht noch keine insgesamt schlechte Beurteilung."
- Mildeeffekte: „Es haben sich doch alle angestrengt. Jeder hat sich bemüht, das muss man doch auch honorieren. Ich brauche sie alle und wirklich schlechte Mitarbeiter wären doch schon gar nicht mehr da."
- Strengeeffekte: „Ich kann nur Mitarbeiter brauchen, die sich anstrengen und Höchstleistung erbringen. Wer bei anderen gut ist, ist bei mir allenfalls Durchschnitt."
- Unvollständige Wahrnehmungen: „Ihm sind in letzter Zeit zwei, drei Fehler passiert, die haben ihm das ganze Jahr versaut."
- Sympathie- und Antipathie-Effekte: Sympathischen Menschen werden eher positive und unsympathischen Menschen eher negative Merkmale zugeschrieben.
- Attraktivitätseffekt: Attraktive Menschen werden im Allgemeinen besser beurteilt.
- Überstrahlungs- oder Halo-Effekt: Wir lassen uns bei der Beurteilung von einem hervorstechenden Merkmal eines Menschen leiten, das uns selbst möglicherweise sehr wichtig ist oder das wir bei uns vermissen. Das können zum Beispiel seine Ordnungsliebe oder sein höflicher Umgang mit anderen Menschen sein. Daraus schließen wir auf andere Merkmale, die wir nicht mehr tatsächlich beurteilen.
- Die unbewusste Persönlichkeitstheorie: Es wird von einer Verhaltensweise auf die andere geschlossen: „Wer einen aufgeräumten Schreibtisch aufweist, ist ein guter Mitarbeiter" oder „Wer vorwärtskommen will und Ambitionen hat, ist ein Radfahrer und ein Intrigant".
- Kategorisieren, einfrieren und nie wieder überprüfen: Dauerhaftes Einordnen eines Mitarbeiters in eine Schublade. Hierfür genügt oft schon ein einziges Merkmal (zum Beispiel „Krankmacher" oder „Techniker"). Auch positives oder kritisches Leistungsverhalten, das in der Vergangenheit gezeigt wurde, kann für lange Zeit die Leistungsbeurteilung beeinflussen.

Deshalb sollten Leistungsbeurteilungen vorläufig bleiben, so lange, bis sie mit anderen Beurteilungen abgeglichen sind und Beurteilungsfehler eine Chance hatten, ans Licht zu kommen. Dieser Prozess des Abgleichens, Vervollständigens, Kalibrierens oder Eichens geschieht in Beurteilerkonferenzen, die den vorläufigen Beurteilungen den Schliff geben.

Beurteilerkonferenzen Die Aufgabe besteht also darin, die Leistungsbeurteilung so zu gestalten und zu optimieren, dass die Hauptkritikpunkte abgestellt oder mindestens reduziert werden können, um einen hochwertigen Beurteilungsprozess mit folgenden Zielen zu gestalten:

- Unterschiedliche Beurteiler beurteilen auf der Basis möglichst gleicher Maßstäbe.
- Die Beurteilungen sind so objektiv wie möglich.

- Die Beurteilung der Leistung wird nicht „verunreinigt" durch Sympathie oder Antipathie.
- Die Beurteilungen sind vollständig, weil die Beurteiler die Leistung eines Mitarbeiters im gesamten Beurteilungszeitraum umfassend wahrnehmen und auch Inputs anderer Beurteiler zu ihren Mitarbeitern aufnehmen können.
- Die definierten und beschriebenen Beurteilungsmerkmale werden auch tatsächlich verwendet.

Beurteilerkonferenzen gelten als eine valide Methode zur Verbesserung des Beurteilungsprozesses. Sie fördern den Austausch von beurteilungsrelevanten Informationen zwischen den Beurteilern und tragen dazu bei, dass sich gemeinsame Beurteilungsmaßstäbe entwickeln können. Sie können unabhängig vom zugrunde liegenden Beurteilungssystem eingesetzt werden, also unabhängig von den Beurteilungsmerkmalen oder der Beurteilungsskala.

Wie darf man sich den Verlauf einer Beurteilerkonferenz vorstellen? Die vorläufigen Beurteilungen werden zum Bespiel auf Pinnwänden visualisiert und sortiert nach Vergütungs- und Leistungsstufen dargestellt (Tab. 2.23).

Jede Karte kann zum Beispiel folgende Informationen enthalten:

- Name, Vorname,
- Abteilung oder Kostenstelle,
- Beurteiler,
- Entgeltgruppe,
- vorläufiges Beurteilungsergebnis (in Prozent oder in Punkten).

Ein Bild aus einer Live-Beurteilerkonferenz in Abb. 2.8 veranschaulicht diese Form der Visualisierung von vorläufigen Beurteilungen als Grundlage für die Diskussion der Beurteiler.

Für jeden Beurteiler wird eine eigene Farbe verwendet, sodass immer sichtbar ist, auf welchem Beurteilungsniveau und bei welcher Verteilung einzelne Beurteiler liegen. Jeder Beurteiler erläutert seine Einschätzungen und seine Kollegen ergänzen und hinterfragen. Der Beurteiler mit den meisten Mitarbeitern beginnt, seine Mitarbeiter Leistungsstufen zuzuordnen. Er beginnt in der Vergütungsstufe (Entgeltgruppe), der die meisten Mitarbeiter zugeordnet sind und in der damit die größte Anzahl von Vergleichsmöglichkeiten besteht. Die wesentlichen Ergebnisse, Stärken und Schwächen einzelner Mitarbeiter werden vorgestellt und besprochen und können gegebenenfalls parallel auf einem Flipchart notiert werden. Anschließend folgt der zweitgrößte Bereich und so weiter. Wenn alle Karten an der Pinnwand oder den Pinnwänden sind, kann nachjustiert werden, Vergleiche werden gezogen, Informationen werden ergänzt, unterschiedliche Einschätzungen können diskutiert werden. Vorläufige Beurteilungen werden verändert oder bestätigt und damit entstehen gemeinsame Beurteilungsmaßstäbe – „live by doing". Wenn notwendig können

Tab. 2.23 Beurteilerkonferenz (Struktur der Darstellung)

	Leistungsstufe E	Leistungsstufe D	Leistungsstufe C	Leistungsstufe B	Leistungsstufe A
Vergütungs-stufe 4	Hubert Maier		Margit Mager	Maria Mack	
Vergütungs-stufe 3	Patrick Keller	Konrad König	Walter Mann		Karl Müller
Vergütungs-stufe 2		Peter Huber	Sabine Saar		Karin Kaiser
Vergütungs-stufe 1	Peter Kleinhans		Josef Müller		Petra Perle

Abb. 2.8 Beurteilerkonferenz (Live-Ausschnitt)

Beurteilerkonferenzen auch kurz unterbrochen werden, sodass sich einzelne Beurteiler untereinander kurz beraten und austauschen können.

Die schrittweise Vorgehensweise von Vergütungsstufe zu Vergütungsstufe hat sich bewährt, da damit gleiche Anforderungsniveaus miteinander verglichen werden. Jede Vergütungsstufe ist wie eine „Liga" im Sport zu betrachten. Es ist unmittelbar einleuchtend, dass mit jeder „Liga" die Anforderungen steigen und damit höhere Erwartungen an die zu beurteilenden Mitarbeiter gestellt werden dürfen und müssen.

Die Zusammensetzung der Beurteilerkonferenz ist so organisiert, dass sich jeweils der Leiter einer organisatorischen Einheit mit den Führungskräften seiner organisatorischen Einheit zu einer Beurteilerkonferenz trifft, also beispielsweise der Leiter einer Entwicklungsabteilung mit den Teamleitern seiner Entwicklungsabteilung oder der Fertigungsleiter mit den Meistern seines Fertigungsbereiches. Die Rolle des Abteilungsleiters besteht darin, auf die Einhaltung der betrieblichen Regelungen zu achten, den Quervergleich zu anderen Abteilungen einfließen zu lassen. Er trägt die Verantwortung für die Inhalte und das Ergebnis. Sinnvoller Weise wird eine Beurteilerkonferenz vom Personalbereich moderiert, der für den Prozess mitverantwortlich ist und für die vollständige Dokumentation sorgt.

Damit Beurteilerkonferenzen ihre volle Wirkung entfalten können, sollte über mindestens 25 Mitarbeiter gesprochen werden. So wird erreicht, dass genügend Vergleichsmöglichkeiten zur Verfügung stehen. Weiterhin hat sich eine Obergrenze von etwa 100 Mitarbeitern als sinnvoll erwiesen, um genügend Übersichtlichkeit zu gewährleisten und die Konferenz nicht durch die Menge zu überfordern.

Für den erfolgreichen Verlauf einer Beurteilerkonferenz sind Spielregeln sinnvoll, die unternehmensspezifisch definiert werden sollten. Folgende Beispiele haben sich als hilfreich erwiesen:

- Es ist Vertraulichkeit geboten.
- Die Beurteiler bereiten die vorläufigen Beurteilungen intensiv vor.
- Es geht nur um die individuelle Leistung jedes Mitarbeiters, nicht um die Wertigkeit der Tätigkeit (die Eingruppierung).
- Es ist ein offener Austausch über Leistungserwartungen und Leistungsergebnisse.
- Die Verantwortung für die Beurteilung bleibt beim Beurteiler.
- Das Ergebnis der Beurteilerkonferenz ist bindend.
- Der Abteilungsleiter trägt die Verantwortung für den Verlauf und die Einhaltung der Spielregeln.

Im Ergebnis wird damit erreicht, dass das zur umfassenden Beurteilung von Leistung notwendige Gesamtbild vollständiger wird. Es werden „Mosaiksteine gesammelt" und gewichtet, um ein ausgewogenes Gesamtbild der Leistung einzelner Mitarbeiter im Vergleich zu anderen entstehen zu lassen. Außerdem entwickelt sich eine gemeinsame Vorgehensweise bei der Erstellung von Leistungsbeurteilungen. Beurteilungsmaßstäbe werden angeglichen, „geeicht" oder „kalibriert". Damit ist dies ein Prozessschritt, der insbesondere in technisch geprägten Unternehmen auf positive Resonanz stößt – aber nicht immer.

Beispiel

Manchmal gibt es unerwartete Effekte. In einem großen und erfolgreichen Unternehmen der Metallbearbeitungsbranche wurden in weiten Bereichen seit Jahrzehnten Leistungsbeurteilungen durchgeführt. Nach Jahrzehnten unreflektierter Anwendung waren alle zu erwartenden negativen Effekte beispielhaft zu erkennen: In den verschiedenen Bereichen gab es verschiedene Anwendungskulturen. Für manche Führungskräfte war es nur ein lästiges Übel, für andere wiederum ein Führungsinstrumente. Die einen vergaben Beurteilungspunkte sehr großzügig, andere wiederum eher konservativ. Manche Beurteiler reduzierten Leistungsbeurteilungen gegenüber dem Vorjahr, für andere wiederum war das ein Tabu und der Weg ging nur nach oben. Die einen besprachen Leistungsbeurteilungen ausführlich mit allen Mitarbeitern, die anderen nur auf Nachfrage. In einem Bereich ergab die Auswertung der Leistungsbeurteilungen eine sinnvolle Differenzierung, die auch zu Entgeltunterschieden führte, in anderen Bereichen ergab sich fast keine Differenzierung. Man konnte also tatsächlich wie im Labor alle möglichen Effekte beobachten. Im Gesamtergebnis war allerdings klar: Das Unternehmen bezahlte zu viel Geld mit sehr viel Aufwand – und das ohne einen wirklich leistungsvariablen Entgelteffekt.

Im Zuge der Änderung des Tarifvertrags wurde die Leistungsbeurteilung neu gestaltet und neben anderen Änderungen sollten auch Beurteilerkonferenzen eingeführt werden, um die Neuausrichtung des Beurteilungsprozesses zu unterstützen. Wir wurden

für das Training der Beurteiler und die Moderation der Beurteilerkonferenzen hinzugezogen. Schon während des Trainings für die Beurteiler wurde deutlich, dass ein Teil der
Beurteiler den Beurteilerkonferenzen ablehnend gegenüberstand. In den Diskussionen
wurde schnell klar, dass genau die Beurteiler opponierten, die die vielen Gründe für die
Einführung der Änderungen geliefert hatten. Für diese Gruppe hätten die geplanten
Änderungen die stärksten Auswirkungen gehabt und es wäre für sie richtig schwierig
geworden. Als sie sich mehr oder weniger offen an den Betriebsrat wandte und diesen
um Schutz vor den zu erwartenden Auswirkungen auf ihre Mitarbeiter ersuchte, waren
die Beurteilerkonferenzen noch vor dem ersten Versuch schon Vergangenheit.

Heute, nach etwa vier Jahren seit Gültigkeit der neuen Betriebsvereinbarung, ist in
diesem Unternehmen in Bezug auf die Leistungsbeurteilung wieder alles beim Alten.
Inzwischen haben massive wirtschaftliche Schwierigkeiten den Standort auf etwa 60 %
der ursprünglichen Größe schrumpfen lassen, aber die Leistungsbeurteilung ist immer
noch kein Führungsinstrument, das umfassend genutzt wird. Schade!

Beurteiler bewerten allerdings ansonsten die Vorgehensweise mit Beurteilerkonferenzen
als ausgesprochen hilfreich für ihren Beurteilungsprozess. Sie investieren zwar einen zusätzlichen Bearbeitungsschritt im Beurteilungsprozess und „offenbaren sich", erlangen
aber dadurch mehr Sicherheit, dass ihre Leistungsbeurteilungen im Quervergleich fun-
dierter und objektiver sind. Dies erhöht auch die Qualität der anschließenden Ergebnisgespräche erheblich.

Beurteilerkonferenzen sind auf allen hierarchischen Ebenen möglich, auf denen Leistung beurteilt wird. Sie sind auch auf höheren hierarchischen Ebenen sinnvoll, auf denen
die Erreichung unternehmerischer Ziele nicht nur gemessen, sondern auch bezüglich des
Beitrags zum Gesamterfolg gewichtet werden muss. Auch hier ist ein Abgleich der Anforderungsniveaus der Ziele und ein „Eichen" der Einschätzungen zur Zielerreichung sinnvoll und richtig.

In manchen Ohren klingt der Begriff „Beurteilerkonferenz" vielleicht zu technokratisch. Es ist erst einmal nur ein Arbeitstitel, um einen Schritt im Beurteilungsprozess zu
bezeichnen. In der konkreten Umsetzung in Unternehmen erhält dieser Bearbeitungsschritt im Beurteilungsprozess häufig Bezeichnungen wie Integrationsmeeting, Harmoni-
sierungsrunde, Abstimmungsrunde, Peermeeting, Ranking-Besprechung oder Abgleich-
meeting. Im Kern geht es immer um das Gleiche: Beurteiler treffen sich, tauschen sich aus
und „eichen" ihre Leistungsbeurteilungen.

Bei allen Nutzenüberlegungen und Vorteilen sind auch kritische Anmerkungen zu Beurteilerkonferenzen bekannt. Obwohl Vertraulichkeit eine wichtige Anforderung darstellt,
wird in Einzelfällen kritisiert, dass dies nicht immer verlässlich garantiert werden kann.
Allerdings gehören die in Beurteilerkonferenzen ausgetauschten Informationen zu den
ohnehin gültigen Verschwiegenheitspflichten von Führungskräften. Weiterhin kommen
Führungskräfte, die Beurteilungen eher intuitiv-summarisch erstellen, in die Situation,
ihre Ergebnisse erläutern und teilweise auch verteidigen zu müssen. Manche Beurteiler

betrachten dies als eine Einschränkung ihrer Autonomie, andere empfinden den gleichen Sachverhalt als wichtige Vorbereitung auf zu erwartende kritische Fragen ihrer Mitarbeiter.

Varianten sind möglich Bezüglich der Intensität sind mehrere Abstufungen möglich. In der einfachsten Version geht es einfach darum, die Beurteilungsmaßstäbe zu justieren, die Beurteilungen unterschiedlicher Beurteiler zu visualisieren und damit den Beurteilern die Möglichkeit zu geben, ihre eigenen Beurteilungsmaßstäbe quer zu vergleichen.

Intensiver werden Beurteilerkonferenzen, wenn über jeden Mitarbeiter auch ein inhaltlicher Austausch stattfindet. Welche Wahrnehmungen und Beobachtungen haben andere Beurteiler zu jedem Mitarbeiter? Welches Gesamtbild ergibt sich daraus für einzelne Mitarbeiter? Welche Stärken und Schwächen einzelner Mitarbeiter sind erkennbar? Welche Argumente nimmt der Beurteiler mit in das Gespräch mit dem Mitarbeiter?

Einen weiteren qualitativen Sprung machen Beurteilerkonferenzen, wenn sie auch als Talentmanagement-Tool genutzt werden. Wer sind unsere Spitzenleister und Leistungsträger? Welche Potenziale stecken in Ihnen? Was tun wir, um sie weiterzuentwickeln beziehungsweise an das Unternehmen zu binden? Wo sind unsere Problemfälle? Was tun wir aktiv und zeitnah? Wer kümmert sich darum? Dabei können Verteilungsvorgaben oder auch Budgetvorgaben einfließen – müssen aber nicht.

> ▶ Das sind nennenswerte Nutzeneffekte, die ohne großen Zusatzaufwand quasi nebenbei entstehen und die die qualitative Entwicklung des Unternehmens positiv beeinflussen. Sie helfen, die Energie zu fokussieren und sich um die richtigen und wichtigen Dinge zu kümmern. Das ist nachhaltig.

Bei konsequenter Anwendung von Beurteilerkonferenzen lässt sich regelmäßig eine deutliche und nachhaltige Verbesserung des Beurteilungsprozesses bei höherer Akzeptanz bei Führungskräften und Mitarbeitern erzielen. Die Beurteiler erhalten die Sicherheit, dass andere Beurteiler mit den gleichen Maßstäben arbeiten und nicht einzelne Führungskräfte oder Bereiche auf Kosten anderer „Vorteile" genießen. Dies setzt voraus, dass den Beurteilern nach jeder Beurteilungsrunde eine summarische Auswertung der Gesamtergebnisse zur Verfügung gestellt wird.

Der Aspekt der integrierten Führungskräfteentwicklung ist als wichtiger Nebeneffekt nicht zu unterschätzen. Die Führungskräfte sprechen in Beurteilerkonferenzen über Leistungsniveaus und Erwartungen, die sie an ihre Mitarbeiter stellen. Sie sprechen auch darüber, wie diese Erwartungen formuliert werden. Dabei klären sich automatisch auch innere Bilder und Glaubenssätze, die die Beurteiler mit Leistung verbinden. Milde Beurteiler werden anspruchsvoller und strenge Beurteiler hinterfragen ihre Anforderungen und Einschätzungen und können sie im Ergebnis besser erläutern. Gleichzeitig verbessern Beurteiler unmerklich, aber spürbar ihre Argumentation in Beurteilungsgesprächen. Außerdem stellen wir fest, dass sich die Beurteiler bei der Vorbereitung von Leistungsbeurteilungen mehr Mühe geben, weil sie wissen, dass sie sie vor ihren Kollegen vertreten können müssen. Das ist ein Ansporn, der nicht zu vernachlässigen ist.

2.2.2.4   Ein Bekenntnis zur Subjektivität und zur Notwendigkeit von Entscheidungen

Alle bisher getroffenen Vorkehrungen dienen dazu, den Prozess der Leistungsbeurteilung zu optimieren. Allerdings möchte ich daran erinnern, dass es trotzdem eine Beurteilung bleibt und keine Messung- Beurteilungen enthalten trotz aller Bemühungen weiterhin subjektive Elemente. Das ist unvermeidbar und in Ordnung. Es ist sogar mehr als das: Die Lage zu beurteilen, ist elementare Führungsaufgabe[13]. Wenn man alles messen könnte, bräuchte man keine Entscheider mehr. Dann müsste man nur ein System mit Daten füttern und das System würde die Entscheidung ausspucken. Beurteilungen sind und bleiben Entscheidungen, die man zwar erklären, aber nicht beweisen können muss. Wer als Führungskraft diesen Anspruch der Notwendigkeit von Beweisen hat, geht fehl, und wer als Mitarbeiter diese Erwartung hat, geht ebenfalls fehl.

Es geht aber natürlich darum, nicht willkürlich und zufällig, sondern auf der Basis von Zahlen, Daten und Fakten (ZDF) und in Abwägungsprozessen eine Entscheidung zu treffen, in diesem Fall eine Entscheidung über die Leistungsbeurteilungen der Mitarbeiter. Das ist nicht einfach, aber es bleibt eine elementare Führungsaufgabe, der man sich nicht entziehen kann – auch dann nicht, wenn diese Entscheidung Auswirkungen auf das Entgelt der Mitarbeiter hat. Es bleibt aber die Aufgabe der Führungskraft, diese Entscheidung mit hoher Aufmerksamkeit auf der Basis von Ereignissen und Ergebnissen nachvollziehbar zu treffen und sauber zu kommunizieren, eben im Sinne von Beobachten – Beurteilen – Mitteilen.

Wir bemühen uns somit schon bei der Konzeption des Beurteilungssystems in einem professionellen Verständnis um einen möglichst objektivitätsförderlichen Beurteilungsprozess und bekennen uns gleichzeitig dazu, dass er selbstverständlich subjektive Elemente enthält und das auch vollkommen normal ist. Ich wollte dies noch einmal ins Blickfeld rücken, bevor wir zu rechnen beginnen und aus Leistungsbeurteilungen Euros werden.

2.2.2.5   Die Leistungs-/Entgeltrelation: Jetzt geht's ums Geld

Ausgangspunkt der Überlegungen bleibt Abb. 2.1. Das Leistungsentgelt ist eine Entgeltkomponente, die auf einem anforderungsbezogenen Grundentgelt aufsetzt, das aus der Arbeitsplatzbewertung resultiert. Im ersten Schritt werde ich eine Variante vorstellen, in der auf der Basis der Leistungsbeurteilung ein Punktwert entsteht, der in eine Leistungszulage umgerechnet wird, die in Prozent vom Grundentgelt ausgedrückt wird. Das Motto ist also: „Lieber Mitarbeiter, wenn du eine bestimmte Leistung erbringst, erhältst du eine Leistungszulage von x Prozent."

Ich verwende hierzu konkrete Beispiele aus der Praxis, um verschiedene Formen von Leistungs-/Entgeltrelationen aufzuzeigen.

---

[13] Ich bin zwar aus eigener Erfahrung kein Fan militärischer Entscheidungsprozesse, aber auch dort gehört die Beurteilung der Lage elementar zur Aufgabe der Führung auf allen hierarchischen Ebenen.

Tab. 2.24 Leistungs-/Entgeltrelation 1 mit Umrechnung

Leistungsstufe	C	B3	B2	B1	A
Arbeitsmenge und Effizienz	0	2	4	6	8
Qualität	0	2	4	6	8
Einsatzbereitschaft und Flexibilität	0	1	2	3	4
Verantwortungs-bewusstes Handeln	0	1	2	3	4
Zusammenarbeit	0	1	2	3	4

___ Beurteilungspunkte: $14 \times 10 =$ ___% Leistungszulage

Tab. 2.25 Beispielberechnung Leistungsentgelt

Grundentgelt in Entgeltgruppe X	€ 2.500,00
Leistungszulage 8,57 %	€ 214,25
Gesamtentgelt	€ 2.714,25

Variante 1: Punkte → Prozent → Euro Das Grundmuster einer Leistungsbeurteilung, das den folgenden Beispielen zugrunde liegt, ist folgendes:

Die Beurteilung im Beispiel von Tab. 2.24 arbeitet mit der Gewichtung 2, also Arbeitsergebnis: Arbeitsverhalten = 4:3. Wenn ein Mitarbeiter in allen Merkmalen eine mittlere Beurteilung in Leistungsstufe B2 erzielen würde, würden sich daraus 14 Beurteilungspunkte ergeben. Die mittlere Leistungszulage, die in diesem Beispiel zugrunde gelegt ist (mehr zur Bandbreite von Leistungszulagen später in Abschn. 2.2.2.7), liegt bei 10 %. Die obige Beurteilung ergibt 12 Punkte: $14 \times 10 = 8{,}57$ % Leistungszulage auf das Grundentgelt der Entgeltgruppe des Mitarbeiters. Bei einem Grundentgelt von beispielsweise 2.500 € ergibt sich eine Leistungszulage von 214,25 € und ein Gesamtentgelt von 2.714,25 € (Tab. 2.25).

Wenn sich das Grundentgelt zum Beispiel durch eine Tariferhöhung verändert, wächst die Leistungszulage in gleicher Weise prozentual und es ergibt sich ein höheres Gesamtentgelt.

Der Vorteil: Es wird durchgängig nachvollziehbar und exakt gerechnet.

Der Nachteil: Man rechnet auf der Basis einer Leistungsbeurteilung mit ihren Unschärfen mit „pseudomathematischer" Genauigkeit bis auf zwei Stellen hinter dem Komma und auf den Cent genau. Damit wird durch die exakte Berechnung des Ergebnisses in Euro suggeriert, dass die zugrunde liegende Leistungsbeurteilung auch so exakt sei. Diesem hohen Anspruch hält diese allerdings nicht stand und deshalb provoziert diese exakte Berechnung tendenziell eher Akzeptanzprobleme und Reklamationen (dazu mehr in Abschn. 2.2.2.7).

Diesen Nachteil kann man mit Variante 2 ausgleichen und verliert dabei allerdings mit Absicht die exakte Berechnung.

Variante 2: Punktespannen → Prozent → Euro Diese Variante arbeitet mit Punktespannen und glättet somit die Unschärfen einer Leistungsbeurteilung. Umgesetzt auf das Beispiel aus Variante 1 mit einer Punktebandbreite von 0 bis 28 Beurteilungspunkten und einer Leistungsentgeltbandbreite von 0 bis 20 % würde sich folgendes Bild ergeben (Tab. 2.26):

Tab. 2.26 Leistungs-/Entgeltrelation 2 mit Punktespannen

Punktespanne von	… bis	Leistungsentgelt in %	Leistungskategorie
0	2	0,0	1
3	5	2,5	2
6	8	5,0	3
9	11	7,5	4
12	15	10,0	5
16	18	12,5	6
19	22	15,0	7
23	25	17,5	8
26	28	20,0	9

Der Vorteil: Die Berechnung des Leistungsentgelts ist immer noch transparent. Beurteilungsunschärfen werden durch Punktespannen geglättet.

Der Nachteil: Es ergeben sich relativ große Sprünge im Leistungsentgelt von Kategorie zu Kategorie, die schon durch die Veränderung um einen halben Beurteilungspunkt entstehen können.

Ich neige bei Abwägung der Vor- und Nachteile eher zu dieser Variante 2, weil sie den Unschärfen einer Leistungsbeurteilung eher Rechnung trägt und sie in das System integriert. Aber auch hier gilt, dass es zur Anwendungskultur im Unternehmen passen muss. Beide Varianten und mögliche Variationen sind sachlich in Ordnung und können angewendet werden.

Beide Varianten führen jedenfalls zu einer Leistungszulage in Prozent, die in Euro umgerechnet wird und bei einer Erhöhung des Grundentgelts auch zu einer Erhöhung der Leistungszulage führt. Im Folgejahr würde eine niedrigere Leistungsbeurteilung auch folgerichtig dazu führen, dass die Leistungszulage in Euro ebenfalls sinkt. Das entspricht zwar der Grundidee variabler, leistungsorientierter Vergütung, trotzdem betrachten manche Mitarbeiter eine einmal erreichte Leistungszulage als Besitzstand. Ich würde mich dieser Einschätzung nicht anschließen, sondern intensiv mit den Mitarbeitern über Sinn und Zweck variabler, leistungsorientierter Vergütung diskutieren. Trotzdem möchte ich Ihnen die Variante 3 nicht vorenthalten.

Variante 3: Stabiler Punktwert in Euro In dieser Variante entsteht aus der Leistungsbeurteilung eine Summe von Beurteilungspunkten und jeder Beurteilungspunkt hat einen bestimmten Wert in Euro. Sie hilft, wenn man das Budget für Leistungszulagen kontrollieren möchte beziehungsweise bei einem bestimmten Mittelwert halten möchte. Dazu wird der Wert eines Beurteilungspunktes im Jahr 1 der Anwendung im folgenden Beispiel so festgelegt, dass bei einer durchschnittlichen Leistungsbeurteilung 12 % Leistungszulage erzielt werden können (Tab. 2.27).

Der Wert eines Beurteilungspunkts ergibt sich aus Tab. 2.28.

Tab. 2.27 Beurteilungsformular (Schema) mit Punktwert = €

Merkmale	Punkteskala						
Effizienz	0	2	4	6	8	10	12
Qualität	0	2	4	6	8	10	12
Flexibilität	0	1	2	3	4	5	6
Verantwortliches Handeln	0	1	2	3	4	5	6
Kooperation	0	1	2	3	4	5	6

Leistungsentgelt =
Gesamtpunktzahl × Punktwert in € der individuellen
Entgeltgruppe = €

Tab. 2.28 Punktwert

Entgeltgruppe (EG)	€ je Punkt
1	8,88
2	9,36
3	9,60
4	10,08
5	10,68
6	11,28
7	12,00
8	12,84
9	13,68
10	14,58
11	15,54
12	16,62

Sodass in diesem Beispiel die Summe aller Leistungszulagen bei 12 % der Summe aller Grundentgelte liegt. Dies gilt unter der Voraussetzung, dass im Durchschnitt 21 Beurteilungspunkte vergeben werden

Damit ist das System im Jahr der Einführung auf ein Budget von 12 % Leistungszulagen in Bezug auf die Summe aller Grundentgelte justiert. Durch eine Tariferhöhung im Jahr 2 der Anwendung erhöht sich die Summe aller Grundentgelte. 12 % Leistungszulagen ergeben damit auch ein höheres Budget für Leistungszulagen in Euro. Wenn der Wert eines Beurteilungspunktes konstant bleibt, erhöht sich die Anzahl von Beurteilungspunkten, die vergeben werden können. In der Folge stehen mehr Beurteilungspunkte zur Verfügung. Die Beurteiler können somit mit höheren Beurteilungen bei einzelnen Mitarbeitern mehr Punkte vergeben, ohne das Budget zu überschreiten oder anderen Mitarbeiter zum Zwecke der Budgeteinhaltung „Punkte wegnehmen" zu müssen. Ein Beurteiler mit 20 Mitarbeitern vergibt im Durchschnitt im obigen Beispiel 21 Punkte, in der Summe in seiner Abteilung 420 Beurteilungspunkte. Bei einer Tariferhöhung von 3 % stehen ihm im Folgejahr somit 13 Beurteilungspunkte mehr zur Verfügung, die er gezielt vergeben kann. Das

Tab. 2.29 Beurteilungspunkte und Leistungsstufe

Punktespanne	Leistungsstufe
bis 4	Das Leistungsergebnis entspricht dem Ausgangsniveau der Arbeitsaufgabe.
über 4 bis 16	Das Leistungsergebnis entspricht im Allgemeinen den Erwartungen.
über 16 bis 28	Das Leistungsergebnis entspricht in vollem Umfang den Erwartungen und liegt im Leistungsdurchschnitt.
über 28 bis 36	Das Leistungsergebnis liegt über den Erwartungen und dem Leistungsdurchschnitt.
über 36	Das Leistungsergebnis liegt weit über den Erwartungen und dem Leistungsdurchschnitt.

soll ihn wiederum nicht daran hindern, bei Leistungsabfall einzelner Mitarbeiter deren Leistungsbeurteilung zu reduzieren und die freiwerdenden Punkte bei den Mitarbeitern zu platzieren, deren Leistung sich verbessert hat. Wie schon in Variante 2 beschrieben, ist die Reduzierung von Leistungsbeurteilungen für manche Beurteiler und Mitarbeiter ein schwieriges Unterfangen, dem Variante 3 entgegenkommt.

Eine weitere Besonderheit: In diesem Beispiel wird ein Beurteilungsformular verwendet, das die Besonderheit hat, dass die Beurteilungsstufen nicht beschrieben sind. Eine Zuordnung zu einer Gesamtleistungsstufe ergibt sich erst aus der Gesamtpunktzahl (siehe Tab. 2.29).

Damit wird die Beurteilung einzelner Merkmale flexibler für die Beurteiler. Die Skala ist nicht starr. Diesem Vorteil steht der Nachteil gegenüber, dass es sowohl Beurteilern wie auch Mitarbeitern manchmal nicht leicht fällt, sich auf dieser nicht beschriebenen Skala zu orientieren. Für die Beurteiler setzt diese Skala zur Unterstützung Beurteilerkonferenzen (Abschn. 2.2.2.3) voraus. Ein weiterer Vorteil besteht darin, dass nach mehreren Jahren der Anwendung im Zuge einer Neubestimmung des Punktwerts auch die Punkte der Skala verändert werden können. Die unterste Stufe könnte zum Beispiel wegfallen und am oberen Ende der Skala könnte eine neue Stufe entstehen oder umgekehrt. Diese mögliche Neujustierung könnte durchgeführt werden, ohne das gesamte Beurteilungssystem mit Berechnungsmodus und Leistungsmerkmalen verändern zu müssen.

Variante 4: Punktwert in Euro wird angepasst In dieser Variante liegt der Schwerpunkt auf einer Budgetkontrolle durch einen Rechenprozess. Der Wert eines Beurteilungspunkts wird jedes Jahr neu festgelegt. Übertragen auf das Beispiel von Variante 3 würde dies bedeuten, dass im Jahr 1 der Anwendung die Leistungsbeurteilungen erstellt werden. Nach der Erstellung der Beurteilungen wird die Summe aller Beurteilungspunkte errechnet und der Wert eines Beurteilungspunkts so festgelegt, dass die Summe aller Leistungszulagen 12 % der Summe aller Grundentgelte ergibt. Auch im Jahr 2 der Anwendung wird der Wert des Beurteilungspunkts so festgelegt, dass insgesamt im Unternehmen in der Summe 12 % der Summe aller Grundentgelte als Leistungsentgelt ausgeschüttet werden. Tendenziell steigt die Summe der vergebenen Beurteilungspunkte und damit fällt in der Regel der Wert eines Beurteilungspunkts in Euro von Jahr zu Jahr. Dadurch, dass der Wert des Beurteilungspunktes erst nach der Erstellung aller Beurteilungen errechnet werden kann, ist es für einen Beurteiler kaum vorhersehbar, zu welchen finanziellen Effekten seine Beurteilungen für seine Mitarbeiter führen werden. Die Reaktion von Beurteilern ist häufig folgende: „Ich weiß zwar nicht, wie viel der Punkt wert sein wird, aber ich weiß sicher, dass mehr Punkte mehr Geld ergeben. Also vergebe ich für meine Mitarbeiter viele Punkte, wenn ich möchte, dass sie eine höhere Leistungszulage bekommen."

Dies unterstützt eher eine inflationäre Vergabe von Beurteilungspunkten bei gleichzeitig fallenden Punktwerten. Das Beurteilen von Leistung mit transparenten Folgen für das variable Entgelt tritt eher in den Hintergrund. Die Kontrolle des Budgets bestimmt das Handeln und führt tendenziell dazu, dass die Haltbarkeit des Beurteilungssystems als Führungsinstrument eher begrenzt ist. Sie entnehmen schon meiner Argumentation, dass ich diese Variante nicht empfehlen würde, wenn es auf eine langfristige und nachhaltige Anwendung ankommt.

Variante 5: Summarische Beurteilung Die bisher vorgestellten Varianten sind Beispiele für analytische Beurteilungen. Es gibt gewichtete Merkmale, die auf einer Skala beurteilt werden. Daraus entstehen Beurteilungspunkte, die in eine Leistungszulage umgerechnet werden. Der Vorteil besteht darin, dass gerechnet werden kann. Das gibt Beurteilern und Mitarbeitern Sicherheit. Die Annahme: Wenn richtig gerechnet wurde, dann wird ja wohl auch die Beurteilung richtig sein. Oder doch nicht? Das kann im Zweifel ja auch Excel machen. Dafür braucht man eigentlich keinen Beurteiler. Die Beurteilung ist dann richtig, wenn die „Kreuze an der richtigen Stelle sitzen".

Beispiel

Es gibt Unternehmen, die argumentieren wie folgt: „Nicht alle Beurteilungsmerkmale sind in allen Funktionen im Unternehmen in gleicher Weise relevant. Manche Beurteilungsmerkmale spielen teilweise sogar gar keine Rolle. Manchmal ist es vielleicht auch wichtig, bei einem Mitarbeiter speziell bestimmte Themen besonders betonen zu können. Eigentlich müssten wir die Gewichtung bei verschiedenen Jobs unterschiedlich einstellen. Manchmal verändert sich die Bedeutung bestimmter Beurteilungsmerkmale sogar von Jahr zu Jahr, weil sich Themenschwerpunkte verändern. Dazu ist ein System mit festen Gewichtungen eigentlich zu starr. Wir möchten unseren Beurteilern die Möglichkeit geben, diesen Veränderungen der Gewichtungen Rechnung tragen zu können, ohne dass man das System ändern muss."

Um dies umsetzen zu können, muss man nur auf Beurteilungspunkte und das Rechnen verzichten. Es gibt weiterhin Beurteilungsmerkmale, die aber nicht einzeln beurteilt werden und es gibt eine Beurteilungsskala, auf der der Beurteiler eine Gesamtbeurteilung vornimmt (Tab. 2.30).

Die Beschreibung der Beurteilungsstufen könnte sich an eines der obigen Beispiele anlehnen (Tab. 2.31).

Tab. 2.30 Summarische Leistungsbeurteilung/1

Leistungsstufe	D	C	B 3	B 2	B 1	A
Arbeitsmenge und Effizienz				X		
Qualität			X			
Einsatzbereitschaft und Flexibilität					X	
Verantwortungs-bewusstes Handeln			X			
Zusammenarbeit					X	
Gesamtbeurteilung				X		
Leistungszulage (%)	0	5	10	15	20	25

Tab. 2.31 Beschreibung der Beurteilungsstufen zu Tab. 2.30

D	C	B			A
Die Grund-anforderungen der Arbeitsauf-gabe werden nicht erfüllt	Die Grundanforderun-gen der Arbeitsaufgabe werden erfüllt: Es sind aber deutliche Verbesse-rungen notwendig, um zum Leistungsdurch-schnitt aufzuschließen.	B 3	B 2	B 1	Spitzenleistung: Die Leistung liegt deutlich über dem Leis-tungsdurch-schnitt
		Die Anforderungen der Arbeits-aufgabe werden in vollem Umfang, aber mit unterschiedlichen Leistungsergebnissen erfüllt. Der Leistungsdurchschnitt liegt in B2.			

Tab. 2.32 Summarische Leistungsbeurteilung/2

Arbeitsmenge und Effizienz						
Qualität						
Einsatzbereitschaft und Flexibilität						
Verantwortungsbewusstes Handeln						
Zusammenarbeit						
Leistungsstufe	**D**	**C**	**B 3**	**B 2**	**B 1**	**A**
Gesamtbeurteilung				X		
Leistungszulage	0 %	5 %	10 %	15 %	20 %	25 %

Auch ein vollständiges Weglassen von Beurteilungsstufen bei den einzelnen Beurtei-lungsmerkmalen ist möglich, um den Charakter der summarischen Beurteilung noch stär-ker zu betonen (Tab. 2.32).

Der Vorteil der summarischen Leistungsbeurteilung besteht darin, dass individuelle in-haltliche Schwerpunkte unabhängig von festgelegten Rechenformeln betont werden kön-nen. Sie bietet damit eine höhere Flexibilität, aber gleichzeitig setzt sie sich auch stärker der Kritik aus. Beurteiler, die inhaltlich nicht ganz sattelfest sind, können oft nicht richtig er-klären, wie sie im Einzelnen zu ihrem Gesamtergebnis gekommen sind. Auch das Betonen einzelner Erwartungen an Mitarbeiter, die wiederum an andere Mitarbeiter nicht gestellt werden, lässt den Vorwurf des „Nasenfaktors" hier schneller und leichter treffen – wenn

Tab. 2.33 Bewertung der Varianten zur Leistungs-/Entgeltrelation

	Möglichkeiten zur rechnerischen Budgetkontrolle	Anteil von Rechenoperationen	Glättung von Beurteilungsfehlern	Flexibilität
Variante 1: Punkte → % → €	Gering	Hoch	Gering	Gering
Variante 2: Punktespannen → % → €	Gering	Hoch	Hoch	Gering
Variante 3: Stabiler Punktwert in €	Mittel	Hoch	Gering	Gering
Variante 4: Punktwert in € wird angepasst	Hoch	Hoch	Gering	Gering
Variante 5: Summarische Leistungsbeurteilung	Gering	Gering	Hoch	Hoch

auch nicht immer berechtigt. Die summarische Beurteilung stellt an die Beurteiler hohe Anforderungen, die nur mit intensiver Kenntnis der Arbeitsinhalte und -ergebnisse erfüllt werden kann. Ohne Beurteilerkonferenzen, die einen intensiven Quervergleich ermöglichen, sind summarische Leistungsbeurteilungen in dieser Form nur schwer vorstellbar.

Fazit und Vergleich der Varianten 1 bis 5 Die Varianten unterscheiden sich bezüglich der Möglichkeiten der rechnerischen Budgetkontrolle, bezüglich des Anteils von Rechenoperationen, bezüglich der Glättung von Beurteilungsfehlern und bezüglich der Flexibilität in der Gewichtung der Merkmale.

Die Bewertung der Varianten zur Leistungs-/Entgeltrelation in Tab. 2.33 ermöglicht Ihnen eine systematische Entscheidung, welche Leistungs-/Entgeltrelation in Ihrem Beurteilungssystem die für Sie beste Wirkung zeigt.

Meine persönliche Wertung sowohl durch die Brille des Vergütungssystems als auch aus der Perspektive der Führungstechnik möchte ich gerne wie folgt beschreiben: Für mich ist unbestritten, dass die Kosten, die durch Leistungsentgelt entstehen, wie alle anderen Kosten auch, unter Kontrolle bleiben müssen. Einfach ohne Spielregeln Beurteilungen mit finanziellen Auswirkungen machen zu lassen, ist nicht klug, da die Auswirkungen für das Unternehmen nicht kalkulierbar sind. Sie sind auch für die Mitarbeiter nicht kalkulierbar, weil das Unternehmen in schlechten Zeiten hier sparen könnte oder auch einfach zufällig ein Ergebnis herauskommen könnte, das für die Belegschaft insgesamt von Nachteil ist. Deshalb ist eine klare Zielgröße sinnvoll, an der sich das Leistungsentgeltsystem orientiert. Auch wichtige Tarifverträge orientieren sich an Budgets: zum Beispiel 10 % der Summe aller Grundentgelte im Tarifgebiet Mitte in der Metall- und Elektroindustrie, 14 % in Bayern, 15 % in Baden-Württemberg oder 12,5 % in der Schmuck- und Uhrenindustrie in Baden-Württemberg. Das ergibt Berechenbarkeit und Verlässlichkeit für Unternehmen und Mitarbeiter.

Allerdings würde ich die Budgeteinhaltung nicht rechnerisch sichern, weil das die Führungskräfte aller Ebenen aus dem System und damit aus der Verantwortung nimmt. Das Beurteilungsergebnis entsteht dann durch einen Rechenprozess, zu dem die Beurteiler nur einen Input geben, aber für das Ergebnis nicht mehr die Verantwortung haben. Sie können sich mit einer gewissen Berechtigung aus der Verantwortung nehmen und tun dies auch häufig. Aus meiner Sicht ist es wichtig, dass der Sinn und Zweck der Budgetierung erläutert wird und dass man auch konsequent dazu steht. Das ist eine Führungsaufgabe und für beide Seiten verlässlich. Außerdem liefert die Budgetierung eine wichtige Marke für den Beurteilungsprozess: die Mitte, den Durchschnitt. Damit weiß auch jeder Mitarbeiter, wo er steht, wenn seine Leistung im Durchschnitt oder darüber beziehungsweise darunter beurteilt wird.

Die Erfahrung zeigt, dass diese Arbeitsweise für manche Führungskräfte unbequem ist. Sie würden ihre Beurteilungsverantwortung vielleicht lieber an einen Rechenprozess abgeben. Das verschafft ihnen vielleicht kurzfristig in einer Beurteilungsrunde Ruhe. Damit geben sie aber einen elementaren Teil ihrer Führungsaufgabe ab und schwächen mittel- und längerfristig ihre Rolle. Die nachhaltige Wirkung ist damit erheblich eingeschränkt.

Systeme ohne Budgetierung neigen auch dazu, nach oben abzudriften. Früher oder später werden sie aus Kostengründen wieder „eingefangen". Das beschädigt in der Regel das Beurteilungssystem und schränkt damit die nachhaltige Steuerungswirkung ein.

▶   **Also 1.:** Ich plädiere für Budgetierung und für klare Kommunikation um der nachhaltigen Wirkung willen.

Weiterhin argumentiere ich für Systeme, die keine pseudomathematische Genauigkeit suggerieren. Die Varianten 2 und 5 erlauben eine „Glättung" der Beurteilungsergebnisse und signalisieren: Hallo, es geht hier um Beurteilung und nicht um Messung! Das verändert in kurzer Zeit auch das Anwendungsklima. Man verhandelt nicht mehr über einen Beurteilungspunkt mehr oder weniger, sondern man redet über Trends und Entwicklungsrichtungen und deren Auswirkungen auf das Leistungsentgelt.

▶   **Also 2.:** Ich möchte mich für weniger exakte und etwas „gröbere" Verfahren stark machen.

Aus jedem Beurteilungsverfahren, egal ob eher exakt oder eher „grob" lassen sich als Gesamtergebnis Leistungsstufen ableiten und diese Leistungsstufen lassen sich für Variante 6 verwenden, um die Leistungs-/Entgeltrelation zu regeln.

Variante 6: Entgeltentwicklung Leistungsstufen und Matrix Diese Variante der Leistungs-/Entgeltrelation ergibt sich aus einer interessanten Kombination der Leistungsbeurteilung mit einer längerfristigen leistungsorientierten Entgeltentwicklung der Mitarbeiter. Auch die jährlichen Erhöhungen werden über die Leistungsbeurteilung gesteuert. Die Vergütungsmatrix und ihre Funktionsweise wird in Abschn. 2.4 veranschaulicht und stellt eine mittel- und längerfristige Entgeltentwicklung mit einer nachhaltigen Wirkung zur Verfügung. Mir sind allerdings keine Tarifverträge bekannt, die diese Lösung zulassen würden. Sie lässt sich aber im Rahmen des BetrVG mit Betriebsräten in nicht-tarifgebundenen Unternehmen realisieren.

2.2.2.6   Mitteilen: Das Ergebnisgespräch

Der Dreisprung war: Beobachten – Beurteilen – Mitteilen. Das Ergebnisgespräch ist elementarer Bestandteil des Beurteilungsprozesses. Es ist gleichzeitig als Feedbackgespräch selbstverständlicher Bestandteil eines vollständigen und nachhaltigen Führungsprozesses. Beurteilungsprozesse sind für mich ohne Ergebnisgespräche nicht vorstellbar.

Dieses Buch widmet sich im Schwerpunkt der nachhaltigen Gestaltung leistungsvariabler Vergütungssysteme. Deshalb möchte ich nicht auf die vielen Aspekte guter Gesprächsführung eingehen. Über das Führen von Beurteilungs- und Mitarbeitergesprächen gibt es umfangreiche Literatur, auf die ich gerne verweisen möchte.[14] Aber: Beurteilungsgespräche, die entgeltrelevant sind, haben auch einige Besonderheiten, die besondere Beachtung verdienen.

Ein entgeltrelevantes (Beurteilungs-)Ergebnisgespräch ist wahrscheinlich das „mächtigste" Führungsinstrument, das Führungskräfte haben. Es stellt die Verbindung her zwischen Erwartungen an den Mitarbeiter, dem Grad der Erfüllung dieser Erwartungen und bringt dies in einem Maß auf den Punkt, der keine Missverständnisse oder Beschönigungen mehr zulässt. Man kann sich nicht mehr herausreden und ist zur Klarheit gezwungen. Das ist gut und gleichzeitig schwierig.

Wenn über Geld geredet wird, leiden viele Führungskräfte und Mitarbeiter am sogenannten „Unten-rechts-Syndrom". Es interessiert nur, wie viele Punkte, Prozente oder Euro unten rechts stehen. Die Inhalte, bei denen es um Licht und Schatten, also um die Begründungen geht, treten oft in den Hintergrund. Es ist deshalb aus meiner Sicht von besonderer Bedeutung, dabei zu bleiben, dass zuvorderst über Leistung und Leistungsergebnisse geredet wird und nicht vorschnell über Punkte, Prozente oder Euro. Diese Vorgehensweise ist wieder ein Beitrag zur Veränderung hin zu einer nachhaltigen Anwendungskultur im Unternehmen. Das Signal muss sein: „Abseits der Entgeltwirkung ist es uns wichtig, mit Ihnen über die Arbeit des vergangenen Jahres zu reden. Was lief gut? Welche Erfolgserlebnisse gab es? Wo gibt es noch etwas zu lernen? Was kommt im nächsten Jahr auf uns/Sie zu?" Diese Themen sollen den Mitarbeiter nicht „einlullen", sondern betonen, dass es in erster Linie um Inhalte und in zweiter Linie um „unten rechts" geht. Führungskräfte, die dieser Devise folgen, erzeugen in ihrem Verantwortungsbereich nach kurzer Zeit ein besseres Anwendungsklima und damit auch eine nachhaltige Wirkung in der Form, dass Mitarbeiter ihren Erwartungen nachkommen. Damit helfen quasi die Führungskräfte ihren Mitarbeitern, ihren Job besser zu erledigen. Das ist dann der nachhaltige Nutzen für die Führungskräfte, der in der Regel mit einer Steigerung der Effizienz einhergeht.

---

[14] Vergleiche dazu Mentzel (2010) sowie Hossiep et al. (2008).

„Mitteilen" geht nur dann gut, wenn man unterjährig gute Beispiele gesammelt hat. Ich nenne diese Beispiele ZDF – Zahlen, Daten, Fakten. Sie versetzen den Beurteiler in die Lage zu erklären, wie er zu seiner Beurteilung kommt. Außerdem geben sie den Mitarbeitern die faire Chance zu verstehen, was der Chef meint. Ohne ZDF hat der Mitarbeiter diese Chance nicht und der Chef vergibt sich die Möglichkeit, auf zukünftiges Verhalten zielorientiert Einfluss zu nehmen.

Jetzt kommt es noch darauf an, die Zahlen-Daten-Fakten auf kluge Art und Weise in das Gespräch einzubringen. Eine ausgesprochen eingängige Methode, um über positive und kritische Ergebnisse zu reden, ist das WWW-Prinzip[15]. Wohlgemerkt, auch Lob für positive Ergebnisse muss beschrieben werden können. Begründetes Lob hat eine viel größere Bedeutung als ein schnell dahin gesagtes „Du bist halt ein toller Hecht!"

WWW = Wahrnehmung, Wirkung und Wunsch Erster Schritt: Benennen Sie das positive oder kritische Verhalten, indem Sie Ihre **W**ahrnehmungen mitteilen. Beschreiben Sie das beobachtete Verhalten Ihres Gegenübers mit Daten, Fakten und Informationen so konkret wie möglich: „Mir ist aufgefallen,…", „Mein Eindruck ist …", „Ich habe festgestellt,…" oder „Im Vergleich zu dem, was wir vereinbart haben…".

Zweiter Schritt: Machen Sie deutlich, welche **W**irkung dieses Verhalten im Blick auf menschliche, fachliche und organisatorische Aspekte erzeugt: „Für das Team bedeutet das …", „Die Wirkungen auf das Projekt sind …", „Die Motivation der Kolleginnen wird dadurch…" oder „Ich befürchte, das wird…". Machen Sie außerdem deutlich, welche **W**irkung dieses Verhalten für Sie persönlich hat: „Das bedeutet für mich als Leiter der Abteilung …", „Für mich persönlich bedeutet das …", „Ich fühle mich dabei…" oder „Das löst bei mir aus…".

Dritter Schritt: Benennen Sie Ihren eigenen **W**unsch beziehungsweise Ihre Erwartung oder Ihre Forderung: „Ich wünsche mir von Ihnen…", „Ich erwarte, dass Sie…" oder „Meine Forderung an Sie ist…"

Es gibt kein positives oder kritisches Verhalten, das sich nicht auf der Basis dieser drei Schritte gezielt ansprechen ließe.

Reden Sie insgesamt mehr über die Zukunft als über die Vergangenheit. Der Rückblick ist wichtig, aber das „Suhlen" in der Vergangenheit bringt Sie nicht vorwärts. Die Ergebnisse der Vergangenheit helfen Ihnen als Führungskraft nicht mehr, die Anforderungen der Zukunft zu bewältigen. Bei aller Wertschätzung oder Kritik der Vergangenheit, das ist vorbei. Auch hier geht es nicht darum, den Mitarbeiter von „unten rechts" abzulenken, sondern es geht darum, selbst den Fokus des Gesprächs zu bestimmen. Also: „Wo wollen wir hin? Was kommt auf uns zu? Welche Erwartungen habe ich speziell an Sie?" Das sind die Themen, um die sich das Gespräch in der zweiten Hälfte drehen sollte – das ist nachhaltig.

▶   Wenn der Chef nur über Geld redet, ist er selber schuld!

---

[15] Vergleiche Gührs und Nowak (2006).

In manchen Unternehmen sind die Führungskräfte schon bereits fit gemacht worden zur Führung guter Mitarbeiter- und Feedbackgespräche. Dann ist es aber trotzdem wichtig, sie bezüglich der Besonderheiten von entgeltrelevanten Beurteilungsergebnisgesprächen zu trainieren – mehr dazu im Kap. 5. Sollte das allerdings nicht der Fall sein, ist es von besonderer Bedeutung, die Führungskräfte im Zuge der Einführung des Vergütungssystems intensiv in der Gesprächsführung zu trainieren. Dabei geht es nicht um das Trainieren von Gesprächsführung zum Selbstzweck, sondern es geht um die Schaffung einer nachhaltigen Anwendungskultur. Diese stützt sich auf die inhaltliche und zukunftsgerichtete Argumentation und tut alles, um zu verhindern, dass das Beurteilungsgespräch auf das Niveau eines „Punktegeschachers" absinkt. Damit kann sichergestellt werden, dass in Beurteilungsgesprächen über viele Jahre hinweg über Leistung und deren konsequente Verbesserung gesprochen werden kann, eben ganz im Sinne von „Beobachten – Beurteilen – Mitteilen" als Teil eines ganzheitlichen und nachhaltigen Führungsprozesses.

2.2.2.7   … und sonst noch? – Weitere Gedanken zur Verbesserung der Nachhaltigkeit von Leistungsbeurteilungssystemen

In den vorangegangenen Kapiteln wurden die zentralen Elemente nachhaltig wirksamer Leistungsbeurteilungen wie Beurteilungsmerkmale und -skalen, Gewichtungen und die Varianten zur Umrechnung eines Beurteilungsergebnisses in Euro vorgestellt. Damit sind verschiedene „Stellschrauben" im Spiel, die zu sehr unterschiedlichen Ergebnissen in der Anwendung führen können. Im Folgenden möchte ich gerne noch eine Reihe weiterer Elemente aufzeigen, die zu sehr unterschiedlichen Anwendungskulturen und -ergebnissen führen.

Die Anzahl der jährlichen Beurteilungen Es gibt Unternehmen, die möglichst häufig pro Jahr entgeltrelevantes Feedback in Form von Leistungsbeurteilungen geben möchten – teilweise bis zu vier Mal pro Jahr. Das ist möglich und hat durchaus seinen Charme. Das Geben und Nehmen von Feedback wird zur Normalität und bekommt eine gewisse Routine. Es hat sich allerdings gezeigt, dass der Aufwand zur Erstellung einer hochwertigen Leistungsbeurteilung nicht zu unterschätzen ist. Deshalb ging die Entwicklung in diesen Unternehmen eher dahin, dass die Beurteilungen an Qualität verloren haben und die Akzeptanz deshalb zurückgegangen ist. Nach dem Spiel war sofort wieder vor dem Spiel und alle Beteiligten waren relativ schnell überfordert. Das System wurde nur noch ohne großen Anspruch bedient. Allerdings geht die Akzeptanz auch dann zurück, wenn qualitativ schlechte Beurteilungen nur einmal pro Jahr durchgeführt werden. Wenn man einmal pro Jahr einen anspruchsvollen Beurteilungsprozess mit guter Vorbereitung, mit intensiven Beurteilerkonferenzen und hochwertigen Gesprächen realisiert, dann ist das bezüglich des Arbeitsaufwands gut zu leisten und reicht aus.

▶   Eine Leistungsbeurteilung pro Jahr reicht aus!

Absolute und vergleichende Beurteilungen   Viele der Beurteilungsskalen in den Beispielen in Tab. 9.4 beinhalten Begriffe wie Grundanforderungen, Ausgangsniveau oder Normalleistung. Dies suggeriert, dass es eine Art absoluter Messlatte gäbe. Wenn man diese Messlatte in einem bestimmten Maße überspringen würde, erhielte man eine Beurteilung, die der Distanz zur Messlatte entspräche. Das wäre eine absolute Beurteilung, wie wenn man bei einem Weitspringer die Weite seines Sprungs in Metern messen würde. Übertragen auf das Beispiel des Deutschen Sportabzeichens für Männer zwischen 50 und 54 Jahren liegt die Messlatte für Bronze bei 3,60 m, für Silber bei 4,00 m und für Gold bei 4,40. Um dieses Beispiel weiterzuführen: Die verschiedenen Funktionen im Unternehmen (meist mehr als 100 in größeren Unternehmen) wären verschiedene Sportarten und die verschiedenen Altersgruppen wären vergleichbar mit unterschiedlichen Vergütungsstufen.

Man sieht, der Anspruch wäre schon recht hoch, wenn es um Messungen ginge. Bei Beurteilungen müsste man diese unterschiedlichen Stufen beschreiben. Das wurde schon vielfach versucht und ab und zu ist es auch trotz hoher Komplexität für bestimmte Momentaufnahmen gelungen. Aber: Die Welt dreht sich sofort nach der Beschreibung dieser „Messlatten" oder besser „Beurteilungslattenbereiche" weiter und sie behalten damit ihre Gültigkeit und Wirksamkeit nur für einen recht kurzen Zeitraum.

Aus diesem Grund neige ich eher zu vergleichenden Beurteilungen. Um im Bild aus dem Sport zu bleiben: Wir gehen davon aus, dass alle Mitarbeiter, die auf dem Platz sind, die Sportart beherrschen, in der sie spielen. Sie sind im Kader. Bei der vergleichenden Beurteilung kommt es nur darauf an, zu sehen, wer höher springt oder schneller läuft. Das Tempo selbst ist deshalb nicht unwichtig. Es kommt immer noch darauf an, dass der Schnellste gewinnt. Es kommt aber nicht auf die Messung der Zeit an. Das kann Beurteilung nicht leisten. Das Bild ist also so wie bei der Olympiade: Die Spitzenleister sind immer die drei auf dem Treppchen und die, die als Letzte durchs Ziel gegangen sind, sind immer am Ende des Leistungsspektrums.

Diese Sichtweise macht es möglich, dass sich die gedachte „Messlatte" bewegen darf und macht das System länger haltbar. Erwartungen steigen ja tatsächlich mit der Zeit, zwar von Jahr zu Jahr unmerklich, aber schon über fünf Jahre hinweg ist eine Veränderung der durchschnittlichen Anforderungen erkennbar. Deshalb bevorzuge ich unter diesem Aspekt die Varianten 2, 4 und 6 in Tab. 2.33, die sich am Leistungsdurchschnitt orientieren. Und wichtig: Der Durchschnitt bewegt sich zwangsläufig und er wächst mit.

Auch für die Beurteiler wird die ohnehin schwierige Aufgabe realistischer, wenn sie vergleichen dürfen. Mit den Bildern aus dem Sport wird dies auch für Mitarbeiter leichter verständlich. Damit wird auch nachvollziehbar, dass eine Leistungsverbesserung im Vergleich zum Vorjahr nicht unbedingt zu einer besseren Leistungsbeurteilung führen muss. Wenn sich die anderen im Team auch verbessert haben, dann gehen womöglich im kommenden Jahr alle mit der gleichen Platzierung durchs Ziel. Wenn ich nicht trainiert und mich nicht verbessert habe, sondern mit gleicher Zeit durchs Ziel gehe, kann es durchaus sein, dass ich meine Platzierung nicht halten kann. Wer sich in der Welt des Sports bewegt (wenn auch vielleicht nur vom Sofa aus), kennt dies aus eigener Anschauung.

Tab. 2.34 Leistungsbeurteilung mit Minuspunkten in Stufe D (Ausschnitt)

Leistungsstufe	D	C	B			A
			B 3	B 2	B 1	
Leistungs-merkmale	Die Grund-anforde-rungen der Arbeitsauf-gabe werden (noch) nicht erfüllt.	Das Leistungsergeb-nis entspricht den Grundanforderungen der Arbeitsaufgabe. Es sind aber Verbesse-rungen notwendig, um zum Leistungsdurch-schnitt aufzuschließen.	Die Anforderungen der Arbeitsaufgabe werden in vollem Umfang, aber mit unterschiedlichen Leistungsergebnissen erfüllt. Der Leistungs-durchschnitt liegt in B2.			Spitzenleis-tung: Das Leistungs-ergebnis liegt deutlich über dem Leistungs-durchschnitt.
Arbeitsmenge und Effizienz	– 2	0	2	4	6	8

Auch dort wird letztlich nur verglichen! Die Mannschaft mit den meisten Punkten in der Gruppe qualifiziert sich für die Fußballweltmeisterschaft. Es kann durchaus sein, dass eine Mannschaft in einer anderen Gruppe mehr Punkte geholt hat und mehr Tore ge-schossen hat.

▶   Vergleichende Leistungsbeurteilungssysteme halten länger als absolute Beurteilungssysteme!

Minuspunkte in der Beurteilung Es gibt Mitarbeiter, die die Grundanforderungen einer Tätigkeit insgesamt oder bei einzelnen Merkmalen nicht oder noch nicht erfüllen. Es kommt auch vor, dass bestimmte Leistungsmerkmale zulasten anderer Merkmale beson-ders überbetont werden. Zum Beispiel

- hohe Quantität zulasten der Qualität,
- hohe Qualität zulasten der Flexibilität oder der Einhaltung von Zeitvorgaben,
- hohe Quantität zulasten der Zusammenarbeit (Tab. 2.34).

Um diese Situation abbilden zu können, bietet es sich an, dafür eine Beurteilungsstufe vorzusehen, für die bei der Bepunktung Minuspunkte vergeben werden können. Das ist zwar für den betreffenden Mitarbeiter nicht positiv, aber die Situation tritt in normalen Unternehmen auf. Es ist nicht erfreulich, aber ganz normal und braucht auch im Beurteilungssystem seinen Platz.

In meinem Weltbild werden allerdings allenfalls Minuspunkte mit Pluspunkten ver-rechnet. Weniger als 0 Punkte geht nicht, eine insgesamt negative Punktesumme kommt damit nicht vor und ist auch auf der Basis der meisten Tarifverträge und Arbeitsverträ-ge nicht umsetzbar. Das Unterschreiten eines tarif- oder arbeitsvertraglich garantierten Grundentgelts ist nicht möglich. Wenn ein Mitarbeiter dauerhaft eine negative Punkte-summe verzeichnen würde, ist es ohnehin nicht mehr ein Thema des Leistungs- und Ent-geltmanagements, sondern eher eine Frage des Verbleibens in seiner Funktion (oder im Unternehmen).

Abb. 2.9 Strenger Beurteiler

Negative Skalenpunkte werden bevorzugt

C   B3   B2   B1   A

▶   Minuspunkte dürfen in Leistungsbeurteilungen vorkommen!

Verteilungsvorgaben Verteilungsvorgaben sind eine Stellschraube von Vergütungssystemen, die die Haltbarkeit wesentlich beeinflussen und die gleichzeitig für viele Beteiligte in hohem Maße erklärungsbedürftig sind. Ich bin immer wieder überrascht, dass ein Sachverhalt, der in der Sportwelt nicht mehr hinterfragt wird, bei der Übertragung auf die betriebliche Welt in hohem Maße kontrovers diskutiert wird. Im Prinzip geht es auch im Zusammenhang mit der Beurteilung von Leistung darum, jedes Jahr neu die Spitzenleister im Unternehmen zu identifizieren, gleichzeitig sicherzustellen, dass über Problemfälle gesprochen wird, und dies in Bezug auf Entgelt auch angemessen abzubilden. Übertragen auf den Sport heißt dies: Jedes Jahr starten in verschiedenen Sportarten Mannschaften in einer Liga einen neuen Wettbewerb. Sie wollen wissen, welche Mannschaften am Ende der Saison auf- und absteigen. Dass in der Fußballbundesliga die Mannschaften in der Spitze automatisch an der Champions League teilnehmen dürfen und die Mannschaften am unteren Ende absteigen, ist eine reine Selbstverständlichkeit, wenn im sportlichen Wettstreit Punkte und Tore zählen. Wenn aber Leistung beurteilt wird, treten diese Selbstverständlichkeiten, die auch Grundlage der betrieblichen Entgeltfindung sind, in den Hintergrund und andere Effekte zutage. Beurteiler sind unterschiedlich geprägt. Manche Beurteiler sind eher streng und stellen hohe Anforderungen. Ihre Verteilung der Beurteilungen auf die Leistungsstufen sieht eher aus wie Abb. 2.9.

Sie sind eher kritisch und stellen eher höhere Anforderungen im Vergleich zu anderen Beurteilern. Sie bevorzugen die negativen Skalenpunkte und es ist für Mitarbeiter sehr schwierig, in den Augen ihres Beurteilers eine Spitzenleistung zu erbringen. Eigentlich ist es fast unmöglich. Im Gegensatz dazu gibt es aber auch eher milde Beurteiler. Sie sehen die Welt mit anderen Augen und pochen darauf, dass sie ausschließlich gute bis sehr gute Mitarbeiter haben und definitiv alle die Anforderungen erfüllen. Schlechte Leistung kommt in ihrem Weltbild nicht vor. Sie bevorzugen die positiven Skalenpunkte und ihre Verteilung der Beurteilungen auf die Leistungsstufen sieht eher aus wie Abb. 2.10.

Es gibt noch einen dritten Beurteilertyp. In seiner Wahrnehmung gibt es weder Spitzenleister noch Problemfälle. Aus seiner Sicht sind irgendwie alle Mitarbeiter gut, der eine etwas mehr, der andere etwas weniger. Er bevorzugt die mittleren Skalenpunkte und seine Verteilung der Beurteilungen auf die Leistungsstufen sieht eher aus wie Abb. 2.11.

Wohlgemerkt: Natürlich gibt es Abteilungen, in denen die Leistung der Mitarbeiter tatsächlich so verteilt ist. Kein Zweifel! Wenn allerdings die Leistungsbeurteilungen ganzer

Abb. 2.10 Milder Beurteiler

Positive Skalenpunkte werden bevorzugt

C   B3   B2   B1   A

Abb. 2.11 Beurteiler mit
Tendenz zur Mitte

Mittlere Skalenpunkte werden bevorzugt

C   B3   B2   B1   A

Abb. 2.12 Gauß'sche
Normalverteilung

Normalverteilung

C   B3   B2   B1   A

Unternehmen über die Zeit eine solche Verteilung annehmen, lohnt es sich doch darüber nachzudenken. Wenn man genügend große Gruppen betrachtet, dann ergeben sich bei sportlicher Leistung, sonstigen körperlichen oder geistigen Leistungen, wie zum Beispiel Erinnerungsvermögen, eher Gauß'sche Normalverteilungen, die bei fünf Kategorien oder Leistungsstufen ein Bild wie Abb. 2.12 zeigen.

Die Abweichungen der beobachtbaren Werte vieler natur-, wirtschafts- und ingenieurswissenschaftlicher Vorgänge vom Mittelwert lassen sich durch die Normalverteilung fast exakt oder mindestens in einer sehr guten Näherung beschreiben. Zum Beispiel gilt dies für die Körpergröße in Zentimetern bei erwachsenen Männern in Deutschland, deren Durchschnitt bei 179 Zentimetern liegt (Abb. 2.13).

Es ist also naheliegend, dass sich auch Arbeitsleistung in der Gauß'schen Verteilung um einen Mittelwert bewegt. Interessant ist allerdings, dass das in vielen Unternehmen für die Beurteilung von Leistung nicht zu gelten scheint. Die Gründe dafür können in den oben genannten unterschiedlichen Beurteilertypen liegen. Sie können aber auch darin liegen, dass Beurteiler tatsächlich zu undifferenziert wahrnehmen oder dass sie eher davor zurückschrecken, kritische Beurteilungen zu kommunizieren (Abb. 2.14).

Wir haben Verteilungen von Leistungsbeurteilungen in verschiedenen Industrieunternehmen untersucht. Daraus hat sich folgendes Bild mit sehr unterschiedlichen Verteilun-

Abb. 2.13 Körpergröße und Normalverteilung

Abb. 2.14 Verteilungen in verschiedenen Unternehmen

gen ergeben. Falls Sie in Ihrem Unternehmen Leistungsbeurteilungen verwenden, empfiehlt es sich, diese Auswertung ebenfalls zu erstellen: Wie viel Prozent der Mitarbeiter werden in welcher Leistungsstufe beurteilt?

Die Kurven mit mehr als 70 % der Beurteilungen stammen aus Unternehmen ohne Verteilungsvorgaben (Gruppe 1). Alle anderen Kurven stammen aus Unternehmen mit Verteilungsvorgaben (Gruppe 2). Die Tendenz zur Mitte ist in Gruppe 1 unverkennbar und es stellt sich die Frage, ob ein Beurteilungsinstrument seine Aufgabe der Entgeltdifferenzierung erfüllt, wenn bis zu 90 % der Mitarbeiter bei gleicher Beurteilung das gleiche Leistungsentgelt erhalten.

Das Ziel von Verteilungsvorgaben ist es, nachhaltig zu verhindern, dass sich Beurteilungsfehler auf die Haltbarkeit des Systems auswirken, indem sich die Tendenz zur Mitte durchsetzt beziehungsweise sich der Durchschnitt nach oben bewegt.

Dazu ist es nicht zwingend notwendig, sich einem statistischen Phänomen wie der Gauß'schen Verteilung zu „unterwerfen". Es ist aber sinnvoll, bei der Gestaltung des Beurteilungssystems zu entscheiden, ob und wenn ja, welche Verteilung im Unternehmen angestrebt wird. Ob diese Verteilungsvorgabe wirklich eine Vorgabe ist oder lediglich zur Orientierung und Qualitätssicherung verwendet wird, ist eine Spielart und ebenfalls zu entscheiden.

In einem Unternehmen ist zum Beispiel folgende Verteilungsvorgabe entstanden, die mir deshalb gut gefällt, weil sie anerkennt, dass in diesem Unternehmen eine Überverteilung der Spitzenleister in Leistungsstufe A zulässig ist. Im Gegenzug bekennt sich das Unternehmen auch dazu, dass es einige Mitarbeiter in den unteren Leistungsstufen C und D gibt. Dieser „sanfte Nachdruck" der Verteilungsvorgabe sorgt dafür, dass Themen, bei denen Handlungsbedarf besteht, im Beurteilungsprozess auf den Tisch kommen.

Wichtig: Verteilungsvorgaben bedeuten nicht, dass jeder Beurteiler, der zum Beispiel nur fünf Mitarbeiter beurteilt, diese einhalten muss. Das ist rein rechnerisch nicht möglich. Für kleine Teams gelten diese Verteilungsvorgaben nicht, denn es ist durchaus möglich, dass in einem bestimmten kleinen Team mit zum Beispiel drei Mitarbeitern zufällig alle Mitarbeiter in der gleichen Leistungsstufe sind und gleichzeitig alle über- oder unterdurchschnittliche Leistung zeigen. In größeren organisatorischen Einheiten ist dies mit zunehmender Anzahl der Mitarbeiter zunehmend unwahrscheinlich. Deshalb gelten Verteilungsvorgaben ausschließlich für größere organisatorische Einheiten mit mehr als 25 Mitarbeitern. Sie helfen dort, eine Entgeltdifferenzierung über differenzierte Leistungsbeurteilungen zu erreichen.

Insbesondere im Zusammenwirken mit Beurteilerkonferenzen schaffen Verteilungsvorgaben einen Mehrwert, der die Langlebigkeit von Beurteilungssystemen unterstützt und unterschiedliche Beurteiler dahin entwickelt, dass sie ähnliche Beurteilungsmaßstäbe verwenden und ihre Aufmerksamkeit auch unterjährig wach halten, um vorhandene Leistungsunterschiede differenziert wahrzunehmen.

▶   Verteilungsvorgaben sind erklärungsbedürftig, aber sie reduzieren Beurteilungsfehler, schaffen Klarheit und verbessern die Haltbarkeit von Beurteilungssystemen!

Die Bandbreite des Leistungsentgelts: Was lohnt sich? Was ist langweilig? Angenommen, die Leistungsstufen A und D aus Tab. 2.35 würden nur zu einem Entgeltunterschied von 5 % führen. Würde das aus Ihrer Sicht ausreichen, um eine Spitzenleistung angemessen zu würdigen? Im Gegenzug: Wäre es akzeptabel, wenn die Leistungszulage eine Schwankungsbandbreite von 50 % hätte? Wahrscheinlich stimmen Sie mir zu, dass beide Beispiele wenig hilfreich sind. Also wird die gute Lösung irgendwo dazwischen liegen.

Als Referenzpunkte können auch hier wieder die Leistungszulagen der Metall- und Elektroindustrie dienen. Die durchschnittlichen Leistungszulagen betragen 15 % in Baden-Württemberg, 14 % in Bayern und 10 % im Saarland, Hessen und Rheinland-Pfalz. Die Schmuck- und Uhrenindustrie in Baden-Württemberg liegt bei 12,5 %. Am Beispiel von Baden-Württemberg bedeutet dies unter Einbeziehung des Grundentgelts, dass sich das monatliche Entgelt inklusive der Leistungszulage zwischen 100 und 130 bewegen kann. Bei einem monatlichen Grundentgelt in Entgeltgruppe 7 für einen Facharbeiter nach der

Tab. 2.35 Verteilungsvorgaben (Beispiel)

Leistungsstufe	Beschreibung	Anteil der Beschäftigten
A	Spitzenleistung	≤ 15 %
B1	Die Anforderungen der Arbeitsaufgabe werden in vollem Umfang, aber mit unterschiedlichen Leistungsergebnissen erfüllt. Mitarbeiter mit dieser Beurteilung sind die Leistungsträger des Unternehmens.	B1 ungefähr = B3, ggf. Überhang aus A
B2		
B3		B1 ungefähr = B3
C	Die Grundanforderungen der Arbeitsaufgabe werden erfüllt.	≥ 5 %
D	Die Grundanforderungen der Arbeitsaufgabe werden (noch) nicht erfüllt.	

Berufsausbildung in Höhe von 2866 € (Stand: Mai 2104) bei 0 % Leistungszulage ergibt sich eine Bandbreite von 860 € bis zu einem Höchstsatz von 3.726 € bei einer Leistungszulage von 30 %.

Für diese Beispiele aus der Tarifwelt lassen sich auch Parallelen in nicht-tarifgebundenen Unternehmen finden. Durchschnittliche Leistungszulagen von 10 bis 15 % auf das Grundentgelt mit einer damit verbundenen Schwankungsbreite von 20 bis 30 Prozentpunkten führen zu Entgeltdifferenzierungen, die von den Mitarbeitern als Anreiz, aber noch nicht als überspannte leistungsvariable Vergütung wahrgenommen und akzeptiert werden.

Anmerkung: Da es unwahrscheinlich ist, dass sich einzelne Mitarbeiter tatsächlich in einem Jahr vom unteren Ende des Leistungsspektrums zum Spitzenleister im Folgejahr entwickeln und im Jahr danach wieder „abstürzen", sind extreme Schwankungen eher ausgeschlossen. Langsame Entwicklungen nach oben oder unten sind jedoch realistisch und finden bei Anwendung von Durchschnitts- und Verteilungsvorgaben auch statt.

▶ Durchschnittliche Leistungszulagen von 10 bis 15 % auf das Grundentgelt führen zu sinnvollen Entgeltdifferenzierungen zwischen 0 und 20 beziehungsweise 30 % Leistungszulage auf das Grundentgelt!

Jede Vergütungsstufe ist wie eine Liga Wenn Leistungsbeurteilungen erstellt werden, ist es wichtig, dass nicht Äpfel mit Birnen verglichen werden, sondern Tätigkeiten, die sich auf dem gleichen Anforderungsniveau, also in gleichen Entgeltgruppen oder Vergütungsstufen befinden. Jede Vergütungsstufe entspricht sozusagen einer Liga aus der Sportwelt innerhalb derer die Spitzenleister gesucht werden (Abb. 2.15).

Von Liga zu Liga steigen die Anforderungen. Um eine Leistungsstufe B2 in E9 zu erreichen, ist eine höhere Leistung erforderlich als für die gleiche Leistungsstufe B2 in E5. Dieser Zusammenhang ist wichtig und liegt nicht für alle Beurteiler auf der Hand. Bei Auswertungen nach Beurteilungsrunden, bei denen dies nicht berücksichtigt wurde, ist oft erkennbar, dass der Durchschnitt der Leistungszulagen von Entgeltstufe zu Entgeltstufe

Abb. 2.15 Verschiedene Entgeltgruppen und Anforderungsniveaus

steigt. Betriebsräte monieren dies zu Recht, denn dies stellt eine Bevorzugung der höheren Entgeltgruppen zulasten der unteren Entgeltgruppen dar. In jeder Liga gibt es Erste und Letzte. Das zeigt sich nicht nur in der Sportwelt, sondern es ist auch im betrieblichen Umfeld erkennbar, dass Minder- und Spitzenleistung auf jeder Ebene im Unternehmen und damit auf jedem Anforderungsniveau vorkommen können.

Es stellt somit ein Qualitätsmerkmal für den Beurteilungsprozess eines Unternehmens dar, dass die durchschnittlichen Leistungsbeurteilungen auf den verschiedenen Anforderungsniveaus ungefähr gleich sind. Dies lässt sich in Beurteilerkonferenzen leicht prüfen und gegebenenfalls auch schnell korrigieren.

▶   Die Anforderungen steigen von Liga zu Liga und in jeder Liga gibt es Erste und Letzte!

Umgang mit langjährigen Mitarbeitern, Erfahrung und Seniorität In der Langzeitanwendung zeigen Vergütungssysteme oft den Effekt, dass ältere Mitarbeiter mit einem gewissen Automatismus höhere Leistungsbeurteilungen erhalten. Die Annahme ist: Wie ein guter Wein wird die Leistung mit den Jahren doch automatisch besser. Die Annahme trifft auf einen *guten* Wein zu, aber eben nicht auf alle Weine.

Was bedeutet das für den betrieblichen Kontext? Menschen entwickeln sich sehr unterschiedlich. Manche Mitarbeiter sind im letzten Drittel ihres Arbeitslebens auf der Höhe ihrer Schaffenskraft. Manche Mitarbeiter kennen mit zunehmender Erfahrung die vielen Abkürzungen, während junge Mitarbeiter mit Ausdauer auch die langen Wege schnell zurücklegen. Andere bereiten sich gedanklich schon ab ihrem 40. Geburtstag auf die Rente vor und wieder andere verschieben den Höhepunkt ihrer Schaffenskraft in die passive Phase ihrer Altersteilzeit, lehnen sich zurück und sagen: „Jetzt sollen doch mal die Jungen ran."

Was hier mit leichter Ironie daherkommt, soll dazu animieren, auch hier zu differenzieren. Wohlgemerkt: Alle Haltungen kommen vor und können für die individuelle Lebensplanung in Ordnung sein. Das will ich nicht werten. Entscheidend ist aber die Frage der Relevanz für ein leistungsvariables Vergütungssystem und hier gilt: Nur dann, wenn sich Lebensalter und eine lange Betriebszugehörigkeit in Leistung entlang der definierten Leistungsmerkmale und in Ergebnissen niederschlagen, sind sie für ein leistungsvariables Vergütungssystem relevant.

Leistung ist also nicht in Lebensalter oder Betriebszugehörigkeit zu bemessen und entwickelt sich individuell sehr unterschiedlich. Manche Beurteiler würden sich so einen messbaren Anhaltspunkt zwar wünschen, aber sie würden es sich zu einfach machen und würden dem Senioritätsprinzip folgen. Das kann man tun, aber es hat nichts mit Leistung zu tun und wie immer hat auch das seine Folgen. Wenn Budgets für Leistungszulagen (wie fast immer) begrenzt sind, steht jeder Euro nur einmal zur Verfügung. Die Verfolgung des Senioritätsprinzips führt zwangsläufig zu dem Ergebnis, dass junge Spitzenleister enttäuscht werden müssen, weil das Budget schon für andere verwendet wurde. Das Signal in die Organisation ist: Man muss nur lange dabei sein. Junge Spitzenleister warten in der Regel nicht so lange und für ältere Mitarbeiter ergeben sich gefühlte Besitzstände, die leistungsunabhängig sind und den Anreiz vermissen lassen, alle Talente bis zum Schluss des Berufslebens aktiv einzubringen. Das führt zu nachhaltiger Wirksamkeit.

Deshalb ist es notwendig, Alter und Arbeitsleistung gedanklich und praktisch zu trennen – sie hängen statistisch über alle Mitarbeiter gesehen nicht zusammen und können somit keine Regel für den Einzelfall darstellen. Es gibt übrigens auch Befürworter für die Idee, im Alter automatisch einen Abschlag bei Leistungszulagen anzuwenden. Aber Alter ist kein Leistungsmerkmal, weder im positiven noch im negativen Sinn. Auch hier möchte ich wieder anmerken, dass Beurteilerkonferenzen ein gutes Forum sind, sich im Kreis der Beurteiler über solche Sichtweisen zu verständigen.

> ▶ Lebensalter und Betriebszugehörigkeit sind keine Leistungsmerkmale. Nur wenn Erfahrung zu Ergebnissen führt, ist sie für die Leistungsbeurteilung relevant!

Manche Mitarbeiter sind nicht einverstanden: Einwendungen können passieren Die Selbsteinschätzungen von Mitarbeitern und die Beurteilung der Leistung durch den Chef passen nicht immer zueinander. Das ist nicht ungewöhnlich, denn auf beiden Seiten sind subjektive Einschätzungen im Spiel, die nicht zwangsläufig übereinstimmen müssen. Deshalb muss es auch vorausschauend einen Prozess geben, in dem solche unterschiedlichen Sichtweisen professionell gehandhabt werden. Dies stellt sicher, dass Einzelfälle, in denen es unterschiedliche Sichtweisen gibt, nicht dazu führen, dass die Qualität des gesamten Beurteilungssystems leidet oder in Zweifel gezogen wird.

Nennen wir diese Situationen doch Einwendungen oder Reklamationen oder Einsprüche. Im Handel gibt es in guten Geschäften ein professionelles Reklamationsmanagement. Zur guten Ausbildung für Mitarbeiter im Umgang mit Reklamationen gehört heute selbstverständlich, dass Reklamationen nicht als lästige Störung, sondern als Chance zur Verbesserung wahrgenommen werden und als Gelegenheit, einen momentan unzufriedenen Kunden zu einem zufriedenen Kunden zu machen.

Im Zusammenhang mit Leistungsbeurteilungen ist es vollkommen normal, dass in jeder Beurteilungsrunde einige Mitarbeiter zu anderen Selbsteinschätzungen kommen und deshalb ihre Beurteilung reklamieren. Im Prinzip sagen sie:

- „Das glaube ich nicht."
- „Das sehe ich anders."
- „Der weiß doch gar nicht genau, was ich alles mache."
- „Die Anforderungen sind zu hoch."
- …

Bei der letzten Evaluation von Beurteilungssystemen in verschiedenen Unternehmen gab es in der Langzeitanwendung im Durchschnitt pro Beurteilungsrunde 1,4 % Einwendungen in einer Bandbreite zwischen 0 und 5 %.

Die Grundhaltung der Beurteiler könnte sein: „Bisher ist es mir noch nicht gelungen, meine Einschätzung zu vermitteln. Ich erkläre sie gerne noch einmal, auch mit anderen Worten und anderen Beispielen."

Ab und zu stellt man in solchen Gesprächen fest, dass man tatsächlich wichtige Aspekte bei der Beurteilung nicht berücksichtigt hat. Das ändert nichts daran, dass eine Leistungsbeurteilung einseitig ist und nicht ausgehandelt wird. Aber wenn man sich wirklich geirrt haben sollte, ist es gut, wenn es eine Möglichkeit im Prozess gibt, den Irrtum zu korrigieren.

Meist reicht der zweite Anlauf des Erklärens aus. Wenn die Uneinigkeit bleibt, empfehle ich, dass der Mitarbeiter seine Sicht der Dinge ebenfalls schriftlich darlegen und begründen muss. Dann kann der nächsthöhere Vorgesetzte hinzugezogen werden, um zu einer Lösung zu kommen. Die dritte Eskalationsstufe könnte sein, dass der Betriebsrat und die Personalabteilung hinzugezogen werden, um eine abschließende Entscheidung zu treffen.

Um der nachhaltigen Wirkung willen ist es aus meiner Sicht weniger wichtig, dass eine Entscheidung getroffen wird, sondern, dass genau herausgearbeitet wird, wo die Übereinstimmungen und die unterschiedlichen Sichtweisen sind. Dabei hat der Mitarbeiter die Chance, die Erwartungen, die an ihn gerichtet sind, noch einmal auf den Punkt gebracht zu hören. Der Beurteiler hat die Gelegenheit, seine Wahrnehmung zu schärfen und zukünftig ganzheitlicher auf das Leistungsverhalten und die Leistungsergebnisse des Mitarbeiters zu achten.

Mit dieser Grundhaltung lassen sich auch Situationen mit bekannt schwierigen Mitarbeitern handhaben. Was bleibt, ist dann vielleicht noch ein sehr kleiner Rest von weiterhin unterschiedlichen Einschätzungen, die dann gegebenenfalls noch den Rechtsweg nehmen. Insgesamt nimmt die Anzahl von Reklamationen von Jahr zu Jahr ab, weil alle Beteiligten erleben, dass es auch dafür einen professionellen Prozess gibt, der dazugehört und das Qualitätsniveau des gesamten Beurteilungssystems verbessert.

Im Vordergrund steht also die inhaltliche und nicht die arbeitsrechtliche Bearbeitung. Somit ist auch der Reklamationsprozess von Bedeutung für die nachhaltige Funktionsfähigkeit des Beurteilungssystems.

Leistungsbeurteilungen bieten sich als Methode für leistungsvariables Entgelt dann an, wenn nicht gemessen werden kann. Sie erfordern die Formulierung klarer Erwartungen und die intensive unterjährige Wahrnehmung der individuellen Leistungen durch den Beurteiler. Beobachten – Beurteilen – Mitteilen ist der Dreisprung. Für gute Beurteilungssysteme gibt es verschiedene Stellschrauben: Die Beurteilungsmerkmale und deren genaue Beschreibung mit beobachtbaren Verhaltensmerkmalen, die Beurteilungsskala, die Gewichtungen der Merkmale und die kluge Definition der Leistungs-/Entgeltrelation.

Die nachhaltige Wirksamkeit kann man mit summarischer Beurteilung, Beurteilerkonferenzen, Durchschnitts- und Verteilungsvorgaben zur Orientierung, der Abkehr vom Senioritätsprinzip und einem professionellen Prozess bei Einwendungen deutlich verbessern.

Nachhaltigkeit in Beurteilungssystemen entsteht weniger durch das System und seine Technik, sondern insbesondere durch die Qualität des Beurteilungsprozesses.

2.2.3 Zielvereinbarung mit Entgeltwirkung

Die dritte Methode für leistungsvariables Entgelt ist die Zielvereinbarung. Aus meiner Sicht ist es die anspruchsvollste Methode für Führungskräfte und Mitarbeiter. Manche Unternehmer hören davon und nehmen Zielvereinbarung mit Entgeltwirkung aus unterschiedlichen Gründen als „Wunderwaffe" wahr: „Ich vereinbare nur noch Ziele und dann läuft der Laden von allein!" Weit gefehlt, denn um Ziele muss man sich kümmern, auch unterjährig! Der Dreisprung „Beobachten – Beurteilen – Mitteilen" trifft im übertragenen Sinne auch hier zu. Er lautet hier: „Vereinbaren – Messen (Beurteilen) – Besprechen"

Im folgenden Kapitel möchte ich gerne die Erfolgsvoraussetzungen dieser Methode beschreiben und eine Reihe von Beispielen vorstellen. Vorerst möchte ich allerdings noch eine Geschichte aus einem Unternehmen beisteuern, die alles andere als eine Erfolgsgeschichte ist.

In aller Eile wurde im Zuge einer tariflichen Umstellung eine Leistungsbeurteilung eingeführt. Der Wert eines Beurteilungspunkts wurde im Sinne einer Budgetkontrolle nach der Beurteilung der Leistung aller Mitarbeiter errechnet, nachdem die Summe aller Beurteilungspunkte feststand. Bei der Erstellung der Leistungsbeurteilung war dem Beurteiler somit nicht bekannt, welche Entgeltwirkung die Leistungsbeurteilung hat. Aus diesem Grund haben sich viele Beurteiler aus der Verantwortung gezogen und bei „Gegenwind" auf das bestehende System verwiesen. Die Akzeptanz der Ergebnisse und des Systems bei den Führungskräften und Mitarbeitern war deutlich schlecht. Das Beurteilungsverfahren wurde schon nach einer Runde ausgesetzt und die Leistungszulagen „auf Eis gelegt". Die Hoffnung war, Zielvereinbarung als Leistungsentgeltmethode einzuführen und sich damit aller Probleme entledigen zu können.

Bei der Prüfung der Rahmenbedingungen stellte sich heraus, dass die organisatorischen Voraussetzungen für Zielvereinbarung auf individueller Ebene insofern nicht gegeben waren, als dass die Führungsspannen mit bis zu 70 Mitarbeitern zu hoch waren. Außerdem musste sichergestellt werden, dass die Anspruchsniveaus der individuellen Ziele vergleichbar sind, weil es sich um ein tarifliches Leistungsentgelt handelte. Der interne Aufwand für die notwendigen Querabstimmungen wurde als recht hoch eingeschätzt und angesichts der großen Führungsspannen als unrealistisch beurteilt. Weiterhin wurde während der Vorbereitungen deutlich, dass die Führungskräfte bisher nur wenig Erfahrung mit Zielvereinbarungen hatten. Bis dato wurden in Zielvereinbarungen nur individuelle Entwicklungsziele besprochen. Inhaltliche Ziele wurden bis zu diesem Zeitpunkt nicht vereinbart. Außerdem hatten die Ziele bis zu diesem Zeitpunkt keine Entgeltwirkung. Als Fazit rutschte mir im Zuge der Projektbesprechung der Satz heraus: „Wer Leistungsbeurteilung nicht kann, dem gelingt Zielvereinbarung nicht besser."

In der Tat braucht die Zielvereinbarung mit Entgeltwirkung wie die anderen Methoden auch bestimmte Rahmenbedingungen, auf die ich nun eingehen möchte.

Wohlgemerkt: „Führen mit Zielen" oder „Management by Objectives" ist als Managementmodell in hohem Maße tauglich. Ich habe selbst während meiner beruflichen Entwicklung in hohem Maße davon profitiert. Ende der 1980er Jahre war ich als Personalreferent bei Hewlett Packard tätig. In den Jahren davor schwappte die Führungsmethode „Management by Objectives" über den großen Teich und ich war fasziniert von den Möglichkeiten, die sich dadurch ergaben. Man kann auf der Basis des individuellen Reifegrads jedes Mitarbeiters über angemessene Ziele sprechen, sie vereinbaren und als Mitarbeiter übernimmt man die Verantwortung, mit entsprechenden Maßnahmen die vereinbarten Ziele zu erreichen. Das schafft Gestaltungsspielraum, nimmt Mitarbeiter in die Verantwortung, setzt individuelle Ziele in Beziehung zu Unternehmenszielen und ist damit ein Eldorado für ambitionierte Mitarbeiter. Gleichzeitig greift es individuelle Schwächen auf, macht sie zum Thema und gibt Orientierung, in welche Richtung die Entwicklung gehen muss. Somit ist es auch eine wirksame Methode, um sich bei Leistungsschwächen oder fehlenden Kompetenzen zielgerichtet in die richtige Richtung zu bewegen. So wird „Führen mit Zielen" auch zu einem Motor für individuelle und organisationale Veränderung. So weit so gut, wenn es um Zielvereinbarungen als Führungsinstrument geht.

Wenn Zielvereinbarung für leistungsvariable Vergütung verwendet wird, sind einige Rahmenbedingungen notwendig. Für diesen Verwendungszweck möchte ich gerne eine These an den Anfang stellen, die das Leitmotiv für die nachhaltige und langfristige Wirksamkeit von Zielvereinbarung mit Entgeltwirkung bilden sollte:

▶   Eine Zulage oder Prämie für die Erreichung von Zielen ist dann sinnvoll, wenn
    dadurch für das Unternehmen ein zusätzlicher wirtschaftlicher Nutzen ent-
    steht, von dem der Mitarbeiter wiederum einen Anteil erhält.

Es geht also um Leistungsziele mit operativer Wirksamkeit und nicht um Personalentwicklungsziele wie zum Beispiel Qualifizierung. Im Umkehrschluss und Klartext vorweg:
Ich gebe der Zielvereinbarung als Instrument zur leistungsvariablen Vergütung keine langfristige Überlebenschance im Unternehmen, wenn die Umsetzung diesem Leitmotiv nicht
folgt. Bitte prüfen Sie selbst anhand der folgenden Überlegungen, ob dies tatsächlich in
Ihrem Unternehmen in dieser Klarheit so zutrifft.

Eine wesentliche Voraussetzung für den Einsatz von Zielvereinbarung für leistungsvariable Vergütung ist ein funktionierender unternehmerischer Zielprozess.

2.2.3.1   Der unternehmerische Zielprozess und die klassische Zielvereinbarung[16]

In einem regelmäßigen und definierten Prozess werden jährlich die Unternehmensziele
durch die Leitungsebene in einem kooperativen und ergebnisorientierten Prozess vorbereitet, diskutiert, bereichsübergreifend abgestimmt, gemeinsam entschieden und dokumentiert. Aus den Unternehmenszielen werden anschließend kaskadenförmig über die
weiteren hierarchischen Ebenen des Unternehmens die Ziele der nachgeordneten Ebenen
(Bereiche, Abteilungen, Gruppen) abgeleitet. Auch dies geschieht wieder jeweils in einem
kooperativen und ergebnisorientierten Prozessklima. Auf der untersten hierarchischen
Ebene werden jeweils individuelle oder Gruppenziele abgeleitet, die die „Leitplanken" für
die Aktivitäten des folgenden Jahres darstellen (siehe Abb. 2.16). Im gesamten Prozess
werden die vereinbarten Ziele in einem abgestimmten Format dokumentiert und sind im
Folgejahr Gegenstand regelmäßiger Statusgespräche, in denen der Arbeitsfortschritt, gegebenenfalls Zielabweichungen, Korrekturmaßnahmen oder mögliche Zieländerungen besprochen werden. Am Ende des „Zieljahres" werden die Ergebnisse betrachtet und bewertet und fließen gegebenenfalls, aber nicht zwingend in eine Vergütungsentscheidung ein.

Unter dem Gesichtspunkt der Nachhaltigkeit spielt der Prozess der Zielbildung und
-verfolgung eine wesentliche Rolle. Insbesondere der Zielprozess ist geeignet, nicht nur
im Anwendungsstil, sondern vor allem bei der Erreichung unternehmerischer Ziele eine
nachhaltige Wirkung für den Unternehmenserfolg zu erzielen. Das Setzen und Erreichen
neuer Ziele entwickelt das Unternehmen weiter. Wenn dann der Stil der Anwendung entlang der Prinzipien der Nachhaltigkeit erfolgt, treten Anwendungsstil und Sachebene in
eine dauerhaft positive und damit nachhaltige Wechselwirkung.

---

[16] Die Zielvereinbarung als Führungsprinzip ist in der Fachliteratur bereits umfangreich beschrieben
wie zum Beispiel in Weißenrieder und Kosel (2005), S. 50 ff. Deshalb erfolgt hier nur eine kurze Beschreibung zur Begriffsklärung. Auf eine ausführliche Beschreibung aller vielfältigen Details wird
verzichtet und in den weiteren Abschnitten auf die speziellen Prozesselemente und -charakteristika
fokussiert, die die Nachhaltigkeit entscheidend beeinflussen.

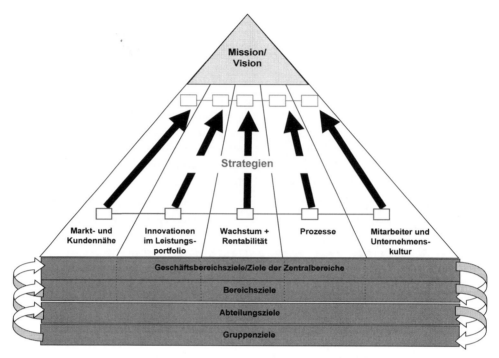

Abb. 2.16 Unternehmensziel-„Kaskade"

Ohne einen Unternehmenszielprozess ist es trotzdem möglich, auf individueller Ebene Ziele zu formulieren. Das ist nicht ausgeschlossen und gibt trotzdem Orientierung. Führungskräfte können sich selbstverständlich auch ohne einen ausgeklügelten Zielprozess mit ihren Mitarbeitern über Arbeitsschwerpunkte und individuelle Entwicklungsbedarfe austauschen und entsprechende Ziele vereinbaren. Ob diese dann entgelttauglich sind? Lassen wir die Antwort auf diese Frage vorläufig noch offen und stellen ein paar weitere Überlegungen an.

Zielvereinbarung: Worum geht es im Kern? Zielsysteme in Unternehmen sind manchmal so komplex, dass für viele Beteiligte die zugrunde liegenden einfachen Zusammenhänge nicht mehr transparent sind. Doch im Kern geht es immer um folgende einfache Frage- beziehungsweise Aufgabenstellungen:

- Was kommt in den nächsten zwei bis drei Jahren von außen auf uns zu, auch wenn wir uns keine eigenen Ziele setzen?
- Was wollen wir von uns aus erreichen? Welche eigenen Gestaltungsvorstellungen haben wir?

Und daraus abgeleitet:

- Was müssen wir im nächsten Jahr konkret tun und in die Wege leiten, um den Erfolg zu sichern beziehungsweise unsere Ziele zu erreichen?

Manchmal kommt der Prozess der Findung der Unternehmensziele etwas stockend in Gang. Eine erste Reaktion auf die Frage: „Welche Unternehmensziele haben Sie denn?" ist die Antwort: „Das ist doch klar: Gewinn, eine ordentliche Rendite und …?" Das ist eine oberflächliche erste Antwort. Hier ist die Leitfrage: „Woran erkennen wir denn, dass sich unser Unternehmen nachhaltig gut entwickelt?" Auf die Antworten stößt man oft leicht, indem man betrachtete, über welche Hindernisse zum Erfolg das Managementteam immer wieder diskutiert. „Was sind die drei bis fünf Themen, über die das Managementteam immer wieder diskutiert, sich ärgert oder streitet?" Im Feld dieser drei bis fünf Themen finden wir in der Regel die relevanten Ziele des Unternehmens oder Bereiche des Unternehmens.

Es gibt eine ganze Reihe von Maßnahmen, die gewährleisten, dass der Prozess der unternehmerischen Zielformulierung eine nachhaltige Wirkung im Sinne der Förderung des Engagements der Mitarbeiter entfalten kann. Wichtig hierbei sind:

- ein ausformulierter Zielprozess mit definiertem Terminplan und festen Beteiligten,
- die Einbeziehung aller Führungskräfte auf den unterschiedlichen Ebenen, zum Beispiel im Rahmen von Workshops, in denen an den oben genannten Fragestellungen gearbeitet wird,
- ein offenes Klima, Transparenz der Abläufe und Entscheidungen sowie eine offene Diskussion und Kooperation in den Workshops,
- eine bereichsübergreifende Abstimmung der Ziele (Kollidierende und konkurrierende Ziele werden identifiziert und im Managementteam geklärt, um Effizienzverluste auf den nachgeordneten Ebenen zu vermeiden.),
- die Veröffentlichung und Erläuterung der beschlossenen Ziele,
- die regelmäßige Besprechung der Zwischenergebnisse in Form einer konstruktiven Ziel- und Ergebniskontrolle.

Erwartete Wirkungen für das Unternehmen Nachhaltigkeit bei der Formulierung unternehmerischer und individueller Ziele wirkt sich durch die Mobilisierung des Engagements von Mitarbeitern und Führungskräften insgesamt positiv auf die Unternehmensentwicklung aus. Die Umsetzung eines nachhaltigen Personalmanagements in diesem Prozess zielt auf folgende Wirkungen:

- Alle oder zumindest viele Potenziale im Unternehmen werden genutzt.
- Der Anspannungsgrad und damit die Leistungsbereitschaft und die Leistungsfähigkeit werden angemessen hochgehalten.
- Zielprozesse lenken den Blick weg von einer Tätigkeitsorientierung hin zu einer Ergebnisorientierung mit der Folge einer Leistungssteigerung, erhöhter Produktivität und reduzierter Reibungsverluste. Diese Steigerung der Effizienz entwickelt eine nachhaltige Wirkung durch die bessere Nutzung der zur Verfügung stehenden Ressourcen.
- Alle Mitarbeiter denken mit und die Ressourcen werden auf die Themen fokussiert, die auf der Agenda stehen. Damit können Prioritäten gesetzt und auch durchgesetzt werden.

Abb. 2.17 Der Prozess der individuellen Zielvereinbarung

Wenn die oben genannten Prozesse der Zielbildung auf Unternehmens-, Bereichs- und Abteilungsebene in hoher Qualität stattgefunden haben, können individuelle Zielvereinbarungen abgeleitet werden und mit der Messung oder Einschätzung von Zielerreichungsgraden für die Entgeltfindung herangezogen werden.

Wie sieht der Prozess für den einzelnen Mitarbeiter aus? Sobald Unternehmensziele, Bereichsziele und Abteilungsziele formuliert sind, beginnen Team- oder Einzelgespräche mit den Mitarbeitern, die bei der Erreichung der Ziele eine besondere Rolle spielen. Das ist der erste Schritt. In den Folgejahren können sukzessive alle Mitarbeiter in diesen Prozess der Zielvereinbarung einbezogen werden. Auch hier ist wieder entscheidend, das Kind nicht mit dem Bade auszuschütten und sofort das ganze Unternehmen mit Zielvereinbarungen zu überziehen. Das Motto muss eher sein: Langsam, aber sicher ans Ziel! Auch die Führungskräfte müssen sich erst an diesen Prozess gewöhnen, und deshalb fängt man am besten auch von oben nach unten damit an.

Diese Zielvereinbarungsgespräche finden zum Ende des Jahres für das Folgejahr statt und können gleichzeitig als Zielerreichungsgespräch für das laufende beziehungsweise für das vergangene Jahr genutzt werden. Sie fügen sich damit nahtlos ein in einen Prozess leistungsvariabler Vergütung (Abb. 2.17).[17]

Zielvereinbarung und Leistungsfeedback Leistungsmanagement basiert auf der Annahme, dass sich die Leistung von Mitarbeitern beeinflussen und steuern lässt. Im technischen Kontext bedarf jede Steuerung in irgendeiner Form eines Regelkreises, der

---

[17] Siehe Weißenrieder und Kosel (2005), S. 165 ff.

Ziele 201x									
Bereich:		PM	**Abteilung/Gruppe/Mitarbeiter:**	Alle Mitarbeiter von PM / Herr Muster				**Kostenstelle:**	1000
Ziel	**Gewichtung in %**			**Skala für Zielerreichungsgrad in %** (im Durchschnitt soll 100 % erreicht werden)					
				0%	50%	100%	150%	200%	
Gruppenziele für Abteilung xx									
1	5%	Eingang Verbesserungsvorschläge		200	1000	1500	1750	2000	
2	15%	Abschluss Verbesserungsvorschläge		200	1000	1400	1600	1800	
3	30%	ERA-Arbeitsbewertungen in der Kommission abgeschlossen		50	200	300	400	500	
Einzelziele für Herrn Muster									
4	30%	Neue Leistungsentgeltregelungen eingeführt für BM 11		Zielerreichung wird beurteilt					
5	20%	Lärmmessungen Bereich Z Durchschnittsalter		9	7	6	5	4	
	100%								

Zwischenwerte zur Skala für Zielerreichungsgrad ergeben sich durch Interpolation

Unterschriften:

Datum, Vorgesetzter   Datum, Mitarbeiter/Gruppensprecher

Abb. 2.18 Zielvereinbarung mit Gruppen- und Individualzielen

einem aktiven Element im Prozess einen Impuls gibt. Übersetzt in die Sprache der Mitarbeiterführung ist das Leistungsfeedback somit eines der wichtigsten Elemente des Leistungsmanagements. Auch ohne Bezug zu Vergütungselementen entfaltet es seine steuernde Wirkung in mehrfacher Hinsicht: Es gibt Orientierung für die Mitarbeiter und es ist „Energiezufuhr" im Sinne von Motivation zu weiteren Verbesserungen. Regelmäßige Mitarbeitergespräche, Leistungsbeurteilungsgespräche, Personalentwicklungsgespräche, Zielvereinbarungsgespräche oder spontane Feedbackgespräche bei konkreten Anlässen sind die praktischen Hilfsmittel zur Umsetzung. Zur Unterstützung der nachhaltigen Entwicklung des Unternehmens können Leistungsmerkmale wie nachhaltiges Handeln im Sinne von Steigerung der persönlichen Effizienz und Umgang mit Ressourcen thematisiert werden.

Zielvereinbarung und individuelles Entgelt oder Gruppenleistungsentgelt Der Klassiker bei der Definition von Zielen ist die SMART-Regel. Ziele sind die genaue Beschreibung eines zu erwartenden Ergebnisses oder die konkrete Beschreibung eines gewünschten Zustandes zu einem festgelegten Zeitpunkt in der Zukunft. Damit Ziele ihre Wirkung entfalten können und präzise sind, müssen sie SMART definiert sein:

Was hier vielleicht etwas bürokratisch daherkommt, hat den Sinn, dass sich Führungskraft und Mitarbeiter große Mühe dabei geben, Ziele im beiderseitigen Interesse so genau wie möglich zu beschreiben. Wenn Ziele nicht präzise definiert sind, ist es schwierig, effizient und effektiv an der Zielerreichung zu arbeiten. Vor allem ist es bei entgeltrelevanten Zielen schwierig, die Zielerreichung anschließend in Entgelt umzusetzen. Das ist eine wesentliche Voraussetzung für den Einsatz von Zielvereinbarung als Methode für leistungsvariables Entgelt.

In Abb. 2.18 finden Sie ein Beispiel für eine klassische Zielvereinbarung für einen Mitarbeiter im Personalbereich. Ich habe mit Absicht ein Beispiel ausgewählt, das nicht nur messbare Ziele enthält, sondern auch ein Ziel (laufende Nr. 4), dessen Zielerreichungsgrad

Zielerreichung 201x für Leistungsentgelt							

Bereich:	PM	Abteilung/Gruppe/Mitarbeiter:	Alle Mitarbeiter von PM / Herr Muster		Kostenstelle:	1000

Ziel	Gewichtung in %	erreichter Ist - Wert	Zielerreichung in %	gewichtete Zielerreichung in %	Kommentar zur Zielerreichung
Einzelziele für Abteilung PM					
1	5%	1400	94,00	4,70	Trotz Sonderaktion unter den Erwartungen
2	15%	1450	112,25	16,84	
3	30%	275	92,50	27,75	Wechsel der Kommissionsmitglieder des BR
Gruppenziele für Herrn Muster					
4	30%	September	110,00	33,00	Häufig wechselnde betriebliche Priorität und Sonderauswertungen
5	20%	5	150,00	30,00	
	100%			112,29	

Skala für Leistungsentgelt					
Gewichtete Zielerreichung in %	0	50	100	150	200
Leistungsentgelt in %	0	4	8	12	16
Zwischenwerte werden durch Interpolation ermittelt					

Leistungsentgelt aus Zielvereinbarung zur Auszahlung **8,90%** bei ganzjähriger Beschäftigung

Unterschriften:

Datum, Vorgesetzter   Datum, Mitarbeiter/Gruppensprecher

Abb. 2.19 Festlegung des Zielerreichungsgrades

beurteilt werden muss. Außerdem sind die Ziele 1 bis 3 Gruppenziele und die Ziele 4 bis 5 fließen als Einzel- beziehungsweise Individualziele in das Leistungsentgelt ein. Das zeigt die Möglichkeit der Kombination von Gruppen- und Individualzielen auf. Immer dann, wenn mehrere Mitarbeiter zur Erreichung eines Ziels beitragen können, ist die Verwendung von Gruppenzielen sinnvoll. Auf die Frage der Chancen und Risiken von Gruppenzielen werde ich weiter unten noch eingehen.

Im klassischen Zielvereinbarungsprozess mit Entgeltwirkung erfolgt nach der vereinbarten Zielperiode die Festlegung des Zielerreichungsgrades entweder durch Messung oder gegebenenfalls auch durch Beurteilung, wenn das Ziel eher qualitativen Charakter hat. Auf der Basis der vereinbarten Ziele aus Abb. 2.18 erfolgt in einem weiteren Beispiel die Festlegung des Zielerreichungsgrades in Abb. 2.19.

In diesen Beispielen wird deutlich, dass die Ziele unterschiedliche Gewichtungen haben können, die sich insgesamt zu 100 % summieren. Damit kann die unterschiedliche Bedeutung von Zielen zum Ausdruck gebracht werden.

Wie bei den anderen beiden Methoden für leistungsvariables Entgelt ist die Leistungs-/Entgeltrelation von Bedeutung. Auch in diesem Beispiel gilt als 100-Prozent-Basis ein Grundentgelt einer bestimmten Vergütungsstufe. Zusätzlich zu den Anforderungen der Vergütungsstufe werden die Ziele vereinbart. Im Beispiel in Abb. 2.19 liegt der Zielerreichungsgrad bei 110,59 %. Bei einem Zielerreichungsgrad von 100 % wird in diesem Beispiel auf das Grundentgelt per Definition eine Leistungszulage von 8 % bezahlt. 8 % multipliziert mit der Zielerreichung mit dem Faktor 1,106 ergibt dann eine Leistungszulage von 8,9 %.

Das sind die Basisprozesse im Zusammenhang mit Zielvereinbarungen. Jetzt müssen wir noch auf einige Feinheiten achten, die für die Zielvereinbarung als Methode für leistungsvariables Entgelt mit einer langfristigen Funktionsfähigkeit und nachhaltigen Wirkung wichtig sind.

2.2.3.2 Fettnäpfchen und Erfolgsfaktoren für nachhaltige Wirksamkeit

Wie im vorherigen Abschn. 2.2.3.1 bereits aufgezeigt, leisten leistungsvariable Entgeltsysteme mit Zielvereinbarung dann einen nachhaltigen Beitrag zur Unternehmensentwicklung, wenn individuelle oder Gruppenziele in einen Unternehmenszielprozess eingebunden sind und möglichst präzise nach der SMART-Regel definiert sind. Der Nutzen besteht darin, dass individuelle Arbeitsschwerpunkte sichtbar mit den Unternehmenszielen in Zusammenhang stehen. Aber auch in dieser einfachen Logik gibt es eine Reihe von Stellschrauben, die unternehmensspezifisch richtig justiert sein müssen, damit das System langfristig haltbar und wirksam ist.

Wie gut wird das Basis- oder Routinegeschäft abgewickelt? – Bedingungsziele und die Kombination mit der Leistungsbeurteilung als sinnvolle Lösung Wenn wir über Leistungsentgelt reden, gehen wir in der Regel davon aus, dass sich die Gesamtleistung eines Mitarbeiters im Leistungsentgelt abbilden soll. Es gibt allerdings nicht viele Funktionen in Unternehmen, die sich eindimensional mit einer Kennzahl und mit einem Ziel fassen lassen. Selbst in klassischen kennzahlen-„getrimmten" Bereichen wie Vertrieb und Produktion geht es nicht nur um Umsatz und Deckungsbeitrag oder Stückzahlen und Qualität. Im Vertrieb spielt die Abstimmung mit internen Prozessen eine Rolle oder das Gewinnen von Neukunden, auch wenn es nicht kurzfristig im nächsten Quartal zu neuem Umsatz oder zusätzlichem Deckungsbeitrag führt. In der Produktion spielt flexibler Einsatz oder das Einhalten von Lieferterminen eine Rolle und schnell wird klar, dass dies nicht immer nur von der Leistung eines einzelnen Mitarbeiters, sondern oft auch von der Leistung anderer Mitarbeiter abhängig ist oder einfach zum Basisgeschäft oder zur Routine eines Mitarbeiters gehört.

Für diese Basis- oder Routineanforderungen, die längerfristig und nachhaltig für die Funktion und das Unternehmen wichtig sind, bietet es sich an, Bedingungsziele zu formulieren, wie sie in dem Beitrag im Abschn. 3.3.2 beispielhaft dargestellt sind. Im Klartext bedeutet dies, dass es eine Zulage für die Erreichung von Zielen nur dann gibt, wenn Bedingungsziele, die Grundanforderungen abbilden, erreicht werden.

Denn: Für Zielsysteme mit Entgeltwirkung gilt wie bei Kennzahlensystemen immer der Grundsatz „You get what you pay for!". Aspekte, die nicht formuliert und entgeltwirksam vereinbart werden, finden eher wenig Beachtung. Das ist nachvollziehbar, denn gerade dieser Sachverhalt ist bei der Zielvereinbarung als Entgeltsystem systemprägend und systemimmanent. Die Mitarbeiter fokussieren auf die vereinbarten Ziele. Das System will das so (Tab. 2.37).

In Produktionsbereichen sind oft folgende Bedingungsziele sinnvoll:

- Anzahl von Arbeitsplätzen, an denen der Mitarbeiter eingesetzt werden kann,
- Ordnung und Sauberkeit am Arbeitsplatz,
- Wartungsarbeiten an Maschinen,
- Maschinenlaufzeit beziehungsweise Rüstzeiten,
- Produktqualität,
- Anzahl von Verbesserungsvorschlägen,
- …

Erst die Erreichung einer Mindestpunktzahl bei den Bedingungszielen macht es möglich, dass die weiteren Ziele gewertet werden können. Welche Bedingungsziele genau am jeweiligen Arbeitsplatz sinnvoll sind, ist immer eine Antwort auf die Frage: Woran erkennen wir gute Leistung an diesem Arbeitsplatz? Bedingungsziele bieten sich dann an, wenn es darum geht, das Routinegeschäft eines Arbeitsplatzes zu erfassen und sicherzustellen, dass diese Aspekte unabhängig von Innovations- oder Veränderungszielen im Fokus der Aufmerksamkeit bleiben. Ein gutes Bespiel für die Einbindung von Bedingungszielen in die Leistungs-/Entgeltrelation findet sich in Abschn. 3.3.2.

Bedingungsziele sind übrigens insbesondere in administrativen Bereichen hilfreich, wo man die Zielerreichung in der Regel eher beurteilen als messen kann.

Wie viele Ziele sind sinnvoll? Lassen Sie uns hier einen Versuch mit einer gedanklichen Näherungslösung machen. Wir haben bereits festgestellt, dass es kaum Arbeitsplätze gibt, an denen Leistung eindimensional erfasst werden kann. Solche Arbeitsplätze wären perfekt für Kennzahlensysteme geeignet.

Angenommen, wir würden für einen Arbeitsplatz zehn Ziele vereinbaren? Ich gehe ab und zu zum Bogenschießen. Ich bin nicht besonders gut in dieser Sportart, aber ich habe gelernt, dass Bogenschießen auf eine Zielscheibe viel mit Konzentration zu tun hat. Es ist geradezu das Schicksal einer Zielscheibe, dass sich der Schütze in einem hohen Maße auf sie konzentriert. Wenn ich mir vorstelle, zehn Zielscheiben im Auge zu behalten, die sich möglicherweise auch noch bewegen oder von anderen bewegt werden, dann erschwert es den Prozess des Treffens erheblich.

Selbstverständlich wünsche ich mir als Führungskraft die Möglichkeit, mit meinen Mitarbeitern eine Vielzahl von Zielen zu vereinbaren. Es ist allerdings wenig realistisch. Mitarbeiter sind sicher unterschiedlich, aber 5 + /- 2 Ziele haben sich als realistisch erwiesen. Damit lassen sich in der Regel die wesentlichen Prozesse an einem Arbeitsplatz abbilden. Sollte das nicht der Fall sein, ist es mit hoher Wahrscheinlichkeit ein Signal dafür, die Inhalte des Arbeitsplatzes und die entsprechenden Prozesse auf ihre Effektivität und Effizienz hin zu überprüfen. Unter dem Aspekt der Nachhaltigkeit ist es jedenfalls sinnvoller, die Ressourcen auf das Wesentliche zu konzentrieren und damit auch dem Charakter von Zielsystemen Rechnung zu tragen.

Wie häufig werden Ziele vereinbart und was passiert, wenn Ziele sich unterjährig ändern? Der Klassiker der Zielvereinbarung ging von einer Zielvereinbarungsperiode von einem Jahr aus[18]. Das hat auch damit zu tun, dass der kaskadierende Zielvereinbarungsprozess, der Individualziele von den Unternehmenszielen ableitet, recht aufwändig ist. Ich kenne aber auch Unternehmen mit kürzeren Zielperioden bis hin zu Quartalszielen, die tatsächlich auch jeweils in einer kompakten Form alle drei Monate eine Zielerreichungsabrechnung und eine neue Zielvereinbarung durchlaufen. Damit ändern sich nicht die Unternehmensziele im Quartalsrhythmus, aber es ergibt sich die Möglichkeit des unterjährigen Abrechnens und Justierens. In diesem Unternehmen ist der Quartalsrhythmus zur Normalität geworden und die Abrechnung der Zielerreichung sowie die Festlegung der neuen Ziele verlaufen unspektakulär. Allerdings hat dieses Unternehmen bis zu diesem Entwicklungsstand einen langen Entwicklungsweg von fast zehn Jahren hinter sich. Die Zielvereinbarungen betreffen in diesem Unternehmen auch nur die Mitarbeiter, die sich im außertariflichen Bereich bewegen.

Mit diesem Beispiel möchte ich nicht die „moving targets" zum Standard machen, aber es wäre unrealistisch anzunehmen, dass die Welt nach der Zielvereinbarung für ein Jahr stillsteht. Im Gegenteil: Unternehmen machen die Erfahrung, dass das Umfeld immer dynamischer wird und wir müssen im Zielvereinbarungsprozess vorsehen, dass Ziele nachjustiert werden können. Entscheidend ist, dass das gemeinsam geschieht und nicht jeder unabhängig an seinen Schräubchen dreht.

Wenn sich Ziele verändern, kann das nur durch eine neue Zielvereinbarung aufgefangen werden. Ob sich nur die Kennzahl ändert oder ein Ziel vollständig durch ein neues Ziel ersetzt wird, alles muss möglich sein. Klar ist allerdings auch, dass Mitarbeiter dann, wenn ihr Leistungsentgelt davon abhängig ist, nicht alle Veränderungen widerspruchslos erdulden. Es ist eine neue Zielvereinbarung, die selbstverständlich allen Unwägbarkeiten des Aushandelns ausgesetzt ist.

Oft werden Ziele aber auch vorschnell geändert, weil die Zielerreichung schwierig ist und die Führungskräfte ihren Mitarbeitern entgegenkommen wollen. Damit werden vereinbarte Ziele beliebig, weil man ja jederzeit nachverhandeln kann. Dieser Effekt tritt realistischer Weise auf, damit müssen wir rechnen. Aus diesem Grund ist es sinnvoll, auch dafür klare Spielregeln vorzusehen. Ich plädiere für: Ziele werden vereinbart und sind für eine Zielperiode gültig. Sie werden grundsätzlich nicht im Laufe der Zielperiode geändert. Im Ausnahmefall ist die Zustimmung der Geschäftsführung beziehungsweise des nächsthöheren Vorgesetzten einzuholen.

Verschiedene Anforderungsniveaus beachten Der Charme von Zielvereinbarungen ohne Entgeltwirkung ist unter anderem deshalb so groß, weil mit jedem Mitarbeiter individuelle Ziele abhängig von seinem persönlichen Reifegrad getroffen werden können. Mit einem erfahrenen Mitarbeiter auf hohem Leistungsniveau werden selbstverständlich anspruchsvollere Ziele vereinbart als mit einer Nachwuchskraft, die zwar im selben Tätig-

---

[18] Selbstverständlich können immer Ziele mit Perioden, die davon abweichen, vereinbart werden.

keitsfeld unterwegs ist, aber in keiner Weise mit dem „alten Hasen" mithalten kann. Es wäre auch nicht realistisch und würde nicht der SMART-Regel entsprechen.

Trotzdem: Wenn für beide Mitarbeiter der Zielerreichungsgrad das Leistungsentgelt steuert und beide im gleichen Tätigkeitsfeld sind, was dann? Müssen wir dann die Ziele der Nachwuchskraft unrealistisch hoch setzen? Dann ist er mit hoher Wahrscheinlichkeit überfordert und möglicherweise frustriert. Oder müssen wir die Ziele des erfahrenen Mitarbeiters tiefer ansetzen, damit es wieder gerecht ist? Dann schießt er wahrscheinlich meilenweit über die Ziellatte hinaus und fühlt sich eher unterfordert mit einem Ziel, das so leicht zu erreichen ist. Oder wir formulieren für Spitzenmitarbeiter anspruchsvolle Ziele. Aber auch gute Mitarbeiter können anspruchsvolle Ziele verfehlen. Was dann?

Darüber hinaus müssen wir noch bedenken, dass unterschiedliche Führungskräfte auch unterschiedlich mit dem Anspruchsniveau von Zielen umgehen. Wie bei der Leistungsbeurteilung haben wir auch hier sehr anspruchsvolle Führungskräfte, die die Latte sehr hoch hängen, und andere, die mit weniger zufrieden sind. Wenn dann nur der Zielerreichungsgrad ohne ein weiteres Regulativ das Leistungsentgelt steuern würde, würde das System vermutlich nicht lange halten. Es wäre nicht nachhaltig.

Wie kann man gegensteuern? Zum einen ist auch hier wieder das System mit Zieloptimierung aus Abschn. 3.3.2 sehr leistungsfähig. Es funktioniert nach dem Prinzip, dass die Zielprämie umso höher ist, je anspruchsvoller das Ziel ist und je treffsicherer der Mitarbeiter es auch erreicht. Der erfahrene Mitarbeiter kann also ein höheres Ziel anpeilen und erhält dann auch eine höhere Zielerreichungsprämie, als er erhalten hätte, wenn er ein viel niedrigeres Ziel deutlich übertroffen hätte. Umgekehrt erhält die Nachwuchskraft bei einem niedrigeren Ziel auf jeden Fall eine niedrigere Zielerreichungsprämie, wird aber auch dabei für Treffer stärker belohnt als für deutliches Über- oder Unterschreiten.

Zum anderen ist es aber auch notwendig, innerhalb der Bereiche beziehungsweise Abteilungen eines Unternehmens die Ziele transparent zu halten. Wenigstens einmal jährlich sollten sich die Leiter gleicher oder ähnlicher Tätigkeitsgebiete bezüglich ihrer Zielanforderungsniveaus abstimmen. Ähnlich wie in Beurteilerkonferenzen (siehe Abschn. 2.2.2.3) tauschen sich die Leiter in einer Konferenz über die Ziele aus, die sie vereinbart haben. Damit haben die Führungskräfte die Möglichkeit, ein Gefühl für die Anforderungen zu entwickeln, die andere Führungskräfte an ihre Mitarbeiter stellen. Solche Zielkonferenzen sind recht anspruchsvoll, aber auch sehr wirkungsvoll, weil sie gleichzeitig einen Beitrag zur Führungskräfteentwicklung leisten.

▶ Zielkonferenzen helfen Führungskräften dabei, eine Antwort auf die Frage zu finden, was sie realistischer Weise von ihren Mitarbeitern erwarten dürfen. Diese Frage ist elementar und geht in ihrer Wirkung weit über den Aspekt der Entgeltfindung hinaus. Sie berührt wiederum insofern Aspekte der Nachhaltigkeit, als dass die Haltbarkeit von Systemen begrenzt ist, wenn die Anforderungsniveaus als ungerecht empfunden werden, unabhängig davon, ob sie zu hoch oder zu niedrig sind. Außerdem ist die Effizienz des Mitarbeitereinsatzes umso höher, je treffsicherer die Messlatten seine Möglichkeiten abbilden.

Tab. 2.36 SMART-Regel

S	Schriftlich und spezifisch
M	Messbar
A	Attraktiv, anspruchsvoll und akzeptabel
R	Realistisch bzw. resultatorientiert
T	Terminlich fixiert

Tab. 2.37 Bedingungsziele in der Produktion

Individuelle Bedingungsziele		Erzielbare Punkte
Anzahl von Arbeitsplätzen, an denen der Mitarbeiter eingesetzt werden kann	1	5
	2	10
	3	20
	>3	30
Ordnung und Sauberkeit am Arbeitsplatz (Beurteilung durch den Vorgesetzten)		20
Verbesserungsvorschläge (pro Vorschlag 5 Punkte)		10
Rüstzeiten < 10 Stunden pro Monat		10
Wartungsplan: Keine Termine, die seit mehr als 2 Tagen fällig sind		10

Messbarkeit „auf Teufel komm' raus"? Im Zusammenhang mit Zielvereinbarung werden immer wieder unterschiedliche Versionen der SMART-Regel (siehe Tab. 2.36) angeführt, um die Anforderungen deutlich zu machen, die an eine Zieldefinition gestellt werden müssen. Die Messbarkeit spielt dabei eine wichtige Rolle und die „Fundis" der Zielvereinbarung und der Balanced Scorecard gehen noch weiter und sagen: „If you can't measure it, you can't manage it." (Was du nicht messen kannst, kannst du nicht lenken.)[19] Ich schließe mich diesem Gedanken in dem Sinne an, dass es wichtig ist, Ziele so klar wie möglich zu formulieren. Dies fällt am leichtesten, wenn sie messbar formuliert sind und manchmal braucht es dafür auch mehr als einen Versuch. Man darf es sich nicht zu leicht machen. Dort, wo viele schon abwinken und sagen, dass ein Zielzustand nicht messbar sei, geht es bei genauerem Hinschauen doch (Tab. 2.38).

Auf der anderen Seite habe ich schon weiter oben aufgeführt, dass sich die individuelle Leistung eines Mitarbeiters nur in seltenen Fällen auf wenige Kennzahlen reduzieren lässt. Leistung ist mehrdimensional und gleichzeitig sollen aber auch nicht zu viele Ziele formuliert werden, weil viele Ziele wiederum die Klarheit reduzieren. Bei den meisten Funktionen müssen aber sehr viele verschiedene Aspekte einfließen, um die Leistung eines Mitarbeiters vollständig zu erfassen. Wie kann man diesen Widerspruch auflösen?

---

[19] Dieses Zitat wird Kaplan und Norton zugeschrieben. Ob sie tatsächlich die Ersten waren, die diesen Gedanken so formuliert haben, ist nicht sichergestellt. Siehe Kaplan und Norton (1996), S. 21.

Tab. 2.38 Standard- und Sonderaufgaben

	Inhalte	Zeithorizont	Entgeltinstrument
Standardaufgaben	Routineaufgaben (effizient, pünktlich und in guter Qualität)	Eher dauerhaft	Eher durch Leistungsbeurteilung entgeltwirksam machen
Sonderaufgaben	Projekte oder Prozessverbesserungen	Eher kurzfristig innerhalb eines Jahresplanungszeitraums	Eher tauglich für Zielvereinbarung mit Entgeltwirkung

Ich unterscheide zwischen Standard- und Sonderaufgaben. Standardaufgaben beinhalten alle Routineaufgaben, die dauerhaft pünktlich, in guter Qualität und effizient erledigt werden müssen. Sonderaufgaben sind eher kurzfristiger Natur, wie zum Beispiel Projekte oder Prozessverbesserungen. Tendenziell ist eine begrenzte Anzahl von Sonderaufgaben besser für die Formulierung von Zielen geeignet, wogegen es bei den Standardaufgaben eher darauf ankommt, eine größere Zahl von Aufgaben über einen längeren Zeitraum auf gutem Niveau routiniert abzuwickeln.

> **Beispiel**
>
> Ein kaufmännischer Sachbearbeiter im Einkauf wickelt Bestellungen ab, nimmt interne Bedarfe für bestimmte Materialkategorien auf, stimmt Anforderungen ab, hat Kontakte zu Lieferanten, hat Bestandsmengen im Auge und stellt die Versorgung auf der Basis von definierten Reichweiten für bestimmte Teile sicher. Das sind Standardaufgaben, bei denen es auf Prozesssicherheit ankommt: Die Zusammenarbeit mit verschiedenen Ansprechpartnern muss reibungslos funktionieren, betriebliche Regelungen und Materialspezifikationen müssen eingehalten werden, Liefertermine müssen sichergestellt werden und die Preise müssen stimmen. Dies alles mit Kennzahlen zu erfassen ist möglich, aber recht aufwändig. Mit Sonderaufgaben ist der Einkaufssachbearbeiter dann befasst, wenn zum Beispiel eine neue Bestellabwicklungs- oder Materialwirtschaftssoftware eingeführt wird, neue Lieferanten für neue Produkte gefunden werden müssen oder zum Beispiel die interne Steuerung auf Kanban umgestellt wird. In der Phase, in der diese Umstellungen erfolgen, handelt es sich um Sonderaufgaben, die in den Bereich der Standardaufgaben übergehen, sobald die Umstellung abgeschlossen ist.

Die Erfahrung in der Anwendung zeigt, dass sich Ziele bei Standardaufgaben auf dem Niveau von gewerblichen Mitarbeitern oder Sachbearbeitern innerhalb von zwei bis drei Jahren recht bald wiederholen und zur Routine werden. Der Grenznutzen wird immer geringer. Das ist nicht unbedingt im Sinne von Zielvereinbarung mit Entgeltwirkung, wo es eher um einen zusätzlichen wirtschaftlichen Nutzen für das Unternehmen geht[20]. Des-

---

[20] Wohlgemerkt: Ziele unabhängig vom Entgelt zu formulieren, ist trotzdem möglich und kann durchaus sinnvoll sein, um Schwerpunkte für die individuelle Entwicklung zu setzen. Es ist wichtig, Qualifizierung anzustreben und/oder Kompetenzen zu erweitern. Aber das sind keine Leistungsziele, sondern eher Personalentwicklungsziele, die nicht in den Kontext von Entgeltsystemen gehören.

halb empfehle ich, die vielen unterschiedlichen Aspekte, auf die es bei der Erledigung von Standardaufgaben ankommt, mit einer Leistungsbeurteilung für das Leistungsentgelt zugänglich zu machen und nur für die Sonderaufgaben Ziele zu formulieren, durch deren Erreichung ein zusätzlicher wirtschaftlicher Nutzen entsteht und für deren Erreichung eine Prämie bezahlt wird. Weiter unten in Abschn. 2.2.3.3 werde ich deshalb ein System vorstellen, das die klassische Zielvereinbarung (für Sonderaufgaben) durch eine Leistungsbeurteilung (für Routineaufgaben) ergänzt.

Zwischenfazit: Messbarkeit ist wichtig und sorgt für Klarheit, gilt aber im Zusammenhang mit Leistungsentgelt nicht „auf Teufel komm raus".

Anforderungen an Führungskräfte Zielvereinbarung mit Entgeltwirkung wird von vielen Führungskräften bezüglich der Anforderungen, die in diesem Prozess an Führungskräfte gestellt werden, unterschätzt und von anderen bezüglich des Konfliktpotenzials vollkommen überbewertet.

In Unternehmen, die in Prozessen und Zielen denken, leben und handeln, gelten andere (aus meiner Sicht zusätzliche) Anforderungen an Führungskräfte. Wenn die Erreichung von Zielen mit einer Entgeltwirkung verbunden ist, ist dies leichter für Führungskräfte, die selbst eher in Zielen als in Tätigkeiten denken und „ticken". Es erfordert einige Übung, sich bei einer Aufgabenstellung zuerst zu fragen: „Was wollen wir erreichen?" und „Wie kann ich den Zustand beschreiben, den ich erreichen möchte?" und erst dann: „Was müssen wir dafür tun?" statt: „Was mache ich jetzt?".

Diese Übung ist machbar, aber sie erfordert einige Zeit zum Umdenken. Außerdem noch ein Gefühl dafür zu entwickeln, mit wem über welche Ziele wie gesprochen werden muss, ist schon höhere Kunst, für die Führungskräfte ebenfalls Zeit brauchen. Aus meiner Sicht ist es deshalb empfehlenswert, eine Entgeltwirkung mit einer größeren Schwankungsbandbreite erst dann mit Zielvereinbarungen zu verbinden, wenn Zielvereinbarungen als Führungsmethode bereits im „Trockenlauf" geübt werden konnten. Das trifft übrigens nicht nur auf die Führungskräfte der unteren Ebenen zu. Das gilt für alle Führungsebenen. Führen mit Zielen ist ein anspruchsvoller Lernprozess für Individuen und für die Organisation, der allerdings dann, wenn er gelingt, zu sehr guten Ergebnissen führt.

In der folgenden Tabelle sind Verhaltensweisen aufgezeigt, die von Führungskräften beim Führen mit Zielen zusätzlich gefordert sind (Tab. 2.39).

Weiterhin ist es unumgänglich: Führungskräfte müssen sich auskennen. Sie müssen wissen, was möglich und realistisch ist, da sie sonst nicht in der Lage sind, mit ihren Mitarbeitern sinnvolle, anspruchsvolle und realistische Ziele zu vereinbaren. Diese Sichtweise widerspricht manchem Managementstil, der davon ausgeht, dass Ziele aus der Helikopterperspektive vereinbart werden können. Das mag durchaus realistisch sein für Ziele auf Managementniveau. Wenn Ziele auf Sachbearbeiter- oder auch Expertenniveau vereinbart werden und diese Ziele Entgeltwirkung haben, legen Mitarbeiter großen Wert auf einen Gesprächspartner bei der Zielvereinbarung, der eine solide Einschätzung der Möglichkeiten beisteuern kann.

Tab. 2.39 Tätigkeits- und zielorientierte Führung

Tätigkeitsorientierter Vorgesetzter	Zielorientierter Manager
Gibt Lösungen vor.	Gibt Ziele vor.
Tut die Dinge richtig.	Tut zusätzlich auch noch die richtigen Dinge.
Beschreibt eher Probleme.	Erzielt zusätzlich Ergebnisse.
Redet über Problemlösungen.	Nutzt die Kreativität der Mitarbeiter.
Löst eher Probleme im Hier und Jetzt.	Denkt zusätzlich daran, Probleme dauerhaft abzustellen.
Befolgt eher Pflichten und Regeln.	Denkt zusätzlich über die Notwendigkeit und die ständige Aktualisierung von Regeln nach.
Denkt eher an Kostenreduzierungen.	Denkt zusätzlich an die Erhöhung der Gewinne.

Tab. 2.40 Dokumentation von Zielen (Die Messgröße gibt wieder, was gemessen wird (zum Beispiel Fehlerquote) und die Kennzahl gibt wieder, wie viel davon erreicht werden soll (zum Beispiel 250 ppm))

Thema	Messgröße	Kennzahl	Termin	Verantwortlich (ggf. mit wem?)	Zugeordnetes Unternehmens- oder Bereichsziel
1					
2					

Die Dokumentation der Zielvereinbarung Es ist eine Selbstverständlichkeit, dass vereinbarte Ziele dokumentiert werden. Mir kommt es aber besonders darauf an, in welcher Form das geschieht. Es schafft nicht nur Verbindlichkeit und die Möglichkeit, sich auf die Vereinbarung zu berufen. Sie zwingt die Beteiligten dazu, die Vereinbarungen treffen, den Vereinbarungsinhalt präzise zu erfassen (Tab. 2.40).

Von besonderer Bedeutung im Sinne von Nachhaltigkeit ist aus meiner Sicht die letzte Spalte mit der Frage, welchem Unternehmens- oder Bereichsziel das individuelle Ziel zugeordnet ist. Wenn einem individuellen Ziel kein Unternehmens- oder Bereichsziel zugeordnet werden kann, dann sollten die Beteiligten zumindest noch einmal prüfen, ob dieses Ziel überhaupt relevant oder unter Umständen verzichtbar ist und die Ressourcen anderweitig besser genutzt werden können.

Bandbreiten, Justierung und Budgetkontrolle von Zielprämien Zielvereinbarung lebt davon, dass realistische Ziele vereinbart werden. Theoretisch dürfte es nicht vorkommen, dass zum Beispiel Zielerreichungsgrade von 200 % mit entsprechend hohen Zielprämien auftreten, weil das definierte Ziel dann wahrscheinlich entweder nicht realistisch war oder möglicherweise Einflüsse, die nicht in der Verantwortung des Mitarbeiters lagen, zu diesem Ergebnis geführt haben. Es ist nicht die Absicht von Zielsystemen, „windfall profits" zu vergüten, die dem Mitarbeiter aufgrund von technischen, organisatorischen, rechtlichen, politischen oder Marktveränderungen im wahrsten Sinne des Wortes zufällig zufallen. Umgekehrt erwarten Mitarbeiter auch, dass über die Höhe oder Sinnhaftigkeit eines Zieles neu diskutiert wird, wenn sich die oben genannten Rahmenbedingungen zu ihren Ungunsten verändern.

Trotzdem passiert es, dass extrem hohe Zielerreichungsgrade auftreten, die die beab-
sichtigten, aber formal nicht benannten Schwankungsbandbreiten sprengen können. Deshalb bietet es sich an, wie bei der Leistungs-/Entgeltrelation bei der Anwendung der Methode „Leistungsbeurteilung" ebenfalls Schwankungsbandbreiten festzulegen. Auch hier
ist eine Bandbreite von 20 bis 30 % auf ein anforderungsbezogenes Grundentgelt sinnvoll,
das die 100-Prozent-Marke legt. Ziele, die nicht spreizen, sind nicht sinnvoll. Wenn alle
Mitarbeiter am Ende der Zielperiode zwischen 95 und 105 % Zielerreichung landen, gelingt keine leistungsorientierte Entgeltdifferenzierung (siehe auch Abschn. 2.2.2.5). Wenn
das Leistungsentgelt außerdem nur einen geringen Teil der Gesamtvergütung steuert, steht
Aufwand und Nutzen wahrscheinlich in einem eher schlechten Verhältnis.

Auch bei der Anwendung der Methode „Zielvereinbarung" sind Budgets, die für daraus resultierende Zielprämien bezahlt werden, in der Regel „unter Beobachtung". Dies ist
schon deshalb sinnvoll, um den Führungskräften, die Ziele vereinbaren, Feedback zu den
durchschnittlichen Zielerreichungsgraden in ihrem Verantwortungsbereich zu geben. Um
Ungerechtigkeiten in der Anwendung zu vermeiden, ist es sinnvoll, in verschiedenen Verantwortungsbereichen ähnlich hohe durchschnittliche Zielerreichungsgrade anzupeilen.
Dies stellt die einzige Möglichkeit für Führungskräfte dar, ihr Erwartungsniveau zu justieren. Wie bei der Methode „Leistungsbeurteilung" darf nicht vorausgesetzt werden, dass
die Erwartungsniveaus verschiedener Führungskräfte naturgegeben einheitlich sind. Auch
bei der Methode „Zielvereinbarung" legen unterschiedliche Führungskräfte die „Messlatten" unterschiedlich hoch. Manche Unternehmen verwenden deshalb auch hier einen
Orientierungsrahmen und peilen Durchschnittswerte von x Prozent an, um eine gewisse
Normierung zu erreichen.

Dieser Orientierungsrahmen ist einerseits hilfreich, um eine Normierung zu erreichen
und andererseits ist er hilfreich, um die Ausgaben für Zielerreichungsprämien im Blick
und unter Kontrolle zu behalten.

Achtung Widerspruch!? Die Fundamentalisten und Anwender der Zielvereinbarung in
Reinkultur wenden hier ein, dass solche Bandbreiten oder Orientierungsrahmen und Nor-
mierungsversuche den Grundgedanken von Zielvereinbarungen korrumpieren würden.
Zielvereinbarungen müssten frei sein von solchen Beschränkungen und sollten sich nur
auf die inhaltliche Ebene des Vereinbarens realistischer Ziele konzentrieren. Dem würde
ich auch folgen, wenn die Zielvereinbarung keine oder allenfalls eine geringe Entgeltwirkung hätte. Sobald aber nennenswerte Entgeltanteile im Spiel sind, darf man annehmen,
dass die beteiligten Parteien Ziele verfolgen, die ihnen Vorteile verschaffen. Um die langfristige Haltbarkeit nachhaltig zu sichern, sind deshalb Regelungsrahmen notwendig und
nicht verzichtbar. Richtig ist aber auch, dass dadurch die Wirkung der Zielvereinbarung in
Reinkultur im Sinne von „Management by Objectives" als Führungsinstrument verändert
wird. Sie muss reglementiert sein, um sie auch in der Breite der Belegschaft entgelttauglich
zu machen.

Ist sie dann noch als Führungsinstrument tauglich, das zusätzlichen wirtschaftlichen
Nutzen für das Unternehmen stiftet? Zumindest muss diese Frage ständig im Auge behalten werden, um zu verhindern, dass Zielvereinbarung mit Entgeltwirkung nur noch

ein System ist, das seine Steuerungswirkung verliert und zur reinen Entgeltverteilungs-mechanik degeneriert.

Bonus und Malus – Chance und Risiko Theoretisch hört sich der Plan gut an: Man nimmt einen bestimmten Anteil von bisher fixen Entgeltbestandteilen, variabilisiert ihn und gibt den Mitarbeitern die Möglichkeit, durch die Erreichung von Zielen das bisherige Fixum zu übertreffen. Man geht davon aus, dass ein Teil der Mitarbeiter die Ziele nicht erreicht und unter dem bisherigen Fixum landet. Damit wäre die Einführung eines neuen Vergütungssystems wenigstens tendenziell ergebnisneutral. Aus Unternehmersicht mag diese kollektive Betrachtung spannend sein. Die meisten Unternehmer würden sogar in Kauf nehmen, dass die gesamte Entgeltsumme am Ende höher liegt als vorher, wenn dafür auch höhere Ziele mit besseren Ergebnissen erreicht werden würden. Also eine tolle Pers-pektive mit viel Charme.

In der Regel sind dazu einzel- oder kollektivvertragliche Regelungen notwendig, mit denen die Arbeitnehmer um der Chance willen, ein höheres Einkommen zu erzielen, das Risiko eingehen, dass das neue Einkommen auch niedriger sein könnte. Für wie wahr-scheinlich halten Sie es, dass ein großer Anteil von Mitarbeitern dieses Angebot annehmen würde? Und noch eine zweite Frage: Für wie wahrscheinlich halten Sie es, dass ein großer Anteil Ihrer Führungskräfte dieses Angebot annehmen würde? Sind Sie realistisch? Auch Führungskräfte sind hier nicht viel risikoaffiner als „normale" Mitarbeiter. Allerhöchs-tens ein Drittel, eher nur 10 bis 15 % Ihrer Mitarbeiter würden auf dieses Angebot einge-hen. Tendenziell werden das die Mitarbeiter sein, die sich ihrer Spitzenleistung auch heute schon bewusst sind und davon ausgehen, dass sie profitieren werden. Aber alle anderen werden überwiegend das Risiko sehen – je tiefer in der Hierarchie, umso größer wird der Anteil derer sein.

Sobald mit der Chance eines Bonus auch das Risiko des Malus verbunden ist, bleiben Mitarbeiter in der Mehrheit lieber bei ihrem Fixum – auch wenn man es ihnen gut zu verkaufen versucht. Wären Ihre Mitarbeiter so risikobereit wie Sie es selbst sind, wäre ein großer Teil Ihrer Mitarbeiter selbst Unternehmer. Sie sind es aber nicht geworden, weil sie dieses Merkmal der Risikobereitschaft nicht in dieser Ausprägung haben.

Realistisch ist also eher, dass ein Malussystem nicht zustandekommt. Also gelingt der Einstieg in ein entgeltrelevantes Zielsystem eher über ein Bonussystem mit allenfalls gerin-gen Risiken für die Mitarbeiter. Es ist wichtig, an dieser Stelle realistisch zu sein.

▶ Gefühlte oder tatsächliche Besitzstände werden nicht ohne Not aufgegeben. Deshalb ist bei Zielsystemen und auch bei der Einführung anderer variabler Entgeltkomponenten eher mit zusätzlichen Kosten zu rechnen und die Auf-gabe besteht darin, diesen zusätzlichen Kosten einen zusätzlichen Nutzen gegenüberzustellen. Das Eingehen des Risikos ist also bei der Einführung von entgeltrelevanten Zielsystemen eher auf Unternehmerseite.

Damit ist die Nutzungsmöglichkeit von Zielvereinbarung mit Entgeltwirkung für tarifliche oder individualvertragliche Besitzstände sehr eingeschränkt. Eine Bonusregelung im Sinne der Beteiligung des Mitarbeiters an einem zusätzlichen wirtschaftlichen Nutzen, wenn er die vereinbarten Ziele erreicht, erscheint realistischer.

Nur zur Sicherheit: Zielvereinbarung oder Zielvorgabe Bisher wurde immer von Zielvereinbarung als Methode für leistungsvariables Entgelt gesprochen. Vereinbarung unterstellt, dass zwei Verhandlungspartner auf Augenhöhe etwas miteinander vereinbaren, das anschließend für beide Gültigkeit hat. Davon unterscheidet sich die Zielvorgabe und es ist wenig wahrscheinlich, dass Mitarbeiter oder Betriebsräte sich im Zusammenhang mit Entgelt auf Zielvorgaben einlassen.

Ich spreche das Thema deshalb an, weil ich die Erfahrung gemacht habe, dass es Führungskräfte gibt, die Zielvereinbarung sagen und Zielvorgabe meinen und praktizieren. Das geht nicht lange gut und kann deshalb auch keine nachhaltige Wirkung entfalten. Zielvorgabe hat durchaus ihre Berechtigung, denn Ziele zu identifizieren und für deren Erreichung zu sorgen, ist eine Führungsaufgabe. Das kann durchaus auch manchmal den Charakter von Vorgaben annehmen. Als dauerhafte Methode für leistungsvariable Vergütung ist die Zielvorgabe allerdings nur in wenigen Umgebungen denkbar, wo es gelingt, die Zielvorgabe einzel- oder kollektivvertraglich zu vereinbaren. Damit ist allerdings nur die Entgeltwirkung abgesichert. Ob damit eine nachhaltige Steuerungswirkung erzielt werden kann, bleibt für mich zumindest umstritten.

Wenn Unternehmen sich auf Zielvereinbarung als Methode leistungsvariabler Vergütung festlegen, heißt das konsequenterweise auch, sich auf einen Aushandlungs- und Vereinbarungsprozess auf Augenhöhe einzulassen. Das kann durchaus aufwändig sein, gehört dann aber zum Spiel. Unter Führungs- und Steuerungsaspekten ist die Zusammenarbeit mit qualifizierten und eigenverantwortlichen Mitarbeitern auf der Basis von Zielvorgaben ohnehin mittel- und längerfristig nicht mehr darstellbar. Die gesellschaftlichen Entwicklungstrends gehen in eine andere Richtung.

Die Theorie: Zielvereinbarung geht für alle! Kurz und bündig! Ja, aber nicht mit Entgeltwirkung. Es wäre natürlich schön, wenn man bezüglich der Entgeltgestaltung die gleiche Idee über alle Hierarchiestufen hinweg anwenden könnte. Viele Unternehmen sind auch bestrebt, Zielvereinbarungssysteme mit Entgeltwirkung über alle Unternehmensebenen hinweg anzuwenden. Allerdings: Zielvereinbarungssysteme sind Kennzahlensysteme. Wie bei Kennzahlensystemen gilt deshalb auch hier folgender Zusammenhang:

> ► Je individueller die Ziele werden, umso schwieriger wird der Zusammenhang mit Leistungsentgelt. Je tiefer Ziele in der Hierarchie gehen, desto eher geht es um Gruppen- oder Unternehmensziele und weniger um individuelle Ziele mit Entgeltwirkung.

Außerdem entfaltet eine Zielvereinbarung ihre Wirkung nur dann dauerhaft und gut, wenn der Mitarbeiter, mit dem Ziele vereinbart werden, die Erreichung dieser Ziele durch seinen persönlichen Einsatz auch maßgeblich selbst beeinflussen kann. Dazu ist eine Dispositionsfreiheit notwendig, die man tendenziell eher bei Führungskräften oder Spezia-

Tab. 2.41 Unterschiedliche Zielgruppen für die Zielvereinbarung

Gewerbliche Mitarbeiter und Sachbearbeiter	Information über und Erläuterung von Unternehmens-, Bereichs- und Abteilungszielen
	Entgeltwirkung über die Partizipation an der Erreichung von Unternehmens-, Bereichs- und Abteilungszielen
Führungskräfte und Spezialisten	Anspruchsvolle Zielvereinbarungen mit Entgeltwirkung abhängig von der individuellen Zielerreichung

listen[21] findet und weniger bei Mitarbeitern auf der Sachbearbeiterebene oder in gewerblichen Bereichen (Tab. 2.41).

Eine Zielvereinbarung mit Kollektiven wie ganzen Gruppen, Bereichen oder Unternehmen ist ebenfalls nur schwer vorstellbar. In diesem Zusammenhang kann fast nur von Zielinformation oder -vorgabe ausgegangen werden. Kollektive Zielvereinbarungen müssten in mitbestimmten Unternehmen konsequenterweise dann mit dem Betriebsrat erfolgen. Für tariflich geregeltes Entgelt für die Zielgruppe der gewerblichen Mitarbeiter und Sachbearbeiter erscheint dieser Ansatz wenig realistisch. Wenn damit unternehmerisches Risiko auf tarifliches Entgelt von Mitarbeitern[22] verlagert würde, würden Betriebsräte tendenziell zurückhaltend reagieren.

Haltung der Vertreter der Arbeitnehmerseite In meinen bisherigen Projekten, in denen Zielvereinbarung in einer breiten Anwendung für die gesamte Belegschaft diskutiert wurde und somit der Mitbestimmung unterlag, habe ich die Arbeitnehmerseite eher reserviert erlebt. Verständlicherweise, denn wenn Ziele nur noch zwischen Führungskräften und Mitarbeitern auf allen Ebenen vereinbart werden würden, dann gingen damit die Einflussmöglichkeiten der Betriebsräte zurück. Außerdem ist es in der Tat nicht einfach, bei der Vereinbarung von Zielen einigermaßen gleiche Verhandlungspositionen zwischen Mitarbeitern und Führungskräften zu schaffen. An der Stelle befürchten Mitarbeitervertreter nicht ganz unberechtigt, dass durch das Verhandeln an vielen Stellen die konzentrierte Verhandlungspotenz der Gremien „ausgehebelt" wird.

Die eben diskutierten Aspekte von Chancen und Risiken spielen auch für die Arbeitnehmervertretungen eine wesentliche Rolle. Ihre Aufgabe besteht ja geradezu darin, die Risiken für ihre Klientel so gering wie möglich zu halten.

Gleichzeitig birgt Zielvereinbarung aus der Sicht der Mitarbeiter tendenziell gute Einkommenschancen und hat deshalb für die Mitarbeitervertreter auch eine gewisse Attraktivität, da eher zu niedrige als zu hohe Ziele vereinbart werden. Zumindest kann man darauf spekulieren. Unternehmer sehen dieses Risiko durchaus auch und deshalb werden

---

[21] Spezialisten haben keine disziplinarische Führungsaufgabe. Sie sind zum Beispiel Experten für bestimmte Technologien oder Prozesse oder sie leiten strategische Projekte, die für das Unternehmen von besonderer Bedeutung sind. Allein die Tatsache, dass es nur wenige Mitarbeiter mit dieser Funktion im Unternehmen gibt, ist noch kein Hinweis für eine Spezialistenfunktion. Die besondere Bedeutung für das Unternehmen ist ausschlaggebend.

[22] In den ERA-Tarifverträgen der Metall- und Elektroindustrie ist dies für das tarifliche Leistungsentgelt explizit ausgeschlossen.

Tab. 2.42 Zielkarte mit Zielen und Leistungsbeurteilung

Mitarbeiter			Vorgesetzter			freigegeben von			Ziele 201x		
Abteilung			vereinbart am			freigegeben am					
Nr.	Unternehmens-ziele	Basis	Einheit	0 %	25 %	50 %	75 %	100 %	IST	Richt-punkte	Punkte
Nr.	Team-/Individualziele	Basis	Einheit	0 %	25 %	50 %	75 %	100 %	IST	Richt-punkte	Punkte
Nr.	Leistungs-beurt eilung	Basis	Einheit	0 %	25 %	50 %	75 %	100 %	IST	Richt-punkte	Punkte
										100	Sumem
Unterschrift Mitarbeiter						Unterschrift Führungskraft					

auch Methoden der Budgetkontrolle oder Deckelung diskutiert, die wiederum von der Arbeitnehmerseite als Einschränkung der Attraktivität wahrgenommen und im Zuge von Einführungsprozessen kontrovers diskutiert werden. Manchmal scheitern Betriebsvereinbarungen zur „Zielvereinbarung" auch an diesen Aspekten.

2.2.3.3 Wie könnte eine funktionierende Zielvereinbarung mit Entgeltwirkung aussehen?

Dem Unterton meiner bisherigen Ausführungen zur Zielvereinbarung mit Entgeltwirkung ist leicht zu entnehmen, dass ich die Hürden relativ hoch einschätze, Zielvereinbarung mit Entgeltwirkung für alle Mitarbeiter einigermaßen kostenneutral einzuführen. Ich hoffe, dass ich damit Ihre Sinne geschärft habe. Wie die anderen Methoden für leistungsvariables Entgelt braucht auch die Zielvereinbarung volle Aufmerksamkeit.

Wenn man die bisherigen Überlegungen zur Zielvereinbarung mit Entgeltwirkung zusammenfassend betrachtet und versucht, dies in eine handhabbare Form zu bringen, dann kommt dafür die Zieloptimierung in Frage, wie sie von Jens Tigges und Gunther Wolf in Abschn. 3.3 beschrieben wird oder auch folgendes Beispiel. Es stellt sicher, dass Individual und Team- beziehungsweise Unternehmensziele bei Sonderaufgaben und die Leistung bei den Standardaufgaben in das Leistungsentgelt einfließen können (Tabs. 2.42 und 2.43).

Tab. 2.43 Erläuterungen zur Zielkarte

Basis	Aktueller Wert der Kennzahl für das jeweilige Ziel, den angestrebten Zustand, z. B. Durchlaufzeit für einen Auftrag: 3,7 Stunden
Einheit	Einheit der Kennzahl, die gemessen wird: z. B. Stunden
100 %	Gibt den anvisierten Zielzustand wieder. Die Stufen davor (0 bis 75 %) beschreiben, welcher Zustand noch akzeptabel ist, wenn 100 % nicht erreicht werden.
IST	Der tatsächlich erreichte Wert nach der Zielperiode. Wo es sinnvoll ist, können erreichte Zwischenstufen durch Interpolation den IST-Wert ergeben.
Richtpunkte	Sie spiegeln die Gewichtung des jeweiligen Ziels wider und summieren sich zu 100.
Punkte	Gewichtetes Ergebnis aus IST x Richtpunkte
Summe	Summe aller gewichteten Punkte
Leistungsbeurteilung	Aus der Leistungsbeurteilung in Tab. 2.24 können die Beurteilungspunkte übernommen werden. Bei der Durchführung der Leistungsbeurteilung im Rahmen der Zielvereinbarung bleiben alle Qualitätsanforderungen an Leistungsbeurteilungen aus Abschn. 2.2.2.3 gültig. 0 Punkte = 0 %, 7 Punkte = 25 %, 14 Punkte = 50 %, 21 Punkte = 75 %, 28 Punkte = 100 %

Eine ausgefüllte Zielkarte mit Ergebnissen könnte wie Tab. 2.44 aussehen.

Auch in diesem Beispiel wird ein wesentlicher Teil des Leistungsentgelts durch die Leistungsbeurteilung gesteuert, mit der die Standardaufgaben bewertet werden. Unternehmens- und Individualziele haben jeweils ein Gewicht von 20 %. Aus diesem Grund ist dieses Beispiel auch bei Funktionen anwendbar, die relativ stark durch Kennzahlen beschrieben werden können. In kaufmännischen Sachbearbeiterfunktionen, in denen eher weniger Ziele gemessen werden können, kann die Gewichtung der Leistungsbeurteilung erhöht werden, ohne dass ein Systemwechsel erfolgen muss.

Das ist der Charme dieser Variante!

Der Wermutstropfen: Sie ist relativ aufwändig und ich kenne nur wenige Unternehmen, die bereit sind, diesen Aufwand zu betreiben. Das lohnt sich dann, wenn der Aufwand auch tatsächlich zu einer nennenswerten Entgeltdifferenzierung führt. Die Erfahrung lehrt mich eher das Gegenteil, sodass ich diese Zielkarte zwar charmant finde, aber für die dauerhafte Anwendung nur dann als tauglich bewerte, wenn sichergestellt ist, dass der Ziel- und Beurteilungsprozess tatsächlich mit hohem Anspruch gelebt wird und eine hohe unternehmerische Steuerungswirkung entfaltet. Dann sind der Nutzen und die nachhaltige Wirksamkeit hoch. Das ist ein organisationaler Lernprozess, der bewusst gestaltet werden muss. Ansonsten rate ich eher zur einfachen Leistungsbeurteilung, dafür aber richtig durchgeführt.

Tab. 2.44 Ausgefüllte Zielkarte mit Ergebnissen und Gesamtbewertung

Mitarbeiter

Abteilung

| | | | | Vorgesetzter | | | Freigegeben von | | | Ziele 2013 | | |
| | | | | Vereinbart am | | | Freigegeben am | | | | | |
Nr.		*Basis*	*Einheit*	*0 %*	*25 %*	*50 %*	*75 %*	*100 %*	*IST*	*Richtpunkte*	*Punkte*
Nr.	*Unternehmensziele*	*Basis*	*Einheit*	*0 %*	*25 %*	*50 %*	*75 %*	*100 %*	*IST*	*Richtpunkte*	*Punkte*
1	Umsatzrendite	4	%	4	4,4	4,8	5,2	6	5,2	10	7,5
2	Marktanteil Produkt A	32	%	36	38	40	44	48	38	5	1,25
3	Maschinennutzungszeit	85	%	86	87	88	89	90	89	5	3,75
Nr.	*Team-/Individualziele*	*Basis*	*Einheit*	*0 %*	*25 %*	*50 %*	*75 %*	*100 %*	*IST*	*Richtpunkte*	*Punkte*
4	Bearbeitungszeit pro Auftrag	27	Min	25	24	23	21	19	23	10	5
5	Anzahl der Reklamationen pro Monat	4	Stk.	4	4	3	3	2	2	10	10
Nr.	*Leistungsbeurteilung*	*Basis*	*Einheit*	*0 %*	*25 %*	*50 %*	*75 %*	*100 %*	*IST*	*Richtpunkte*	*Punkte*
6			Pkte.	0	7	14	21	28	14	60	30
										100	57,5

Unterschrift Mitarbeiter   Unterschrift Führungskraft

57,5 Punkte ergeben 57,5 % der maximalen Leistungszulage, die in einer unternehmensspezifischen Leistungs-/Entgeltrelation wie bei der Leistungsbeurteilung festzulegen ist (siehe Abschn. 2.2.2.5)

2.2.3.4 Einführungsprozess

In Kap. 4 wird der Einführungsprozess für leistungsvariable Entgeltsysteme insgesamt dargestellt. Hier betrachten wir die speziellen Anforderungen für die Einführung von Zielvereinbarungssystemen.

Für die erfolgreiche Einführung von Zielvereinbarungssystemen mit Entgeltwirkung sind folgende Aspekte von Bedeutung:

- Zielvereinbarung als Methode variablen Leistungsentgelts hat nur dann eine gute Chance, wenn Ziele nicht nur „als Geldverteilungsinstrument", sondern in erster Linie als unternehmerisches Steuerungsinstrument verwendet werden. Das Nebenprodukt ist die Entgeltwirkung.
- Es ist notwendig, ein unternehmensspezifisches Zielsystem mit den entsprechenden Unterlagen und Abläufen zu schaffen. Das ist eine Aufgabe, der sich der Controlling-Bereich annehmen kann.
- Designen Sie Ihr Zielsystem nicht nebenbei. Erarbeiten Sie „Ihr Zielsystem" im Rahmen eines Projekts mit einem professionellen Projektmanagement (Projektgruppe, Projektleiter, …).
- Des Weiteren ist es notwendig, Kennzahlen für das Unternehmen zu erarbeiten, die eine Antwort auf die Frage geben: Woran erkennen wir, ob wir gut sind beziehungsweise ob es dem Unternehmen gut geht? Auch das ist eine Aufgabe für den Controlling-Bereich.
- Es empfiehlt sich, das Arbeiten und Denken in Zielen zwei bis drei Zielperioden lang im Trockenlauf ohne Entgeltwirkung auszuprobieren. Erst wenn die Organisation das Denken und Arbeiten in Zielen verinnerlicht hat, ist eine Verbindung zu Entgelt sinnvoll.
- Schulen Sie Ihre Führungskräfte im Umgang mit Zielvereinbarungen und lassen Sie Ihnen Zeit zum Üben.
- Beginnen Sie am besten mit Zielvereinbarungen für die Führungskräfte und gehen Sie dann in der Organisation sukzessive tiefer.
- Und noch einmal: Ziele sind in erster Linie Steuerungsinstrument und erst in zweiter Linie zur Entgeltfindung wichtig.

2.2.3.5 Qualitätssicherung: Vorbeugende Wartung ist Trumpf

Wenn die Feststellung des Zielerreichungsgrades abgeschlossen ist, sind die Möglichkeiten zur Einflussnahme auf die Qualität des Prozesses sehr eingeschränkt. Wenn dann Zielerreichungsgrade aus dem erwarteten Rahmen fallen und HR-Bereiche durch nachträgliches Korrigieren von Gewichtungen und Punktwerten die finanziellen Fehlentwicklungen „einfangen" müssen, ist qualitativ nicht mehr viel zu retten. Deshalb sind aus meiner Sicht zwei unterstützende Maßnahmen notwendig, um die nachhaltige Wirkung von Zielvereinbarungssystemen auch dauerhaft zu sichern.

- Lassen Sie sich von den Führungskräften drei Monate vor dem Ablauf der Zielperiode ein vorläufiges Feedback geben, sodass Sie diesen Stand auswerten und zusammenfassen können. Diese Auswertung der Zielerreichungsverteilung der verschiedenen Bereiche und die resultierende Entgeltspreizung stellen Sie den Führungskräften in einer Zielkonferenz (Methode „Beurteilerkonferenz" (siehe Abschn. 2.2.2.3) zur Verfügung, sodass sie sehen können, wo sie ungefähr „landen" werden. Sichten Sie dabei gemeinsam Korrekturbedarfe und geben Sie diese den Führungskräften für die abschließende Beurteilung der Zielerreichungsgrade mit auf den Weg.
- Achten Sie in diesen Besprechungen auch gemeinsam auf die unterschiedlichen Anforderungsniveaus auf verschiedenen Job-Levels.
- Nach Abschluss der Zielperiode erhalten die Führungskräfte wieder Feedback bezüglich der Zielerreichungsgrade in ihrem Bereich im Vergleich zu anderen Bereichen.
- Um eine finanzielle Kontrolle zu behalten, können wie bei der Leistungsbeurteilung auch hier Vorgaben notwendig sein, wie hoch die Zulagen oder Prämien aus der Zielerreichung insgesamt sein dürfen.

Fazit

Zielvereinbarung mit Entgeltwirkung funktioniert dann nachhaltig, wenn die Entgeltwirkung ein Ergebnis eines durchgängigen Unternehmenszielprozesses ist. Dann entfaltet Zielvereinbarung auch eine Steuerungswirkung, die für das Unternehmen einen zusätzlichen wirtschaftlichen Nutzen stiftet. Wenn diese Voraussetzung nicht gegeben ist, ist es klüger eine andere Leistungsentgeltmethode zu wählen.

Ziele müssen genau definiert sein. Die SMART-Regel ist wichtig, aber die Erfüllung von Standarderwartungen kann auch beurteilt werden. Ziele sind eher für die Extrameile und müssen deshalb auch einem Quervergleich auf dem gleichen Anforderungsniveau standhalten. Mitarbeiter auf der gleichen Ebene müssen gleich anspruchsvolle Ziele haben. Sonst werden „Schräglagen" entstehen, die als ungerecht empfunden werden und die die dauerhafte Wirkung als Entgeltsystem beeinträchtigen.

Zielvereinbarung ist eher für die Ebenen im Unternehmen geeignet, die auch nennenswerte Einflussmöglichkeiten haben. Dazu zählen eher Führungskräfte und Spezialisten und weniger Sachbearbeiter und gewerbliche Mitarbeiter. Bei Störungen werden Ziele nicht gleich angepasst, sondern der Charme von Zielvereinbarung besteht unter anderem darin, mit den Störungen klug umzugehen.

2.2.4 Kennzahlen – Zielvereinbarung – Leistungsbeurteilung: Die drei Methoden im direkten Vergleich

Jede der drei vorgestellten Methoden für variables Leistungsentgelt hat ihre Berechtigung und ihre Vor- und Nachteile. Es geht nun darum, die für die jeweilige Methode geeigneten Anwendungsfelder und Anwendungsbedingungen zu identifizieren, um eine Antwort auf die Frage zu finden: „Wann ist welche Methode richtig?" Die Frage ist ausdrücklich nicht:

„Was ist denn gerade Mode?" oder „Was hat man denn gerade so?", sondern „Was passt zu
unserer Organisation?" Selbstverständlich sind auch Kombinationen möglich, wie sie auch
in den verschiedenen Beispielen vorgestellt wurden und werden. Trotzdem möchte ich
gerne die „Reinformen" miteinander vergleichen, um die unterschiedlichen Anwendungs-
bereiche und Anwendungsbedingungen klarer herausarbeiten zu können.

Das Prinzip der folgenden Tabelle ist also: Je mehr Merkmale in einer Spalte für Ihre
Organisation oder einzelne Bereiche Ihres Unternehmens zutreffen, desto höher ist die
Wahrscheinlichkeit, dass diese Methode für Ihre Organisation oder einzelne Bereiche die
richtige ist (Tab. 2.45).

2.3   Ergebnisabhängiges Erfolgsentgelt

Diese Komponente für leistungsvariables Entgelt hebt darauf ab, dass das Ergebnis des Unternehmens einen Einfluss auf das Entgelt der Mitarbeiter hat. Damit werden zwei Haupt-
ziele verfolgt.

- Zum einen interessieren sich die Mitarbeiter sofort intensiver für das Unternehmen
  und seine Entwicklung, wenn ihr Entgelt damit zusammenhängt. Peter Bender hat dies
  in seinem Beitrag in Abschn. 3.4.4 an einem einfach zu realisierenden Beispiel aufgezeigt. Erfolg und Misserfolg des Unternehmens werden damit sichtbar und spürbar,
  und sie beeinflussen und steuern auch das Verhalten der Mitarbeiter.
- Zum anderen passen sich Ausgaben für Prämien den Ergebnissen und der Leistungsfähigkeit des Unternehmens an. Ein Teil der Personalkosten wird flexibilisiert und fällt
  nur dann an, wenn bestimmte wirtschaftliche Rahmenbedingungen erfüllt sind.

Damit zählt diese Entgeltkomponente aus meiner Sicht zu einem hochwirksamen Kern-
element nachhaltigen Vergütungsmanagements. Allerdings gilt dies auch hier wiederum
nur unter der Voraussetzung, dass es nicht nur als Entgeltelement, sondern als Steuerungselement im Unternehmen gehandhabt wird. Folgendes Beispiel kann dies verdeutlichen:

Beispiel

In einem Unternehmen der Elektroindustrie mit circa 2.000 Mitarbeitern wurde vor
etwa zehn Jahren zusätzlich zu den tariflichen Leistungen eine Jahresprämie eingeführt.
Das Unternehmen war seit vielen Jahren tarifgebunden. Die tariflichen Leistungszulagen waren bei fast allen Mitarbeitern auf einem weit übertariflichen Niveau. Im gewerblichen Bereich lagen die Akkordsätze weit über dem tariflichen Soll und die Leistungszulagen bei Angestellten waren quasi-fix. Es war keine Bewegung mehr im System.

Die Idee war damals nun, durch diese Jahresprämie wieder mehr Dynamik zu erzeugen und die Mitarbeiter wieder mehr mit dem betrieblichen Geschehen zu kon-
frontieren und sie auch zu motivieren, auf das betriebliche Geschehen Einfluss zu
nehmen, um gemeinsam für eine gute Jahresprämie zu sorgen. Dummerweise war die

Tab. 2.45 Vergleich der drei Methoden für leistungsvariables Entgelt

	Leistungsbeurteilung	Kennzahlen (Akkord und Prämie)	Zielvereinbarung
Organisatorische Rahmenbedingungen	Viele unterschiedliche Arbeitsplätze, die kaum vergleichbar sind.	Viele gleiche oder vergleichbare Arbeitsplätze. Weitgehend eingeschwungene und stabile Prozesse. Variantenarme Serien. Hohe Auftragslosgrößen. Langzeitstabiles Kundenverhalten.	Zielprozess ist im Unternehmen verankert. Unternehmens- und Bereichsziele sind existent. Stabile Ziele, die sich nicht mehrmals im Jahr ändern. Hoher Anteil an homogenen Tätigkeiten, die die Ermittlung von Kennzahlen wirtschaftlich sinnvoll und Ergebnisse vergleichbar machen.
Wirtschaftliche Rahmenbedingungen	Wenn Kennzahlenermittlung wirtschaftlich nicht sinnvoll ist.	Kennzahlen stehen bereits zur Verfügung oder sind wirtschaftlich sinnvoll zu ermitteln.	Kennzahlen stehen auf allen Ebenen des Unternehmens bereits zur Verfügung oder sind wirtschaftlich sinnvoll zu ermitteln.
Methodische Aspekte	Wenn Leistung mehrdimensional ist, also verschiedene Verhaltens- und Leistungsmerkmale gültig sind, überwiegend qualitative Merkmale, die nur schwer messbar sind.	Wenn Leistung sich auf wenige (aus meiner Sicht höchstens drei) Kennzahlen reduzieren lässt, die langzeitstabil sind.	Wenn Leistung sich mit wenigen (aus meiner Sicht höchstens fünf) Zielen erfassen lässt.
Aufwand für Administration	Eher gering	Eher hoch, da Kennzahlen laufend zuverlässig und genau erfasst und vorgehalten werden müssen. Gegebenenfalls müssen Vorgabezeiten ermittelt werden.	Die Anforderungen an den Unternehmenszielprozess sind eher hoch. Kennzahlen müssen laufend erfasst werden.
Anforderungen an die Führungskräfte	Eher hoch: Bereitschaft, Fähigkeit und Möglichkeit, das Leistungsverhalten der Mitarbeiter unterjährig zu beobachten und Fähigkeit zum differenzierten Wahrnehmen von Leistung.	Eher niedrig: Steuerung findet über die Kennzahlen statt. Kennzahlen geben Feedback.	Eher hoch: Führungskräfte, die kooperativ führen und in der Lage sind, Leistungsmöglichkeiten der Mitarbeiter realistisch einzuschätzen und Ziele auszuhandeln.
Organisationseinheiten	Individuen	Individuen, Gruppen, Bereiche und Unternehmen	Individuen
Zielgruppen für die Anwendung	Möglich für alle Mitarbeiter auf allen Ebenen: administrative und technische Bereiche	Eher fertigungsnahe gewerbliche Bereiche und Vertrieb	Eher AT-Mitarbeiter und Spezialisten

wirtschaftliche Entwicklung im Jahr der Einführung so schlecht, dass es keine Jahres-prämie gegeben hätte. Um die Attraktivität dieser Prämie nicht schon im ersten Jahr zu beschädigen, wurde der Erwartungswert trotzdem an die Mitarbeiter ausgezahlt. Im zweiten Jahr wurde der Erwartungswert auch nicht erreicht und die Prämie trotzdem in voller Höhe ausbezahlt. Man wollte sich bei anziehender Konjunktur die Mitarbeiter gewogen halten.

Sie können sich sicher vorstellen, wie sich die Geschichte weiterentwickelt hat. Heute ist diese ursprünglich variabel gedachte Prämie ein weiterer Teil der fixen Personal-kosten, allerdings auf einem noch höheren Niveau. Die Gründe waren zum jeweiligen Zeitpunkt nachvollziehbar und trotzdem wurde die nachhaltige Wirkung durch eigenes Handeln beschädigt.

Voraussetzung für die nachhaltige Wirkung einer variablen ergebnisabhängigen Vergü-tungskomponente ist, dass sie konsequent entlang der definierten Kennzahlen ausbezahlt wird: in guten Jahren reichlich und in schlechten Jahren eben entsprechend niedriger oder gar nicht. Mitarbeiter freuen sich darüber nicht und es kann auch sein, dass es Diskussio-nen gibt. Aber das Gros der Mitarbeiter versteht und akzeptiert das sehr wohl – wenigstens auf den zweiten Blick und bei einem zweiten Erklären und Nachdenken.

Im Folgenden möchte ich gerne drei Fragen nachgehen, die in diesem Zusammenhang interessant sind:

1. Wie kommt der „Kuchen"[23] (das Budget) für eine Erfolgsbeteiligung zustande?
2. Wie kann der „Kuchen" verteilt werden?
3. Welche Formen der Auszahlung sind denkbar?

Aus meiner Sicht ist es sinnvoll, die Überlegungen bezüglich der Entstehung und der Ver-teilung des „Kuchens" getrennt anzustellen.

2.3.1   Wie kommt der „Kuchen" zustande?

Beispiel

Vor einigen Jahren habe ich einen Unternehmer kennengelernt, der mir von seinen Er-fahrungen mit erfolgsabhängigen Vergütungskomponenten erzählte. Er war ursprüng-lich fest davon überzeugt, dass er mit einer erfolgsabhängigen Vergütungskomponente einen guten Beitrag zur Steuerung und Weiterentwicklung seines Unternehmens leisten könne. Seine Idee war, einen festen Betrag des Gewinns seines Unternehmens dazu zu verwenden, Teams, die besondere Ergebnisse erzielten, besonders zu belohnen. Sein

---

[23] Der Begriff „Kuchen" mag an der Stelle manchem als zu salopp erscheinen. Ich habe allerdings die Erfahrung gemacht, dass dieses Bild deutlich macht, dass es immer um die Verteilung einer begrenz-ten Ressource geht, die vorher erwirtschaftet (gebacken) wurde.

Problem war: Er wollte den Gewinn des Unternehmens nicht nennen und er wollte sich die Verteilung der Prämien auf die Teams selbst vorbehalten. Es sollte ja einfach sein. Inzwischen ist er eher frustriert, weil es ihn immer noch Geld kostet, aber nicht mehr die gewünschte Wirkung erzielt. Am Anfang seien die Mitarbeiter erfreut gewesen – es gab mehr Geld. Aber dann habe es immer mehr unerfreuliche Diskussionen um die Verteilung und Zweifel am Gesamtbudget gegeben. Es wurde kritisiert, dass unternehmerische Entscheidungen, die die Mitarbeiter nicht zu verantworten hatten, die Größe des „Kuchens" schmälerten. Insgesamt erlebte der Unternehmer dies als sehr frustrierend.

Fazit: Es war gut gemeint, aber nicht gut gemacht. Da sich die Entstehung des „Kuchens" wie auch dessen Verteilung in einer Black Box für die Mitarbeiter nicht nachvollziehbar abspielte, fehlte die für gefühlte Gerechtigkeit notwendige Transparenz. Außerdem konnte in der Black Box keine Steuerungswirkung entstehen.

Eine wichtige Voraussetzung für die nachhaltige Wirksamkeit von erfolgsabhängigen Vergütungskomponenten ist die Transparenz und Nachvollziehbarkeit sowohl bei der Entstehung wie auch bei der Verteilung des „Kuchens". Wenn diese Vergütungskomponente ihre volle Wirkung entfalten soll, muss sie folglich nachvollziehbar an eine nicht manipulierbare Kennzahl[24] gebunden sein. Dabei sind der Kreativität wiederum keine Grenzen gesetzt. Dafür kommen in Frage:

- x Prozent vom Gewinn,
- x Prozent vom EBIT,
- Umsatzwachstum,
- Umsatzrentabilität,
- Entwicklung des Cashflow,
- Produktivität (für Fertigungsbetriebe).

Ein schönes Beispiel wurde in einem IT-Unternehmen realisiert, das in dieser Form aber auch auf andere Unternehmen übertragbar ist. Das Unternehmen ist eine Aktiengesellschaft und damit ohnehin zur Publizität verpflichtet. Deshalb wurde die Umsatzrentabilität als Kennzahl verwendet. Für diese Kennzahl lag auch eine sinnvolle Historie über mehrere Jahre vor, sodass die Inhaber und auch die Mitarbeiter leicht über mehrere Jahre rückwärts rechnen konnten, welche Prämie es gegeben hätte, wenn diese Kennzahl immer schon verwendet worden wäre. Folgendes einfache Schema in Tab. 2.46 wurde angewendet.

---

[24] Wir wissen natürlich, dass fast alle Kennzahlen manipuliert werden können. Aber schon der Gedanke daran widerspricht den Grundsätzen nachhaltigen Personalmanagements. Es gibt allerdings auch immer eine Gruppe von Mitarbeitern, die reflexartig Manipulation befürchtet oder unterstellt. Nehmen Sie diese Gruppe wahr, aber richten Sie nicht Ihr Handeln an ihr aus.

Tab. 2.46 Bonus abhängig von der Umsatzrendite

Umsatzrendite (%)	Bonus in durchschnittlichen Monatsgehältern	Bonusvolumen bei z. B. 30 Mio. € Umsatz
0	0,0	€ 79.104
1	0,1	€ 158.209
2	0,2	€ 237.313
3	0,3	€ 316.417
4	0,4	€ 395.522
5	0,5	€ 474.626
…	…	…
17	1,7	€ 1.344.773
18	1,8	€ 1.423.877
19	1,9	€ 1.502.982
20	2,0	€ 1.582.086

Tab. 2.47 Bestimmung des Bonusvolumens mit Hebesätzen

Ausgangsbonusvolumen aus z. B.	Zusatzkennzahl 1 (z. B. Kundenzufriedenheit)	Zusatzkennzahl 2 (z. B. Produktivität)	Zusatzkennzahl 3 (z. B. CO_2-Ausstoß)
x Prozent vom	x 1,2	x 1,2	x 1,2
Gewinn	x 1,1	x 1,1	x 1,1
x Prozent von EBIT	x 1,0	x 1,0	x 1,0
Umsatzwachstum	x 0,9	x 0,9	x 0,9
Umsatzrentabilität	x 0,8	x 0,8	x 0,8

Die durchschnittliche Umsatzrendite der Vorjahre lag bei 5 %. Ein konstant bezahltes Urlaubsgeld in den Vorjahren lag bei 0,5 Monatsgehältern für alle Mitarbeiter und wurde überführt in diese Bonusregelung. Damit war die Einführung der Bonusregelung ergebnisneutral finanziert.

Wenn mehrere Dimensionen beziehungsweise Kennzahlen in den Erfolgsbonus einfließen sollen, so lässt sich dies mit sogenannten „Hebesätzen" einfach realisieren. Ausgangspunkt für das Bonusvolumen bleibt zum Beispiel die Umsatzrendite. Aber auch andere Kennzahlen wie EBIT oder Cashflow sind für die Bestimmung des Ausgangsbonusvolumens denkbar. Andere Kennzahlen, die für eine positive Unternehmensentwicklung kennzeichnend sind wie zum Beispiel Lieferfähigkeit, Abfallkosten, Werkzeugkosten, Auftragsdurchlaufzeit, Produktivität, Kundenzufriedenheit, Reklamationsquote oder CO_2-Ausstoß steigern oder mindern das Ausgangsbonusvolumen. Diese zusätzlichen Kennzahlen können sich durchaus von Jahr zu Jahr ändern, je nachdem, welche Themen oder Probleme im Unternehmen aktuell eine besondere Rolle spielen und in den Fokus gerückt werden sollen (Tab. 2.47).

Je mehr Kennzahlen einfließen, umso höher ist selbstverständlich die Steuerungswirkung. Gleichzeitig nimmt aber auch die Komplexität zu. Dies ist nicht zu unterschätzen, denn die Anforderungen sind hoch: Jede dieser Kennzahlen muss verlässlich erfasst und nachvollzogen werden können. Sobald die Richtigkeit von entgeltrelevanten Kennzahlen bezweifelt wird, fällt die Wirksamkeit und Haltbarkeit deutlich ab – und eines ist sicher: Kennzahlen, die entgeltrelevant sind, stehen immer unter besonderer Beobachtung.

Unternehmen, die Finanzkennzahlen nicht verwenden möchten, weil sie Transparenz an dieser Stelle noch scheuen, können andere Kennzahlen verwenden, die indirekt eine positive Entwicklung darstellen können.

Gute Erfolge konnten auch schon damit erzielt werden, den finanziellen Nutzen einer angepeilten Produktivitätssteigerung zu errechnen und das Bonusvolumen daran festzumachen. Ein Teil der Einsparungen, die durch Produktivitätssteigerungen erzielt werden, wird im Sinne des „Gainsharing-Prinzips" an die Mitarbeiter weitergegeben, ein Teil verbleibt im Unternehmen. Ob 50/50 oder 25/75 –die richtige Aufteilungsquote in Ihrem Unternehmen hängt von den Umständen ab. Jede Produktivitätssteigerung erhöht jedenfalls das Bonusvolumen, jede Reduzierung der Produktivität mindert das Bonusvolumen.

▶   Wie auch immer das Bonusvolumen im Unternehmen entsteht, ich empfehle, die absolute Höhe des Bonusvolumens in Euro auch zu veröffentlichen. Die Wirkung ist deutlich stärker im Vergleich zu der üblichen Vorgehensweise, bei der nur kommuniziert wird, dass jeder Mitarbeiter x, y Monatsgehälter als Jahresprämie oder -bonus bekommt.

2.3.2   Wie kann der „Kuchen" verteilt werden?

Es ist spannend wie unterschiedlich die Ansätze und Grundhaltungen zur Verteilung des Bonusvolumens sein können. Auch hier gibt es aus meiner Sicht kein „richtig" oder „falsch", sondern nur die Orientierung daran, was man erreichen möchte und was im jeweiligen Unternehmen auf der Basis der aktuellen Kultur und der gesamten Rahmenbedingungen auch realisierbar ist.

Beispiel

Vor einigen Jahren hat mich der Eigentümer eines bekannten Unternehmens zur Verteilung eines Bonus um Rat gefragt. Das Unternehmen hatte ein ausgesprochen erfolgreiches Jahr hinter sich, das allerdings wohl auch ausgesprochen anstrengend gewesen war. Er hatte ein sehr attraktives Bonusvolumen im Kopf und hatte mit seinen Führungskräften schon über die Verteilung dieses Bonusvolumens diskutiert. Er war irritiert, dass diese an sich schöne Aufgabe des Verteilens von viel Geld, unerwartet schwierig war und war nahe daran, es doch lieber zu lassen, bevor er damit das Gegenteil dessen erreichte, was er eigentlich wollte: Seine Mitarbeiter am Ergebnis ihres Schaffens zu beteiligen!

Tab. 2.48 Grundformen zur Verteilung des Bonusvolumens

Variante 1: Gleichmäßige Verteilung	Das Bonusvolumen wird durch die Anzahl der Mitarbeiter geteilt. Alle Mitarbeiter erhalten einen in Euro gleichen Betrag.
Variante 2: Anforderungs-orientierte Verteilung	Die Anforderungsniveaus der unterschiedlichen Tätigkeiten sind in Entgeltgruppen oder Vergütungsstufen abgebildet und je nach Entgeltgruppe ist der Anteil am Bonusvolumen unterschiedlich hoch.
Variante 3: Leistungsorien-tierte Verteilung	Leistungsstufen resultieren aus einer Leistungsbeurteilung oder Zielerreichung und der Anteil am Bonusvolumen fällt abhängig von der Leistungsstufe unterschiedlich hoch aus.

Drei Grundformen stehen für das Verteilen des „Kuchens" zur Verfügung[25] (Tab. 2.48).

Unter dem Aspekt einer leistungsvariablen Vergütung ist Variante 1 nicht wirksam. Sie berücksichtigt nicht, in welchem Umfang ein Mitarbeiter zum Ergebnis beigetragen hat. Es kann andere Gründe geben, trotzdem Variante 1 zu wählen. Dies kann der Fall sein, wenn es darum geht, einfach die Mitwirkung an einem gemeinsamen Ergebnis oder Zugehörigkeit zum Unternehmen zu honorieren.

Wenn man Variante 2 wählt, ist sichergestellt, dass die unterschiedlichen Beiträge, die in unterschiedlich wichtigen Funktionen geleistet werden, honoriert werden. Leistung spielt aber auch dabei keine Rolle und deshalb ist auch Variante 2 bei leistungsvariabler Vergütung nicht wirksam.

Die Verwendung von Variante 3 stellt Leistungsorientierung in hohem Maße sicher, hat aber den Nachteil, dass Spitzenleister im Lager und Spitzenleister in der Forschung & Entwicklung mit gleichen Bonusanteilen bedient werden. Auch dies wird in manchen Umgebungen als ungerecht empfunden.

Eine optimale Wirkung erzielt man mit einer Mischform aus den Varianten 2 und 3. Deshalb ist die Bezugsgröße des Monatsgehalts dann hilfreich, wenn darin tatsächlich das Anforderungsniveau einer Tätigkeit in Form von Entgeltgruppen und Leistungselemente (aus Kennzahlen, Leistungsbeurteilung oder Zielerreichung) einfließen. Dann ist es sinnvoll, zum Beispiel eine Verteilung nach dem Muster in Tab. 2.49 zu verwenden.

Allerdings kommt es vor, dass in den Monatsgehältern noch „alte" Einflüsse abgebildet sind, die systematisch nichts mit dem Anforderungsniveau und/oder individueller Leistung zu tun haben. Dann ist eine Punktematrix hilfreich, die so aufgebaut ist, dass ein Mitarbeiter umso mehr Bonuspunkte erhält, je höher seine Aufgabe bewertet ist[26] und je höher seine persönliche Leistung[27] beurteilt wird (Tab. 2.50).

Jeder Mitarbeiter erhält mit seinen persönlichen Bonuspunkten einen prozentualen Anteil an der Summe aller Bonuspunkte. Den gleichen prozentualen Anteil erhält er vom Gesamtbonusvolumen.

---

[25] Eine Mischform aus anforderungs- und leistungsorientiert stellt die Verteilung nach der Höhe des Monatsgehalts dar. Das Monatsgehalt beinhaltet in der Regel bereits beide Aspekte.

[26] Vertikal über die Vergütungsstufe (VS) oder Entgeltgruppe.

[27] Horizontal über die Leistungsstufe (hier A, B1, B2, B3 und C).

Tab. 2.49 Individueller Bonus abhängig von der Umsatzrentabilität

Umsatzrendite (%)	Bonus in Monatsgehältern
0	0,0
1	0,1
2	0,2
3	0,3
4	0,4
5	0,5
…	…
17	1,7
18	1,8
19	1,9
20	2,0

Tab. 2.50 Bonuspunktematrix: Persönliche Bonuspunkte

Leistungsstufe	C	B3	B2	B1	A
VS 7	5,53	7,36	11,07	14,78	18,43
VS 6	4,16	5,53	8,32	11,11	13,86
VS 5	3,13	4,16	6,26	8,35	10,42
VS 4	2,35	3,13	4,71	6,28	7,83
VS 3	1,77	2,35	3,54	4,72	5,89
VS 2	1,33	1,77	2,66	3,55	4,43
VS 1	1	1,33	2,00	2,67	3,33

Auch diese Form der Bonusverteilung kann wiederum von den Anhängern von Variante 1 als ungerecht empfunden werden. Es stoßen letztlich sehr unterschiedliche „Weltbilder" aufeinander, die wir in Unternehmen finden. Auch hier werden wir mit leistungsvariabler Vergütung nicht alle unterschiedlichen Ansprüche erfüllen können.

Fazit

Allerdings möchte ich noch einmal in Erinnerung rufen, dass es darum geht, Menschen dauerhaft (nachhaltig) das Gefühl zu geben, dass ihr persönlicher Input für sie zu einem angemessenen persönlichen Output führt. Dabei scheint es aus meiner Sicht wichtiger, die Spitzenleister und Leistungsträger des Unternehmens zu „bedienen". Dann ist die nachhaltige Wirksamkeit eines leistungsvariablen Vergütungssystems sichergestellt.

2.3.3 Welche Formen der Auszahlung sind denkbar?

Die klassische Ausschüttung von ergebnisabhängigen Boni erfolgt auf Jahresbasis, da dieses Vergütungselement tendenziell auch auf der längerfristigen Entwicklung des Unternehmens basiert. Wenn man nachhaltige Entwicklung in den Fokus rücken möchte, ist dies auf der Basis kurzfristiger Entwicklungen eher weniger wahrscheinlich. Der Jahreshorizont ist hierfür besser geeignet. Längerfristige Zyklen sind wiederum eher weniger hilfreich[28], da die Zahlungen nicht mehr mit konkreten, erinnerbaren Ereignissen in Zusammenhang stehen.

Die Auszahlung kann als Sonderzahlung erfolgen, die nach entsprechenden Abzügen als Einmalbeträge an die Mitarbeiter ausgezahlt werden. Ohne es an dieser Stelle weiter vertiefen zu können, sind aber auch andere Transfers an den Mitarbeiter denkbar, die aus einer Bonuszahlung gespeist werden können. Dies ist allerdings abhängig von den jeweiligen steuerlichen und sozialversicherungsrechtlichen Gegebenheiten, die immer wieder Änderungen unterworfen sind. Direktversicherungen zur Altersversorgung, Firmen-Pkw, steuerfreie Benzingutscheine, der kostenlose Besuch eines Fitnessstudios oder sonstige Einkaufsregelungen sind denkbar, um die Attraktivität für die Mitarbeiter zu steigern. Findige Steuerberater sind an dieser Stelle die besseren Ratgeber, um nach dem Motto: „Mehr Netto vom Brutto!" für Ihre Mitarbeiter noch bessere Ergebnisse zu erzielen, die als besonders attraktiv wahrgenommen werden. Da die Bedürfnisse der Mitarbeiter wiederum sehr unterschiedlich sind, ist die Handhabung dieser unterschiedlichen Formen der Bonusauszahlung unter Umständen recht aufwändig.

2.4 Leistungsorientierte Entwicklung des Entgelts

Beispiel

Solange ich selbst in Unternehmen angestellt war, hatte ich immer das Glück, dass in diesen Unternehmen jedes Jahr die Vergütung überprüft und mit mir darüber gesprochen wurde. Ich habe aber auch gelernt, dass das nicht selbstverständlich ist. Freunde und Bekannte arbeiten teilweise in Unternehmen, in denen man immer selbst die Initiative ergreifen muss, wenn man Bewegung beim eigenen Entgelt auslösen möchte. Wer etwas sagt, löst vielleicht etwas aus, wer nichts sagt: Auch gut! Im Ergebnis erhalten die lauteren und mutigeren Mitarbeiter Erhöhungen und die ruhigen „Schaffer" gehen tendenziell leer aus.

Es ist nur schwer vorstellbar, dass diese Vorgehensweise zu leistungsvariablem Entgelt führt und eine nachhaltige Wirksamkeit entfaltet.

---

[28] Eine Ausnahme von diesem Grundsatz stellt aus meiner Sicht die nachhaltige Vergütung des Managements dar (siehe Kap. 6).

Tab. 2.51 Beispiel für eine Zielvergütungsmatrix (in €)

| | Leistungsstufen (LS) | | | | | | | | | | |
| | D | | C | | B3 | | B2 | | B1 | | A | |
	Min	Max	Min	Max	Min	Max	Min	Max	Min	Max	Min	Max
VS 9	3.860	4.210	4.211	4.561	4.562	4.912	4.913	5.263	5.264	5.614	5.615	5.966
VS 8	3.416	3.726	3.727	4.036	4.037	4.347	4.348	4.657	4.658	4.968	4.969	5.279
VS 7	3.023	3.297	3.298	3.572	3.573	3.846	3.847	4.121	4.122	4.396	4.397	4.672
VS 6	2.675	2.917	2.918	3.161	3.162	3.404	3.405	3.647	3.648	3.890	3.891	4.134
VS 5	2.367	2.582	2.583	2.797	2.798	3.012	3.013	3.227	3.228	3.443	3.444	3.659
VS 4	2.095	2.285	2.286	2.475	2.476	2.665	2.666	2.856	2.857	3.046	3.047	3.238
VS 3	1.854	2.022	2.023	2.190	2.191	2.359	2.360	2.527	2.528	2.696	2.697	2.865
VS 2	1.641	1.789	1.790	1.938	1.939	2.087	2.088	2.236	2.237	2.386	2.387	2.536
VS 1	1.452	1.583	1.584	1.715	1.716	1.847	1.848	1.979	1.980	2.111	2.112	2.244

Unter nachhaltigem Vergütungsmanagement verstehe ich deshalb unter anderem, dass es einen definierten Prozess für die regelmäßige jährliche Überprüfung der individuellen Entgelte der Mitarbeiter gibt. Dazu gehört die Überprüfung, ob die Bewertung des Arbeitsplatzes noch aktuell ist und ob die individuelle Positionierung im Leistungsentgeltspektrum dem aktuellen Stand entspricht.

Klassisch erfolgen jährliche Erhöhungen für alle Mitarbeiter mit einer prozentualen Erhöhung. Auch nicht-tarifgebundene Unternehmen orientieren sich hierbei häufig am Markt, das heißt an den Tariferhöhungen der Tarifbereiche, die für sie den Markt maßgeblich beeinflussen. Das sind die Chemieindustrie, die Metall- und Elektroindustrie (meist am medienwirksamsten) und der öffentliche Bereich, der von Ver.di und den öffentlichen Arbeitgebern verhandelt wird.

Diese Tariferhöhungen oder generellen Erhöhungen bewirken prozentuale Erhöhungen, die die relative Lage der Mitarbeiter zueinander meist nicht verändern.[29] Erhöhungen, die die relative Lage der Mitarbeiter zueinander verändern, kommen in der Regel nur durch individuelle Erhöhungen zustande, die durch eine Änderung der Anforderung der Tätigkeit (Umgruppierung) oder durch eine Änderung der Leistungszulage ausgelöst werden.

Unternehmen, die die Verteilung von Erhöhungsbeträgen betrieblich regeln können, haben eine weitere Option. Sie können das Leistungsprinzip auch bei Erhöhungen anwenden. Dazu ist die Vergütungsmatrix mit dem Prinzip überlappender Entgeltbänder in den verschiedenen Vergütungsstufen (VS) hilfreich, über die wir schon weiter oben in Abschn. 2.1.5 gesprochen haben (Tab. 2.51):

Aus dem Arbeitsschritt der Eingruppierung seiner Tätigkeit hat jeder Mitarbeiter eine Vergütungsstufe (VS) und aus dem Prozess der Leistungsbeurteilung bringt jeder Mit-

---

[29] Ausnahme: Manchmal werden für bestimmte Entgeltgruppen Erhöhungen in Form von Festbeträgen vereinbart.

Tab. 2.52 Das Prinzip für die Entgelterhöhungen

IST-Entgelt < Zielvergütung	Überdurchschnittliche Erhöhung
IST-Entgelt = Zielvergütung	Durchschnittliche oder unterdurchschnittliche Erhöhung
IST-Entgelt > Zielvergütung	Keine oder unterdurchschnittliche Erhöhung

arbeiter eine Leistungsstufe (LS)[30] mit. Daraus ergibt sich für jeden Mitarbeiter eine Zielvergütung, die in einer Bandbreite zwischen dem jeweiligen Minimal- und dem Maximal-Wert liegt. Seine aktuelle IST-Vergütung liegt in dieser Bandbreite oder höher oder tiefer. Abhängig von der Lage des IST-Entgelts zur Zielvergütung erfolgt die Erhöhung (siehe Tab. 2.52).

Das heißt, eine allgemeine Erhöhung[31] wird nicht an alle Mitarbeiter in gleicher prozentualer Höhe weitergegeben, sondern die Bemessung der Erhöhung ist abhängig von der Lage der IST-Vergütung zur Zielvergütung. Wer mit seiner IST-Vergütung über dem Ziel liegt, wächst nur noch langsam oder gar nicht, wer im Ziel liegt, wächst durchschnittlich oder langsamer und wer unter dem Ziel liegt, wächst dynamisch und überdurchschnittlich.

Wenn also die durchschnittliche Erhöhung bei 3,0 % liegt, kann die unterdurchschnittliche Erhöhung bei 0 bis 1 % liegen und im Gegenzug liegt die überdurchschnittliche Erhöhung bei 5 %+. Man kann die Erhöhungsbeträge mit bestimmten Bedingungen errechnen lassen oder die Führungskräfte entscheiden auf der Basis von Tab. 2.52.

Der Werkstattbericht der ifm electronic in Abschn. 3.2.3 zeigt noch eine interessante Variante dieser Vorgehensweise auf, in dem der Leistungsbezug der Entgelterhöhung noch deutlicher zum Tragen kommt.

Worin liegt nun die nachhaltige Wirkung dieser Vorgehensweise bei Entgelterhöhungen? Ein wesentliches Merkmal nachhaltig wirksamer Vergütungssysteme ist die volle Transparenz. Diese Vorgehensweise stellt Transparenz auch bei Erhöhungsentscheidungen sicher. Diese Transparenz ist allerdings für manche Führungskraft unangenehm, wie folgendes Beispiel zeigt:

Beispiel

Vor einiger Zeit hat mich der Leiter einer Abteilung in einem Unternehmen angesprochen, das seit Jahren mit einer Vergütungsmatrix arbeitet. Er beklagte sich, im Gegensatz zu früher habe er nun viel mehr Diskussionen mit Mitarbeitern, die seine Entscheidungen hinterfragen und nicht immer akzeptieren würden. Er führte dies darauf zurück, dass jetzt alle wüssten, was man verdienen könne. Wenn alle wüssten, wo das Maximum liege, dann würden doch selbstverständlich auch alle das Maximum verdie-

---

[30] Auch bei Verwendung der Leistungsentgeltmethoden „Kennzahlen" und „Zielvereinbarung" lassen sich analog Leistungsstufen bilden, die für die Entgeltentwicklung mit der Zielvergütungsmatrix verwendet werden können.

[31] Analog einer Tariferhöhung in tarifgebundenen Unternehmen.

nen wollen. Er müsse ständig rechtfertigen, warum nicht jeder Mitarbeiter die höchstmögliche Vergütung hätte und er habe doch nur sehr gute Mitarbeiter.

Der Vorteil besteht darin, dass gleichzeitig alle Vergütungen einmal pro Jahr auf den Prüfstand kommen und im Vergleich zueinander betrachtet werden können. Diese systematische Vorgehensweise verhindert, dass in unregelmäßigen Abständen einzelne Mitarbeiter über das Jahr hinweg nach Vergütungserhöhungen fragen. In diesem Fall werden ständig Vergütungsentscheidungen getroffen, die eher aus dem Zusammenhang gerissen sind und keine Vergleichbarkeit sicherstellen. Schon bei an sich überschaubaren Unternehmensgrößen ist ein sinnvoller Quervergleich unterjährig nicht mehr möglich beziehungsweise sehr aufwändig. Wenn alle Beteiligten wissen, dass Erhöhungen zu einem bestimmten Zeitpunkt im Jahr diskutiert und entschieden werden, bedeutet das für den Rest des Jahres eher Ruhe zu diesem Thema.

Damit ist auch geregelt, dass zum Beispiel Mitarbeiter, deren Leistung zurückgeht, nicht sofort weniger Geld bekommen. Sie bleiben „liegen". Ihr gefühlter Besitzstand bleibt erhalten, aber sie erhalten nicht mehr oder langfristig geringere Erhöhungen (also weniger mehr) als die anderen Mitarbeiter. Dies ist insofern von Bedeutung, als es Führungskräften oft schwerfällt, eine Beurteilung gegenüber dem Vorjahr zurückzunehmen, weil sie die finanziellen Auswirkungen für den Mitarbeiter nicht verantworten möchten. Diesem Effekt kann man mit der Zielvergütungsmatrix begegnen, wenn Entgeltreduzierungen ausgeschlossen sind. Ich kenne zwar wiederum auch Führungskräfte, die diese Vorgehensweise als zu lasch kritisieren. Das kann ich nachvollziehen und trotzdem arbeite ich lieber realistisch mit einer Vorgehensweise, mit der auch schwächere Führungskräfte leben können und „abgeholt werden".

▶ Klare Spielregeln stellen sicher, dass man das „Spiel" auch lange gemeinsam spielen kann. Das stellt Nachhaltigkeit sicher. Mitarbeiter und Führungskräfte können sich darauf verlassen, dass sich das Entgelt jedes Mitarbeiters schon kurz- und mittelfristig auf ein Niveau entwickelt, das der Tätigkeit und der Leistung entspricht. Mitarbeiter, die sich inhaltlich dynamischer zum Nutzen des Unternehmens entwickeln, lösen damit automatisch und nachvollziehbar auch eine dynamische Entgeltentwicklung aus.

Literatur

Gesamtmetall (2011). Effektivstatistik. Gesamtmetall, Berlin.
Gührs, M., & Nowak, C. (2006). *Das konstruktive Gespräch: Ein Leitfaden für Beratung, Unterricht und Mitarbeiterführung mit Konzepten der Transaktionsanalyse.* Meezen: Limmer.
Hossiep, von R., Bittner, J. E., & Berndt, W. (2008). *Mitarbeitergespräche. Motivierend, wirksam, nachhaltig.* Göttingen: Hogrefe.
Kaplan, R. S., & Norton, D. P. (1996). *The balanced scorecard: Translating strategy into action.* Harvard: Harvard Business School Press.

Kosel, M. (2012). *Aktiv und konsequent führen. Gute Mitarbeiter sind kein Zufall.* Wiesbaden: Springer Gabler.

Knoblauch, J. (2010). *Die Personalfalle.* Frankfurt: Campus.

Mentzel, W. (2010). *Mitarbeitergespräche.* München: Haufe Lexware.

Weißenrieder, J. & Kosel M. (2005). *Nachhaltiges Personalmanagement. Acht Instrumente zur systematischen Umsetzung.* Wiesbaden: Gabler.

Werkstattberichte aus der Praxis

3

Jürgen Weißenrieder, Klaus Weiss, Steffen Fischer, Jens Tigges, Gunther Wolf und Peter Bender

Zusammenfassung

Die folgenden vier Werkstattberichte repräsentieren vier Unternehmen mit vielen Unterschieden, aber auch einer Reihe von Gemeinsamkeiten. Bei allen vier Unternehmen handelt es sich um produzierende oder produktionsnahe Unternehmen, die in Familienbesitz sind, teilweise schon seit mehreren Generationen. Sie wären nicht erfolgreich am Markt, wenn sie nicht in der Lage wären, schnell und flexibel auf Veränderungen zu reagieren. Gleichzeitig verfolgen die Inhaber ein langfristiges Interesse, das sich auch im Vergütungssystem abbildet. Eine weitere Gemeinsamkeit: Keines der vier Unternehmen ist mehr tarifgebunden. Mir ist bewusst, dass tarifgebundene Unternehmen engeren Restriktionen unterliegen. Trotzdem sind die Beispiele und deren Grundideen auch auf tarifgebundene Unternehmen übertragbar.

Jeder der Werkstattberichte spiegelt einen besonderen Aspekt nachhaltigen Vergütungsmanagements wider. Das System EULE in der Fritz-Gruppe hat eine summarische Arbeitsplatzbewertung durchgeführt, nutzt Beurteilerkonferenzen und Verteilungsvorgaben für die individuelle Leistungsbeurteilung. Das sind Basics. Pfiffig und nachhaltig

J. Weißenrieder (✉)
Am Ranken 9,
88069 Tettnang, Deutschland
E-Mail: j.weissenrieder@wekos.com

K. Weiss
Fritz GmbH & Co. KG, Neipperger Str. 11,
74193 Schwaigern, Deutschland
E-Mail: Klaus.weiss@fritz-gruppe.de

S. Fischer
ifm electronic GmbH, ifm-Straße 1,
88069 Tettnang, Deutschland
E-Mail: steffen.fischer@ifm.com

J. Weißenrieder (Hrsg.), *Nachhaltiges Leistungs- und Vergütungsmanagement,*
DOI 10.1007/978-3-658-04160-1_3, © Springer Fachmedien Wiesbaden 2014

wird EULE dadurch, dass zentrale Kennzahlen des Unternehmens in Gruppenprämien umgesetzt werden und dadurch nennenswerte Prozessverbesserungen erzielt wurden (siehe Abschn. 3.1).

NExx bei ifm electronic setzt auf eine gründliche Arbeitsplatzbewertung mit einer soliden Leistungsbeurteilung. Das Besondere besteht darin, dass generelle Erhöhungen (In tarifgebundenen Unternehmen wären dies Tariferhöhungen.) nicht an alle Mitarbeiter in gleicher Weise weitergegeben werden, sondern leistungsabhängig erfolgen. Ein spannender Ansatz, der die nachhaltige Wirksamkeit positiv beeinflusst. Außerdem wurde die Kompensation einer Arbeitszeitverlängerung von 35 auf 40 S pro Woche in eine variable Entgeltkomponente überführt, die den Erfolg des Unternehmens abbildet (siehe Abschn. 3.2).

Bei TIGGES wiederum werden optimierte Zielvereinbarungen auf eine kluge Art und Weise eingesetzt, um das Augenmerk der Mitarbeiter auf jeweils relevante Aspekte zu lenken und sie am Erfolg partizipieren zu lassen (siehe Abschn. 3.3).

Bei SCHWÄBISCH MEDIA liegt die Besonderheit in der Kombination von individuellen, Bereichs- und Unternehmensergebnissen und der Tatsache, dass über alle hierarchischen Ebenen hinweg die gleichen Regelungen gelten. Das ist ungewöhnlich, unterstützt aber das Agieren aller Beteiligten in die gleiche Richtung – eben nachhaltig (siehe Abschn. 3.4).

Die Unterschiedlichkeit der vier Beispiele zeigt auf, dass es verschiedene Wege zum Ziel eines nachhaltigen Vergütungsmanagements gibt, die zum Unternehmen und seinem Reifegrad sowie seiner wirtschaftlichen Situation passen müssen. Das richtige herauszufinden ist ein Entwicklungsprozess, dessen professionelle Gestaltung und beharrliche Verfolgung letztlich erfolgsentscheidend sind.

Alle Werkstattberichte sind so aufgebaut, dass sie die Ausgangssituation und die Zielsetzungen sowie den Konzeptions- und Einführungsprozess beschreiben. Außerdem wird die Funktionsweise der einzelnen Entgeltelemente detailliert dargestellt.

J. Tigges
Tigges GmbH & Co. KG, Kohlfurther Brücke 29,
42349 Wuppertal, Deutschland
E-Mail: gw@wiog.de

G. Wolf
Wolf I.O. Group GmbH, Engesstraße (Villa Engels) 6,
42283 Wuppertal, Deutschland
E-Mail: gw@wiog.de

P. Bender
SV Kaufmännischer Service GmbH & Co. KG, Karlstraße 16,
88212 Ravensburg, Deutschland
E-Mail: p.bender@schwäbisch-media.de

3.1   EULE – Ergebnis- und leistungsorientiertes Entgelt in der Fritz-Gruppe

3.1.1   Die Fritz-Gruppe

Die Fritz-Gruppe ist eine Unternehmensgruppe mit juristischem Sitz in Schwaigern bei Heilbronn und wurde 1938 gegründet. Sie besteht heute im Wesentlichen aus zwei Firmen, der Firma Fritz Spedition GmbH & Co KG und der Firma Fritz Logistik GmbH. Die Fritz-Gruppe ist umfangreich zertifiziert, um den Kundenanforderungen gerecht zu werden. Ausdrücklich erwähnt sei die Zertifizierung nach DIN ISO EN 9001 und VDA 6.2. Die Fritz-Gruppe ist ein Vollsortimenter in der Speditions- und Logistikbranche und beschäftigt heute über 600 Mitarbeiter, hauptsächlich im Großraum Heilbronn. Folgende Produktfelder (Auszug) bietet die Fritz Spedition heute an:

- Teil- und Komplettladungsverkehre,
- Sammelgutverkehre,
- europa- und weltweite Ex- und Importtransporte,
- Sonderfahrten,
- Tank- und Silotransporte sowohl für die Lebensmittel- als auch für die Chemiebranche,
- Spezialverkehre, wie beispielsweise den Transport von Flüssigaluminium.

Fritz Logistik (gegründet 1992) beschäftigt sich mit folgenden Aufgaben (Auszug):

- Lagerung von Rohstoffen und Vormaterialien, Komponenten und Fertigwaren,
- Lagerung von Gefahrgütern, wie wassergefährdende Stoffe, brennbare Flüssigkeiten und Stoffe, die der Störfallverordnung unterliegen,
- Kommissionierung und Repacking-Prozesse,
- Consulting für logistische Prozesse.

Die Fritz-Gruppe hat sich folgende Vision gegeben: „Wir sind ein attraktiver, innovativer Komplettanbieter für den Mittelstand und ausgewählte Großkunden. Wir streben die Qualitätsführerschaft in unseren Dienstleistungen an."

Das nachfolgend dargestellte nachhaltige Leistungs- und Vergütungsmanagement ist widerspruchsfrei in die Vision der Gruppe eingebettet und unterstützt die tägliche Umsetzung der Vision.

3.1.2   Konzeptionsphase

3.1.2.1   Ausgangslage

Das Pilotprojekt wurde in der Fritz Logistik GmbH gestartet. Neben den Angestellten und Fahrern, die bei der Fritz-Gruppe etwa jeweils 25 % der Mitarbeiter darstellen, stellen die gewerblichen Mitarbeiter mit fast 50 % den größten Anteil der Belegschaft. Zu Beginn der Einführung des neuen Entgeltsystems EULE[1] waren diese Mitarbeiter in die Gruppen Staplerfahrer, Kommissionierer und Verbucher unterteilt. Zehn bis fünfzehn Mitarbeiter sind jeweils einem Schichtleiter unterstellt, der wiederum einem Bereichsleiter untergeordnet ist. In fast allen Bereichen der Fritz Logistik GmbH arbeiten die Mitarbeiter in einem Zwei- oder Drei-Schichtsystem. Die gewerblichen Mitarbeiter der Fritz Logistik GmbH hatten im Jahre 2007 alle denselben Grundlohn und eine individuelle Leistungszulage, die jedoch nicht einer stringenten Systematik gefolgt ist.

In unregelmäßigen Abständen wurden die Vergütung und die Eingruppierung im Quervergleich zum Gesamtgefüge von den Bereichsleitern überprüft und angepasst. Die Gründe für eine Änderung der Höhe der Leistungszulage wurden dem Mitarbeiter nur vereinzelt in unstrukturierten Einzelgesprächen mitgeteilt. Diese Gespräche wurden nicht dokumentiert. Es gab auch keine validierbare Verbindung zwischen individueller Leistung, Gruppenleistung und Entlohnung.

Die fehlende Transparenz, der fehlende direkte Leistungsbezug und die personenbezogenen subjektiven Beurteilungen waren die Gründe für die fehlende Akzeptanz bei den Mitarbeitern.

Diese unbefriedigende Situation und der Impuls durch Einführung des Entgelt-Rahmenabkommens (ERA TV) in der Metall- und Elektroindustrie waren der Anstoß für eine umfassende Restrukturierung des Leistungs- und Entgeltmanagements im Jahr 2007.

Folgende Kriterien musste das neue System erfüllen:

- Transparenz und Gerechtigkeit in der Bewertung der Arbeitsplätze,
- sachgerechte Eingruppierung in ausformulierten Arbeitsplatzbeschreibungen mit einer inhaltlichen Verknüpfung zu Maßnahmen aus der Qualifizierungsmatrix,
- einen direkten Bezug zwischen individueller Leistung und Leistungsvergütung (individuelles Anreizsystem),
- einen direkten Bezug zwischen Gruppenleistung und einer Gruppenvergütungskomponente (Gruppenanreizsystem),
- Periodizität der Bewertung,
- standardisierte und dokumentierte Kommunikation zwischen Vorgesetzten und Mitarbeitern über die Bewertung,
- Kostenneutralität und Besitzstandswahrung.

Um die Komplexität der Aufgabe zu reduzieren, wurde der Bereich Behälterhandling als Pilotbereich ausgewählt. Es handelte sich hier um eine Gruppe von 42 gewerblichen Mitarbeitern bestehend aus 10 Verbuchern, 32 Staplerfahrern und 4 Schichtleitern.

---

[1] EULE = Ergebnis- und leistungsorientiertes Entgelt.

3.1.2.2 Beteiligte

Um eine hohe Akzeptanz für das neu zu konzipierende Leistungs- und Vergütungssystem zu erreichen, wurden neben dem Personalleiter, dem operativen Prokuristen, dem Logistikleiter, dem Bereichsleiter und einem Schichtleiter bereits in der zweiten Projektsitzung zwei gewerbliche Mitarbeiter in das EULE-Projektteam aufgenommen. Auf Geschäftsleitungsebene wurde beschlossen, dass ein externer Berater dieses Projekt als Co-Projektleiter mit der Personalleitung gemeinsam begleiten sollte, damit man so Expertise und Erfahrung nutzen kann, um Reibungsverluste und Fehlversuche bei einem derart sensiblen Thema, soweit es ging, zu vermeiden.

Voraussetzung für die Beauftragung eines externen Beraters war, neben der Erfahrung in der Konzeption und der Implementierung eines nachhaltigen Leistungs- und Vergütungsmanagements, eine Referenzierung durch ein befreundetes Unternehmen aus unserem Kunden- oder Lieferantenkreis. Herr Weißenrieder von der Firma WEKOS hat diese Voraussetzungen erfüllt und die Beauftragung als Co-Projektleiter übernommen.

3.1.2.3 Arbeitsweise

Im Oktober 2007 traf sich das EULE-Projektteam zu seiner konstituierenden Sitzung, zunächst noch ohne die gewerblichen Mitarbeiter. Inhaltlich ist dem Projektteam lediglich das Ziel und das gewünschte Projektende, nicht aber die konkrete inhaltliche Ausgestaltung vorgegeben worden, um ein realitätsnahes und akzeptiertes System zu erarbeiten, das den Praxistest besteht und nachhaltig gelebt werden kann.

Beide Projektleiter haben sich eher in einer moderierenden als in einer gestaltenden Funktion verstanden, damit das Projektteam voll eingebunden werden konnte und hinter dem neuen System stand. Es wurden daher, neben einer selbstverständlichen Protokollierung, stets auch alle betroffenen Mitarbeiter über den aktuellen Projektstand und die weiteren Termine durch einen Aushang am schwarzen Brett informiert. Ausdrücklich erwünscht war, dass die betroffenen Mitarbeiter nicht nur informiert wurden, sondern auch die Möglichkeit hatten, eigene Fragen an das Projektteam zu stellen.

Es wurde vereinbart, dass die jeweils offenen Themen durch Zwischenentscheidungen abgeschlossen werden, jedoch eine spätere Revision der Entscheidung bei neuen Erkenntnissen möglich war. In der konstituierenden Sitzung wurden neben dem Auftrag, die Arbeitsweise und der Einbindung aller betroffenen Mitarbeiter bereits die nachfolgenden sechs möglichen Leistungsentgeltvarianten diskutiert und ein Meinungsbild des Projektteams eingeholt (Abb. 3.1).

Modell 1 stellt ein rein individuelles System dar, es gibt hier keine stringente Verbindung zwischen individueller Leistung beziehungsweise Gruppenleistung und messbaren Kennzahlen. Modell 2 enthält keine Gruppenkomponente, was die Konkurrenz unter den Mitarbeitern ungewollt verstärkt hätte. Modell 3 steht diametral zu Modell 2. Modell 3 fördert ausschließlich die Gruppenleistung und lässt keinen Raum für die Berücksichtigung von individueller Leistung. Modell 4 ist zweigeteilt und berücksichtigt sowohl den Gruppenleistungsgedanken, als auch die Förderung von Individualleistung. Modell 5 ist eine Variante zu Modell 4 und hat die Besonderheit, dass nicht die Vorgesetzten, sondern die

Abb. 3.1 Verschiedene Leistungsentgeltvarianten

Mitarbeiter die Individualleistung der Kollegen bewerten. Modell 6 entspricht den Modellen 4 und 5, was die Gruppenleistung anbelangt und berücksichtigt die Individualleistung indirekt, hier geht man von der Fiktion aus, dass eine längere Betriebszugehörigkeit zu mehr Erfahrung führt, was wiederum automatisch zu einer höheren individuellen Leistung führt.

In der Diskussion innerhalb der Gruppe wurden die Modelle 1 und 2 verworfen, weil ein gutes Gesamtarbeitsergebnis nur dann erreicht werden kann, wenn die Gruppe dies miteinander anstrebt. Die Arbeitsabläufe bauen aufeinander auf und bedingen einander. Modell 3, als reine Gruppenprämie, wurde verworfen, weil es bei der Bewertung keine Möglichkeit gibt, individuelle Spitzenleistung zu honorieren. Wir waren uns der Tatsache bewusst, dass unsere Spitzenkräfte die Gruppen anspornen und überproportional zum Gruppenergebnis beitragen. Die Ablehnung von Modell 6 ist darin begründet, dass Betriebszugehörigkeit und Seniorität nicht zwangsläufig zu höherer individueller Leistung (siehe auch Abschn. 2.2.2.7) führen.

Die Meinungsbildung im Projektteam ergab, dass aus den vorgenannten Gründen nur die Modelle 4 und 5 weiterverfolgt werden sollten. Das heißt eine reine Einzelprämie, eine reine Gruppenprämie und das Senioritätsprinzip wurden bereits in dieser frühen Phase des Projekts verworfen. Letztlich ergab sich die Aufgabenstellung, ein Vergütungssystem mit den Komponenten Grundlohn, persönliche Leistungszulage und Gruppenprämie zu erarbeiten.

Tab. 3.1 Übersicht der Arbeitsplatzbewertungen

Vergü-tungsstufe	Tätigkeit	Definition
VS 4	WEB II	Stv. Schichtleiter oder WEB I + 3 Zusatzaufgaben
VS 3	Staplerfahrer III	Staplerfahrer I + mind. 6 Zusatzaufgaben, die regelmäßig ausgeübt werden
VS 3	WEB I	Verbuchen oder Leitstandsteuerung
VS 2	Staplerfahrer II	Fährt Hofstapler oder Staplerfahrer I + mind. 4 Zusatzaufgaben, die regelmäßig ausgeübt werden, wenn sie gebraucht werden
VS 1	Staplerfahrer I	Fährt Hallenstapler
VS 1	Kleben	

3.1.3 Regelungen zum aufgabenbezogenen Grundentgelt

Wie eingangs erwähnt, wurde in der Vergangenheit nur zwischen zwei verschiedenen Arbeitsplätzen differenziert, obwohl dies eine starke Simplifizierung der Realität darstellte. Das Projektteam erhielt die Aufgabe alle Aufgaben der gewerblichen Mitarbeiter zu identifizieren und den jeweiligen Arbeitsplätzen zuzuordnen. Die Zusatzaufgaben sollten den Arbeitsplätzen unabhängig von der persönlichen Leistung des Einzelnen zugeordnet werden, um gegebenenfalls eine sinnvolle Differenzierung der Arbeitsplätze zu ermöglichen.

Eine wichtige weitere Frage war, nach welchen Kriterien eine Einordnung der einzelnen Mitarbeiter geschehen sollte. Die Diskussion im Projektteam ergab eine Ausdifferenzierung nach fünf Arbeitsplatzgruppen. Neben den Grundtätigkeiten wurde nach der Fähigkeit zu und der Ausübung von Zusatzaufgaben differenziert.

Es wurden insgesamt 23 Zusatztätigkeiten identifiziert. In der Vergütungsstufe 1 wird der Arbeitsplatz dadurch gekennzeichnet, dass der Mitarbeiter nur die Grundtätigkeit des Hallenstaplerfahrens beziehungsweise des Vorgangs der Etikettierung und der Kontrolle des Wareneingangs verrichtet. In der Vergütungsstufe 2 ist die Aufgabe des Mitarbeiters, den (größeren) Hofstapler zu fahren oder neben der Grundtätigkeit aus Vergütungsstufe 1 mindestens vier sogenannte Zusatzaufgaben zu beherrschen und regelmäßig auszuüben. Die Vergütungsstufe 3 (Staplerfahrer III) erreicht ein Staplerfahrer der Vergütungsstufe 2, indem er mindestens zwei weitere Zusatzaufgaben regelmäßig ausübt. In der Vergütungsstufe 3 für Verbucher qualifiziert sich der Mitarbeiter durch die Grundtätigkeiten des Verbuchens beziehungsweise der Leitungsstandsteuerung. Die Vergütungsstufe 4 erreicht ein Verbucher durch die Übernahme der Aufgaben eines stellvertretenden Schichtleiters oder durch drei Zusatzaufgaben. Die detaillierte Übersicht zu unterschiedlichen Tätigkeiten mit unterschiedlichen Bewertungen stellt sich in der Übersicht wie folgt in Tab. 3.1 dar:

Exemplarisch seien auch die Zusatzaufgaben für Staplerfahrer zur Tätigkeitsbewertung dargestellt (siehe Tab. 3.2):

Tab. 3.2 Zusatzaufgaben für Staplerfahrer

Hofstapler fahren	regelmäßig bei Bedarf, >6 Wochen pro Halbjahr
ADR-Schein	Vorhanden und genutzt
Kranschein	Vorhanden und genutzt
Sonderfahrten mit 7.5 Tonner	Vorhanden und genutzt
Hofkapo	regelmäßig bei Bedarf, >6 Wochen pro Halbjahr
Ersthelfer	Ganzjährig
Externer Einsatz, z. B. KS	regelmäßig bei Bedarf, >4 Wochen pro Halbjahr
Kommissionieren	regelmäßig bei Bedarf, >3 Wochen pro Halbjahr
Benutzung und Instandhaltung der Nassreinigungsmaschine	regelmäßig bei Bedarf, >3 Monate pro Halbjahr
Verantwortlicher für Staplerbatterien	regelmäßig bei Bedarf, >3 Monate pro Halbjahr
Sicherheitsbeauftragter	Ganzjährig
Kleben/Kontrolle	regelmäßig bei Bedarf, >4 Wochen pro Halbjahr
KVP-Beauftragte/r	Ganzjährig
Umpacken	regelmäßig bei Bedarf, >4 Wochen pro Halbjahr

Um unnötige Diskussionen zu vermeiden, wird die fakultative Übernahme von Zusatz-tätigkeiten in einer Datenbank dokumentiert. Die Validierung der Eingruppierung erfolgt jährlich. Die Einführung der fünf Vergütungsstufen und die Verknüpfung mit Zusatzauf-gaben hatte und hat – neben der Bewertungsdifferenzierung – einen überraschend hohen, dauerhaften Motivationseffekt, da sich nun die Übernahme von zum Teil unbeliebten Zu-satztätigkeiten in der Vergütung abbildet.

3.1.4   Regelungen zum variablen Leistungsentgelt

Ziel einer variablen Entgeltkomponente ist ein Bezug zwischen Produktivität und Entgelt. Es muss sich für den einzelnen Mitarbeiter beziehungsweise für eine Mitarbeitergruppe auszahlen, wenn sich die Produktivität erhöht. Der Produktivitätsgewinn wird zwischen den Mitarbeitern und dem Unternehmen über eine festgelegte Quote aufgeteilt. In der Pro-jektgruppe wurde diskutiert und entschieden, dass dies zum einen über eine individuelle Komponente und zum anderen über eine gruppenbezogene Komponente zu erreichen ist.

3.1.4.1   Individuelles Leistungsentgelt
Wie erkennen wir gute individuelle Leistung bei Fritz Logistik und wie bewerten wir diese Leistung unter Vermeidung von Beurteilungsfehlern und mit hoher Akzeptanz bei den Mitarbeitern, die zu beurteilen sind?

Tab. 3.3 Beschreibung der Leistungsmerkmale

„Gute Leistung bei Fritz Logistik erkennen wir an …"	
Einsatzbereitschaft und Flexibilität	**Qualität der Arbeitsergebnisse**
Ist da, wenn man ihm braucht	Keine Schäden an der Ware und an den Betriebsmitteln
Arbeitet dort, wo man ihn braucht	0 ppm von AUDI
Ist auch bei Sonderaktionen dabei	Arbeitet nicht nur schnell, sondern achtet auch auf Qualität
Übernimmt Verantwortung	Leistet seinen Beitrag zur Kundenzufriedenheit
Macht seine Arbeit gerne und mit Herz	Keine Fehler produzieren
Hat eine hohe Dienstleistungsbereitschaft	Trägt zu guten Audit-Ergebnissen bei
Findet nicht nur Probleme, sondern auch Lösungen	Man kann sich auf ihn verlassen
Nimmt keine Rücksicht darauf, ob man sich „schmutzig" macht	Kommt pünktlich zur Arbeit
Denkt mit bei der Arbeit	Weist auf Fehler und Probleme hin
Arbeitet aktiv am KVP mit	Sorgt bei Störungen für Abhilfe
	Achtet auf Ordnung und Sauberkeit am Arbeitsplatz und im Umfeld
	Geht pfleglich mit Betriebsmitteln um
	Identifiziert sich mit Fritz Logistik
Zusammenarbeit mit anderen	*Arbeitsmenge und Effizienz*
Vereinbarungen werden eingehalten	Bewältigt ein hohes Arbeitspensum
Beeinflusst die Stimmung im Team positiv	Arbeitet zügig
Hilft anderen und unterstützt sie in ihrer Arbeit	Ziele werden erreicht
Sieht sich als Teil eines Teams	Hat Aufwand und Nutzen im Blick
Stellt eigene Interessen auch einmal zurück	
Denkt auch für Kollegen mit	
Gibt wichtige Informationen weiter	

Zur Beantwortung dieser Frage wurden die Beurteilungsmerkmale Arbeitsmenge und Effizienz, Qualität der Arbeitsergebnisse, Einsatzbereitschaft und Flexibilität sowie Zusammenarbeit mit anderen definiert. Um ein gemeinsames Verständnis über diese vier Bewertungsmerkmale zu sichern, sind diese Bewertungsmerkmale durch beobachtbare Verhaltensbeschreibungen (siehe Tab. 3.3) präzisiert worden:

Um systematische Beurteilungsfehler wie den Strengefehler, den Mildefehler und die Mitteltendenz (siehe Abschn. 2.2.2.3) zu vermeiden, wird den Beurteilern die statistische Beurteilungsverteilung vorgeben (Abb. 3.2).

Wir „messen" für das individuelle Leistungsentgelt keine objektive Leistung, sondern führen einen Leistungsvergleich durch. Dies führt dazu, dass bei einer kontinuierlichen

Abb. 3.2 Vorgabe der
Verteilung

Leistungs-stufen	Verteilungsvorgaben für Leistungsstufen		Vergütungs-ziel
A	≤ 15 % der Mitarbeiter		Spitzen-vergütung
B1 B2 B3	< 80 %	Gleichgewicht in B1 und B3	Durch-schnitts-vergütung
C	≥ 10 % der Mitarbeiter		Sockel-vergütung

Leistungsverbesserung die Definition des fünfstufigen Beurteilungsschemas nicht verändert werden muss. Die Rohbeurteilung durch den einzelnen Schichtleiter wird unter
Anleitung eines Bereichsleiters mit den anderen Schichtleitern diskutiert, damit der sogenannte „Nasenfaktor" eliminiert wird und die oben genannten Verteilungsvorgaben über
alle Schichten hinweg sichergestellt sind.

Die „Leistungsmessung" erfolgt über einen standardisierten Leistungsbeurteilungsbo-
gen[2], der nach Abschluss der Beurteilung die Grundlage für das Mitarbeitergespräch darstellt und vom Mitarbeiter und vom Vorgesetzten unterschrieben und in der Personalakte
archiviert wird. Bedingt durch die Tatsache, dass wir bei der Einführung von EULE auf die
bestehende Lohnverteilung Rücksicht nehmen mussten, brauchten wir eine Lösung für die
Mitarbeiter, deren aktuelle Vergütung höher war, als die Summe aus der Eingruppierung in
die Vergütungsstufen und dem individuellen variablen Leistungsentgelt.

Da eine Schlechterstellung der Mitarbeiter gegen die eigenen Projektrichtlinien versto-
ßen hätte und nur über eine Vertragsänderung oder eine Änderungskündigung möglich
gewesen wäre, wurde zwar die aktuelle Eingruppierung des Mitarbeiters auf der jeweiligen
Lohnabrechnung ausgewiesen, jedoch die Differenz zwischen aktuellem und historischem
Entgelt mittels einer Ausgleichszahlung ausgeglichen, die gegebenenfalls mit der Gruppenprämie verrechnet wurde.

Die Bewertung des Arbeitsplatzes, also auch die Wahrnehmung der Zusatzaufgaben
sowie die Leistungsbeurteilung werden alle sechs Monate wiederholt, das heißt der Mitarbeiter wird regelmäßig neu eingruppiert und beurteilt, damit er dadurch die Möglichkeit
hat, den Erfolg (und Misserfolg) des eigenen Bemühens und Engagements zeitnah in seiner Vergütung wiederzufinden.

3.1.4.2 Gruppenbezogenes Leistungsentgelt

Einem gruppenbezogenen Leistungsentgelt liegt ein KPI (Key Performance Indicator) beziehungsweise eine Leistungskennzahl zugrunde, der verlässlich die Leistung der Gruppe
misst. Qualitätskennziffern müssen den KPI flankieren, da sonst die Qualität gewisserma-
ßen als Kollateralschaden leidet.

---

[2] Siehe Anhang im Abschn. 9 (S. 231).

Im Pilotprojekt „Behälterhandling" wurde als KPI die Anzahl der ein- beziehungsweise ausgelagerten Behälter im Verhältnis zu den dafür aufgewendeten Stunden gewählt.

Während die Ermittlung der ein- beziehungsweise ausgelagerten Behälter problemlos aus dem Lagerverwaltungsprogramm ermittelt werden kann, ergibt die Anzahl der dafür benötigen Arbeitsstunden naturgemäß Schwierigkeiten, da die Mitarbeiter nicht nur am Leistungserstellungsprozess beteiligt sind, sondern auch Nebentätigkeiten verrichten. Als Lösungsansatz hat sich nach Diskussion die Unterteilung in echte und unechte Verrechnungszeiten herauskristallisiert. Unter echten Verrechnungszeiten versteht man bei Fritz Logistik Zeiten, in denen die Mitarbeiter Tätigkeiten verrichten, die direkt vom Kunden vergütet werden. Unechte Verrechnungszeiten entstehen, wenn Nebentätigkeiten erbracht werden, die zum eigentlichen Leistungsentstehungsprozess gehören, nicht aber direkt mit dem Behälterhandling in Verbindung stehen. Beispielhaft seien hier die Stapler- und Batteriepflege, exemplarisch für Wartungs- und Reparaturarbeiten, erwähnt. Sie binden zwar die Mitarbeiter zeitlich, führen jedoch nicht zu einer separaten Vergütung. Sie sind jedoch für den Leistungserbringungsprozess unverzichtbar.

Um den angestrebten Motivationseffekt beziehungsweise die nötige Transparenz und Akzeptanz bei den Mitarbeitern zu erreichen, wird der KPI täglich für den Vortag ermittelt und mit einer Hochrechnung der zu erwartenden Prämie für den kompletten Monat veröffentlicht.

Als Qualitätskennziffer wird die Summe der entstandenen Waren-, Betriebsmittel- und Gebäudeschäden zuzüglich der entstandenen Kosten durch verspätete beziehungsweise falsche Lieferungen an unsere Kunden verwendet. Die erste Kennziffer ist naturgemäß ein Euro-Betrag, während die reklamierten Lieferungen in ppm (part per million) gemessen werden. Zugrunde liegen hier vertragliche Mess- und Qualitätsstandards mit unseren Kunden.

Prinzipiell bekommt der Mitarbeiter die Gruppenprämie als Zuschlag auf seinen Grundlohn vergütet, wobei die Vergütung jeweils einen Monat versetzt ausgezahlt wird. Es wurde eine monatliche Auszahlung im Gegensatz zu einer quartalsweisen oder jährlichen Auszahlung gewählt, um den zeitlichen Bezug zwischen Leistung und Prämie sicherzustellen.

Grundsätzlich erhalten nur die Mitarbeiter die Gruppenprämie, die während der Betrachtungsperiode am Leistungserstellungsprozess beteiligt waren. Die Gruppenprämie wird auch für Zeiten wie Urlaub, Abbau von Überstunden und Fehlzeiten, die aus Arbeitsunfällen resultieren, gewährt. Die Reduktion der Gruppenprämie für krankheitsbedingte Fehlzeiten erfolgt im Einklang mit arbeitsrechtlichen Vorschriften, die die Kürzung von Sonderzahlungen bei krankheitsbedingten Fehlzeiten auf 25 % des Entgelts begrenzt, das der Mitarbeiter erhalten hätte, wenn er nicht erkrankt wäre.

Die quotale Verteilung des Produktivitätsgewinns zwischen Mitarbeiter und Unternehmen wird zu Ungunsten der Mitarbeiter reduziert, wenn die vereinbarten Qualitätskennziffern unterschritten werden. Die Partizipation der Mitarbeiter entfällt, wenn nicht nur die Qualitätskennziffern, sondern darüber hinaus vereinbarte Schwellenwerte unterschritten werden. Damit wird verhindert, dass der KPI ohne Berücksichtigung der Kunden- und

Abb. 3.3 EULE-Gesamtvergütung

Unternehmensbedürfnisse verfolgt wird. Um die Gruppenprämie zu verstetigen und nicht von (zufälligen) Häufungen von Arbeitsfehlern abhängig zu machen, werden die vergütungsrelevanten Qualitätskennziffern als gleitender Dreimonatsdurchschnitt verwendet.

Bei Neueinstellungen partizipiert der Mitarbeiter in der Regel nach zwei Monaten an der Gruppenprämie. In Ausnahmefällen kann diese Frist verkürzt werden. Damit die erwähnte Ausgleichszahlung nur eine Altfallregelung ist, wurden die EULE-Vergütungsregeln für neue Mitarbeiter in die Arbeitsverträge aufgenommen.

Zusammenfassend lässt sich feststellen, dass die Vergütung nach EULE die Vergütungsfindung formalisiert hat, eine Mehrfachbeurteilung gewährleistet und durch ihre Transparenz zu hoher Akzeptanz bei Mitarbeitern und Führungskräften führt. Die vorgebende Periodizität stellt die Nachhaltigkeit sicher.

3.1.4.3   Gesamtvergütung

Die Gesamtvergütung setzt sich zusammenfassend aus den beschriebenen vier Komponenten Grundlohn, Zulage durch Zusatzaufgaben, persönlicher Leistungsvergütung und der Behälterprämie zusammen (Abb. 3.3).

3.1.5   Einführungs- und Umsetzungsprozess

Wie in den vorherigen Ausführungen beschrieben, ist das Ergebnis der aufgabenbezogenen Vergütung mit dem individuellen Leistungsentgelt für die gewerblichen Mitarbeiter eine Matrix mit vier Vergütungsstufen und fünf Leistungsstufen.

Tätigkeiten			Leistungsstufe (persönliche Leistung)				
			C	B3	B2	B1	A
	WEB II	VS 4	116	125	134	144	153
Staplerfahrer III	WEB I	VS 3	110	119	128	137	146
Staplerfahrer II		VS 2	105	113	122	130	139
Staplerfahrer I	Kleben	VS 1	100	108	116	124	132
			+ Gruppenprämie (Gruppenleistung) Behälterprämie				

Abb. 3.4 Die Lohnmatrix[3]

Vorgegeben war die Kostenneutralität der neuen Vergütungssystematik und eine möglichst hohe Übereinstimmung der neuen Vergütung mit der aktuellen Vergütung. Es sollten nur wenige Mitarbeiter mit der beschriebenen Ausgleichszahlung demotiviert werden, weil zukünftige Höhergruppierungen keinen unmittelbaren Einfluss auf die Vergütung haben. Mittels eines Simulationsprozesses wurden der Startwert und der Faktor der Leistungsstufe beziehungsweise der Vergütungsstufe ermittelt. Ausgangspunkte waren hier die aktuellen Vergütungen der Mitarbeiter und eine erste Rohbeurteilung durch die Bereichsleitung.

Das Ergebnis (S. Abb. 3.4) wurde nach einem iterativen Simulationsprozess ermittelt und vorgestellt.

Im Projektteam wurde ein EULE-Einführungsplan verabschiedet, der folgende aufeinander abgestimmte Punkte enthielt:

1. Automatisierung der taggenauen Ermittlung des KPI und der Behälterprämie
2. Information der Schichtleiter als Vorgesetzte über EULE
3. Rohbeurteilungen durch die Schichtleiter
4. Integrations- und Abstimmungsrunde der Beurteilungen zwischen den Schichtleitern und der Bereichsleitung
5. Gesprächstraining der Schichtleiter für das Beurteilungsgespräch mit den Mitarbeitern
6. Information der Mitarbeiter über EULE durch die Personalleitung
7. Beurteilungsgespräche durchführen
8. Start der Gruppenprämie
9. Erste Abrechnung der Behälterprämie
10. Erläuterung der neuen Lohnabrechnung für die Mitarbeiter
11. Erste Rückkopplung für eventuelle Anpassungsmaßnahmen
12. Erste Überprüfung der Leistungsbeurteilung und Eingruppierung nach 3 Monaten
13. Zweite Rückkopplung für eventuelle Anpassungsmaßnahmen
14. Regelmäßige Überprüfung der Eingruppierung halbjährlich, jeweils mit Mitarbeitergesprächen und individuellen Entwicklungsmaßnahmen

---

[3] Die Tabelle gibt nur die Verhältnisse der verschiedenen Stufen wieder: VS 1/C = Index 100.

Der Einführungsprozess von EULE wurde begünstigt durch die Tatsache, dass sich bereits nach kurzer Zeit Produktivitätsgewinne eingestellt haben und frühzeitig eine Gruppenprämie an die Mitarbeiter ausgezahlt werden konnte. Der Schwellenwert, ab der die Gruppenprämie gezahlt wurde, wurde an den Wert angelehnt, den die Gruppe zu Beginn des Einführungsprozesses erreicht hatte.

Sowohl bei der Vorstellung als auch bei der Erläuterung der geänderten Lohnabrechnung ergaben sich dezidierte Nachfragen, die aber fast ausschließlich Verständnisfragen waren und selten das ganze System in Frage gestellt haben. Sowohl die erste als auch die zweite Überprüfung ergab keine Änderung der Vergütungssystematik. Die frühzeitige Einbindung der Belegschaft und ein transparentes Projektverfahren mit intensiver begleitender Information waren verantwortlich für die hohe Akzeptanz.

Nach Abschluss der Projektphase haben wir das Vergütungssystem EULE auf andere Abteilungen der Fritz-Gruppe adaptiert. Die schwierigste Aufgabe bei der Adaption ist hierbei die Ermittlung des KPI und der Qualitätskennziffern.

3.1.6 Feedback der Anwender

3.1.6.1 Mitarbeiter

Generell lässt sich sagen, dass die komplette Projektphase von Skepsis oder Indifferenz begleitet wurde. Vereinzelt kam es auch zu Ängsten, da der Gedanke der Besitzstandswahrung nicht von allen Mitarbeitern verstanden wurde. Diese Ängste waren nach der ersten Lohnabrechnung aus der Welt, da sich für keinen Mitarbeiter die finanzielle Situation verschlechtert hat.

Naturgemäß haben wir nach den jeweiligen periodischen Neueinstufungen mit den Mitarbeitern, die herabgestuft werden, vermehrten Diskussionsbedarf. Es gelingt nicht immer, durch das Aufzeigen der Gründe für die Herabstufung und das Vereinbaren von Entwicklungsmaßnahmen die Situation zu befrieden. In Einzelfällen haben sich Mitarbeiter juristischen Rat eingeholt. Die Gespräche mit den Anwälten konnten glücklicherweise alle in bestem Einvernehmen geführt werden, da wir durch die Maßnahmen zur Besitzstandswahrung keine arbeitsvertragliche Verschlechterung vorgenommen haben. Letztlich waren es lediglich Verständnisfragen, die trotz aller geschilderter Maßnahmen offen geblieben sind.

Nicht verschweigen wollen wir, dass uns einige wenige Mitarbeiter verlassen haben, weil sie mit der transparenten Vergütungsfindung nicht einverstanden waren und mutmaßlich nicht halbjährlich beurteilt werden wollten. Von der überwiegenden Mehrheit der Mitarbeiter wird EULE jedoch positiv bewertet, was durch eine Mitarbeiterbefragung evaluiert und verifiziert werden konnte.

3.1.6.2 Vorgesetzte

Die Einführung von EULE mit seinen periodischen Beurteilungen und den anschließenden Mitarbeitergesprächen hat dazu geführt, dass sich unsere Vorgesetzten weiterentwickeln und emanzipieren mussten. Diesen Prozess haben wir durch Hilfestellungen wie Schulungen und Gesprächsbegleitung unterstützt. Generell beurteilen unsere Führungskräfte EULE positiv, da sie damit ein wirksames Führungsinstrument in Händen haben, wodurch sie direkten Einfluss auf die Vergütung ihrer Mitarbeiter haben.

Es muss aber erwähnt werden, dass es für einzelne Vorgesetzte ein schmerzlicher Prozess war und ist, ihren Mitarbeitern die Eingruppierung in die einzelnen Leistungsstufen zu erläutern, insbesondere dann, wenn es sich um Herabstufungen handelt.

3.1.6.3 Reaktion auf dauerhaft sinkende KPI

In Phasen, in denen der KPI dauerhaft sinkt beziehungsweise die vereinbarten Schwellenwerte für die Gruppenprämie nicht erreicht werden können, erkennen wir zwei gegensätzliche Reaktionsmuster. Zum einen entsteht seitens der Mitarbeiter Druck auf die Vorgesetzten und Bereichsleiter, die Umstände zu ändern, die das Steigen des KPI verhindern. Dies spiegelt sich auch im kreativen Kontinuierlichen Verbesserungsprozess (KVP) der Gruppen wider. Zum anderen erleben wir aber immer wieder, dass bei sinkendem KPI die Ermittlung des KPI und die Ermittlung der erarbeiteten Zeiten infrage gestellt werden. Regelmäßig nehmen wir diese Kritik sehr ernst und legen der jeweiligen Mitarbeitergruppe beziehungsweise dem jeweiligen Vorgesetzten die Ermittlungsgrundlagen und die aktuelle Ermittlung offen, um diesen Vorwurf zu entkräften. Der Vorwurf, dass der KPI oder die Zeitermittlung fehlerhaft wären, würde der Akzeptanz der Vergütungssystematik sehr kurzfristig den Boden entziehen.

3.1.7 Ausblick und Weiterentwicklung

In den Jahren 2009 und 2010 wurde EULE für alle gewerblichen Mitarbeiter in fünf verschiedenen Bereichen und für eine Angestelltengruppe eingeführt. Bereits in den Jahren zuvor haben wir uns Leitlinien zur Unternehmenskultur gegeben und führen die Fritz-Gruppe mit Zielen. Es war daher fast schon zwingend, dass wir 2011 nach einer Möglichkeit gesucht haben, die einzelnen Bausteine unter einer umfassenden Systematik zusammenzufassen.

Das Modell der Balanced Scorecard (BSC) ist ein Steuerungselement, in dem die Unternehmensvision, die Strategien und konkrete Maßnahmen für alle Geschäftseinheiten festgeschrieben werden. Sie verknüpft die wichtigsten unternehmerischen Handlungsfelder in einheitlicher Form und bildet somit die Grundlage für eine ganzheitliche Ausrichtung und nachhaltige Steuerung der geschäftlichen Aktivitäten mit messbaren Kennzahlen in allen Bereichen.

Die ermittelten KPIs und die flankierenden Qualitätskennzahlen in den Bereichen, in denen wir EULE eingeführt haben, haben eine hervorragende Grundlage für den Aufbau der BSC in unserer Unternehmensgruppe gelegt. EULE berührt durch die flankierenden Qualitätskennzahlen unmittelbar die Kundendimension. Die Teilhabe der Mitarbeiter am Produktivitätsfortschritt, der Leistungsbezug der Vergütung, die Mitarbeiterdimension

durch EULE und nicht zuletzt auch die finanzielle Dimension der BSC haben die Mitarbei-
termotivation, die Produktivität und die Rentabilität gesteigert. Die Implementierung der
BSC wurde in den „EULE-erprobten" Bereichen erheblich erleichtert, da die Führungskräfte bereits mit Zielorientierungen gearbeitet hatten.

Unser Vergütungssystem EULE ist kein statisches System und bedarf durch ständig
wandelnde Aufgaben und Aufträge einer permanenten Überprüfung und Anpassung. Insbesondere die der gruppenbezogenen Vergütung zugrunde liegenden KPIs bedürfen einer
ständigen Überprüfung, damit der direkte Bezug zwischen Vergütung und Leistung nicht
verloren geht.

Das permanente Einfordern der periodischen Bewertung und die Einhaltung der vor-
gegebenen Regeln sind unerlässlich für die Akzeptanz und den nachhaltigen Erfolg.

Aus der Retroperspektive und nach fünf Jahren Erfahrung kann man sagen, dass EULE
neben der Vergütung auch die einzelnen Kernprozesse transparent gemacht hat und heute
als Managementinstrument unerlässlich ist, da tägliche Kennzahlen zur Verfügung stehen und kurzfristiges Handeln ermöglichen. Die tägliche Transparenz erlaubt eine passge-
naue Bewertung der jeweiligen Führungskräfte, was insbesondere bei sinkendem KPI zu
schmerzhaften Maßnahmen führt, da auch die Mitarbeiter der Arbeitsgruppe finanziell
„mitleiden" und Korrekturmaßnahmen einfordern und beschleunigen.

3.2 Leistungsbezogene Vergütung durch Verknüpfung von Leistungsbewertung und Entgelterhöhung bei der ifm electronic gmbh

3.2.1 Einleitung

3.2.1.1 Die ifm electronic gmbh – Ein Unternehmensportrait

Die „ifm electronic gmbh" (Ingenieurgemeinschaft für Messtechnik) mit ihren Tochter-
gesellschaften ist ein führender Anbieter im Bereich Automatisierungstechnik. Die circa
7.500 verschiedenen Produkte rund um das Thema „Sensorik" finden sich vorwiegend in
der Automobil-, Chemie- und Prozesstechnik wie auch in der Umwelt- und Gebäudetech-
nik wieder. Die sechs Produktions- und Entwicklungsstandorte mit über 3.000 Beschäftigten befinden sich in der oberschwäbischen Bodenseeregion sowie in den USA, Indien,
Singapur und Polen. Weltweit ist die ifm-Gruppe mit Vertriebsorganisationen in mehr als
70 Ländern bei über 100.000 Kunden vertreten. Das inhabergeführte Familienunterneh-
men wurde 1969 gegründet. ifm erzielte im Jahr 2012 insgesamt einen Umsatz von mehr
als 600 Mio. € und beschäftigt weltweit mehr als 5.000 Mitarbeiter (Abb. 3.5).

3.2.1.2 Zielrichtung des Beitrags

Im Folgenden wird ein Entgeltsystem vorgestellt, das – neben anderen – eine wesentliche
Besonderheit im Vergleich zu eher traditionellen Entgeltsystemen hat:

ifm electronic gmbh, Hauptsitz Essen   ifm electronic gmbh,   ifm Produkte
                                        Hauptproduktionsstandort Tettnang

Abb. 3.5 ifm-Portrait

▶   Die Leistungsbeurteilung wirkt sich nicht nur in einer variablen Leistungszu-
    lage auf das Grundentgelt aus, sondern ist auch mit ein ausschlaggebender
    Faktor für die Entgeltsteigerung des Folgejahres.

Dieser Ansatz ist durchaus im außertariflichen, also „AT- und Führungskräftebereich"[4]
bekannt und wird auch oft bei kleineren Unternehmen angewandt, in denen die Entgelterhöhung eher handverlesen und mehr oder weniger individuell ohne einen systematischen Vergütungsansatz vollzogen wird. In der sehr dezentral ausgerichteten ifm-Gruppe ist demgegenüber ein unternehmensspezifisches Entgeltmodell entstanden, das diese
Verknüpfungslogik für alle Mitarbeitergruppen (vom „gewerblichen" Mitarbeiter in der
Produktion bis zum „angestellten" Hard- und Softwareentwickler) vorsieht. Zudem gibt
es anstatt fixer Entgeltstufen variable Entgeltbänder in der Weise, dass man sagen kann:
„Jeder Mitarbeiter hat sein eigenes individuelles Entgelt".

Der folgende Praxisbericht erläutert die Details, Hintergründe und Herausforderungen
bei einem solchen System und beschreibt zudem die Art und Weise der Implementierung.

3.2.2 Ausgangssituation

3.2.2.1 Ausstieg aus dem Arbeitgeberverband

Die ifm electronic gmbh war bis 2005 ein tarifgebundenes Mitgliedsunternehmen im Südwestmetall – Verband der Metall- und Elektroindustrie Baden-Württemberg e. V. Damit
befand sich das Unternehmen zunächst auf dem Weg der Einführung des ERA-Tarifver-
trags[5]. Mit dem ERA-Tarifvertrag wollten die Tarifvertragsparteien ein modernes und ge-
rechtes Vergütungssystem schaffen, das die teilweise überholten Regelungen der bisheri-

---

[4] Der Freiraum für die Entgeltgestaltung dieser Mitarbeitergruppen ergibt sich oftmals deshalb, weil
die betreffenden Unternehmen entweder nicht tariflich gebunden und damit frei in der Gestaltung
sind oder aufgrund der außer- beziehungsweise übertariflichen Einordnung von Führungskräften.

[5] ERA ist die gängige Abkürzung für „Entgeltrahmenabkommen". Hinter der Begrifflichkeit steckt
im Kern die Ablösung der bis dahin geltenden Tarifverträge über Entgelte und Ausbildungsver-

gen Lohn- und Gehaltstarifverträge vereinheitlicht.[6] Noch rechtzeitig vor der Tarifbindung des ERA ist die ifm electronic gmbh aus dem Arbeitgeberverband ausgetreten und befand sich damit zunächst in der sogenannten Fort- und Nachwirkung des bis dahin geltenden alten Tarifvertrags „Entgelte" der Metall- und Elektroindustrie Baden-Württembergs. Die Gründe für eine Nichtteilnahme am ERA-Vertragswerk kann man am besten nachvollziehen, wenn man die Ergebnisse überfliegt, die man bei einer Internetrecherche nach „Kritik am Tarifvertrag Entgeltrahmentarifvertrag ERA" erhält.[7]

Naturgemäß fällt die ERA-Bilanz der beteiligten Tarifvertragsparteien GESAMTMETALL und IG METALL einschließlich der arbeitgeber- und gewerkschaftsnahen Stiftungen eher positiv aus, die das Tarifwerk als insgesamt gelungen beschreiben. Kritischere Äußerungen findet man eher von den betroffenen Mitarbeitern oder Betriebsräten. Als wesentliche Kritikpunkte werden neben der grundsätzlichen Ernüchterung genannt, dass sich die Mitarbeiter gerade in größeren und mittleren Betrieben aufgrund engagierter Betriebsratätigkeit in den Entgeltkommissionen der Jahre zuvor bereits eher in den höheren Lohn- und Entgeltgruppen befanden. Somit war eine erhoffte flächendeckende Entgelterhöhung für alle Mitarbeiter schon deshalb nicht möglich. Außerdem wird immer wieder die Handhabung bei den sogenannten Überschreitern[8] genannt. Die ERA-Bewertung teilte den betroffenen Überschreitern im Einführungsprozess schlichtweg mit, dass sie seit Jahren zu hoch bezahlt würden. Wer hört das schon gern?

Letztlich muss man sich aber klar machen, dass eine so gewichtige Änderung wie die bei Entgeltsystemen oftmals zu überzogen parteilichen Stellungnahmen führt – sei es, weil die Betroffenen die Auswirkungen nicht überschauen und besorgt Negativbeispiele benennen oder sei es, weil die verantwortlichen Arbeitgeber- oder Arbeitnehmerinteressenvertreter im Einigungsprozess Extrempositionen vertreten, um letztlich ihre Maximalforderungen durchzusetzen und ihre Interessenswahrnehmung zu legitimieren. Unser Fazit von ERA bleibt, dass es die Tariflandschaft durchaus modernisiert und vorangebracht hat, aber auch, dass die Hoffnung vieler IGMler und Mitarbeiter auf eine breite Entgelterhö-

gütungen der Metall- und Elektroindustrie, die unter anderen auch noch die Unterscheidung von Arbeitern und Angestellten vorsah.

[6] Vergleiche dazu auch die Homepage des Arbeitgeberverbandes Südwestmetall, auf der die Zielsetzungen prägnant zusammengefasst werden; o.V. http://www.suedwestmetall.de/swm/web.nsf/id/pa_de_era.html.

[7] Suchergebnisse unter www.google.de „Kritik am Tarifvertrag Entgeltrahmentarifvertrag ERA" vom 12.8.2013, stellvertretend für alle: die Untersuchung der Ruhr-Universität-Bochum vom März 2008: „Konfliktfelder bei der betrieblichen Umsetzung des ERA http://www.ruhr-uni-bochum.de/rubigm/Veroeffentlichungen/dialogERA.pdf.

[8] Für die Beschäftigen wurde zum Einführungsstichtag von ERA die Differenz der Entgeltbestandteile auf Basis des ERA-TV und der Entgeltbestandteile auf Basis der bisherigen Tarifverträge gebildet. Diese Differenz wird wie folgt berechnet: bisheriges Grundentgelt + bisheriger Leistungslohn beziehungsweise bisherige Leistungszulage abzüglich neues Grundentgelt + neues Leistungsentgelt + Belastungszulage + Sockelbetrag + betrieblich ermöglichter Mehrverdienst. Beschäftigte, bei denen die Differenz negativ ist, sind Unterschreiter im Sinne der nachfolgenden Bestimmungen. Beschäftigte, bei denen die Differenz positiv ist, sind Überschreiter.

hung aller Tarifbeschäftigten nicht wahr wurde, weil die vereinbarte Entgeltneutralität im Umsetzungsprozess dies verhinderte.

Die ifm als ein Unternehmen mit hoher Wertschöpfungstiefe und einem Fertigungsanteil in Deutschland von über 90 % war wegen der vielen Produktionsmitarbeiterinnen im Anlernbereich, insbesondere bei den unteren Einkommensgruppen, stark vertreten und befürchtete eine überproportionale Entgeltbelastung durch die Umstellung auf ERA. Gerade in diesem eher niedrig qualifizierten Bereich der Produktionsmitarbeiter vollzieht sich seit Jahren in der Industrie Deutschlands und auch bei weltweiten Wettbewerbern der ifm der Trend zur Verlagerung in die lohnstrukturell günstigeren asiatischen oder osteuropäischen Länder. Eine überproportionale Entwicklung der Lohnfertigungskosten hätte Überlegungen zu Produktionsverlagerungen eher beschleunigt. Grundsätzlich wollte man seitens der ifm aber auch aufgrund anderer Vorteile (zum Beispiel der starken Vernetzung von Entwicklung und Produktion) möglichst am Produktionsstandort Deutschland festhalten. Weil man zudem auch mehr Freiheitsgrade in der Entgeltgestaltung anstrebte, trat die ifm kurzerhand aus dem Arbeitgeberverband aus.

3.2.2.2 Erwartungen an ein neues System als Alternative zu ERA

Mit Verbandsaustritt gab die Geschäftsführung an die Personalabteilung den Auftrag, alternativ zu ERA ein strategisches Vergütungssystem zu entwickeln und umzusetzen. Insbesondere sollte ein neues Entgeltsystem

- Leistung fördern,
- die Leistungsbeurteilung vereinheitlichen und transparenter und einfacher gestalten,
- eine Vergleichbarkeit zwischen den dezentral organisierten Standorten ermöglichen,
- möglichst wenige Komponenten aufweisen,
- einheitliche Bewertungsmerkmale enthalten,
- Flexibilität in der Entgeltfindung gewährleisten und trotzdem systematisch sein,
- bei der Umstellung die erreichte Entgelthöhe garantieren,
- wie ERA auch die Trennung zwischen Löhnen und Gehältern aufheben.

3.2.2.3 Konzeptionsphase

Rasch wurde ein kleines Projektteam zusammengestellt, das zunächst das neue Entgeltsystem (siehe Abschn. 3.2.3) theoretisch entwickelte. Beschlossen und dann auch umgesetzt wurde zudem, …

- das System schrittweise im Form von Pilotprojekten in kleineren Einheiten beziehungsweise Standorten einzuführen (vergleiche nachfolgende Abb. 3.6),
- gesammelte Erfahrungen ständig in die Verbesserung des Systems einfließen zu lassen[9],

---

[9] Da das NExx-System an verschiedenen Standorten stufenweise über Jahre eingeführt wurde und zudem in Betrieben mit Betriebsrat individuelle Betriebsvereinbarungen entstanden, wurde die Ursprungsfassung ständig überdacht und weiterentwickelt.

Ziel und divisionale Einführungsphasen

<u>Zielsetzung</u>: Einheitliches und leistungsorientiertes Entgeltsystem an allen deutschen ifm-Standorten

Abb. 3.6 Einführungsplan

- die aus dem Verbandsaustritt resultierenden Befürchtungen eines Teils der Mitarbeiterschaft und des Betriebsrats von Nachteilen im Vergleich zum ERA-System ernst zu nehmen und nichts zu überstürzen (der Einführungsprozess dauerte letztlich sechs Jahre und mündete am größten, vormals tarifgebundenen Produktions- und Entwicklungsstandort mit über 1.600 Beschäftigten in ein über ein Jahr andauerndes Einigungsstellenverfahren[10]),
- die Logik der Verknüpfung von Leistungsbewertung und Entgeltsteigerung im Nachfolgejahr als wesentlicher Kern des NExx rasch vorab als Zwischenlösung einzuführen, um die Mitarbeiter schrittweise an diesen Mechanismus zu gewöhnen[11],

---

[10] Die betriebsverfassungsrechtliche (gemäß § 76 BetrVG) Einigungsstelle ist eine Art „betriebliches Schiedsgericht", um gescheiterte Verhandlungen zwischen Arbeitgeber und Betriebsrat zu einer Einigung zu führen. Bei der ifm war der Streitpunkt der, inwiefern der Betriebsrat mit dem Arbeitgeber überhaupt eine Entgeltregelung treffen konnte oder ob Tarifbindung besteht.

[11] Einer der Kerngedanken des neuen Systems, die leistungsabhängigere Verteilung der linearen Entgelterhöhung, wurde an einem Standort in einer Art Vorstufe über mehrere Jahre so umgesetzt, dass durch ein Bonus-Malus System Mitarbeiter mit einer über- oder unterdurchschnittlichen Leistungsbewertung in geringen Stufen unterschiedliche Entgelterhöhungen im Vergleich zu einem durchschnittlich bewerteten Mitarbeiter bekamen. Eine durchschnittliche Entgelterhöhung von 3 % bedeutete für den einzelnen Mitarbeiter eine Entgeltsteigerung von 1,5 bis 4,5 % – je nachdem, wie die letzte Leistungsbewertung ausfiel. Nachteil einer solchen Vorgehensweise ist allerdings, dass ein kontinuierlich überdurchschnittlich gut bewerteter Mitarbeiter schließlich von einem gewissen Zinseszins-Effekt profitiert: Da eine neue überdurchschnittliche Leistungsbewertung eines Jahres

Projektplanung Einführung *NExx* 2013

Abb. 3.7 Projektplanungsübersicht

- regelmäßig über die standortübergreifende Einführung und die gesammelten Erfahrungen an die Geschäftsleitung zu berichten, um sicherzustellen, dass notwendige Änderungen des Projektauftrags zeitnah abgestimmt werden,
- das Projekt NExx als eines von zehn Kernprojekten innerhalb der Personalstrategie mit Priorität auf Geschäftsleitungsebene zu behandeln.

Als Arbeitstitel wurde NExx gewählt, wobei „NE" für Neues Entgeltsystem und „xx" für die verschiedenen Standorte mit den gegebenenfalls notwendigen individuellen Unterschieden steht. Schon früh wurde erkannt, dass beispielsweise für den Vertrieb naturbedingt der variable Anteil als Provision ausgestaltet werden sollte, während für die anderen Einheiten Leistungsentgeltstrukturen (vergleiche Abschn. 3.2.4) aufgebaut wurden.

Erwähnt werden muss, dass die flächendeckende, standortübergreifende Einführung eines solchen Systems in einem dezentral organisierten Unternehmen wie der ifm besondere Anforderungen an die ständige Kommunikation und Projektorganisation stellt. Letztlich handelt es sich um einen komplexen Veränderungsprozess, der tief in den Kernbereich des arbeitsrechtlichen Austauschverhältnisses GELD gegen LEISTUNG eingreift und hohe Anforderungen an eine professionelle Projektorganisation stellt (Abb. 3.7).

In der Konzeptionsphase wurden die entscheidenden Weichen systematisch gestellt und auftretende Fragestellungen im Vorfeld kommunikativ aufbereitet, was sich in der späteren Diskussion mit den Vorgesetzten, Mitarbeitern und Betriebsräten als sehr hilfreich erwies. Beschlossen wurde:

---

gleichzeitig immer wieder auf den überdurchschnittlichen Erhöhungen der Vorjahre aufbaut, musste ein System gefunden werden, diese Dynamik leistungsbezogen zu steuern (siehe Abschn. 3.2.3.1).

Abb. 3.8 Alte und neue Gestaltung des Entgelts

- Entgeltbänder und -zonen einzuführen,
- dieselbe Systematik an allen deutschen ifm-Standorten in einen flexiblen Gesamtplan einzubinden,
- die Leistungsbeurteilung durch eine sogenannte Faktorenmatrix mit der jährlichen Entgelterhöhung zu koppeln,
- klare Aufgabenstellungen und -zuständigkeiten zu schaffen, indem alle Stellenbeschreibungen neu überarbeitet und in einem System abgebildet werden,
- die Betriebszugehörigkeit durch einen sogenannten Erfahrungswert im Rahmen der jährlichen Leistungsbeurteilung zu berücksichtigen.

3.2.3 Das Entgeltsystem „NExx" der ifm-Gruppe in Deutschland

3.2.3.1 Überblick zum NExx-System

Im neuen Entgeltsystem NExx wurde wie bei ERA zum einen die entgeltliche Unterscheidung zwischen Arbeitern und Angestellten als auch die im Angestelltenbereich üblichen eigenständigen K-, T- und M- Gruppen[12] abgeschafft und in zehn Bänder überführt (Abb. 3.8).

---

[12] K,- T- und M-Gruppen standen für die Unterscheidung in eher kaufmännische, technische oder Meister-Tätigkeiten und Berufsbildungsabschlüsse. Diese Unterscheidung hatte sich aber zunehmend überlebt, da oftmals neue Aufgabenbereiche entstanden waren, die ein Abstellen auf einen traditionellen kaufmännischen oder technischen Abschluss schwierig machte. Zum Beispiel werden

Im NExx-System sind die Entgeltbestandteile nur im Zusammenhang zu erklären, weil bei einer vollzogenen Entgelterhöhung Festentgelt und Leistungszuschlag durch eine Faktorenmatrix und die Zonenzuordnung in den Entgeltbändern verknüpft ineinander greifen. Die wichtigsten Elemente werden unterschieden in

- Festentgelt auf Grundlage von Entgeltbändern,
- Leistungsbeurteilungswerte,
- Faktorenmatrix (Abb. 3.9).

Festentgelt und Entgeltbandsystem NExx Das monatliche Entgelt besteht zunächst aus den zwei üblichen Bestandteilen, dem Festentgelt und dem Leistungszuschlag. Zusätzlich gibt es noch weitere Vergütungsbestandteile wie Weihnachtsgeld, Urlaubsgeld, Erfolgsprämie, betriebliche Altersvorsorge sowie eventuelle Mehrarbeits- und Schichtzuschläge, auf die hier nicht weiter eingegangen wird. Das Festentgelt und der Leistungszuschlag sind durch die Entgelterhöhung miteinander verknüpft (Abb. 3.10).

Alle Festentgelte wiederum sind in einem Entgeltbandsystem zusammengefasst, bestehend aus zehn Entgeltbändern und fünf Entgeltzonen. Jede einzelne Tätigkeit wurde einem Entgeltband zugeordnet.

Zuvor wurden alle Stellenbeschreibungen überarbeitet. Die Bewertung aller Stellen im neuen Entgeltsystem NExx der ifm electronic erfolgt nach dem Stufenwertzahlverfahren[13]. Je nach Ausprägung der Bewertungsmerkmale werden entsprechende Punkte erreicht, deren Summe ein Entgeltband ergibt. Hierzu wurden circa 200 Stellenbeschreibungen erstellt, die nach der bestehenden Organisation nach einem Schlüsselnummernsystem geordnet wurden.[14] In einer Stellenbeschreibung werden neben der organisatorischen Zuordnung, der Vorgesetztenregelung sowie der Zeichnungsberechtigung alle wertprägenden Tätigkeiten einheitlich erfasst. Der Rückseite können die Beurteilungsmerkmale entnommen werden, die in unterschiedliche Kategorien gegliedert sind. Die Summe der einzelnen Beurteilungsausprägungen einer Stellenbeschreibung bildet die Grundlage zur Einstufung in eines der zehn Entgeltbänder. Die jeweilige Entgeltzone ergibt sich durch die Höhe des Festentgelts. Je Entgeltband gibt es einen Grundwert zur Ermittlung des Leistungszuschlags, der mit dem Leistungswert aus der jährlichen Leistungsbewertung[15] (siehe Abb. 3.11) multipliziert wird. Addiert man dieses Produkt mit dem Festentgelt, erhält man das monatliche Entgelt.

---

auf identischen Stellen im operativen Einkauf sowohl Betriebswirte als auch Techniker eingesetzt, die nach der alten Tariflogik unterschiedlich eingruppiert wurden.

[13] Die Bewertung der Anforderungen der Arbeitsaufgaben erfolgte einheitlich nach fünf Bewertungsmerkmalen: 1. Wissen und Können oder Berufsausbildung und Erfahrung, 2. Denken, 3. Handlungsspielraum/Verantwortung, 4. Kommunikation, 5. Mitarbeiterführung.

[14] Insgesamt wurden zehn Stellenbeschreibungskategorien entsprechend der ifm-blueprint-Organisation gebildet: 1. Produktion, 2. Entwicklung, 3. Qualität, 4. Personal, 5. Einkauf & Logistik, 6. Finanzen, 7. Projektmanagement, 8. Produktmanagement, 9. IT und 10. eine Auffangkategorie für sonstige Bereiche.

[15] Es gibt bei Mitarbeitern mit einer Betriebszugehörigkeit von über 5 Jahren einen Zuschlag zum eingeschätzten Leistungswert aus der Leitungsbewertung von 0,1 Punktwerten (maximal 0,5) – in diesem Fall spricht man vom Leistungswert II anstatt vom Leistungswert I.

Wichtige Elemente des Neuen Entgeltsystems *NExx*

Allg. Informationen zu NExx	Entgeltkomponenten NExx	weitere Regelungen im Rahmen von NExx	Projekt NExx und weitere Schritte bis zur Einführung

ifm electronic

Entgeltsystem	Basis	Festentgelt Zentr. Einstieg	Zentr. Mitte	Zentr. Limit	Grenz-Zone	Grundwert Leist. Zuschlag
Entgeltband 1	< 1.492,60 €	< 1.492,59 € - 1.671,71 €	1.671,72 € - 1.872,32 €	1.872,33 € - 2.097,01 €	> 2.097,01 €	57,29 €
Entgeltband 1A	< 1.635,81 €	1.635,82 € - 1.832,12 €	1.832,13 € - 2.051,98 €	2.051,99 € - 2.298,23 €	> 2.298,23 €	63,02 €
Entgeltband 2	< 1.779,04 €	1.779,05 € - 1.992,54 €	1.992,55 € - 2.231,65 €	2.231,66 € - 2.499,46 €	> 2.499,46 €	68,75 €
Entgeltband 2A	< 1.922,27 €	1.922,28 € - 2.152,95 €	2.152,96 € - 2.411,32 €	2.411,33 € - 2.700,69 €	> 2.700,69 €	78,77 €
Entgeltband 3	< 2.065,49 €	2.065,50 € - 2.313,36 €	2.313,37 € - 2.590,97 €	2.590,98 € - 2.901,90 €	> 2.901,90 €	91,67 €
Entgeltband 4	< 2.351,93 €	2.351,94 € - 2.634,17 €	2.634,18 € - 2.950,28 €	2.950,29 € - 3.304,33 €	> 3.304,33 €	114,57 €
Entgeltband 5	< 2.695,67 €	2.695,68 € - 3.019,16 €	3.019,17 € - 3.381,47 €	3.381,48 € - 3.787,26 €	> 3.787,26 €	137,49 €
Entgeltband 6	< 3.096,69 €	3.096,70 € - 3.468,30 €	3.468,31 € - 3.884,51 €	3.884,52 € - 4.350,66 €	> 4.350,66 €	160,41 €
Entgeltband 7	< 3.555,00 €	3.555,01 € - 3.981,62 €	3.981,63 € - 4.459,42 €	4.459,43 € - 4.994,56 €	> 4.994,56 €	183,33 €
Entgeltband 8	< 4.127,90 €	4.127,91 € - 4.623,27 €	4.623,27 € - 5.178,08 €	5.178,07 € - 5.799,45 €	> 5.799,45 €	206,24 €

1. Das System besitzt Entgeltbänder, denen sämtliche Tätigkeiten zugeordnet werden

2. Die individuellen Entgeltveränderungen erfolgen grundsätzlich auf der Grundlage der Leistungsbeurteilung

Ermittlung des Leistungswertes
ifm electronic gmbh, Teilung

3. Über die Faktorenmatrix wird der Leistungswert in das Verhältnis zum Entgeltgrad gesetzt

Faktorenmatrix NExx

Leistungswert	1 – 1,9	2 – 2,9	3 – 3,6	3,7 – 4,4	4,5 - 5
Gehaltszonen		Faktoren für die Linearerhöhung			
Grenz-Zone	0	0,25	0,5	0,75	1
Zentral-Bereich Limit	0,25	0,5	0,75	1	1,25
Zentral-Bereich Mitte	0,5	0,75	1	1,25	1,5
Zentral-Bereich Einstieg	0,75	1	1,25	1,5	1,75
Basis-Zone	1	1,25	1,5	1,75	2

Abb. 3.9 Wichtige Elemente von NExx

Abb. 3.10 NExx-Entgeltzusammensetzung

1. Komponente: Das Entgeltbandsystem *NExx*

ifm electronic	Festentgelt					Grundwert
Entgeltsystem	Basis	Zentr. Einstieg	Zentr. Mitte	Zentr. Limit	Grenz-Zone	Leist. Zuschlag
Entgeltband 1	< 1.492,59 €	1.492,60 € - 1.671,71 €	1.671,72 € - 1.872,32 €	1.872,33 € - 2.097,01 €	> 2.097,01 €	57,29 €
Entgeltband 1A	< 1.635,81 €	1.635,82 € - 1.832,12 €	1.832,13 € - 2.051,98 €	2.051,99 € - 2.298,23 €	> 2.298,23 €	63,02 €
Entgeltband 2	< 1.779,04 €	1.779,05 € - 1.992,54 €	1.992,55 € - 2.231,65 €	2.231,66 € - 2.499,46 €	> 2.499,46 €	68,75 €
Entgeltband 2A	< 1.922,27 €	1.922,28 € - 2.152,95 €	2.152,96 € - 2.411,32 €	2.411,33 € - 2.700,69 €	> 2.700,69 €	78,77 €
Entgeltband 3	< 2.065,49 €	2.065,50 € - 2.313,36 €	2.313,37 € - 2.590,97 €	2.590,98 € - 2.901,90 €	> 2.901,90 €	91,67 €
Entgeltband 4	< 2.351,93 €	2.351,94 € - 2.634,17 €	2.634,18 € - 2.950,28 €	2.950,29 € - 3.304,33 €	> 3.304,33 €	114,57 €
Entgeltband 5	< 2.695,67 €	2.695,68 € - 3.019,16 €	3.019,17 € - 3.381,47 €	3.381,48 € - 3.787,26 €	> 3.787,26 €	137,49 €
Entgeltband 6	< 3.096,69 €	3.096,70 € - 3.468,30 €	3.468,31 € - 3.884,51 €	3.884,52 € - 4.350,66 €	> 4.350,66 €	160,41 €
Entgeltband 7	< 3.555,00 €	3.555,01 € - 3.981,62 €	3.981,63 € - 4.459,42 €	4.459,43 € - 4.994,56 €	> 4.994,56 €	183,33 €
Entgeltband 8	< 4.127,90 €	4.127,91 € - 4.623,26 €	4.623,27 € - 5.178,07 €	5.178,08 € - 5.799,45 €	> 5.799,45 €	206,24 €

- Das Entgeltbandsystem besteht aus
  - 10 Entgeltbändern und
  - 5 Entgeltzonen

- Jede Tätigkeit (nicht Person!) wird einem Entgeltband zugeordnet. Voraussetzung hierfür ist eine…
  - Stellenbeschreibung
  - Bewertung anhand einheitlicher Bewertungsmerkmale
  - Zuweisung zu einem Entgeltband über eine Zuordnungstabelle

Abb. 3.11 Entgeltbandsystem mit den Festentgelten

Leistungsbeurteilung Die Leistungsbeurteilung wird einmal jährlich zum Ende des Jahres durchgeführt und liefert wie oben dargestellt den sogenannten Leistungswert II. Zuvor muss aber der Leistungswert I ermittelt werden. Dieser ergibt sich durch die Beurteilungskriterien der einzelnen Leistungs- und Verhaltenskriterien und ist in fünf Bewertungsstufen von E‑ ‑ bis E + + gespreizt. Die Stufe E entspricht dabei einem mittleren Leistungswert 3 (vergleiche 3.12). Bis zum 30.6. jeden Jahres ist ein Trendgespräch vorgesehen, in dem ein Feedback zur Einschätzung der bisherigen Leistung gegeben wird. Dabei sollen individuelle Leistungsrückstände und Möglichkeiten zur Verbesserung aufgezeigt werden (Abb. 3.12).

Ermittlung des Leistungswertes
ifm electronic gmbh, Tettnang

Beurteilungszeitraum: | 01.01 - 31.12.2013 |

Name:	Mustermann	E = Leistung entspricht der Erwartung
Vorname:	Max	E- = Leistung unterschreitet die Erwartung
Pers.-Nr.:	1111	E-- = Leistung unterschreitet die Erwartung deutlich
Eintrittsdatum:	01.01.2000	E+ = Leistung überschreitet die Erwartung
Beschäftigungsjahre:	12	E++ = Leistung überschreitet die Erwartung deutlich

Kriterien	Gewicht	*E--	*E-	E	E+	E++	Saldo
A. Leistungskriterien	50%	Zwischenergebnis (Werte gewichtet):					1,50
1 Arbeitsergebnisse	30%				x		0,9
2 Fachliche Kompetenz	10%				x		0,3
3 Leistungsmotivation	10%				x		0,3
B. Verhaltenskriterien	50%	Zwischenergebnis (Werte gewichtet):					1,50
1 Persönliche Kompetenz	30%				x		0,9
2 Kundenorientierung/ Teamfähigkeit	10%				x		0,3
3 Flexibilität	10%				x		0,3
Summe	100%	Leistungswert I					3,00
Erfahrungswert**							0,2
Gesamt		Leistungswert II					3,20

Abb. 3.12 NExx-Leistungsbeurteilung

Faktorenmatrix: Verknüpfung von Leistungsbewertung und Entgeltsteigerung Die Faktorenmatrix setzt den bei der Leistungsbewertung gefundenen Leistungswert ins Verhältnis zur Entgeltzone und liefert dadurch den Faktor für die individuelle jährliche Entgelterhöhung. Somit ergibt sich die jährliche Entgelterhöhung anhand des Leistungswerts in Relation zur Position im jeweiligen Entgeltband, das heißt der Entgeltzone. Die Entgelterhöhung fällt umso höher aus, je höher der Leistungswert ist und je tiefer die Lage im Entgeltband ist. Die Faktorenmatrix ermöglicht dadurch die individuelle Verteilung der jährlichen Entgelterhöhung anhand des Leistungswerts.

Somit bietet es den Mitarbeitern die Möglichkeit, bei entsprechender Leistung überproportional an den Entgeltsteigerungen zu partizipieren. Ebenso gilt, dass ein Mitarbeiter, der sich in höheren Entgeltzonen befindet, diese Einordnung durch eine höhere Leistungsbewertung unter Beweis stellen muss, um an der durchschnittlichen Entgelterhöhung zu partizipieren.

Die konkrete Berechnung der prozentualen Entgeltsteigerung eines Mitarbeiters erfolgt durch Multiplikation des ermittelten Leistungswerts mit dem Faktor aus der Faktorenmat-

Abb. 3.13 NExx-
Faktorenmatrix

Faktorenmatrix *NExx*					
Leistungswert	**1 – 1,9**	**2 – 2,9**	**3 – 3,6**	**3,7 – 4,4**	**4,5 - 5**
Gehaltszonen	Faktoren für die Linearerhöhung				
Grenz-Zone	0	0,25	0,5	0,75	1
Zentral-Bereich Limit	0,25	0,5	0,75	1	1,25
Zentral-Bereich Mitte	0,5	0,75	1	1,25	1,5
Zentral-Bereich Einstieg	0,75	1	1,25	1,5	1,75
Basis-Zone	1	1,25	1,5	1,75	2

rix. Diesen Faktor liest man in der Faktorenmatrixtabelle (siehe Abb. 3.13) ab, indem man
die fünf Möglichkeiten in der Entgeltzoneneinordnung aus der Entgeltbandtabelle (senk-
recht) mit den fünf Bereichen der Leistungswerte (waagerecht) abgleicht.

Zusammenwirken der Komponenten an einem Beispiel Die Funktionsweise im Zusammenwirken der Komponenten Entgeltbandsystem und Leistungsbeurteilung erklärt sich
am besten an einem Beispiel (siehe Abb. 3.14):
Laut seiner Stellenbeschreibung befindet sich Max Mustermann im Entgeltband 2. Geht
man davon aus, dass er ein Festentgelt von 1.800 € bezieht, so befindet er sich im Betrach-
tungsjahr 2013 in der Entgeltzone „Zentr. Einstieg".
Der Leistungswert II wird durch die Summe aus Leistungswert I und dem Erfahrungswert gebildet. Durch Multiplikation mit dem Grundwert Leistungszuschlag, welcher aus
der Entgeltbandtabelle ermittelt wird, kann der Leistungszuschlag ermittelt werden. Der
Erfahrungswert beträgt 0,1 Punkte für jeweils fünf Jahre Betriebszugehörigkeit mit einer
Obergrenze bei maximal 0,5 Punkten.
Bei einer durchschnittlichen Bewertung E, ergibt sich ein Leistungswert von 3,0. Bei
einer angenommenen Betriebszugehörigkeit von zwölf Jahren, erhält der Mitarbeiter
einen Erfahrungswert von 0,1 Punkten je fünf Jahre Betriebszugehörigkeit. Somit ergibt
sich ein Leistungswert II in Höhe von 3,2.
Der Faktor wird durch Betrachtung der Entgeltzone und dem jeweiligen Leistungswert
II ermittelt. Durch die Multiplikation mit der Linearerhöhung wird die individuelle Partizipation an der Linearerhöhung bestimmt.

ifm electronic	Festentgelt					Grundwert
Entgeltsystem	**Basis**	**Zentr. Einstieg**	**Zentr. Mitte**	**Zentr. Limit**	**Grenz-Zone**	Leist. zuschlag
Entgeltband 1	< 1.492,59 €	1.492,60 € - 1.671,71 €	1.671,72 € - 1.872,32 €	1.872,33 € - 2.097,01 €	> 2.097,01 €	57,29 €
Entgeltband 1A	< 1.635,81 €	1.635,82 € - 1.832,12 €	1.832,13 € - 2.051,98 €	2.051,99 € - 2.298,23 €	> 2.298,23 €	63,02 €
Entgeltband 2	< 1.779,04 €	1.779,05 € - 1.992,54 €	1.992,55 € - 2.231,65 €	2.231,66 € - 2.499,46 €	> 2.499,46 €	68,75 €

Abb. 3.14 Leistungswert II und Matrix

Wichtige Elemente des Neuen Entgeltsystems NExx

Abb. 3.15 Entgeltkomponenten NExx im Zusammenwirken

Tab. 3.4 Matrix für die Erfolgsprämie

Rendite	Wachstum der Gesamtleistung		
	>5%	>7,5%	>10%
>6%	60%	80%	100%
>4%	40%	60%	80%
>2%	20%	40%	60%

Jeweils in Prozent der Maximalprämie in der Höhe eines halben Monatsgehalts

Bei Max Mustermann ergibt sich bei seiner Zone „Zentral-Bereich Einstieg" und einem Leistungswert II von 3,2 ein Faktor von 1,25. Bei einer angenommenen allgemeinen Entgelterhöhung für das Entgeltbandsystem NExx von 2,0 % erhält Max Mustermann individuell 2,5 % (1,25 × 2,0 %). Somit würde Max Mustermann im Jahr der Betrachtung an der jährlichen Erhöhung mit dem Faktor 1,25 überdurchschnittlich partizipieren (Abb. 3.15).

3.2.3.2 Weitere ergebnisorientierte Vergütungselemente
Erfolgsprämienmodell für Mitarbeiter Neben dem oben dargestellten mitarbeiterbezogenen Leistungszuschlag und dessen Verknüpfung zur individuellen jährlichen Entgelterhöhung gibt es im Entgeltsystem der ifm noch ein weiteres zusätzliches ergebnisorientiertes Vergütungselement. Die sogenannte Erfolgsprämie ist ein kollektives Erfolgselement, das ursprünglich als Ausgleichselement zur finanziellen Kompensation aus der Arbeitszeitverlängerung von der 35- auf 40-Stundenwoche entstanden ist. Abhängig vom Ergebnis (siehe Tab. 3.4) der erreichten jährlichen Rendite und des Wachstums bezogen auf die Gesamtleistung des Unternehmens erhalten die Mitarbeiter diese zusätzliche Auszahlung, die bis zu einem halben Monatsentgelt beträgt.[16]

Derzeit gibt es Überlegungen, diese Erfolgsprämienmatrix in den nächsten Jahren stärker auf die jeweiligen Einheiten anzupassen, sodass neben dem Erfolg des gesamten Unternehmens der kollektive Erfolg der kleineren Einheiten stärker gewichtet wird.

Tantiemen bei AT-Angestellten Als AT-Mitarbeiter sind die Mitarbeiter definiert, die außerhalb oder genauer gesagt, oberhalb der höchsten NExx-Bänder eingruppiert sind. Zusätzlich zum monatlichen „AT-Entgelt" erhält diese Mitarbeitergruppe eine Tantieme, die sich aus bis zu zwei Komponenten (Basisbetrag und Zielerreichung) errechnet.

Berechnungsgrundlage für den Basisbetrag der Tantieme ist wie bei der Erfolgsprämie zunächst die Steigerung der Gesamtleistung unter Berücksichtigung der Bestandsveränderung und der sonstigen Erträge (im Folgenden „Gesamtleistung" genannt) in Verbindung mit der Umsatzrendite der ifm-Firmengruppe weltweit. Die Umsatzrendite stellt das Ver-

---

[16] Bestimmte Mitarbeitergruppen, die ursprünglich mit 35-Stunden-Verträgen eingestellt wurden, erhalten aus Bestandsschutzgründen sogar bis zu circa zwei Monatsentgelte. Durchschnittlich wurden in den letzten Jahren zwischen 60 bis 80 % der Matrixwerte erreicht.

Tab. 3.5 Beispiel einer Tantiememmatrix für AT-Mitarbeiter

	Umsatzrendite						
Steigerung der Gesamtleistung	0–1 %	>1–2 %	>2–3 %	>3–4 %	>4–5 %	>5–6 %	>6 %
>0 bis 2 %	1.000	2.500	4.000	5.500	7.000	8.500	10.000
>2 bis 4 %	2.500	4.000	5.500	7.000	8.500	10.000	12.000
>4 bis 6 %	4.000	5.500	7.000	8.500	10.000	12.000	14.000
>6 bis 8 %	5.500	7.000	8.500	10.000	12.000	14.000	16.000
>8 bis 10 %	7.000	8.500	10.000	12.000	14.000	16.000	18.000
>10 bis 12 %	8.500	10.000	12.000	14.000	16.000	18.000	20.000
>12 %	10.000	12.000	14.000	16.000	18.000	20.000	25.000

hältnis „Ergebnis vor Steuern" zur „Gesamtleistung in Prozent" dar. Belastungen durch die Zahlung der Erfolgsprämie bleiben dabei unberücksichtigt.

Die Tantieme ergibt sich aus der nachfolgenden Tab. 3.5. Sie kommt nur zum Tragen, sofern beide Faktoren einen Wert >0 aufweisen. Eine Berechnung außerhalb des Tabellenbereiches erfolgt nicht.

Bei einer Steigerung der Gesamtleistung von 7 % und einer Umsatzrendite von 5 % ergibt sich eine Tantieme in Höhe von 12.000 € per annum.

Zusätzlich kann bei bestimmten Mitarbeitergruppen eine individuelle Zielvereinbarung abgeschlossen werden. Dazu gibt es in der ifm unterschiedliche Modelle. Immer stärker wird das Modell genutzt, bei dem der Erfüllungsgrad der Zielerreichung in Prozent den Faktor ergibt, der für die Berechnung des Auszahlungsbetrags der zuvor dargestellten Tantieme herangezogen wird. Bei einer Zielerfüllung von 120 % ergibt sich ausgehend vom obigen Beispiel somit ein Auszahlungsbetrag für die Tantieme von 14.400,00 € (12.000 € × 120 %). Da die Schwankungsbreite der Ziele zwischen 0 und 200 % definiert werden kann, ergibt sich eine vergleichsweise große Schwankungsbreite.

3.2.4   Einführungs- und Umsetzungsprozess

Die Einführung eines neuen Entgeltsystems stellt einen komplexen Veränderungsprozess dar. Der NExx-Projektgruppe war bewusst, wie wichtig dabei die Kommunikationsplanung und Beteiligung der Belegschaft nicht nur in der Erarbeitungsphase des Systems, sondern auch in der Umsetzung ist.

Eine Schlüsselrolle neben den Mitarbeitervertretungen, die ohnehin mitbestimmungsrechtlich zu beteiligen waren, hatten die Führungskräfte. Dabei kam dem Projekt zugute, dass die Führungskräfte parallel in einer sogenannten „Führungswerkstatt" zur proaktiven Gestaltung von Veränderungsprozessen im Rahmen der strategischen Ausrichtung geschult worden waren und man hier anknüpfen konnte (vergleiche nachfolgende Abb. 3.16).

Die Herausforderung bei der Erarbeitung und Ausgestaltung des NExx-Systems lag insbesondere in der Notwendigkeit (vergleiche Abschn. 3.2.2.3), den beteiligten Stand-

Abb. 3.16 Auszug aus der internen Weiterbildungsveranstaltung für Führungskräfte zur NExx-Einführung

Gesprächsvorbereitung Mitarbeiterkommunikation *NExx*

- Zielsetzung *NExx* verdeutlichen

- *NExx* Systematik erklären

- Aufgaben/Inhalte (Stellenbeschreibung) der jeweiligen Stelle erläutern

- Neue Entgeltzusammensetzung erklären

- Blick in die Zukunft: Perspektiven

orten eine klare Orientierung zum Gesamtprojekt zu bieten. In einem dezentral organisierten Unternehmen wie der ifm, das auf Eigeninitiative und Eigenständigkeit setzt, war bereits in der Erarbeitung klar, dass nicht alle dezentralen Historien und Vorstellungen aufgrund der Unterschiedlichkeit gleichermaßen umgesetzt werden konnten. Insofern war die Einrichtung einer zentralen Projektgruppe, die regelmäßig den Abgleich zur Konzerngeschäftsleitung und den dezentralen Geschäftsführern suchte, dafür erfolgsentscheidend, dass ein einheitliches Entgeltsystem überhaupt abgestimmt werden konnte. Oft kam es hier zu längeren Diskussionen und Grundsatzentscheidungen, ehe man anschließend wieder weitermachen konnte.

Bei der Umsetzung des Systems waren diese Abstimmungsrunden umso wichtiger, weil das zentral konzipierte und in sich stimmige System gleichzeitig dezentral an den verschiedenen Standorten mit den Mitarbeitervertretungen und den Führungskräften abzustimmen war. Das „top-down" erdachte System musste an den eigenständigen Standorten operativ umgesetzt und individuell angepasst werden. Dabei waren individuelle historische Besonderheiten der dezentralen Standorte zu berücksichtigen. Oft zeigte sich erst in der Umsetzungsphase, dass vorbereitete Stellenbeschreibungen und -bewertungen doch noch einmal überarbeitet werden mussten, weil wichtige Details erst im Mitarbeitergespräch erkannt wurden. Um das verabschiedete einheitliche System aber nicht durch allzu große individuelle Anpassungen an den dezentralen Standorten doch wieder in zu viele uneinheitliche Versionen aufzusplitten, hat man sich rasch auf ein Regelwerk geeinigt: Alle „bottom-up"-Rückmeldungen der sich gleichzeitig in der Umsetzungsphase befindlichen dezentralen Standorte, die der Einheitlichkeit des Gesamt-NExx-Systems widersprachen, wurden zurückgemeldet und gemeinschaftlich in der Konzernprojektgruppe NExx besprochen. Erst dann wurden an den jeweiligen Standorten verbindliche Absprachen getroffen. Nur so konnte verhindert werden, dass die bereits verabschiedete Systematik nicht wieder durch zu große Individualität in der Umsetzungsphase verloren ging.

Hilfreich war auch hier, dass das konzernübergreifende HR-Team gerade beim Abgleich der möglichst einheitlichen Stellenbeschreibungen und -bewertungen nicht auf sich

| Nexx-Mitarbeiterboschüre | NExx-Mitarbeiterbroschüre mit Video-Link | QRS-Link zum Video |

Abb. 3.17 NExx-Kommunikationswege

allein gestellt war. Notwendige Entscheidungen konnten in übergreifenden Geschäftsführungsrunden ständig abgeglichen werden. Außerdem sind in der Konzernorganisation für acht Funktionalitäten sogenannte Head-of-Verantwortliche[17] vorhanden, die in dem Fall, dass sich die Personalverantwortlichen nicht auf eine Sichtweise einigen konnten, aus ihrer fachlichen Sicht eine Entscheidung für ihren Funktionsbereich treffen konnten. Diese Entscheidungen waren dann für alle Standorte bindend.

Bei der Umsetzung hat sich das Projektteam entschieden, möglichst breit zu kommunizieren. Dazu wurden alle denkbaren Kommunikationswege (siehe Abb. 3.17) genutzt:

- Nutzung der vorhandenen Infrastruktur (zum Beispiel Aushänge, Intranet, Betriebsversammlungen),
- Zweiweg-Kommunikation (Führungskräfteschulungen zum NExx-System und zur Mitarbeiterbeurteilung, Mitarbeiterinformationsveranstaltungen, Überarbeitung aller Stellenbeschreibungen),
- Entwicklung spezieller Instrumente (zum Beispiel Einrichtung von Projektteams, Workshops und NExx-Projektdatenbanken),
- Einweg-Kommunikation (zum Beispiel Aushänge, Intranet, Betriebszeitungen, NExx-Broschüren, Flyer, FAQ-Listen, Simulationstools, Video).

3.2.5 Fazit

Die Einführung eines neuen Entgeltsystems ist an für sich schon komplex und schwierig. Die betroffenen Mitarbeiter, Betriebsräte und Gewerkschaften vermuten nicht zu Unrecht, dass es zumeist um eine Neu- beziehungsweise Umverteilung mit geänderten Regeln geht und dass es mithin im Vergleich zum aktuellen Stand neben „Gewinnern" auch Mitarbeiter

---

[17] Konzernübergreifend Verantwortliche gibt es für die Bereiche Produktion, Entwicklung, Einkauf, Finanzen, Produktmanagement, Projektmanagement, Personal und Qualität.

gibt, die sich als „Verlierer" sehen werden. Das gilt erst recht, wenn man arbeitgeberseitig Leistungskomponenten ausbauen möchte und man von vornherein ankündigt, dass die Umstellung kostenneutral verlaufen soll. Andererseits wird nicht nur von der Unternehmensseite, sondern auch von den zuvor aufgezählten Gruppierungen immer wieder eine – wie auch immer auszugestaltende – Leistungsgerechtigkeit in der Entgeltfindung gefordert. Mit NExx ist ein solches Konzept als Alternative zu Tarifvertragssystemen wie ERA aus unserer Sicht gelungen.

Die Idee, die Leistungsbewertung auch für die Entgeltsteigerung heranzuziehen, ist praktisch umsetzbar. Sie bietet die Möglichkeit, in Kombination mit breiten Entgeltbändern anstatt mit fixen Eingruppierungswerten pro Tätigkeit, variabel und individuell aber zugleich systematisch zu agieren. Bei nachhaltig zu hohen oder zu niedrigen Leistungsbewertungen oder Grundentgelten, sei es, weil die letzte externe Einstellung über dem Betriebsniveau liegt oder weil ein Mitarbeiter aufgrund eines Wechsels unter dem Niveau der Kollegen liegt, sorgt eine Faktorenmatrix systematisch für eine Korrektur, ohne dass manuell – und damit zumeist willkürlich – eingegriffen werden muss. Dies sorgt für innerbetriebliche Entgeltgerechtigkeit und damit für den notwendigen Betriebsfrieden in einem zentralen personalpolitischen Handlungsfeld.

Die Erfolgsfaktoren für die NExx-Einführung sind identisch mit den Erfolgsfaktoren anderer Veränderungsprojekte:

- die intensive konzeptionelle Vorbereitung des Systems,
- das klare Wollen der Geschäftsführung,
- die enge Einbeziehung der Führungskräfte und Mitarbeitervertretungen,
- eine professionelle Projektorganisation, die ein besonderes Augenmerk auf die Kommunikation bei der Systemeinführung legt.

Wer auf der Suche nach einem alternativen Entgeltsystem mit starkem Leistungsbezug ist, dem kann das Entgeltsystem NExx der ifm gute Anregungen für das eigene Unternehmen bieten. Wer die Auseinandersetzung um ein faires und anspruchsvolles Leistungsbewertungsverfahren im Unternehmen scheut, sollte es lieber lassen, weil der Dreh- und Angelpunkt für das Funktionieren eines solchen Systems, die leistungsgerechte Bewertung der Arbeit durch geschulte Führungskräfte mit Beurteilerkompetenzen ist.

3.3   Strategische Unternehmenssteuerung mit dem Ziel- und Prämiensystem bei der TIGGES GmbH & Co. KG

In diesem Praxisbeispiel erfahren Sie, wie ein mittelständisches Unternehmen der Metallindustrie seine gesamte Belegschaft auf die strategisch bedeutsamen Unternehmensziele ausrichtete. Hierzu wurde ein variables Vergütungssystem etabliert, das auf die zielorientierten Leistungsbeiträge auf Team- und Individualebene abstellt. Zur Sicherung der Nachhaltigkeit fungieren entsprechende, zumeist qualitative Ziele als obligatorische Voraussetzungen für die Ausschüttung der Prämie. Mithilfe innovativer Gestaltungselemente wie der Wenn-Dann-Verknüpfung, der Zieloptimierung und der Hebesatz-Kombination sowie einer mitarbeiterzentrierten Einführung und Umsetzung erzielte das Unternehmen in der Folge beachtliche Gewinnsprünge.

Ausgangssituation Im Jahre 1925 gegründet und seither fest im Familienbesitz ist TIG-GES weltweit einer der führenden Spezialhersteller von Verbindungselementen. TIGGES lebt das Unternehmensmotto „Alles aus einer Hand". Durch die hauseigene Fertigung in den Bereichen Kaltumformung, Zerspanung und Warmumformung sowie eigener Konstruktion und eigenem Werkzeugbau gelingt TIGGES die Produktion von individuellen Sonderanfertigungen in allen Losgrößen selbst bei zeitkritischen Aufträgen. Zu seinen Kunden zählt TIGGES führende Unternehmen aus den Branchen Automotive, Medizintechnik, Maschinenbau, Elektrotechnik sowie Luft- und Raumfahrt. Sie schätzen insbesondere das individuelle Projektmanagement von der Planungsphase bis hin zu Realisierung und Qualitätssicherung.

Geschäftsführer Jens Tigges erkannte die Relevanz der Vergütungspolitik, insbesondere die der Gestaltung von variablen Vergütungskomponenten, für die präzise Steuerung des Unternehmens. Das bestehende Prämiensystem konnte seine Anforderungen diesbezüglich nicht ausreichend erfüllen. Im Vertrieb beispielsweise, wo Verkäufer Prämien für das Erreichen beziehungsweise Überschreiten von Deckungsbeitragszielen erhielten, konnten mit dem bestehenden Prämiensystem keine zielgerichteten Anreize im Hinblick auf die strategisch bedeutsame Neukundengewinnung in ausgewählten Branchen gegeben werden. Auch das Prämiensystem in der Fertigung hatte sich als zu unflexibel und als zu wenig ergebnisorientiert erwiesen. Gerade in den für die Alleinstellungsmerkmale der strategischen Marktpositionierung zentralen Unternehmenseinheiten wie der Konstruktion, der Qualitätssicherung oder dem Werkzeugbau existierte gar kein variables Vergütungssystem.

Jens Tigges prägte den Grundsatz: „Es sollen alle an Erfolgen beteiligt werden, die daran beteiligt sind.", und machte die Aktualisierung beziehungsweise Einführung des Prämiensystems zur Chefsache. Der Nutzen und die Akzeptanz des künftigen Prämiensystems für alle Anspruchsgruppen – Inhaber, Unternehmensleitung, Führungskräfte, Mitarbeiter und Mitbestimmung – sollten hierbei im Vordergrund stehen. An Gunther Wolf[18] stellte er die Anforderung, die Vorgehensweisen zusammen mit den Führungskräften des Unternehmens zu entwickeln und dabei das für künftige Aktualisierungen erforderliche Knowhow an die Mitarbeiter des Unternehmens zu übertragen.

3.3.1 Den Rahmen setzen

Entsprechend war der erste Schritt ein Workshop für die oberen Führungskräfte des Unternehmens, zu dem Jens Tigges alle entscheidenden Schlüsselpersonen hinzuzog. Die Ar-

---

[18] Performance-Consultant der Wolf I. O. Group GmbH (kurz: WIOG).

beitnehmervertretung zog es vor, ihre Mitbestimmungsrechte erst dann auszuüben, wenn ein verhandlungsfähiger Vorschlag der Geschäftsführung auf dem Tisch lag und beteiligte sich nicht an der Erarbeitung.

Entscheider-Workshop Ziel dieses Entscheider-Workshops war zum einen, die Möglichkeiten für die Gestaltung variabler Vergütungssysteme kennenzulernen und zum anderen, ein gemeinsames Grundverständnis über die Ziele dieses Einführungs- beziehungsweise Modernisierungsprojekts zu erzielen. Die oberen Führungskräfte stellten die folgenden Ziele in den Vordergrund:

- Verbesserung der Möglichkeiten zur Steuerung des Unternehmens,
- Steigerung der Führungswirksamkeit,
- Bindung der Leistungsträger an das Unternehmen,
- Steigerung der Selbst- und Teamverantwortung der Mitarbeiter,
- Förderung des unternehmerischen Mitdenkens und Mitarbeitens,
- Verbesserung der Zusammenarbeit sowie der Arbeits- und Kommunikationsprozesse,
- Förderung kreativer und innovativer Potenziale der Mitarbeiter,
- Senkung von vermeidbaren Kosten und Zeitverschwendung,
- Verbesserung von Produktivität und Qualität.

Bei diesem Entscheider-Workshop wurde auch das Projektmanagement spezifiziert. Jens Tigges übernahm die Rolle der strategischen Projektleitung und -steuerung während das operative Projektmanagement in den Händen von Gunther Wolf auf externer Seite und den jeweiligen Bereichsleitern auf der internen Seite lag. Die Führungskräfte beschlossen zudem, das neue Prämiensystem bereichsweise zu gestalten und einzuführen: Mit einem Pilotprojekt im Vertrieb sollte begonnen werden, und wenn von dort erste Erfahrungen vorlagen, sollten strukturell ähnliche Systeme in Fertigung, Werkzeugbau und Konstruktion etabliert werden. Im dritten Schritt sollte die Übertragung des Systems auf alle weiteren Unternehmensbereiche erfolgen.

Analyse Ziel der ersten Phase „Den Rahmen setzen" im Projektablauf, zu der bereits der Entscheider-Workshop als erster Schritt gehörte, ist es, die technischen und menschlichen Voraussetzungen für das Design des künftigen variablen Vergütungssystems zu prüfen und gegebenenfalls zu schaffen. Hierbei werden nicht nur Soll-Vorstellungen erhoben, sondern auch Behaltenswertes, Rahmenfaktoren, Ressourcen, Zusammenhänge und Vernetzungen erfasst. Insbesondere die quartalsweise Zielvereinbarung mit monatlicher Ausschüttung der Prämien wurde von allen Beteiligten als behaltenswert angesehen. Der Leiter des Controllings konnte umfangreiches Zahlenmaterial bereitstellen, das Rückschlüsse auf anzustrebende sowie zu vermeidende Effekte zuließ.

So hatte etwa die systemimmanente Deckelung der Prämie bei Übererfüllung mehrfach dazu geführt, dass realisierbare Aufträge von den Vertriebsmitarbeitern in die Folgeperiode geschoben wurden. Die Vertriebsleitung berichtete zudem, dass das „Tiefstapeln" – die geringe Bereitschaft der Mitarbeiter zur Vereinbarung anspruchsvoller, hoher Ziele – zu einer geringen Akzeptanz des Prämiensystems und bisweilen sogar zu kontraproduktiven Prozessen geführt hatte. Dies bestätigte sich in den intensiven Analysegesprächen, die in der Folge mit den Vertriebsmitarbeitern geführt wurden. Sie hatten längst erkannt, dass sie die lukrativen Prämien leichter erreichen können, wenn die „Latte" möglichst niedrig liegt.

Im Hinblick hierauf und auf das Ziel der Stärkung der Eigenverantwortlichkeit der Vertriebsmitarbeiter wurde das Verfahren der Zieloptimierung sowohl von der Geschäftsführung als auch von der Vertriebsleitung als besonders geeignet angesehen. Bei diesem Verfahren erhalten sowohl die Höhe der Zielvereinbarung als auch der Grad der Zielerreichung eine Prämienrelevanz. 100-prozentige Zielerreichung ist nicht, wie in konventionellen Zielvereinbarungsmodellen, mit dem gleichen Prämienbetrag versehen. Bei Zieloptimierung gilt: Je höher das vereinbarte Ziel, desto höher fällt die Prämie bei Zielerreichung aus. Entsprechend steigt die Bereitschaft der Prämienempfänger, möglichst besonders fordernde Ziele zu vereinbaren.

Zieloptimierung Der Einsatz der Zieloptimierung trägt dem Bedürfnis nach eigenverantwortlichem und mitunternehmerischem Handeln der Mitarbeiter stärker Rechnung als konventionelle Zielvereinbarungen. Auf der Basis der effektiven Maßnahmenkonzeption werden höhere und realistischere Ziele vereinbart. Durch engagierte Umsetzung werden diese Ziele sicherer erreicht. Dies führt zu genauerer Planung, besseren Ergebnissen und auch zu der Ausschüttung höherer Prämien. Gerade für modern geführte Unternehmen ist das klare, genial einfache System der Zieloptimierung eine prüfenswerte Alternative.

Drei Grundsätze der Zieloptimierung
- Die optimale Prämie wird erreicht, wenn die anvisierte und die erreichte Zielhöhe identisch sind.
- Bei Überschreitung steigt die Prämie zwar an, erreicht aber nicht die Höhe, die man erreicht hätte, wenn man gleich ein höheres Ziel festgelegt hätte.
- Die maximale Prämie erreicht man in Zieloptimierungssystemen, bei denen man ein möglichst hohes Ziel vereinbart und es verlässlich erreicht.

Da die Zielvereinbarungen weiterhin quartalsweise erfolgen sollten, um kurzfristigen Steuerungserfordernissen nachkommen zu können, ist die Effizienz der Zielvereinbarungsgespräche bei TIGGES ein höchst bedeutsamer Aspekt. Bei dem Verfahren der Zieloptimierung wird führungsseitig ein Fenster vorgegeben, in dessen Rahmen sich der Mitarbeiter selbst das von ihm angestrebte Ziel auswählt (siehe Tab. 3.6). Jeder möglichen Höhe ist ein Prämienbetrag bei 100-prozentiger Zielerreichung zugeordnet sowie die entsprechenden Prämienbeträge bei Über- und Unterschreitung. Indem der Mitarbeiter gegenüber seinem Vorgesetzten das von ihm gewählte Ziel qualitativ und quantitativ durch entsprechende Maßnahmen, die er zu ergreifen plant, untermauert, ist die Zielvereinbarung nach etwa 30 min abschließend erfolgt.

Tab. 3.6 Zieloptimierungstabelle im Vertrieb, Messgröße Deckungsbeitrag

Zielwahl (T€)	Individuelle Prämie										
140	0	9	50	167	370	639	967	1.365	1.848	2.434	**3.146**
136	1	13	71	213	438	723	1.070	1.490	1.999	**2.618**	2.934
132	2	20	97	267	512	813	1.178	1.621	**2.159**	2.434	2.734
128	3	30	132	328	589	907	1.292	**1.760**	1.999	2.260	2.545
124	5	45	176	395	671	1.006	**1.413**	1.621	1.848	2.095	2.365
120	8	67	228	466	758	**1.111**	1.292	1.490	1.705	1.939	2.195
116	13	97	288	542	**849**	1.006	1.178	1.365	1.569	1.791	2.033
112	22	138	354	**621**	758	907	1.070	1.247	1.440	1.651	1.880
108	36	190	**423**	542	671	813	967	1.135	1.318	1.518	1.735
104	60	**250**	354	466	589	723	869	1.029	1.202	1.391	1.598
100	**100**	190	288	395	512	639	777	928	1.093	1.272	1.467
Ab T€	**100**	**104**	**108**	**112**	**116**	**120**	**124**	**128**	**132**	**136**	**140**

Zielerreichung

3.3.2 Das Ziel- und Prämiensystem konzipieren

Ziel der zweiten Projektphase „Das Ziel- und Prämiensystem konzipieren" ist es, das unternehmensspezifische Prämiensystem zu erarbeiten und die Umsetzung vorzubereiten.

Zieloptimierungstabellen Die für die Zieloptimierung charakteristischen Tabellen wurden von Controlling und Vertriebsleitung mit Zielhöhen und Prämienbeträgen gefüllt. Der im jeweiligen Monat erzielte Deckungsbeitrag wurde auch für das künftige Ziel- und Prämiensystem als zentrales Ziel des Vertriebs und Messgröße für die individuelle Performance beibehalten.

Die vertikale Achse der Zieloptimierungstabelle gibt den Bereich der vom Vertriebsmitarbeiter selbst zu bestimmenden Zielhöhe wieder, hier 100.000 bis 140.000 € Deckungsbeitrag. Der unterste Wert der Skala (hier: 100.000 € Deckungsbeitrag) spiegelt den niedrigsten Wert wider, für den eine Prämie ausgezahlt werden kann. Um alle Vertriebsmitarbeiter bei der Einführung des neuen Ziel- und Prämiensystems dort abzuholen, wo sie stehen, wurden zwei weitere Varianten dieser Zieloptimierungstabelle erstellt, die niedrigere Deckungsbeiträge, aber auch niedrigere Prämien auswiesen. Die Mitarbeiter sollten wählen können, in welcher Variante sie ihr derzeitiges Leistungsniveau beziehungsweise den Entwicklungsstatus ihres Gebiets am zutreffendsten abgebildet sehen. Sobald die Performance auch der schwächeren Mitarbeiter angestiegen war, konnten sie die nächsthöhere Tab. 3.7 mit entsprechend höheren Prämienbeträgen für sich beanspruchen.

Der höchste Wert der Skala (hier: 140.000 € Deckungsbeitrag) auf der vertikalen Achse dient lediglich als Beispiel. Es stellte sich nicht als zielführend heraus, die anvisierte Zielhöhe zu deckeln. Wohl bestehen stets gewisse Restriktionen im Hinblick auf die Kapazi-

Tab. 3.7 Prämienverlauf bei gewähltem Ziel „120.000 € Deckungsbeitrag"

Zielwahl (T€)	Individuelle Prämie									
120	8	67	228	466	758	1.111	1.292	1.490	1.705	1.939	2.195
Ab T€	100	104	108	112	116	120	124	128	132	136	140

täten in der Fertigung, doch der Deckungsbeitrag kann von Vertriebsmitarbeitern auch auf andere Weise als durch zusätzliche Aufträge gesteigert werden. Den Mitarbeitern stand bei TIGGES deshalb die Möglichkeit offen, höhere Deckungsbeiträge als Ziel zu wählen und bei Realisation entsprechend höhere Prämienbeträge zu erhalten.

Die horizontale Achse gibt die Zielerreichung an. In der zu der anvisierten Zielhöhe gehörigen Zeile stehen die Prämienbeträge, die bei der jeweiligen Zielerreichung zur Ausschüttung kommen. Die Diagonale zeigt auf, welcher Betrag ausgeschüttet wird, wenn die gewählte Zielhöhe plangenau erreicht wird.

Rechenbeispiel Wird von einem Vertriebsmitarbeiter „120.000 € Deckungsbeitrag" als Ziel gewählt, gilt für seine Prämie die entsprechende Zeile (Tab. 3.7). Erreicht er das gewählte Ziel genau, so enthält er demnach 1.111 € Prämie.

Erfüllt er sein selbstgesetztes Ziel jedoch nicht, so verringert sich seine Prämie entsprechend, beispielsweise auf 466 € bei einem erzielten Deckungsbeitrag von 112.000 €. Bei Übererfüllung hingegen steigt die Prämie weiter an: Ab 124.000 € Deckungsbeitrag erhält der Mitarbeiter 1.292 € Prämie, bei 140.000 € sogar eine Prämie in Höhe von 2.195 €. Damit wird eine wichtige Wirkung erzielt: Der ungehinderten Leistungsentfaltung wird durch das neue Prämiensystem keine Grenze gesetzt und es besteht auch kein Anlass mehr dazu, Aufträge in die Folgeperiode zu verschieben.

Doch hätte der Mitarbeiter die erreichten 140.000 € Deckungsbeitrag vorab als Ziel gewählt, wären ihm 3.146 € Prämie sicher gewesen. An diesem Beispiel wird ein weiterer Effekt der Zieloptimierung deutlich: Tiefstapeln lohnt sich nicht und unrealistisch hohe Ziele lohnen sich ebenfalls nicht. Bei der Zieloptimierung geht es um solides Planen und um realistisches Einschätzen des höchstmöglich Erreichbaren. Dieser Charakterzug des Verfahrens der Zieloptimierung ist es, der die freie Bestimmung der Zielhöhe durch die Prämienempfänger überhaupt erst erlaubt. Der Vorgesetzte kann sich aufgrund dieses Mechanismus sicher sein, dass die vom Mitarbeiter gewählte Zielhöhe in höchstem Maße anspruchsvoll und zugleich realistisch ist.

Aufgrund der degressiven Gestaltung der Prämie im Bereich der Zielübererfüllung ist bei dem Verfahren der Zieloptimierung keine Deckelung erforderlich. Auch auf der horizontalen Achse der Zielerreichung ist 140.000 € nur zur Veranschaulichung als oberster Wert festgelegt.

Wenn-Dann-Verknüpfung Die Umsetzung der unternehmensstrategischen Ziele „Steigerung des Exportanteils" sowie „Steigerung des Anteils der Nicht-Automotive-Aufträge" wird durch die sogenannte Wenn-Dann-Verknüpfung erzielt. Bei dieser werden obliga-

Tab. 3.8 Voraussetzungen in der Wenn-Dann-Verknüpfung im Vertrieb

Individuelle Voraussetzungen („Bedingungsziele")		Erzielbare Punkte
Anzahl Gesamtkunden	1–5	5
	6–10	10
	11–20	20
	>20	30
Pro Neukunde		20
Pro Nicht-Automotive-Neukunde zzgl.		10
Offene-Posten-Liste ohne Positionen, die älter als 2 Monate sind		10
Besuchsplanung am Monatsletzten fertig		10
Akquiseplan: Keine Termine, die seit mehr als 2 Wochen fällig sind		10

torisch zu erfüllende Voraussetzungen für die Ausschüttung der Prämie führungsseitig formuliert. Neben diesen beiden Zielen bildete die TIGGES-Vertriebsleitung im ersten Schritt vier weitere Kriterien, die den Nutzen der variablen Vergütung für die Steigerung der Führungswirksamkeit unterstrichen und auf die Sicherung der Nachhaltigkeit angelegt waren. Alle Bedingungsziele wurden entsprechend ihrer Relevanz mit Punkten versehen. Sofern der Vertriebsmitarbeiter die 35 Punkte nicht erreicht, verfällt der Anspruch auf die Prämie des betreffenden Monats Tab. 3.8.

Durch konsequente Stammkundenpflege sollten sich die Vertriebsmitarbeiter bereits einen monatlichen Grundstock an Punkten aufbauen können. Allein durch Neukundengewinnung können die erforderlichen 35 Punkte nicht erreicht werden. Neben diesen erfolgs- und damit outputorientierten Zielen standen eher bemühens- beziehungsweise inputorientierte Ziele zur Verfügung wie etwa die Fertigstellung der Besuchsplanung des Folgemonats. Hier werden die zentralen Charakteristika der Voraussetzungen in einer Wenn-Dann-Verknüpfung deutlich: Es geht um das Erzielen von nachhaltigen Verbesserungen sowie um eine Entlastung der Führungskräfte. Zudem kann durch den drohenden Malus ein Anreiz zu Verhaltensweisen gegeben werden, die keiner separaten Prämien würdig sind. Keineswegs aber geht es darum, die Ausschüttung von Prämien zu verhindern.

Hebesatz-Kombination Im Vertrieb wurden Teams gebildet, die eng am Kunden orientiert zusammenarbeiten sollten. Sie bestanden aus drei Verkäufern und je einem Verkaufssachbearbeiter und einem Kalkulator. Erstere sollten sich auch gegenseitig in Abwesenheitsfällen vertreten können. Diese Neuorganisation zielte darauf ab, die Prozesse der Auftragsgewinnung zu beschleunigen, die Fehlerquote bei den Kalkulationen zu verringern sowie die Bereitschaft zu fördern, im Team verantwortungsbewusst und sicher Entscheidungen über Angebote und Preise zu fällen. Nichts lag daher näher, als diese Zusammenarbeit mit einer teambezogenen Prämie zu unterstützen. Hierfür wurde die Messgröße „Auftragstrefferquote" ausgewählt. Diese spiegelt wider, wie hoch der Anteil der erhaltenen Aufträge an den insgesamt erstellten Kalkulationen beziehungsweise Angeboten ist.

Tab. 3.9 Hebesatz im Vertrieb, Messgröße Auftragstrefferquote	Trefferquote im Team (%)	Hebesatz
	ab 50	1,5
	ab 46	1,4
	ab 43	1,3
	ab 40	1,2
	ab 37	1,1
	ab 34	1,0

Die beiden Ziele „individueller Deckungsbeitrag" und „Auftragstrefferquote auf Teamebene" sollten jedoch nicht jeweils für sich allein stehend eine Prämie auslösen. Um sie zu verknüpfen, nutzte das Projektmanagement die Form der Hebesatzkombination. Ein Hebesatz wird durch eine zweispaltige Tabelle abgebildet, wobei jedem Zielzustand eine Zahl zugeordnet ist, die ihrerseits als Faktor auf die Deckungsbeitragsprämie wirkt (siehe Tab. 3.9).

Wenn ein Mitarbeiter beispielsweise durch Wahl und Erreichen einer bestimmten Deckungsbeitragshöhe eine Prämie in Höhe von 2.000 € erzielt hat und die im Team realisierte Auftragstrefferquote über 40 % lag, dann wirkt der Faktor 1,2 auf die individuelle Prämie: Es kommen somit 2.400 € zur Ausschüttung.

Im Zusammenwirken dieser beiden Messgrößen wird die unternehmensstrategische Ausrichtung für jeden Mitarbeiter spürbar. Sie konkretisiert sich in einem Ziel- und Prämiensystem mit Aufforderungscharakter, das eigene vertriebliche Handeln insbesondere auf die lukrativen, einen hohen Deckungsbeitrag versprechenden Anfragen zu konzentrieren und diese dann auch in Form von Aufträgen zum Erfolg zu bringen.

Einbindung des Betriebsrats Der Vorschlag für das Ziel- und Prämiensystem im Vertrieb wurde mit den Vertretern der Mitbestimmung diskutiert. Hierbei stellte Geschäftsführer Jens Tigges klar, dass es sich zudem um eine Vorgabe für die Struktur der Prämiensysteme handelt, die nach ersten positiven Erfahrungen in ähnlicher Form auf die noch folgenden Unternehmensbereiche übertragen werden sollen. Lediglich die Voraussetzungen würden inhaltlich auf die jeweiligen Besonderheiten der Bereiche zugeschnitten, zudem kämen funktionsbezogene Ziele und Messgrößen zum Einsatz. Sofern keine Messbarkeit auf Individualebene hergestellt werden könne oder sich dies nicht als zielführend erweisen würde, kämen Teamziele zum Einsatz.

Im Verlaufe der Konzeptionsphase hatte Berater Gunther Wolf die zugehörigen Dokumente (Zielvereinbarungsformular, Maßnahmenplanung, Zielerreichungsreport) erstellt und Regelungen für den Prozess der Zielvereinbarung mitsamt einer entsprechenden Terminschiene entworfen. In Zusammenarbeit mit dem Betriebsrat wurde die Behandlung von Sonderfällen, ausgehend von den Regelungen des bisherigen Systems, ergänzt und überarbeitet. Hier wurden Prämienberechnungsweisen beispielsweise für Teilzeitbeschäftigte festgelegt, für Fälle von Aus- oder Eintritt, Versetzung, Krankheit, Mutterschutz oder

Berufsunfall sowie Verfahrensweisen bei Differenzen. Auf dieser Basis wurde von den Parteien eine Betriebsvereinbarung für das TIGGES Ziel- und Prämiensystem geschlossen.

3.3.3 Das Ziel- und Prämiensystem kommunizieren

Es ist das Ziel der dritten Projektphase „Das Ziel- und Prämiensystem kommunizieren", dass die Mitarbeiter und die Führungskräfte das System mit all seinen Regelungen, aber auch seinen Leitgedanken, Zielen und Werten verstehen, unterstützen und regelkonform umsetzen. Gunther Wolf erstellte hierzu einen Qualifizierungsplan und eine Reihe von Schulungsunterlagen. Im ersten Schritt wurden die Vertriebsmitarbeiter über das neue Ziel- und Prämiensystem informiert.

Informieren des Adressatenkreises Die Informationsveranstaltung fand mit ausreichend Abstand vor der geplanten Umstellung statt. Zunächst stellte die Vertriebsleitung die Ziele und Absichten für die Veränderung des Prämiensystems vor. Diese wurden von den versammelten Mitarbeitern sehr positiv aufgenommen. Als Gunther Wolf die Zieloptimierungstabellen erklärte und die Möglichkeit zur selbstbestimmten Wahl der Zielhöhe aufzeigte, ließen sich einige der Vertriebsmitarbeiter zu einem spontanen Tischklopfen hinreißen (Abb. 3.18).

Dennoch äußerten auch einzelne Mitarbeiter ihr Unbehagen darüber, dass sie nun allein für die Festlegung des Deckungsbeitragsziels und damit maßgeblich für die Höhe ihrer Prämie verantwortlich sein würden. Dieses Feedback wurde vom Projektmanagement aufgenommen und es versprach, entsprechende Hilfestellungen anzubieten.

Auch die Bedingungsziele stießen zwar auf Verständnis, nicht jedoch flächendeckend auf Zustimmung. „Wenn ich in einem Monat einen riesigen Deckungsbeitrag erziele, aber nicht die 35 Punkte erreiche, dann soll ich keinen Heller bekommen!?" entrüstete sich einer der Vertriebsmitarbeiter. Die Vertriebsleitung entgegnete: „Lassen Sie es bitte einfach nicht dazu kommen. Sie haben es in der Hand: Die Bedingungsziele in einem für die 35 Punkte ausreichendem Maße zu erfüllen, ist keine Hürde. Durch Ihren Kundenstamm haben Sie alle einen Grundstock von mindestens 10 Punkten. Niemand hindert sie, dazu noch ein bis zwei Neukunden zu gewinnen. Oder, falls Ihnen dies nicht gelingt, dann zumindest die Besuchsplanung pünktlich zu erstellen, bei den offenen Posten nachzufassen und die Akquise-Planung einzuhalten."

Das Teamziel „Trefferquote" wiederum fand die uneingeschränkte Zustimmung der Vertriebsmitarbeiter, Kalkulatoren und Verkaufssachbearbeiter. An die Stelle des individuellen Deckungsbeitragsziels trat bei den beiden letztgenannten Mitarbeitergruppen der im Team – also über alle Verkäufer des Teams hinweg – erzielte Deckungsbeitrag. Daneben wurde die durchschnittliche Dauer von Anfrage bis Angebotsabgabe als Ziel mit aufgenommen, um Kalkulatoren und Sachbearbeiter dazu anzuregen, bei ihrem Team auf eine kontinuierliche Verbesserung der Prozesse zu achten und Schnittstellen zu anderen Teams und Unternehmensbereichen effektiv zu managen.

Individuelle Voraussetzungen

Gesamtkunden (Staffel)	bis 30 Pkt.
Pro Neukunde	20 Pkt.
Pro NK Nicht-Automotive zzgl.	10 Pkt.
OPOS < 2 Mon.	10 Pkt.
Besuchsplanung zu Ultimo fertig	10 Pkt.
Akquiseplan < 2 Wo. fällig	10 Pkt.

Die Voraussetzungen zur Teilnahme am Prämiensystem gelten als erfüllt, wenn mind. 35 Punkte erreicht wurden. Wenn nicht, entfällt die Prämie.

Individuelles Ziel: Deckungsbeitrag

ZIELWAHL

	0	9	50	167	370	639	967	1.365	1.848	2.434	3.146
140.000	0	9	50	167	370	639	967	1.365	1.848	2.434	**3.146**
136.000	1	13	71	213	438	723	1.070	1.490	1.999	**2.618**	2.934
132.000	2	20	97	267	512	813	1.178	1.621	**2.159**	2.434	2.734
128.000	3	30	132	328	589	907	1.292	**1.760**	1.999	2.260	2.545
124.000	5	45	176	395	671	1.006	**1.413**	1.621	1.848	2.095	2.365
120.000	8	67	228	466	758	**1.111**	1.292	1.490	1.705	1.939	2.195
116.000	13	97	288	542	**849**	1.006	1.178	1.365	1.569	1.791	2.033
112.000	22	138	354	**621**	758	907	1.070	1.247	1.440	1.651	1.880
108.000	36	190	**423**	542	671	813	967	1.135	1.318	1.518	1.735
104.000	60	**250**	354	466	589	723	869	1.029	1.202	1.391	1.598
100.000	**100**	190	288	395	512	639	777	928	1.093	1.272	1.467
ab	100.000	104.000	108.000	112.000	116.000	120.000	124.000	128.000	132.000	136.000	140.000

ZIELERREICHUNG

Wer weiß besser, was möglich ist – als der jeweilige Mitarbeiter selbst?

x

Teamziel

Treffer quote im Team	Hebe-satz
ab 50 %	1,50
ab 46 %	1,40
ab 43 %	1,30
ab 40 %	1,20
ab 37 %	1,10
ab 34 %	1,00

= Prämie

Abb. 3.18 Struktur des TIGGES Ziel- und Prämiensystems (Beispiel: Vertrieb)

Geschäftsführer Jens Tigges händigte allen Mitarbeitern die Betriebsvereinbarung, einen Ausdruck der gezeigten Präsentation, ein vierseitiges Informationsblatt und einen Satz der Formblätter aus. Der Unternehmensberater bat darum, sämtliche noch aufkommenden Fragen oder Anregungen bei den folgenden Schulungen einzubringen.

Qualifizieren der Führungskräfte und Mitarbeiter Im ersten Schritt erfolgte indes eine Schulung der Vertriebsleiterin in Form eines Eins-zu-eins-Coachings. Da diese als Projektbeteiligte inhaltlich umfassend informiert war, konzentrierte sich Gunther Wolf auf die Vermittlung von Techniken der effizienten Gesprächsführung wie beispielsweise Fragetechniken, auf das Erkennen von Mitarbeitermotiven und auf Methoden zur Aktivierung von zielorientierter Willensstärke und Kreativität.

Die Schulung der Mitarbeiter fokussierte sich zum einen auf inhaltliche Aspekte und die einzelnen Schritte im Zielvereinbarungs- und Zielerreichungsprozess, zum anderen auf Techniken zur Freisetzung der persönlichen Ressourcen. Bereits in der Schulung entwickelten die Mitarbeiter innovative und zielorientierte Ideen für Maßnahmen, um die Bedingungsziele sicher zu erreichen, eine hohe Trefferquote zu erzielen und um sich besonders hohe Deckungsbeitragsziele setzen zu können.

3.3.4   Das Ziel- und Prämiensystem umsetzen

Das Feedback aus der Informationsveranstaltung aufgreifend und um das Erreichen der selbst gewählten, höchst anspruchsvollen Deckungsbeitragsziele, die Realisierung der Voraussetzungen und der möglichst hohen Trefferquote zu sichern, lässt sich die Vertriebsleitung im Zielfestlegungsgespräch von jedem Mitarbeiter die Maßnahmen erläutern, die dieser zu ergreifen plant. Einer der zentralen Leitwerte des neuen Ziel- und Prämiensystems ist: Es soll möglichst jeder eine gute Prämie kassieren! Denn auch das Unternehmen TIGGES realisiert den größtmöglichen wirtschaftlichen Nutzen, wenn jeder Mitarbeiter hohe Performance erbringt und auf diese Weise eine hohe Prämie erzielt.

Zielfestlegung Damit innerperiodische Kontrollen der Zwischenergebnisse und gegebenenfalls Korrekturen erfolgen können, werden die Maßnahmen vor dem Zielfestlegungsgespräch von dem Mitarbeiter sehr konkret geplant. Als Mindesterfordernis für die sogenannten Konkreten Aktionspläne (KAP) gelten:

- Wer setzt die Maßnahme um und gegebenenfalls mit wem?
- Was wird genau getan oder verbessert?
- Wann wird die Maßnahme umgesetzt, bis wann stellen sich messbare Ergebnisse ein?
- Welchen Nutzen bringt die Maßnahme im Hinblick auf welches der Ziele?
- Mit welchen Kosten ist die Maßnahme verbunden?
- Welche Einzelschritte sind hierfür erforderlich?

Abb. 3.19 Ablauf der Zielfestlegung

Auf diese Weise wird zum einen der Erfahrungsschatz und das enorme Ideen- und Kreativpotenzial der Mitarbeiter genutzt. Zum anderen verbindet sich hiermit die Erwartung, dass Mitarbeiter mit den KAP ihre selbst entwickelten Ideen besonders engagiert umsetzen (Abb. 3.19).

Diese KAP werden auf einem gesonderten Formblatt festgehalten. Die Zielhöhe wird vom Mitarbeiter im Zielfestlegungsgespräch im wahrsten Sinne des Wortes <u>fest</u>gelegt: Ein einmal gewähltes Deckungsbeitragsziel kann im Verlauf der Prämienperiode nicht wieder korrigiert werden. Auch die von der Führungskraft festgelegten Voraussetzungen und deren Punktebewertung sind während der Prämienperiode unveränderlich. Die KAP hingegen gelten als Maßnahmen, also als Wege zum Ziel und müssen vom Mitarbeiter flexibel gehandhabt werden können.

Zielerreichung Wenn sich Rahmenbedingungen verändern und andere Maßnahmen zielführender und Erfolg versprechender erscheinen, kann der Mitarbeiter im Verlauf der Prämienperiode kreative Lösungen entwickeln und entsprechend (re-)agieren. Er hat Veränderungen der KAP, sowohl inhaltlicher als auch zeitlicher Natur, lediglich mit seinem Vorgesetzten und seinen Kollegen im Team abzustimmen.

Hierfür bieten ihm regelmäßige Zwischengespräche mit dem Vorgesetzten auf der Basis der vom Controlling erstellten Zielberichte einen Rahmen. Der Vorgesetzte hat seinerseits auf der Grundlage der terminierten Einzelschritte die Möglichkeit, sich jederzeit bei dem Mitarbeiter über den Stand der Realisierung der KAP zu informieren (Abb. 3.20).

Der Zielerreichungsprozess wird durch ein Zielerreichungsgespräch abgeschlossen. In der bei TIGGES gepflegten performance- und erfolgsorientierten Unternehmenskultur

Abb. 3.20 Ablauf der Zielerreichung

werden die kleinen und großen Erfolge der Vertriebsmitarbeiter vor allen Kollegen aufgezeigt und entsprechend gewürdigt. Es hat sich herausgestellt, dass die Anerkennung von Leistungen, wenn sie von Kollegen ausgesprochen wird, auf einer anderen Ebene als die erhaltene Prämie wirksam wird und einen zusätzlichen, hohen Motivationseffekt entfaltet.

3.3.5 Qualitätssicherung

Maßgebliches Ziel der fünften Projektphase, zeitlich nach Abschluss des Zielfestlegungsprozesses gelegen, ist das Erfolgscontrolling sowie die kontinuierliche Verbesserung des TIGGES Ziel- und Prämiensystems. Bereits wenige Tage, nachdem das neue Ziel- und Prämiensystem etabliert war, konnten bedeutsame Verbesserungen beobachtet werden:

- Die Vertriebsmitarbeiter legen wesentlich höhere Deckungsbeitragsziele als in den Vorperioden fest.
- Die geplanten Maßnahmen werden termingerecht umgesetzt und erzielen die anvisierten Ergebnisse.
- Reichen die geplanten Maßnahmen nicht aus, um die Ziele zu erreichen, dann entwickeln die Mitarbeiter weitere schnell greifende Maßnahmen.
- Alle Deckungsbeitragsziele werden erreicht oder sogar übertroffen.
- Die Auftragstrefferquote stieg rapide an und verbleibt seither auf diesem hohen Niveau.

Wie zu erwarten, testete einer der Vertriebsmitarbeiter aus, ob die Nichterfüllung der 35 Punkte bei den Bedingungszielen tatsächlich zu den angekündigten Konsequenzen führen würde. Da sich die Geschäftsleitung zu keinem Kompromiss erweichen ließ, kam dieser Fall fortan nicht mehr vor: Alle Mitarbeiter achten bis heute sehr genau darauf, die Bedingungsziele zu erfüllen.

Dynamisches Wachstum Diese erhöhte Dynamik im Vertrieb bei TIGGES hatte personelle Folgen. Einer der leistungsschwachen Mitarbeiter kündigte mit den Worten, es ging mittlerweile zu wie in einem Bienenkorb und sei nicht mehr so gemütlich wie vorher. Auch die Vertriebsleiterin zeigte sich der Dynamik nicht gewachsen und schied aus dem Unternehmen aus. Nicht zuletzt mithilfe des attraktiven Ziel- und Prämiensystems konnten die Stellen jedoch verzugsfrei wiederbesetzt werden. Einer der neuen Mitarbeiter betonte: „Ich habe schon viele Vergütungssysteme im Vertrieb kennengelernt. Dieses hat mich davon überzeugt, dass TIGGES der richtige Arbeitgeber für mich ist!"

Für das Folgejahr beschlossen die Führungskräfte geringfügige Änderungen bei den Tabellen und im Bereich der Bedingungsziele. So wurden etwa die Pflege der Kundendatenbank und die Erstellung von Besuchsberichten als Nachhaltigkeit sichernde Bedingungsziele aufgenommen. Zur weiteren Entlastung der Führung kam die pünktliche Abgabe der Reisekostenabrechnung hinzu. Das Ziel- und Prämiensystem wird bis heute kontinuierlich erweitert und aktualisiert. Es bleibt hierdurch „lebendig", allen Beteiligten präsent und handlungsleitend und damit auch nachhaltig wirksam.

Bestsellerautor Timur Vermes („Er ist wieder da") nahm die Effekte von variablen Vergütungssystemen unter die Lupe. Mitten in der Finanz- und Wirtschaftskrise, als viele Unternehmen der Metallindustrie ums blanke Überleben kämpften und nicht wenige den Kampf verloren, erfreute sich der von ihm befragte Jens Tigges weiterhin kontinuierlich steigender Deckungsbeiträge. Dazu betont er die Wirksamkeit der Bedingungsziele. Vermes notiert in seinem Beitrag: „Was den 39-jährigen Chef der Tigges GmbH am meisten freut, ist, dass er seinen Vertriebsmitarbeitern bei unangenehmen Tätigkeiten nicht mehr hinterherlaufen muss. Bei der Besuchsplanung etwa oder der Datenpflege."[19]

Übertragung der Systematik auf weitere Unternehmensbereiche Bereits wenige Monate nach dem erfolgreichen Start des Ziel- und Prämiensystems im Vertrieb startete Jens Tigges die Übertragung der Ziel- und Prämiensystematik auf die Produktion. In enger Zusammenarbeit mit dem externen Berater und dem Leiter Controlling entwickelte der Produktionsleiter zunächst die zentralen Ziele für die jeweiligen Abteilungen. Sowohl in dem Zerspanungs- wie auch dem Umformungsbereich konzentrierte er sich auf die beiden Aspekte „Zeitgewinn" und „Bedienerverhältnis".

Der Zeitgewinn sollte über einen SOLL-IST-Vergleich der Fertigungsgesamtzeit ermittelt werden. Mithilfe des Stundensatzes können erzielte Zeitgewinne unmittelbar monetär bewertet werden. Das Bedienerverhältnis, ermittelt aus dem Vergleich der benötigten Mannstunden mit den Angaben der Kalkulation, fungierte auf Teamebene als Hebesatz.

---

[19] Vermes (2009), S. 48–50.

Auf ähnliche Weise wurden die Prämien in Arbeitsvorbereitung, Werkzeugbau und Konstruktion ausgestaltet.

Als Bedingungsziele formulierten die Führungskräfte der Produktion sowohl individuelle wie abteilungsbezogene Kriterien. Damit sollte ein Anreiz dazu geschaffen werden, sich gegenseitig beispielsweise im Bereich der Qualität, der Sauberkeit oder bei der Behälterkennzeichnung zu unterstützen.

Im dritten Schritt, etwa sechs Monate nach der Einführung im Vertrieb, erfolgte die Übertragung des Modells auf die Unternehmensbereiche Logistik, Instandhaltung, Qualitätssicherung und Einkauf. Jens Tigges legte Wert darauf, über das Unternehmen hinweg bis hin zu den Führungskräften eine einheitliche Ziel- und Prämiensystematik ohne logische Brüche und Widersprüche zu etablieren. In diesem Zuge wurde das für die Kalkulation und die Konstruktion geltende System strategisch aktualisiert.

Im Interview mit Profits, dem Unternehmermagazin der Sparkassengruppe, fasst Jens Tigges zusammen: „Die Produktivität steigt seitdem zwischen 2 und 5 % jährlich, während sie vorher lange Zeit stagnierte oder sogar rückläufig war."[20]

Jens Tigges nutzt die Erfolge des Ziel- und Prämiensystems weiterhin konsequent für die Verbesserung des Unternehmensimages und, im Hinblick auf den spürbar werdenden Fachkräftemangel, zur Steigerung der Arbeitgeberattraktivität. „Mit unserem leistungsorientierten Vergütungssystem, das einen starken Schwerpunkt auf die mitunternehmerische Verantwortung jedes einzelnen Mitarbeiters legt, ziehen wir Leistungsträger und High Potentials magnetisch an und binden sie fest an das Unternehmen."

3.4   Zehn Jahre variable Vergütung bei Schwäbisch Media – Ein Erfahrungsbericht

3.4.1   Schwäbisch Media – vom Tageszeitungsverlag zum regionalen Medienhaus

Die Herausgabe der „Schwäbischen Zeitung" war lange Zeit das einzige Geschäftsfeld des Schwäbischen Verlages. Doch seit Mitte der 1990er Jahre hat sich das Unternehmen zu einem regionalen Medienhaus gewandelt. Unter der Dachmarke Schwäbisch Media findet sich ein umfangreiches Angebot. Von regionalen Fernseh- und Radiosendern über zahlreiche Internetportale bis hin zu klassischen Printangeboten deckt die Unternehmensgruppe praktisch alle Medien ab. Im Dienstleistungsbereich ist Schwäbisch Media seit einigen Jahren mit einem Briefdienstleister und einem Call-Center aktiv. Mit rund 900 fest angestellten Mitarbeitern gehört Schwäbisch Media zu den größeren regionalen Medienhäusern in Deutschland.

---

[20] Widrat (2012), S. 14–16.

3.4.2 Not macht erfinderisch – Gründe für die variable Vergütung bei Schwäbisch Media

Die variable Vergütung für alle Mitarbeiter, vom Hausboten bis zum Geschäftsführer, gibt es nun schon seit mehr als zehn Jahren bei Schwäbisch Media. Das ist im Vergleich zu anderen Branchen sicher keine Besonderheit oder gar innovativ. Doch bis heute sind die meisten Medienhäuser in starren Tarifsystemen gebunden und mit Vergütungssystemen ausgestattet, wie man sie sonst allenfalls noch im öffentlichen Dienst findet. In fast allen Häusern sind die Personalkosten der mit Abstand größte Kostenblock (ein Anteil von über 50 % an den Gesamtkosten ist keine Seltenheit). Diese haben praktisch Fixkostencharakter.

In kontinuierlich wachsenden Märkten und in Zeiten fetter Renditen ist dies sicher kein Problem. In jüngster Zeit vergeht aber keine Woche, in der nicht über geändertes Mediennutzungsverhalten und Zeitungssterben gesprochen wird. Geschäftsmodelle und Erlösquellen müssen neu erfunden, Kostenstrukturen überdacht und angepasst werden. Das ist bitter und dramatisch für die betroffenen Mitarbeiter, wenn Kostenanpassung zwangsläufig Personalabbau bedeutet.

Ganz neu sind derartige Prozesse und Veränderungsnotwendigkeiten allerdings nicht. Bereits zu Beginn des neuen Jahrtausends wurde die Medienbrache kräftig durchgerüttelt. Wurden im Jahr 2000 noch Rekordergebnisse verbucht und von großen überregionalen Tageszeitungen Stellenanzeigen abgelehnt (weil die Umfänge einfach nicht mehr druckbar waren), so begann die Krise mit dem Platzen der Internetblase und dies nach 9/11 umso massiver: Umsatzrückgänge von 20 bis 30 % waren in den Jahren 2001 und 2002 die Regel in der deutschen Medienlandschaft. Massive Personalabbaumaßnahmen waren in vielen Medienhäusern die Folge dieser Krise.

Auch bei Schwäbisch Media kam es zu deutlichen Umsatzrückgängen und der Notwendigkeit, Kosten zu reduzieren. Es erforderte keine besonderen Fähigkeiten, um zu erkennen, dass die Personalkosten bei den damaligen Rahmenbedingungen nur durch Personalabbau reduziert werden konnten. Jeder Euro war tariflich vereinbart. Je nach Mitarbeitergruppe wurden zwischen 13,5 und 13,8 Monatsgehältern pro Jahr fällig – ganz unabhängig von der Frage, ob das Unternehmen nun rote oder schwarze Zahlen schrieb. Schwäbisch Media entschied sich jedoch für einen anderen Weg: Die Einführung von flexiblen Vergütungsstrukturen und variablen Vergütungsmodellen für alle Mitarbeiter. Das Ziel war klar: die Möglichkeit kurzfristig auf veränderte wirtschaftliche Rahmenbedingungen reagieren zu können, ohne Personal abzubauen. Denn zwangläufig gehen damit auch wertvolles Wissen und Kompetenzen verloren, um in besseren Zeiten mühsam und mit erneuten Kosten verbunden, wieder aufgebaut zu werden.

3.4.3 Das Glück ist mit den Tüchtigen – Rechtliche Rahmenbedingungen

Als Schwäbisch Media begann, über die Einführung variabler Vergütung nachzudenken, war ein Großteil der Mitarbeiter von Schwäbisch Media tarifgebunden. Als glücklicher

Umstand sollte sich erweisen, dass Mantel- und Gehaltstarifvertrag bereits gekündigt beziehungsweise ausgelaufen waren. Die Tarifparteien wollten beides gemeinsam verhandeln und aufgrund der wirtschaftlichen Situation der Branche zogen sich die Verhandlungen über lange Zeit hin. Rechtlich befanden sich die Tarifwerke in der sogenannten Nachwirkungsphase.

Diese Zeit nutzte man bei Schwäbisch Media. Eine ohnehin überfällige Anpassung von Struktur und Organisation wurde vorgenommen. Die Mitarbeiter gingen per Betriebsübergang in tariffreie Tochterunternehmen über. In diesen Unternehmen konnten die vertraglichen Rahmenbedingungen sofort geändert werden. Allerdings nur dann, wenn die Mitarbeiter auch damit einverstanden waren. Es galt also zunächst ein geeignetes Vergütungsmodell zu erarbeiten und die Mitarbeiter davon zu überzeugen.

3.4.4   Das variable Vergütungsmodell von Schwäbisch Media

3.4.4.1   Konzeption und Einführung

Natürlich gab es bei Schwäbisch Media nicht nur Beifallskundgebungen in Zusammenhang mit dem Betriebsübergang in nicht tarifgebundene Unternehmen. Aufgrund der schwierigen Situation in der gesamten Branche herrschten in den Reihen der Mitarbeiter Verunsicherung und Vorbehalte.

Deshalb wurde der Betriebsrat sehr früh in die Erarbeitung des Vergütungsmodells einbezogen. Es war verständlich, dass es ihm schwer fiel, Dinge zu erarbeiten und zu vereinbaren, die bis dahin in der Verhandlungshoheit der Tarifparteien lagen. Alle Beteiligten bewegten sich also auf Neuland. Es dauerte einige Zeit, bis endlich ein gemeinsames Modell stand. Rechtlich fixiert wurde dies dann in Form einer Betriebsvereinbarung – sicher ein wichtiger Schritt um Skepsis in der Belegschaft abzubauen.

Nachdem das variable Vergütungsmodell und dessen Rahmenbedingungen erarbeitet waren, galt es, alle Mitarbeiter zu informieren und für das neue Modell zu gewinnen. Das neue Modell konnte ja nicht einfach angeordnet oder gar per Änderungskündigung eingeführt werden. Von Anfang an wurde betont, dass die Zustimmung freiwillig sei.

Wie wurden die Mitarbeiter für die neue Vergütungsstruktur gewonnen? Nach der Konzeptionsphase wurde auf Niederlassungs- und Abteilungsebene über das neue Vergütungsmodell informiert. Mehr als 50 Informationsveranstaltungen fanden statt. Wichtig dabei war, dass von Anfang an offen und aufrichtig über das Vergütungsmodell, dessen Risiken und Chancen informiert wurde.

Für die Mitarbeiter bedeutete das neue Modell zunächst erst einmal den Verlust von Sicherheit: Denn das bis dahin tarifvertraglich garantierte Weihnachts- und Urlaubsgeld (insgesamt zwischen 1,5 bis 1,8 Gehältern) wurde in einen variablen Vergütungsanteil umgewandelt. Für die Mitarbeiter bestand zunächst das Risiko, diese Gehaltsanteile komplett zu verlieren. Allerdings bot sich auch die Chance, aus 1,5 bis zu 3 Monatsgehälter zu machen. Tatsächlich geglaubt haben in der Einführungsphase wohl nur wenige Mitarbeiter, dass sie auch mehr als bisher erhalten könnten.

Wirklich überzeugt hat aber: Mit der Umwandlung der garantierten Sonderzahlung in einen variablen Vergütungsanteil erhielt Schwäbisch Media die Möglichkeit, auf Umsatz- und Ergebnisrückgang schnell reagieren zu können, ohne sofort Personal abbauen zu müssen. Bis zu 12 % der jährlichen Personalkosten waren mit dem neuen Vergütungsmodell tatsächlich variabel – hätten also im schlechtesten Fall eingespart werden können. Umgerechnet bedeutete dies die Möglichkeit, bis zu 90 Arbeitsplätze zu erhalten und dennoch erhebliche Einsparungen zu erzielen, sollte es dem Unternehmen schlecht gehen. Das war wohl das ausschlaggebende Argument für die Mitarbeiter.

Um den Mitarbeitern den Schritt zum neuen Vergütungsmodell etwas zu erleichtern, hatte Schwäbisch Media im ersten Jahr noch einen variablen Vergütungsanteil in Höhe der bisherigen Sonderzahlung garantiert. Dennoch waren die Verantwortlichen positiv überrascht, dass mehr als 94 % der Mitarbeiter das Angebot schon im Einführungsjahr angenommen haben. Inzwischen gibt es nur noch einen einzigen Mitarbeiter, der keinen variablen Vergütungsanteil hat.

Die konkrete Umsetzung fand jeweils in Form eines Nachtrags zum Arbeitsvertrag statt. In diesem wurde auf die Betriebsvereinbarung Bezug genommen.

3.4.4.2 Die Struktur der variablen Vergütung bei Schwäbisch Media

Wie bereits erwähnt ist das variable Vergütungsmodell bei Schwäbisch Media für alle Mitarbeiter und Führungskräfte beinahe identisch. Das Jahreseinkommen besteht aus dem Grundgehalt und dem variablen Vergütungsanteil.

Das Schaubild (siehe Abb. 3.21) zeigt die einzelnen Bestandteile des Vergütungssystems. Mit jedem Mitarbeiter wird individuell ein Jahreseinkommen vereinbart, das sich wie folgt aufteilt: Der Anteil des Grundgehalts beträgt 80 %, die restlichen 20 % ergeben sich aus dem variablen Vergütungsanteil.

Im „Normalfall" erreichen die Mitarbeiter 100 % des vereinbarten Jahreseinkommens. Da sich der variable Vergütungsanteil je nach Geschäftsverlauf, Bereichserfolg und individueller Performance (siehe unten) verdoppeln, aber auch komplett entfallen kann, erreicht der Mitarbeiter im schlechtesten Fall 80 % und im besten Fall 120 % der vereinbarten Jahresvergütung.

Das Grundgehalt wird in zwölf Teilen jeweils monatlich ausbezahlt. Auf den variablen Anteil erhalten die Mitarbeiter einen Abschlag im November des laufenden Jahres. Die Endabrechnung erhalten sie im Juli des Folgejahres. Der variable Vergütungsanteil setzt sich aus drei Komponenten zusammen: einer Unternehmenskomponente, die mit 40 % den größten Anteil hat. Einer Gruppen- beziehungsweise Bereichskomponente und einer individuellen Leistungskomponente, die jeweils 30 % des variablen Vergütungsanteils bestimmen.

Natürlich gab es in der Konzeptionsphase Diskussionen darüber, welche Komponenten sinnvoll sind und welche nicht. Fragen wie: „Was kann ich denn dafür, wenn es dem Unternehmen schlecht geht?" oder „Warum sollen wir dafür büßen, wenn die anderen Bereiche/

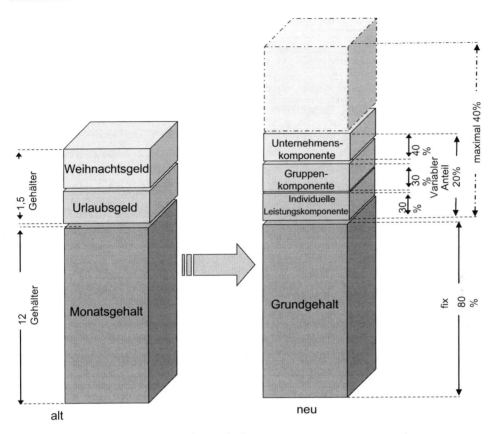

Abb. 3.21 Alte und neue Vergütungsbestandteile

Kollegen schlecht arbeiten?" oder „Kann man kreatives Arbeiten überhaupt beurteilen?" wurden offen und ausführlich besprochen. Bis heute besteht ein Konsens darüber, dass ein variabler Vergütungsanteil idealerweise die Unternehmensperspektive sowie die Teamleistung und die individuelle Leistung berücksichtigt.

Neben dieser grundsätzlichen Übereinstimmung war für Schwäbisch Media ebenso wichtig, ein möglichst unbürokratisches und einfaches Modell zu erarbeiten, denn kaum ein mittelständisches Unternehmen wird es sich leisten, für die Administration der variablen Vergütung zusätzliche Mitarbeiter einzustellen.

Die Unternehmenskomponente Dieser Vergütungsanteil ergibt sich aus der wirtschaftlichen Entwicklung der gesamten Unternehmensgruppe. Als Indikator hierfür wird der konsolidierte Cashflow der Unternehmensgruppe Schwäbisch Media im Verhältnis zu deren Umsatz herangezogen. Je nach erreichtem Cashflow-Anteil kann die Unternehmenskomponente zwischen 0 und 200 % der vereinbarten Summe schwanken. Bereits mit der Einführung wurde mit dem Betriebsrat vereinbart, dass die jährliche Berechnung dieser Komponente durch einen unabhängigen Wirtschaftsprüfer vorgenommen wird.

Die Gruppen- oder Bereichskomponente Mit diesem Bestandteil soll der Erfolg der Gruppe, des Bereiches oder der Abteilung bewertet werden. Auch hier sind die Kriterien eindeutig und klar messbar. Bei Schwäbisch Media bilden die selbstständigen Lokalbereiche (Tageszeitungsausgaben), einige Profitcenter und die zentralen Markt- und Dienstleistungsbereiche die jeweiligen Gruppen. Insgesamt gibt es davon rund 50. Jährlich wird für jede Gruppe eine sogenannte Gruppenzielvereinbarung erstellt. Angefertigt und berechnet werden sie in Abstimmung mit den jeweiligen Führungskräften durch die Personalabteilung. Als Grundlage hierfür dient die ohnehin jährlich stattfindende Budgetierung.

Die Gruppenzielvereinbarungen beinhalten meist drei Kriterien: Umsatz-, Auflage/Reichweite- und Kostenplanung. Lediglich in den zentralen Dienstleistungsbereichen wird hiervon abgewichen, aber auch dort sollen nicht mehr als drei quantifizierbare Kriterien vereinbart werden.

Die individuelle Leistungskomponente Die individuelle Leistungskomponente ergibt sich aus einer Leistungsbeurteilung. Zweimal jährlich wird jeder Mitarbeiter durch seine Führungskraft beurteilt. Die hier erzielte Punktzahl bestimmt die Höhe der Leistungskomponente. Für alle Mitarbeiter gilt ein einheitliches Beurteilungssystem. Bei Schwäbisch Media werden insgesamt sechs Kriterien bewertet:

- Qualität der Arbeitsleistung,
- Arbeitsmenge und Zeitausnutzung,
- Fachkenntnisse,
- Initiative und Flexibilität,
- Zusammenarbeit,
- Ausdauer und Belastbarkeit.

Diese sechs Kriterien sind bei Schwäbisch Media bestimmend für die Beurteilung der Leistung. Es gab in der Konzeptionsphase über diese Kriterien hinaus noch eine Reihe weiterer Vorschläge. Um es nicht allzu komplex zu gestalten, hat man sich mit dem Betriebsrat auf diese sechs Beurteilungskriterien geeinigt. Für jedes Kriterium wurde festgelegt, was darunter zu verstehen ist. So wird beispielsweise bei „Qualität der Arbeitsleistung" Folgendes bewertet:

- Vollständigkeit und Korrektheit der Aufgabenerfüllung,
- Häufigkeit von Fehlern,
- Setzen der richtigen Prioritäten,
- Erfüllung der Aufgaben in sachlich logischer Reihenfolge,
- Einhaltung von Standards und Qualitätsvorgaben,
- Kreativität und Einfallsreichtum bei der Aufgabenerfüllung.

Bei der Beurteilung wird jedes Kriterium wie folgt bewertet:

Tab. 3.10 Leistungsbeurteilungsstufen

1	Die Anforderungen des Aufgabenbereiches werden häufig oder meist nicht erfüllt.
2	Die Anforderungen werden teilweise nicht erfüllt beziehungsweise es besteht in Teilbereichen der Aufgabenerfüllung noch Anpassungsbedarf.
3	Die Anforderungen des Aufgabenbereiches werden in vollem Umfang erfüllt.
4	Die Anforderungen des Aufgabenbereiches werden teilweise übertroffen.
5	Die Anforderungen an den Aufgabenbereich werden weit und in jeder Hinsicht übertroffen.

Nach der ersten Beurteilungsrunde war schnell klar, dass es bei Schwäbisch Media doch recht unterschiedliche Vorstellungen darüber gab, wann eine Anforderung in vollem Umfang oder nur teilweise erfüllt ist. Auf Wunsch der Führungskräfte wurde deshalb für die wichtigsten Mitarbeitergruppen beispielhaft beschrieben, bei welcher Leistung mit welcher „Note" zu bewerten ist.

Diese sogenannten Taxonomien erleichtern den Führungskräften die Einschätzung der Leistung ihrer Mitarbeiter und sollen zu einer Vereinheitlichung des Beurteilungsmaßstabs führen. Sie haben zusätzlich dazu beigetragen, dass die Leistungsbeurteilungen vonseiten der Mitarbeiter als fair und nachvollziehbar empfunden werden. Außerdem wird Klarheit erzeugt, welche konkreten Leistungserwartungen Schwäbisch Media stellt. Beispielhaft hier eine Taxonomie für das Kriterium „Initiative und Flexibilität"[21]: Tab. 3.11

Sowohl Führungskräfte wie auch Mitarbeiter wurden vor den ersten Beurteilungen intensiv geschult. Bei Schwäbisch Media war dies damals unbedingt notwendig, weil offenes Feedback und die Kommunikation gegenseitiger Erwartungen nicht der Regelfall, sondern eher die Ausnahme waren.

3.4.5 Zehn Jahre variable Vergütung – Erfahrungen und Bewertung

Mittlerweile werden alle Mitarbeiter von Schwäbisch Media mehr als ein Jahrzehnt im Rahmen dieses Vergütungsmodells entlohnt – Zeit für eine Zwischenbilanz.

Monetäre Auswirkungen Das Modell von Schwäbisch Media ist so angelegt, dass es in guten Zeiten die Mitarbeiter am Erfolg des Unternehmens und der eigenen Arbeitsleistung beteiligt und in schlechten Zeiten hilft, Kosten zu senken. Gleichzeitig mit der Einführung trat eine allgemeine wirtschaftliche Erholung ein und es fanden weitere Kostensenkungsprojekte bei Schwäbisch Media statt. In der Folge kam es zu einer raschen Ergebnisverbesserung, die so nachhaltig war, dass die variable Vergütung bei Schwäbisch Media bisher jedoch nicht zu Kostensenkungen, sondern zu Mehrausgaben führte: Über eine Dekade

---

[21] Für alle Mitarbeitergruppen gültig.

Tab. 3.11 Leistungsbeurteilungsstufen des Kriteriums „Initiative und Flexibilität"

1	Der Mitarbeiter arbeitet meist nur nach Anweisung und in starrem Zeitrahmen; „Ungewöhnliches" wird als störend empfunden.
2	Bei Vorliegen der entsprechenden Notwendigkeit wird nach Aufforderung auch abweichend von der Regelarbeitszeit gearbeitet. Eigene Ideen/Anregungen werden nur selten eingebracht.
3	Der Mitarbeiter passt seine Arbeitszeit an die betriebliche Notwendigkeit an, er bringt regelmäßig eigene Ideen ein; empfindet Neues/Veränderungen als Normalität und beteiligt sich aktiv an neuen Aufgaben.
4	Der Mitarbeiter übernimmt freiwillig/ungefragt zusätzliche Aufgaben, auch wenn diese nur außerhalb der Regelarbeitszeit erledigt werden können. Bringt häufig neue Ideen ein und beteiligt sich aktiv an deren Umsetzung; sieht Veränderungen als Chance und freut sich darauf.
5	Der Mitarbeiter ist innerhalb seines Bereiches „Motor"/„Triebfeder" für Veränderungen; betriebliche Erfordernisse stehen für den Mitarbeiter an erster Stelle.

betrachtet lag die Höhe der variablen Vergütungsanteile im Durchschnitt bei rund 135 % und damit über den Personalkosten des alten, tarifabhängigen Modells.

Allerdings steht diesen zusätzlichen Kosten ein zusätzlicher wirtschaftlicher Nutzen gegenüber. Somit sind dies Kosten, die gerne getragen werden. Dem Unternehmen ging es in diesem Zeitraum sehr gut und davon profitierten auch die Mitarbeiter. Sie haben schließlich wesentlich dazu beigetragen.

Neben den klar messbaren, monetären Konsequenzen hat durch die neue Vergütungsstruktur ein kultureller Wandel stattgefunden. Fragen zum Geschäftsverlauf, zum wirtschaftlichen Erfolg des eigenen Bereiches, zur Sinnhaftigkeit einzelner Investitionen et cetera wurden vor Einführung des neuen Vergütungsmodells nur selten von den Mitarbeitern diskutiert. Dies hat sich geändert. Da nun Teile der Vergütung vom Erfolg des Unternehmens und des eigenen Bereiches bestimmt werden, hinterfragen die Mitarbeiter Entscheidungen kritischer und setzen sich intensiver mit dessen Erfolg und Entwicklung auseinander.

Außer dem Zugewinn an Kostenflexibilität und schneller Reaktionsmöglichkeit auf wirtschaftliche Veränderungen ist dies ein begrüßenswerter Nebeneffekt, der ursprünglich so gar nicht beabsichtigt war.

Literatur

Vermes. (2009). Vom Affen lernen – Vergütungssysteme im Vertrieb. Aquisa 7/2009, S. 48–50.
Widrat. (2012). Eindeutige Ziele. Profits – Das Unternehmermagazin der Sparkassen-Finanzgruppe, 1/2012, S. 14–16.

Der Konzeptions- und Einführungsprozess

Jürgen Weißenrieder

Zusammenfassung

In den Kap. 2 und 3 haben wir uns intensiv mit der Funktionsweise und den Methoden leistungsvariablen Entgelts beschäftigt. Wir haben mit Kennzahlen, Gewichtungen, Punkten und Prozenten „gekämpft", weil es wichtig ist zu wissen, welche Möglichkeiten sich bieten und wofür man sich guten Gewissens entscheiden kann und von was man sich gegebenenfalls eher verabschiedet. So weit, so gut! Entscheidend ist allerdings nicht, was technisch möglich ist, sondern was betrieblich sinnvoll und realisierbar ist. Deshalb kommt dem Konzeptions- und Einführungsprozess eine besondere Bedeutung zu. Wenn man die nachhaltige Wirksamkeit eines leistungsvariablen Vergütungssystems anstrebt, dann muss der Weg dahin auch dem Ziel gerecht werden. Eine professionelle, projektorientierte Arbeitsweise ist in der Konzeptions- und Einführungsphase unverzichtbar. Ebenso ist die Einbeziehung der späteren Anwender (Führungskräfte, Mitarbeiter und Betriebsräte) unabdingbar. Gleichzeitig erhält das Thema durch diesen Anspruch eine recht hohe Komplexität, die allein schon davon abschrecken könnte, das Thema überhaupt aufzugreifen. Deshalb möchte ich in diesem Kapitel die wesentlichen Aspekte einer nachhaltigen Vorgehensweise in der Konzeptions- und Einführungsphase beleuchten, denn auch hier gilt: „Dem Gehenden schiebt sich der Weg unter die Füße." Ich möchte dieses Zitat von Martin Walser etwas abwandeln und vielleicht so formulieren: „Wer den ersten Schritt tut, dem schiebt sich der Weg unter die Füße." Es ist schon wichtig, einen groben Plan zu haben, aber es hat sich auch gezeigt, dass man mit dem groben Plan beginnen muss, um dann Schritt für Schritt die wichtigen Fragen abzuarbeiten.

J. Weißenrieder (✉)
Am Ranken 9,
88069 Tettnang, Deutschland
E-Mail: j.weissenrieder@wekos.com

J. Weißenrieder (Hrsg.), *Nachhaltiges Leistungs- und Vergütungsmanagement,*
DOI 10.1007/978-3-658-04160-1_4, © Springer Fachmedien Wiesbaden 2014

4.1   Betriebliche Mitbestimmung

In mitbestimmten Unternehmen unterliegt das Thema „Vergütung" ohne jeden Zweifel der Mitbestimmung.

> ▶   § 87 Betriebsverfassungsgesetz (Auszug)
> (1) Der Betriebsrat hat, soweit eine gesetzliche oder tarifliche Regelung nicht besteht, in folgenden Angelegenheiten mitzubestimmen:
> 10. Fragen der betrieblichen Lohngestaltung, insbesondere die Aufstellung von Entlohnungsgrundsätzen und die Einführung und Anwendung von neuen Entlohnungsmethoden sowie deren Änderung;
> 11. Festsetzung der Akkord- und Prämiensätze und vergleichbarer leistungsbezogener Entgelte, einschließlich der Geldfaktoren;
> (2) Kommt eine Einigung über eine Angelegenheit nach Absatz 1 nicht zustande, so entscheidet die Einigungsstelle. Der Spruch der Einigungsstelle ersetzt die Einigung zwischen Arbeitgeber und Betriebsrat.

Aus meiner Sicht ist das in den meisten Fällen eine Erleichterung. Man hat einen betrieblichen Gesprächs- und Verhandlungspartner und nicht hunderte. Der Betriebsrat ist also ohne Einschränkungen ein Teil des Projekts und man steht nur vor der Frage, wann die Einbeziehung des Betriebsrates sinnvoll ist. Die Frage, ob der Betriebsrat einbezogen werden soll, stellt sich in dieser Form nicht.

Zwei Möglichkeiten bieten sich:

1. Das Konzept wird erarbeitet und in Form einer Betriebsvereinbarung dem Betriebsrat vorgelegt.
2. Das Konzept wird gemeinsam erarbeitet und dann von den betrieblichen Gremien (Geschäftsleitung und Betriebsrat) entschieden.

Ich neige ausdrücklich zu Variante 2. Die Wahrscheinlichkeit, zu diesem komplexen Thema eine Einigung zu erzielen, ist deutlich höher, wenn man die Diskussions- und Entscheidungsprozesse im Zuge der Konzeption gemeinsam vollzieht. Am Ende eines langen Prozesses ein Ergebnis vorzulegen, enthält dem Partner die Möglichkeit vor, selbst angemessen in das Thema hineinwachsen zu können. Das Risiko einer Ablehnung steigt schon allein deshalb, weil häufig am Ende Missverständnisse bei Begriffen und Prozessen entstehen, für die man kein gemeinsames Verständnis entwickeln konnte. „Gut gemeint" erscheint dann auf einmal als doch nicht „gut gemacht". All das kann man vermeiden, wenn man von Anfang an gemeinsam arbeitet. Manchmal erscheinen die ersten Schritte schwierig, aber auf lange Sicht hat es sich bewährt. Die Ablehnungswahrscheinlichkeit sinkt mit zunehmender Nähe in der Erarbeitung und Beleuchtung des Themas.

4.2 Projektmanagement in der Konzeptionsphase eines neuen Vergütungssystems

In mitbestimmten Unternehmen sind die Betriebsparteien gut beraten, ein Projektteam zusammenzustellen, das ein Konzept ausarbeitet und anschließend dem Betriebsrat und der Geschäftsleitung vorlegt. Diese beiden betrieblichen Gremien entscheiden dann über die weitere Vorgehensweise. Unternehmen, die keinen Betriebsrat haben, sind gut beraten, trotzdem ein Projektteam zusammenzustellen, weil sich gezeigt hat, dass die Konfliktlinien bei diesem Thema nicht immer automatisch zwischen Betriebsrat und Geschäftsleitung verlaufen, sondern auch zwischen Führungskräften und Geschäftsleitung oder zwischen verschiedenen Bereichen verlaufen können.

Die wesentlichen Arbeitsschritte stelle ich in chronologischer Reihenfolge vor:

Auftaktworkshop Im Auftaktworkshop wird der Auftrag des Projekts geklärt, das heißt die Initiatoren setzen sich zusammen und erarbeiten noch nicht das Konzept, sondern klären die Zielsetzungen und Arbeitsbedingungen für das Projekt:

1. Was wollen wir mit dem Projekt erreichen?
2. Welche bisher unerwünschten Wirkungen wollen wir abstellen?
3. Welchen Beitrag soll das neue Vergütungssystem zur Entwicklung des Unternehmens leisten?
4. Wo haben wir gemeinsame Ziele?
5. Wo stellen wir heute vielleicht schon Unterschiede fest?[1]
6. Welche Befürchtungen haben die Beteiligten aus heutiger Sicht?
7. Wer wird im Projektteam mitarbeiten?
8. Welche offenen Fragen stellen sich uns aus heutiger Sicht?
9. Welche terminlichen Vorstellungen haben wir aus heutiger Sicht?
10. Welche Zwischenschritte sehen wir aus heutiger Sicht für die Information der betrieblichen Gremien?

Am Auftaktworkshop nehmen die Entscheider in der Unternehmensleitung teil. Weiterhin ist der Personalbereich und der Betriebsrat[2] vertreten. Führungskräfte, die wichtige Bereiche des Unternehmens repräsentieren, und Gesellschafter, die nicht in der Geschäftsführung sind, aber unter Umständen trotzdem mitentscheiden, sind in dieser Runde ebenso wichtig. Sofern bereits ein interner Projektleiter oder externer Projektleiter benannt ist, sind sie ebenfalls Teilnehmer des Auftaktworkshops. Die Leitung des Auftaktworkshops sollte ein erfahrener Moderator[3] übernehmen.

---

[1] Diese Unterschiede werden im Auftaktworkshop nicht diskutiert, sondern einfach nur festgestellt.

[2] In der Regel Betriebsratsvorsitzender und Stellvertreter.

[3] Der Moderator muss nicht unbedingt im Thema erfahren sein, sollte aber in der Lage sein, eine Besprechung gut vorzubereiten und im Verlauf zu strukturieren.

► Es ist in diesem Auftaktworkshop noch nicht wichtig, alle unterschiedlichen Sichtweisen abschließend zu diskutieren oder sogar inhaltliche Entscheidungen zu treffen. Zu diesem frühen Zeitpunkt führt dies sonst eher dazu, dass die weitere Arbeit im Projektteam nur belastet wird. Oft zeigt sich in der praktischen Arbeit, dass gute Lösungen für Fragestellungen gefunden werden können, die zu Beginn sehr abstrakt sind und auf dieser abstrakten Ebene keiner Lösung zugeführt werden konnten. Also: Einfach offene Fragen auflisten, auf die später eine Antwort gefunden werden muss.
Außerdem ist eine Eigenheit dieses Themas, dass es dazu viele „Experten" und manchmal eine babylonische Sprachverwirrung gibt. Jeder hat so sein Verständnis vom Thema und benutzt Begriffe auf seine Art. Wenn man konkret in kleinen Schritten alternative Antworten auf konkrete Fragen diskutiert und anschließend entscheidet, besteht eine hohe Wahrscheinlichkeit, dass man zum Ergebnis kommt. Ehrlich!

Aufgabe und Zusammensetzung des Projektteams Ein Projektteam ist dann arbeits- und entscheidungsfähig, wenn es mehr als fünf, aber weniger als zehn Mitglieder und einen Projektleiter hat. Sollte ein externer Berater eingeschaltet sein, so gibt es eben einen internen und einen externen Projektleiter. Die Aufgabe des Projektteams besteht darin, pragmatische Antworten auf all die offenen Fragen zu finden, die sich ergeben. Deshalb ist die Zusammensetzung des Projektteams wichtig. Es sollte so zusammengesetzt sein, dass alle Bereiche, alle hierarchischen Ebenen vertreten sind. Es ist wichtig, kritisch-konstruktive Mitarbeiter, Betriebsräte, Multiplikatoren und Schlüsselpersonen von Anfang an zu integrieren und trotzdem nicht mehr als zehn Personen im Team zu haben. Das sind die ersten Entscheidungen, die zu treffen sind.

Arbeitsweise des Projektteams

Die erste Aufgabe des Projektteams besteht darin, alle Fragen aufzulisten. Die Leitfrage lautet:

► Welche offenen Fragen haben wir, wenn wir über ein neues Vergütungssystem für unser Unternehmen nachdenken?

Eine Liste offener Fragen hat sich als sehr hilfreich für eine konstruktive Arbeit erwiesen, weil …

1. … man ihnen eine Reihenfolge zur Abarbeitung geben kann.
2. … man auf Fragen sachliche Antworten suchen kann.
3. … man Fragen für später zurückstellen kann, ohne sie aus dem Auge zu verlieren.
4. … man Fragenlisten ergänzen kann.

Mit dieser Liste offener Fragen lässt sich den Themen relativ einfach eine Reihenfolge geben. In Abschn. 9 (S.229ff.) finden Sie ein Beispiel für eine Liste offener Fragen. Symptomatisch für die Arbeit mit einer Liste offener Fragen ist, dass sie zu Beginn der Arbeit eher länger wird. Mit jeder Antwort tauchen manchmal zwei neue Fragen auf. Dann werden die neuen Fragen einfach gelistet und zu einem späteren Zeitpunkt wieder aufgegriffen. Ich kann von Projekten berichten, in denen wir zwischendurch über 100 offene Fragen auf unserer Liste hatten. Das war zwischendurch erschreckend, aber teilweise wurden in einer Projektbesprechung en bloc 20 offene Fragen abgearbeitet, die zusammenhingen.

Das Schöne daran ist, dass sich manche Fragen von selbst erledigen. Manch provozierende Frage wird später zurückgezogen, weil der Fragesteller dabei keinen „erhöhten Blutdruck" mehr hat. Manchmal erledigt sich die Frage für den Fragesteller aus sachlichen Gründen im Laufe der Diskussionen. Die Liste offener Fragen stellt also einigermaßen sicher, dass das Projektteam systematisch und einigermaßen entspannt und sachorientiert arbeiten kann.

Beim Sortieren der offenen Fragen hat es sich bewährt, dem Grundsatz zu folgen: „Bohre nicht die dicksten Bretter zuerst!". Das heisst, das Projektteam läuft sich mit eher einfachen Fragen warm, zum Beispiel:

- Woran erkennen wir die Bedeutung eines Arbeitsplatzes?
- Woran erkennen wir gute Leistung bei uns im Unternehmen?

Am Anfang sollten nicht Fragen wie folgende stehen: „Wie wird die Sekretärin vom Chef beurteilt?" oder „Wie hoch genau ist der Bonus in Krisenjahren?" oder „Was passiert, wenn jemand mit seiner Leistungsbeurteilung nicht einverstanden ist?"

Entscheidungsfindung im Projektteam Es ist nicht immer einfach, bei Fragen des Entgeltsystems gemeinsame Entscheidungen im Projektteam zu treffen, aber es ist öfter möglich, als man landläufig denkt. Man hat eine höhere Wahrscheinlichkeit, wenn man nicht ständig Entscheidungen forciert. Sie fallen früher oder später (in die richtige Richtung) auch ohne Nachdruck. Ich muss mich als Projektleiter auch teilweise bremsen, weil ich natürlich viele Fragen schon oft beleuchtet und diskutiert habe. Aber auch ich mache die Erfahrung, dass nur so die für dieses Unternehmen relevanten Aspekte auch wirklich auftauchen. Bei hohem Tempo übersieht man sie.

Ich plädiere für folgende Vorgehensweise:

1. Fragen genau formulieren
2. Verschiedene Antwortalternativen sachlich diskutieren
3. Alternativen schriftlich formulieren und in einem Protokoll festhalten
4. Ohne Abstimmung ein Meinungsbild im Projektteam einholen (Wer hat welche vorläufigen Einschätzungen?)
5. Darüber schlafen
6. Gegebenenfalls neue Gesichtspunkte diskutieren
7. Noch einmal ein Meinungsbild einholen
8. Durch Abstimmung eine Entscheidung treffen
9. „Können die damit leben, die sich anders entschieden hätten?"
10. Ergebnis im Protokoll festhalten

Mit dieser Arbeitsweise wächst die zu formulierende Betriebsvereinbarung sozusagen Schritt für Schritt.

Information und Einbindung außerhalb des Projektteams Wenn die Wirkung nachhaltig sein soll, dann braucht auch der Weg zum Ziel bereits Transparenz und die Einbindung der Belegschaft. Es ist sicher wenig sinnvoll, über jedes vielleicht noch unausgegorene Detail bruchstückhafte Informationen zu streuen, aber es gibt Themen, bei denen eine Einbindung verschiedener Zielgruppen sinnvoll ist.

Zur Frage der Bewertung der Arbeitsplätze ist es zum Beispiel unumgänglich, die Führungskräfte der jeweiligen Bereiche mit einzubinden. Sie haben die Detailkenntnisse der Arbeitsinhalte, die zu bewerten sind und müssen deshalb bei der Sammlung und Sichtung der Informationen abschnittsweise für ihre Verantwortungsbereiche eingebunden werden. Bevor die Arbeitsplatzbewertungen abschließend entschieden werden, sollten die Führungskräfte über die Zwischenergebnisse informiert werden und sollten ihr Feedback geben können. Das Projektteam ist nach wie vor für die übergreifenden Quervergleiche zuständig und nicht alle Inputs der Führungskräfte werden aufgenommen werden können. Allerdings stellt die Einbeziehung der Führungskräfte sicher, dass nicht kurz vor der Einführung oder im Einführungsprozess Überraschungen entstehen.

Zu der Frage „Woran erkennen wir gute Leistung bei uns im Unternehmen?" sollten mindestens die Führungskräfte einbezogen werden. Wir haben dazu aber auch schon Mitarbeiterbefragungen (schriftlich und auch online) durchgeführt, um Beispiele für beobachtbares Verhalten und Anregungen für Kennzahlen zu sammeln. Auch Kurzworkshops mit Mitarbeitern zu dieser Frage haben schon stattgefunden. Es ist spannend, zu beobachten, dass die Mitarbeiter mehrheitlich die Latten dabei ziemlich hoch hängen. Es manifestieren sich immer recht hohe Anspruchsniveaus. Wenn die Mitarbeiter dazu gefragt werden, dann machen sie sich Gedanken dazu. Damit sind sie an der Entstehung des neuen Vergütungssystems beteiligt und es zeigt sich immer wieder, dass dadurch die Schwellen bei der Einführung deutlich niedriger sind, weil sich die Überraschungen für die Mitarbeiter in Grenzen halten.

Damit wird in der Wahrnehmung der Beteiligten die „Rampe flach gehalten". Im Sinne der Terminologie des Change Management ist diese Vorgehensweise eher evolutionär und wird nicht als Big Bang wahrgenommen.

▶   „Gras wächst nicht schneller, wenn man daran zieht." (aus Sambia)

Diese Arbeitsweise erfordert etwas Geduld und Zeit, führt aber (zumindest in meiner Erfahrung) ausnahmslos zum Ziel.

Geheimhaltung der Arbeit des Projektteams Vergütungssysteme haben immer einen hohen Aufmerksamkeitswert. Dafür interessieren sich viele Mitarbeiter und viele wüssten auch gerne, wie viel die Kollegen (in anderen Bereichen) verdienen. Deshalb wird es auch nicht gelingen, die Arbeit des Projektteams geheim zu halten. Es dringt immer etwas nach außen. Deshalb kann man aus der Not eine Tugend machen. Ich arbeite gerne damit, dass die Projektteammitglieder zwischen den Projektbesprechungen mit jeweils zwei oder drei Personen ihres Vertrauens den aktuellen Stand besprechen und deren Meinung dazu einholen und im Projektteam einbringen. Das Signal ist: Man kann über alles reden und wir haben nichts zu verheimlichen.

Auch diese Botschaft senkt die Schwelle beim Einführungsprozess, weil viele schon davon gehört haben.

Entscheidung Die Aufgabe des Projektteams besteht darin, alle offenen Fragen so weit zu klären, dass eine betriebliche Regelung formuliert werden kann, die der Geschäftsleitung und dem Betriebsratsgremium vorgelegt werden kann. Dieser letzte Arbeitsschritt kann unterschiedlich lange dauern. In der Regel sind bis zu diesem Zeitpunkt alle relevanten Aspekte diskutiert und vorher abgestimmt.

4.3 Projektmanagement in der Einführungs- und Umsetzungsphase

Wenn die Konzeptionsphase abgeschlossen ist und die Betriebsvereinbarungen unterschrieben sind, ist das Projekt noch nicht abgeschlossen. Dann sind vom Gesamtaufwand 20 bis 40 % erledigt, aber der Hauptakt folgt noch. Wer jetzt nur schnell die Betriebsvereinbarungen an die Führungskräfte verschickt und für die Mitarbeiter an das Schwarze Brett hängt, läuft Gefahr, dass die besten Ansätze „verstolpert" werden. Jetzt beginnt die Arbeit erst richtig!

Wir haben verschiedene Bezugsgruppen, die wir im Auge behalten und „betreuen" müssen. Sie haben verschiedene Rollen und Aufgaben im Einführungsprozess:

- Geschäftsleitung,
- Bereichsleiter,
- Führungskräfte,
- Mitarbeiter,
- Betriebsrat,
- Projektteam.

Geschäftsleitung Die Geschäftsleitung spielt eine wesentliche Rolle im Einführungsprozess. Oft hat die Geschäftsleitung zwar zu Beginn des Projekts den Auftrag erteilt. Im Laufe der Diskussionen und der Arbeit des Projektteams erfolgte zwar immer wieder eine Information, aber die Haltung ist oft: „Wenn es heiß wird, schalte ich mich wieder ein."

Manchmal ist der Informations- und Einbindungsstand zum Ende der Konzeptionsphase nicht mehr so hoch, sodass ein intensives Briefing erfolgen muss, um sicherzustellen, dass die Geschäftsleitung in der Einführungsphase alle wichtigen Aspekte wieder präsent hat. Wichtig ist hier vor allem die Antwort auf die Frage: „Welche unternehmerischen Ziele wollen wir mit dem neuen Vergütungssystem erreichen?" Das ist ausgesprochen wichtig, denn die Mitglieder der Geschäftsleitung werden im Zuge der Einführung immer wieder und zwangsläufig in Situationen kommen, in denen über das neue Vergütungssystem diskutiert wird – auch kontrovers. Dann müssen die Mitglieder der Geschäftsleitung die Argumente präsent haben.

Insbesondere zum Auftakt der Führungskräfteschulungen ist es wichtig, dass die Geschäftsleitung noch einmal verdeutlicht, welche unternehmerischen Ziele mit dem neuen Vergütungssystem verfolgt werden und welche Erwartungen an die Führungskräfte gerichtet sind.

Je nach Unternehmensgröße ist es sinnvoll, wenn Mitglieder der Geschäftsleitung auch zum Start der Mitarbeiterinformationsrunden dabei sind, eine kurze Begrüßung machen und auch hier noch einmal erläutern, welche Ziele mit dem Projekt verfolgt werden.

Bereichsleiter (die Ebene unter der Geschäftsleitung) Manchmal verschwindet die Ebene unterhalb der Geschäftsleitung während des Einführungsprozesses in der Versenkung, weil sie keine klare Aufgabe hat und weil sie in der Regel nicht selbst direkt von neuen Vergütungsregelungen betroffen ist. Das ist schade, denn für die nachhaltige Wirkung sind die Bereichsleiter von großer Bedeutung. Sie sind diejenigen, die dauerhaft dafür sorgen müssen, dass die Spielregeln in ihren Verantwortungsbereichen eingehalten werden. Deshalb brauchen auch sie ein spezielles, gemeinsames Briefing, in dem sie auch vereinbaren, dass jeder Bereichsleiter in seinem Bereich für die Einhaltung der Spielregeln sorgen wird. Nach jeder Durchführungsrunde erhalten die Bereichsleiter eine Information darüber, welche Ergebnisse in den jeweils anderen Bereichen erzielt wurden. Diese Form der Transparenz sorgt dafür, dass die Bereichsleiter darauf vertrauen können, dass alle im Schulterschluss agieren und alle gleich konsequent in der Anwendung sind.

Das trägt mehr zur nachhaltigen Wirksamkeit des leistungsvariablen Vergütungssystems bei als viele technische Kunstgriffe.

Führungskräfte Die Anwender im engeren Sinne sind die Führungskräfte, die Leistungsbeurteilungen erstellen oder Zielvereinbarungen mit Mitarbeitern treffen beziehungsweise Feedback zu Teamkennzahlen geben. Für diese Zielgruppe ist bei der Anwendung der Methode „Leistungsbeurteilung" folgende Schrittfolge wichtig:

1. **Beurteilertraining** (etwa ein Tag pro Führungskraft): Hier wird den Beurteilern das Gesamtsystem ausführlich erläutert. Sie haben die Möglichkeit, für einige ihrer Mitarbeiter probeweise Leistungsbeurteilungen zu erstellen und diese mit Kollegen zu diskutieren. Weiterhin wird der Terminfahrplan für die nächsten Einführungsschritte bekanntgegeben.
2. **Vorläufige Beurteilungen erstellen** (etwa ein Tag pro Führungskraft): Mit dem Wissen aus Schritt a) erstellen die Beurteiler in Vorbereitung der Beurteilerkonferenzen

die vorläufigen Beurteilungen für ihre Mitarbeiter. Die Beurteilungen sind deshalb vorläufig, weil das „Eichen" und Vervollständigen der relevanten Informationen erst in den Beurteilerkonferenzen erfolgt (siehe Abschn. 2.2.2.3).

3. **Beurteilerkonferenzen** (etwa ein halber Tag pro Führungskraft): Dann erfolgen die Beurteilerkonferenzen, in denen die Leistungsbeurteilungen abschließend festgelegt werden.

4. **Beurteilungen nacharbeiten** (nach Bedarf): Da es in Beurteilerkonferenzen durchaus noch zu Änderungen und Ergänzungen gegenüber den vorläufigen Beurteilungen kommt, müssen manche Beurteilungen nach den Konferenzen noch nachgearbeitet werden.

5. **Training für das Führen von Beurteilungsgesprächen** (etwa ein Tag pro Führungskraft): Zu diesem Zeitpunkt besteht dann Klarheit darüber, mit welchem Mitarbeiter über welche Themen und Ergebnisse gesprochen wird. Somit ist auch absehbar, mit welchen Mitarbeitern die Gespräche eher einfacher oder eher schwieriger verlaufen werden. Einige dieser Gespräche können im Training mit Unterstützung eines Trainers und kollegialer Beratung vorbereitet werden.

6. **Beurteilungsgespräche detailliert vorbereiten:** Alle Beurteilungsgespräche vorbereiten.

7. **Gegebenenfalls kollegiale Beratung:** Bei Bedarf können jetzt noch besonders schwierige Gespräche mit Kollegen oder dem Personalbereich gesondert vorbereitet werden

8. **Beurteilungsgespräche führen**

Wenn die Zielvereinbarung als Methode leistungsvariablen Entgelts verwendet wird, sind die Stufen analog. In beiden Fällen lohnt sich die Mühe dieses mehrstufigen Einführungsprozesses, denn die Schräglagen und Fehlinterpretationen, die im Einführungsprozess entstehen, halten lange und schränken die nachhaltige Wirksamkeit des Entgeltsystems bereits zu einem frühen Zeitpunkt erheblich ein.

Mitarbeiter Die zahlenmäßig stärkste Zielgruppe des Einführungsprozesses sind die Mitarbeiter. Hier bietet es sich an, eine Kurzinformation vorzubereiten, die in einer Broschüre oder im Intranet zur Verfügung gestellt wird. Auch kurze Videos[4], in denen das System erläutert wird, sind hilfreich. Viel wichtiger ist aber, dass die Mitarbeiter die Informationen zum neuen Vergütungssystem persönlich bekommen. Idealerweise finden Informationsveranstaltungen statt, die Betriebsräte und Personalbereich gemeinsam durchführen. Weiterhin können Sprechstunden angeboten werden, in denen individuelle Fragen geklärt werden können.

---

[4] Ein Beispiel von ifm electronic, das von den Mitarbeitern über eine QR-Code aufgerufen werden kann: http://www.youtube.com/watch?v=XmB3zuCRReY&feature=youtu.be.

Wichtig ist aber auch, dass die direkten Führungskräfte in der Lage sein müssen, ihren Mitarbeitern die wichtigsten Änderungen erläutern zu können.

Betriebsrat Auch wenn der Betriebsrat die Betriebsvereinbarungen unterschrieben hat, ist es wichtig, im Zuge der Einführungsphase im engen Kontakt zu bleiben. Sinnvollerweise erfolgt die Information der Mitarbeiter gemeinsam mit dem Betriebsrat, um zu zeigen, dass das neue System das gemeinsame Ergebnis intensiver Arbeit ist.

Weiterhin ist es nicht ungewöhnlich, dass es während der Einführungsphase manchmal zu Irritationen kommt. In der Anfangsphase ist es deshalb hilfreich, im engen Kontakt zu bleiben und sich regelmäßig abzustimmen, um Fehlentwicklungen zu vermeiden oder einzufangen. Das schafft Vertrauen, das die nachhaltige Wirksamkeit erheblich stützt.

Projektteam Das Projektteam hat seine Aufgabe zwar schon erledigt, ist aber Know-how-Träger und kann durchaus bei der Information der Mitarbeiter eine wesentliche Rolle spielen. Einen zünftigen Projektabschluss hat das Projektteam für seinen Arbeitseinsatz auf jeden Fall verdient.

4.4   Qualitätssicherung und Evaluation

Unter dem Aspekt der nachhaltigen Wirksamkeit eines neuen leistungsvariablen Vergütungssystems spielt die Zeit nach der Entgeltrunde eine wesentliche Rolle.

Beispiel

Klassischerweise sind alle Beteiligten einfach nur froh, wenn zum Beispiel wieder einmal eine Beurteilungs- oder Entgelterhöhungsrunde vorbei ist. Endlich kann man sich wieder dem Tagesgeschäft widmen und so soll es ja auch sein. Allerdings bleibt nach jeder Runde ein bisschen Sand im Getriebe zurück in Form von Reklamationen oder Beurteilungsgesprächen, die nicht so gut gelaufen sind, oder Versprechungen, die nicht gehalten wurden, und so weiter.

Evaluation der ersten Runde Wenn alle anderen froh sind, dass es vorbei ist, muss jemand den Rückspiegel heben und einen Blick hineinwerfen. Das ist in der Regel der Personalbereich. Insbesondere nach der ersten Runde ist es wichtig, eine ausführlichere Evaluation zur Qualitätssicherung durchzuführen. Die Hauptfragen sind: „Wie gut ist uns die Einführung gelungen?" und „Was lernen wir im Sinne kontinuierlicher Verbesserung fürs nächste Mal?" Im Anhang (Abschn. 9 (S.232f.)) finden Sie einen Vorschlag für die Befragung der Führungskräfte nach der ersten Runde. Die Ergebnisse werden ausgewertet und aufbereitet, sodass sie mit der Führungsmannschaft besprochen werden können.

Dabei sind aus meiner Sicht folgende Erkenntnisse interessant:

- Welche Ziele haben wir in welchem Maße erreicht?
- Was ist uns gut gelungen? Welche Verbesserungen sind uns gelungen?
- Auf welche Schwierigkeiten sind wir gestoßen?
- Welche konkreten Vorschläge zur Verbesserung gibt es?

Das sind die üblichen Fragen, die im Zuge von Veränderungsprozessen relevant sind.

Briefing vor jeder Runde

Beispiel

Bei einer Vortragsveranstaltung hat ein Personalleiter, der die Führungskräfte im Unternehmen auf charmante Art im Griff hat, davon berichtet, dass er vor jeder Beurteilungsrunde in die Bereichsbesprechungen geht, um dort den Zeitplan für die nächste Beurteilungsrunde zu besprechen. Bei der Gelegenheit greift er noch einmal auf die Auswertungen der letzten Runde zurück und weist darauf hin, worauf in der nächsten Runde geachtet werden sollte. Er holt das Okay der Anwesenden ein, spricht sich mit dem Bereichsleiter ab und so hat das Thema wieder Aufmerksamkeit und die Wahrscheinlichkeit ist eher gering, dass einzelne Beurteiler eigene Wege gehen.

Wenn man das nachhaltige Funktionieren eines leistungsvariablen Vergütungssystems als einen sehr langlaufenden Prozess mit sich in größeren Zyklen wiederholenden Schleifen begreift, wird klar, dass immer wieder Feedbackschleifen notwendig sind, um den Gesamtprozess in der richtigen Spur zu halten beziehungsweise unter Umständen korrigieren zu können. Das sind kleine Interventionen und vorbeugende Wartungsmaßnahmen, die verhindern, dass es zu großen Reparaturen kommt.

Wenn vor jeder Runde noch einmal die Erkenntnisse aus der letzten Runde in Erinnerung gerufen werden, die Aufmerksamkeit dafür wieder gewonnen wird, dann leistet dies einen Beitrag zum nachhaltigen Funktionieren leistungsvariabler Entgeltsysteme.

Regelmäßige Auswertungen nach jeder Runde

▶   „Nach dem Spiel ist vor dem Spiel."[5]

Jede Entgeltrunde endet mit einem Feedback an die Beurteiler, damit sie ihr Beurteilungsverhalten weiter optimieren können. Die Tatsache, dass nicht alle Führungskräfte dieses Feedback wünschen, sollte uns nicht daran hindern, es trotzdem zu geben.

---

[5] Zitat von Sepp Herberger, 1897–1977, Fußballbundestrainer.

Abb. 4.1 Ergebnisbericht für Beurteiler

Im besten Fall erhält jede Führungskraft einen individuellen Ergebnisbericht, der zum Beispiel folgende Informationen enthält:

- Durchschnittliche Beurteilungen im Unternehmen, im „Heimat"-Bereich und in der eigenen Abteilung;
- Streuung der Beurteilungen anderer Beurteiler im Unternehmen, im „Heimat"-Bereich und in der eigenen Abteilung;
- Anteil der Mitarbeiter im Zielgehalt, unter Zielgehalt und über Zielgehalt;
- Anteil von Reklamationen im Unternehmen, im „Heimat"-Bereich und in der eigenen Abteilung.

Mit diesen Informationen (wie in Abb. 4.1) hat jede Führungskraft die notwendigen Daten für eine Standortbestimmung. Die Verteilung und Streuung der eigenen Leistungsbeurteilungen im Vergleich zu den Verteilungen und Streuungen der anderen Beurteiler im Unternehmen oder im Bereich sind dafür wichtige Eckpunkte. Diese Daten nehmen in der Regel Einfluss auf zukünftiges Verhalten. Mit Führungskräften, die nicht selbstständig die richtigen Schlüsse ziehen, können die Daten bei Bedarf gemeinsam interpretiert werden. Normalerweise entwickeln Führungskräfte nach zwei bis drei Zyklen ein Gefühl für die richtige Handhabung.

Diese Feedbackschleifen sind auch gleichzeitig ein Beitrag zur Führungskräfteentwicklung, denn Führungskräfte lernen dabei etwas über das Niveau der Erwartungen, die sie berechtigterweise an ihre Mitarbeiter stellen dürfen. Sie synchronisieren ihre berechtigten Erwartungen mit den Erwartungen anderer Führungskräfte und werden damit stabiler in der Verfolgung ihrer Erwartungen.

Ein weiterer wichtiger Aspekt dieser Feedbackschleifen betrifft die Synchronisierung der Handhabung in den verschiedenen Bereichen des Unternehmens. Es ist nicht ungewöhnlich, dass Führungskräfte anderen Bereichen unterstellen, höhere Beurteilungen zu vergeben oder nachlässiger im Führen der Beurteilungsgespräche zu sein. Wenn durch den bereichsübergreifenden Informationsfluss im Zuge der Auswertungen in den Feedbackschleifen deutlich wird, dass einzelne Bereiche abweichen, dann wirkt dies korrigierend. Wenn es keine Abweichungen gibt, dann wirkt es bestätigend für alle Beteiligten: „Wir wissen, dass sich keiner auf Kosten der anderen nachlässig oder zu großzügig verhält. Wir bewegen uns alle auf ungefähr dem gleichen Anforderungsniveau."

Schulung neuer Führungskräfte Neue Führungskräfte sind ein „Risikofaktor" für ein laufendes Vergütungssystem. Sie haben die Prägung bei der Einführung des Systems nicht erfahren und bringen ihre eigenen Interpretationen mit. Es besteht das Risiko der langsamen unbewussten Veränderung der Handhabung. Deshalb ist es wichtig, regelmäßig die neuen Führungskräfte in den Schritten zu trainieren wie sie beim Einführungsprozess vollzogen wurden.

Teile aktualisieren Es kann notwendig sein, einzelne Teile (Beurteilungsmerkmale oder deren Beschreibungen und Gewichtungen, die Bewertung einzelner Arbeitsplätze, Bonuskennzahlen und so weiter) immer wieder zu überprüfen und zu aktualisieren. Auch das ist ein Beitrag zur nachhaltigen Wirksamkeit, weil es sukzessive Anpassungen ermöglicht, ohne das gesamte System verändern zu müssen.

4.5   Die Überleitung in ein neues Vergütungssystem

Nur selten werden neue Vergütungssysteme eingerichtet, wenn ein Unternehmen neu gegründet wird und alle neuen Mitarbeiter zu diesem Zeitpunkt auf der Basis der Regelungen eines neuen Vergütungssystems eingestellt werden. Es ist eher der Normalzustand, dass ein Unternehmen und seine Mitarbeiter mit ihren individuellen Entgelthistorien aus einer möglicherweise sehr unebenen Vergütungslandschaft in ein neues System mit einer anderen Struktur und anderen Spielregeln überführt werden. Es stellen sich zwei Fragen:

- Wie werden einzelne Mitarbeiter individuell überführt?
- Wie werden neue Entgeltbestandteile finanziert?

Aus der Perspektive des Unternehmens besteht in der Regel die Erwartung, dass die Überleitung kostenneutral erfolgen soll. Die Erwartung ist eher: Bei gleichem Input möchten wir einen höheren Output. Aus der Perspektive der Mitarbeiter und des Betriebsrats wiederum besteht normalerweise die Erwartung, dass es nur Gewinner und keine Verlierer gibt, also Besitzstände sowohl individuell wie auch kollektiv gesichert sind. Beide Bedingungen gleichzeitig in vollem Umfang und im engen Wortsinne zu realisieren, erscheint offensichtlich ausgeschlossen. Das wissen auch alle Beteiligten und sind deshalb meist bereit, zugunsten des erwarteten Nutzens[6] über die Überleitungsmodalitäten zu diskutieren. Wenn also realistischerweise nicht beide der oben genannten Bedingungen gleichzeitig zum Start in vollem Umfang erfüllt werden können, ist davon auszugehen, dass es eine längere Phase des Übergangs geben wird. Das ist die „Spielwiese", die wir haben.

---

[6] Klarere Strukturen, Beseitigung ungerechter Schieflagen, mehr Leistungsorientierung und so weiter.

4.5.1   Wie werden einzelne Mitarbeiter individuell überführt?

Jeder Mitarbeiter kommt mit seinem historisch in individueller Weise gewachsenen IST-Entgelt in ein neues System, in dem er nach einem neuen ZIEL-Entgelt vergütet werden soll. Das neue ZIEL-Entgelt resultiert aus der Bewertung seines Arbeitsplatzes und einer leistungsvariablen Komponente, die entweder aus Kennzahlen, Leistungsbeurteilung oder Zielvereinbarung resultiert. Bei der Überleitung wird einer der drei folgenden Fälle eintreten:

1. Fall 1: IST-Entgelt = Zielvergütung
2. Fall 2: IST-Entgelt > Zielvergütung
3. Fall 3: IST-Entgelt < Zielvergütung

Fall 1 Dieser Fall ist unproblematisch und wird uns nicht weiter beschäftigen.

Fall 2 Dieser Fall betrifft Mitarbeiter, die nach dem alten Wertesystem[7] eine höhere Vergütung erhalten, als ihnen nach einem neuen Wertesystem zusteht. Das ist ihm nicht vorzuwerfen und es ist nicht zu erwarten, dass Mitarbeiter, auf die dies zutrifft, einfach auf etwas verzichten, das ihnen einzelvertraglich zusteht. Es ist also davon auszugehen, dass dieser bestehende Besitzstand zu sichern ist.

▶   Hinweis: Die konkreten Regelungen in Arbeitsverträgen lassen unterschiedlichste Varianten von Besitzständen zu und müssen deshalb im Einzelfall genau geprüft werden.

Das Prinzip ist allerdings immer folgendes: Für den Mitarbeiter resultiert aus den neuen Regelungen ein niedrigeres Entgelt, das durch eine Ausgleichszahlung (Tab. 4.1) so gestellt werden kann, dass das Monats- oder Jahresentgelt wieder die Höhe des alten Entgelts erreicht.

Wenn die folgenden Tariferhöhungen oder generellen Erhöhungen auf die Ausgleichszahlung angerechnet werden, schmilzt dieser Betrag im Laufe der folgenden Jahre ab. Wenn die Tariferhöhung im obigen Beispiel im Durchschnitt der folgenden Jahre 3 % betragen würde, wäre die Ausgleichzahlung nach drei Jahren abgeschmolzen und der Mitarbeiter würde wieder an Tariferhöhungen oder generellen Erhöhungen teilnehmen.

Für das Unternehmen bedeutet dies, dass die Finanzierung von Fall 3 nicht durch ein schnelles Absenken der Entgelte im Fall 2 erfolgen kann. Für diese Mitarbeiter gibt es sozusagen eine „sanfte Landung", die von ihnen allerdings nicht immer als solche empfunden wird. Diese Vorgehensweise, die faktisch vertragliche Besitzstände sichert, lässt

---

[7] Dies ist unabhängig davon, ob tatsächlich bisher ein Vergütungssystem existiert hat. Auch Vergütungen, die durch freies Aushandeln entstanden sind, basieren auf einem irgendwie gearteten Wertesystem.

Tab. 4.1 Überleitung mit
Ausgleichszahlungen

	ALT	NEU
Grundentgelt	€ 3.500	€ 3.300
Leistungszulage	€ 500	€ 400
Ausgleichszahlung	–	€ 300
Gesamtentgelt	€ 4.000	€ 4.000

Mitarbeiter an zukünftigen Erhöhungen nicht in dem Maße teilnehmen, wie es ohne die Veränderung gewesen wäre.

Man muss davon ausgehen, dass auch über dieses Prinzip der „sanften Landung" diskutiert wird und Unruhe entstehen kann. Die Erfahrung zeigt allerdings, dass sich die Diskussionen nach relativ kurzer Zeit beruhigen.

Fall 3 Wenn alle Mitarbeiter, auf die Fall 3 zutrifft, sofort eine Erhöhung erhalten, die sie zu ihrer Zielvergütung bringt, kann die Kostenneutralität nicht sichergestellt werden. Die Intention muss sein, diese Mitarbeiter in zwei bis drei Schritten über zwei bis drei Jahre zu ihrem Zielentgelt zu entwickeln. Das ist kollektiv mit Blick auf Fall 2 nachvollziehbar und würde die zusätzlichen Kosten in der Übergangsphase begrenzen. Die Erfahrung zeigt aber auch, dass die Mitarbeiter in Fall 3 die Erwartung haben, möglichst schnell ihr neues Zielentgelt zu erhalten.

Es bleibt deshalb an dieser Stelle offen, welche konkreten Überleitungsregelungen als Kompromiss für diese Zielgruppe gefunden werden. Bei längerfristiger Betrachtung der Überleitungsregelungen hat es sich auch bewährt, zwei bis drei Jahre vor der Überleitung bereits niedrigere allgemeine Erhöhungen auszuzahlen und damit Rückstellungen zu bilden, die dann in der Überleitung der Mitarbeiter in Fall 3 zu einer schnellen Anpassung beitragen können.

> **Fazit**
>
> Im Ergebnis zeigt sich aber, dass sich alte Besitzstände auswachsen. Bei der langen Lebensdauer von Vergütungssystemen überwiegt der Nutzen für die Zukunft, auch wenn das „Auswachsen" einige Jahre dauern mag.

4.5.2   Wie können neue Entgeltbestandteile finanziert werden?

Wenn neue Entgeltbestandteile wie Boni oder Jahresprämien eingeführt werden, ist davon auszugehen, dass diese Zahlungen nur geleistet werden, wenn der Zahlung ein wirtschaftlicher Nutzen für das Unternehmen gegenübersteht. Das Prinzip heißt: Wenn zum Beispiel die Umsatzrentabilität höher als in der Vergangenheit ist, dann wird der Bonus höher als die bisherigen fixen Entgeltelemente ausfallen.

Häufig sollen aber bisher fixe Bestandteile wie (Jahressonderzahlungen, 13. Monatsgehalt, Urlaubsgeld und so weiter) abhängig vom Unternehmensergebnis oder individueller

Leistung variabel gestaltet werden. Sofern diese Einkommensbestandteile freiwillige Zahlungen[8] darstellen, können sie in das Bonusvolumen übernommen werden und damit den variablen Anteil am Gesamtentgelt erhöhen.

Wir finden in vielen Unternehmen eine bunte Vielzahl von Zulagen vor, für die die Grundlagen oft schon entfallen sind. Die Einführung eines neuen Vergütungssystems ist eine gute Gelegenheit, diese Vergütungsbestandteile entweder ganz aufzulösen oder vielleicht nur noch den Bestandsmitarbeitern zu gewähren, aber für neue Mitarbeiter zu einem variablen Vergütungsbestandteil zu machen.

Eine weitere Option besteht darin, neue Mitarbeiter auf der Basis der neuen Regelungen einzustellen und Bestandsmitarbeitern die neuen Regelungen auf freiwilliger Basis mit der Chance anzubieten, einen höheren Bonus zu erzielen.

Fazit

Auch hier sind die möglichen Konstellationen der rechtlichen Ausgangssituation so vielfältig, dass eine abschließende Beurteilung nur nach genauer Analyse der Ausgangslage möglich ist.

---

[8] Auch dies ist im Einzelfall kollektiv- oder einzelvertragsrechtlich zu prüfen.

Aspekte der Führungskräfte- und Organisationsentwicklung

5

Jürgen Weißenrieder

Zusammenfassung

Die Wirkung der Einführung leistungsvariabler Vergütungssysteme geht weit über das eng gesteckte Feld der Vergütung hinaus. Mit hoher Wahrscheinlichkeit werden neue Anforderungen auf Führungskräfte zukommen. In den folgenden Abschnitten werde ich die Besonderheiten der einzelnen Methoden im Hinblick auf die notwendigen Veränderungsschritte für die Führungskräfte beschreiben.

Unabhängig von der Leistungsentgeltmethode gilt: Führungskräfte führen. Sie definieren Aufgaben, Erwartungen und Ziele. Sie zeigen auf, warum bestimmte Themen wichtig sind oder auch nicht. Sie setzen die Prioritäten und nutzen die Potenziale der Mitarbeiter, denen sie wiederum Feedback geben, inwieweit sie die Erwartungen erfüllen oder die Ziele erreichen. Dieser Regelkreis ist bei der Anwendung aller drei Methoden leistungsvariablen Entgelts gleich Vergütungssysteme unterstützen sie dabei.

Mein Kollege Gunther Wolf sagt dazu: „Vergütungssysteme *dynamisieren* Führungsleistung, aber sie ersetzen sie nicht, denn auch Vergütungssysteme sind Instrumente, deren Erfolge beziehungsweise Ergebnisse von der Handhabung durch Führungskräfte abhängig sind (Wolf 2010, S. 8)." Das folgende Kapitel weist Wege zum Umgang mit den veränderten Anforderungen an Führungskräfte.

Das folgende Beispiel zeigt, wie sich Anforderungen an Führungskräfte mit der Einführung oder Änderung leistungsvariabler Vergütungssysteme weiterentwickeln oder auch komplett verändern. Führungskräfte, die diese Veränderung nicht mitgehen, werden zum Risikofaktor. Manchmal wird allerdings auch komplett vernachlässigt, die Führungskräfte in diesem Veränderungsprozess mitzunehmen und intensiv zu begleiten.

J. Weißenrieder (✉)
Am Ranken 9,
88069 Tettnang, Deutschland
E-Mail: j.weissenrieder@wekos.com

J. Weißenrieder (Hrsg.), *Nachhaltiges Leistungs- und Vergütungsmanagement,*
DOI 10.1007/978-3-658-04160-1_5, © Springer Fachmedien Wiesbaden 2014

Beispiel

Ich habe einige Unternehmen begleitet, die in Fertigungsbereichen teilweise über Jahrzehnte mit Akkordsystemen gearbeitet haben. Bei einigen war schon über Jahre hinweg deutlich geworden, dass die Eindimensionalität von Akkord nicht mehr ausreichte, um andere relevante Leistungsdimensionen, wie Qualität, Maschinennutzungszeiten, Liefertermine und so weiter, angemessen steuern zu können. Wenn Stückzahlen und Vorgabezeiten die Prozesse steuern, ist es schwer für andere Leistungsdimensionen, angemessen im konkreten Handeln der Akteure berücksichtigt zu werden. Ein großer Teil der Führungskräfte (Meister und Vorarbeiter) hat seine Karriere ausschließlich im Akkordumfeld erlebt. Akkordergebnisse waren für viele Mitarbeiter das einzige Feedback, das sie erhalten haben, weil die Führungskräfte ihre Rolle teilweise darauf reduziert haben, den Materialfluss abzusichern, Störungen zu beseitigen und so weiter. Für einige dieser Führungskräfte war es unvorstellbar, ihren Verantwortungsbereich ohne Akkord zu steuern. Sie hatten die Sorge, dass die Mengenleistung der Mitarbeiter erheblich nachlassen würde, wenn die „Akkordknute" nicht mehr zu Verfügung stehen würde. Manchen war die Angst tatsächlich ins Gesicht geschrieben, dass sie ihrer Aufgabe nicht mehr nachkommen könnten, wenn der „Antreiber" Akkord abgeschafft werden würde.

In anderen Unternehmen sollte Leistungsbeurteilung durch Zielvereinbarung abgelöst werden und die Führungskräfte waren gewohnt, am Ende eines Jahres die Leistung von Mitarbeitern summarisch zu beurteilen. Sie waren bisher nicht gefordert, ihre Erwartungen als Ziele konkret zu formulieren. So wurden sie als Führungskräfte sozialisiert und konnten sich wiederum nicht vorstellen, mithilfe von Kennzahlen angestrebte Veränderungen als Ziele zu formulieren.

Und was ist passiert? Die allermeisten Führungskräfte haben es trotzdem geschafft, aber eben nicht alle.

Aspekte der Führungskräfte- und Organisationsentwicklung bei der Arbeitsplatzbewertung Die Durchführung der Arbeitsplatzbewertung bei der Einführung eines neuen Vergütungssystems ist bei Führungskräften nicht sonderlich beliebt. Aber sie ist eine gute Übung, um Arbeitsfelder und Verantwortungsbereiche von Mitarbeitern durchzuforsten, unter Umständen auch zu entrümpeln und Klarheit zu schaffen, welche Arbeitsinhalte genau zu einer Stelle gehören. Das ist eine klassische Führungsaufgabe.

Ich habe gute Erfahrungen damit gesammelt, Führungskräfte beim Ranking der Jobs in ihrem Verantwortungsbereich einzubeziehen. Dabei wird offensichtlich, dass es notwendig ist, verschiedene Jobs voneinander abzugrenzen und Prozessschritte in Arbeitsprozessen klar zuzuordnen. Wenn man in dieser Reihenfolge an diese Aufgabe herangeht, wird die Notwendigkeit des Beschreibens fast von selbst offensichtlich.

Weiterhin scheint mir wichtig zu sein, dass man die Bewertung der Arbeitsplätze als iterativen Prozess beginnt, der mehrere Bearbeitungsschleifen braucht. Der große Wurf im ersten Anlauf gelingt nur selten. Der Start sollte im Projektteam stattfinden. Dieser Zwischenstand sollte mit den verantwortlichen Führungskräften diskutiert werden. Anschließend ist es sinnvoll, diese Zwischenergebnisse den anderen Funktionsbereichen zu zeigen und deren Inputs dazuzuholen. Auch dabei ergeben sich immer wieder neue Gesichtspunkte, die die Beschreibungen vervollständigen, denn Prozesse laufen oft über Bereichsgrenzen hinweg. Damit haben auch andere Bereiche Einblick in die Arbeitsinhalte bestimmter Arbeitsplätze.

Fazit

Die Bewertung der Arbeitsplätze ist zwar eine aufwändige Übung, aber sie schafft Klarheit über Arbeitsinhalte und Anforderungen. Dies ist ein Nutzen, der über die unmittelbare Entgeltwirkung hinausgeht.

Aspekte der Führungskräfte- und Organisationsentwicklung im Umgang mit Kennzahlen und Zielvereinbarung Mit der Forderung nach Kennzahlen und Messbarkeit für alle Arbeitsplätze kann man manche Führungskräfte „in den Wahnsinn treiben". Es ist auch nicht einfach, das richtige Maß zu finden. Für manche Ziele oder Arbeitsergebnisse ist der Aufwand viel zu groß, dafür Messdaten und Kennzahlen zu erheben. Aufwand und Nutzen stehen in keinem guten Verhältnis.

Beispiel

Meine Assistentin bearbeitet das Manuskript für dieses Buch. Diese Aufgabe fällt für sie in fünf Jahren einmal an. Da werden wir nicht mit Kennzahlen arbeiten, aber sehr wohl mit Terminzielen, damit die Koordination zwischen den Autoren und dem Verlag klappt. Es ist wiederum eher meine Aufgabe, die notwendigen Bearbeitungszeiten realistisch einzuschätzen und mit ihr und allen Beteiligten abzusprechen. Was bei uns ab und zu vorkommt, ist im Verlag ein Kernprozess. Im Verlag bearbeiten manche Sachbearbeiter ständig Manuskripte. Hier kann es sehr wohl darum gehen, wie lange die Bearbeitung eines Manuskripts im Durchschnitt dauern kann. Wenn es vielleicht auch keine Vorgabezeiten geben kann, so sind doch Kennzahlen zur Orientierung abhängig vom Manuskriptumfang und der Anzahl der Abbildungen oder Ähnlichem möglich. Sobald sich eine Führungskraft im Verlag damit beschäftigen würde, wäre sie auch „gezwungen", sich intensiver mit dem Prozess der Bearbeitung eines Manuskripts zu befassen und „lernt" dabei etwas über den Prozess, seine Beteiligten, seine Hindernisse und vor allem über Optimierungsmöglichkeiten.

Was will ich mit diesem Beispiel sagen?

Die Suche nach Kennzahlen schärft die Sinne der Führungskräfte für das Wesen und das Wesentliche der Prozesse in ihrem Verantwortungsbereich. Damit ist das Streben nach Messbarkeit der Kernprozesse auch ein Beitrag zur Führungskräfteentwicklung, der über die unmittelbare Wirkung im Zusammenhang mit leistungsvariablen Vergütungssystemen hinausgeht.

Dieser Beitrag zu kontinuierlicher Prozessverbesserung hat damit eine nachhaltige wirtschaftliche Wirkung im Interesse des Unternehmens. Gleichzeitig entsteht dadurch ein Beitrag zur nachhaltigen Wirksamkeit des Vergütungssystems.

Wenn man mit Führungskräften auf dieser Basis diskutiert und nicht nur Kennzahlen um der Kennzahlen willen fordert, besteht eine hohe Wahrscheinlichkeit, auf diesem Gebiet bemerkenswerte Entwicklungsschritte beobachten zu können. Es erfordert allerdings vom Management auch eigenes Vorleben zum Umgang mit Kennzahlen. Führungskräfte führen dann besser mit Kennzahlen, wenn sie selbst auch mit Kennzahlen geführt werden.

Fazit

Kennzahlen und Zielvereinbarung sind Führungsinstrumente, auch ohne Entgeltwirkung. Sie leisten einen nachhaltigen Beitrag durch Prozessverbesserungen. Sie erfordern das Vorleben durch das Management.

Aspekte der Führungskräfte- und Organisationsentwicklung bei der Anwendung der Methode „Leistungsbeurteilung" Der Dreisprung bei Leistungsbeurteilungen war: Beobachten – Beurteilen – Mitteilen. Auch das fordert die Führungskräfte, gibt ihnen aber gleichzeitig etwas zurück. Ihre Rolle verändert sich durch das Beobachten und Geben von Feedback. Sobald sie sich die Zeit dazu nehmen, gewinnen sie Zeit, weil sie viele Potenziale für Verbesserungen entdecken und mit ihren Mitarbeitern darüber im engeren Kontakt sind. Es geht also auch hier nicht vordergründig um Vergütung, sondern um Prozesse und Ergebnisse. Es geht auch nicht darum, *einen Mitarbeiter* in einer Leistungsstufe zu kategorisieren, sondern *seine Leistung* zu beurteilen und mit ihm über *seine Leistung* und seine Ergebnisse zu sprechen. Das sind unterschiedliche Grundhaltungen. Wir sprechen mit einem Mitarbeiter nicht darüber, wie er *ist*, sondern darüber, *was und wie er etwas tut*.

Das ist eine Anforderung an die Führungskräfte und gleichzeitig entwickelt es die Organisation und auch die Art wie Führung stattfindet, weiter. Ab und zu höre ich von HR-Kollegen: „Das können unsere Führungskräfte nicht!" Und ich sage: „Noch nicht!"

Es ist immer wieder bemerkenswert, welche Wegstrecken Organisationen im Zuge der Einführung von Beurteilungssystemen zurücklegen – oder auch nicht. Deshalb sind zum Beispiel die Beurteilerkonferenzen ein elementarer Bestandteil von Beurteilungsprozessen. Führungskräfte lernen dort etwas von ihren Kollegen. Sie setzten Anforderungsniveaus und prüfen diese gegen die Anforderungen ihrer Kollegen. Dieser „Eichprozess" formt die Handhabung von Leistungsbeurteilungen im Unternehmen im positiven Sinne.

Die ersten Beurteilungen gemeinsam mit Kollegen zu erstellen und das Führen von Beurteilungsgesprächen gemeinsam zu trainieren, das formt und prägt den Umgang mit Leistungsbeurteilungen ebenfalls. Diese Schritte zu überspringen, spart ultrakurzfristig und setzt die nachhaltige Wirksamkeit von Leistungsbeurteilungen aufs Spiel.

Ich will allerdings nicht suggerieren, dass alle Führungskräfte mit großem Schwung und maximaler Bereitschaft diese Wege mitgehen. Für manche ist es ein großer Schritt und sie schaffen es. Für manche ist es aber auch ein zu großer Schritt und sie können oder wollen ihn nicht gehen. In jedem Einführungsprozess gibt es Führungskräfte, die nach einiger Zeit signalisieren: „Wenn Ihr das von mir wollt, dann müssen wir einen neue Aufgabe für mich finden." Das ist in Ordnung und leistet ebenfalls einen Beitrag zur Organisationsentwicklung. Dafür eine faire Lösung zu finden, wird nicht schwer sein.

Fazit

Die Einführung von Kennzahlen, Zielvereinbarung oder Leistungsbeurteilung fordert die Organisation und die Führungskräfte. Gleichzeitig leisten sie aber auch einen Beitrag zur Führungskräfteentwicklung und verändern Organisationen. Manche Führungskräfte gehen diese Wege nicht mit. Auch das wird dabei sichtbar.

Wechselwirkung mit anderen Personalmanagementinstrumenten Wenn Instrumente leistungsvariabler Vergütung angewendet werden, dann stellen sie außer vergütungsrelevanten Informationen noch viel mehr zur Verfügung. Sie geben eine Information über die Gruppe der Spitzenleister. Das ist eine Gruppe von Menschen im Unternehmen, die nicht nur Spitzenvergütungen erhalten soll, sondern auch unter besonderer Beobachtung stehen sollte. Das sind die Talente des Unternehmens, die besondere Aufmerksamkeit brauchen. Es braucht kein ausgeklügeltes Talentmanagementsystem, wenn man sich nach der Entgeltrunde überlegt:

1. Wer genau ist in dieser Zielgruppe?
2. Mit wem haben wir noch mehr vor und was genau?
3. Wie können wir diese Mitarbeiter fördern?
4. Wer spricht mit ihnen darüber und ist ihr Mentor?

Solche Perspektivgespräche sind eine einfache Möglichkeit, mit den Spitzenleistern im Gespräch zu bleiben. Zu aufwändig? Denken Sie daran, was es kosten würde, wenn eines Ihrer Talente zum Wettbewerber geht und Sie wieder jemanden aufbauen müssen.

Gleichzeitig könnte diese Zielgruppe eine gute Quelle für Ihre Nachfolgeplanung sein. Auch das ist nicht besonders aufwändig. Wenn Sie die Schlüsselfunktionen in Ihrem Unternehmen oder Bereich auflisten und sich fragen: „Wann geht wer in Rente und wer wäre ein geeigneter Nachfolger?" oder „Wo habe ich ein hohes Risiko, wenn der Stelleninhaber geht und wer wäre denn ein geeigneter Nachfolger?".

Fazit

Es muss ja nicht alles auf einmal passieren, aber leistungsvariable Vergütung bietet gute Anschlussmöglichkeiten für andere Personalmanagementinstrumente wie Talentmanagement oder Nachfolgeplanung.

Literatur

Wolf, G. (2010). Variable Vergütung. Genial einfach Unternehmen steuern, Führungskräfte entlasten und Mitarbeiter begeistern. Verlag Dashöfer, Hamburg.

Das Management: Nachhaltige Vergütung und Vergütung der Nachhaltigkeit

6

Jürgen Weißenrieder

Zusammenfassung

Insbesondere bei der Vergütung des Managements kommt es darauf an, nicht nur dafür zu sorgen, dass das Vergütungssystem nachhaltig funktioniert, sondern dass es auch nachhaltiges Handeln vergütet. Dort ist der Hebel am größten. Wenn die Vergütung des Managements nicht auf nachhaltiges Handeln hin ausgerichtet ist, wird nachhaltiges Handeln auf den nachgeordneten Ebenen nicht verankert werden können – im Gegenteil, es wird sogar erschwert werden.

Meine These dazu: Eigentlich ist die Vergütung des Managements und der Mitarbeiter ganz einfach, wenn alle den gleichen Steuerungsgrößen unterliegen. Deshalb wird dieses Kapitel auch nicht besonders lang werden, denn es wird nur eine Grundidee mit ein paar charmanten Ergänzungen und vielen Verweisen auf vorhergehende Kapitel geben.

Wenn ich in diesem Kapitel vom Management rede, dann meine ich die oberste Führungsebene beziehungsweise die beiden obersten Führungsebenen des Unternehmens. Bei inhabergeführten Unternehmen, wenn also die oberste Ebene aus geschäftsführenden Gesellschaftern besteht, ist die Gesamtvergütung der geschäftsführenden Gesellschafter ohnehin vom Unternehmensergebnis abhängig. In diesem Fall beziehen sich meine weiteren Ausführungen nur auf die zweite Führungsebene unterhalb der Geschäftsführung.

Alle Überlegungen, die wir für die Vergütung der Mitarbeiter angestellt haben, gelten für die Vergütung des Managements ebenso. Wenn Kennzahlen, Zielvereinbarung oder Leistungsbeurteilung angewendet werden, dann folgt diese Anwendung den gleichen Spielregeln wie bei den Mitarbeitern. Allerdings lassen sich für die Vergütung des Manage-

J. Weißenrieder (✉)
Am Ranken 9,
88069 Tettnang, Deutschland
E-Mail: j.weissenrieder@wekos.com

J. Weißenrieder (Hrsg.), *Nachhaltiges Leistungs- und Vergütungsmanagement*,
DOI 10.1007/978-3-658-04160-1_6, © Springer Fachmedien Wiesbaden 2014

ments recht schnell einige Prinzipien ableiten. Leistungsbeurteilung ist aus drei Gründen eher weniger sinnvoll für die Vergütung des Managements:

1. Leistungsbeurteilung wird eher dort angewendet, wo keine Kennzahlen vorliegen oder die Ermittlung von Kennzahlen zu aufwändig wäre. Auf der Ebene des Managements liegen immer einige wenige Kennzahlen vor, die den Erfolg der Arbeit des Managements beschreiben: das Unternehmensergebnis in einem Jahr oder über einen Zeitraum von zwei bis vier Jahren hinweg und die Entwicklung des Unternehmenswerts sind die Primärkennzahlen. Marktanteile, Umsätze, Umsatzsteigerungen, Kundensegmente et cetera sind Sekundärkennzahlen, die den Erfolg der Arbeit des Managements sehr gut beschreiben. Eine Beurteilung der Leistung ist also nicht notwendig.
2. Mitarbeiter können nur wenige Kennzahlen allein beeinflussen, das Management wiederum hat die Stellhebel wesentlich in der Hand. Es braucht selbstverständlich die Mitarbeiter, aber deren Entscheidungen tragen in aller Regel nicht so weit.
3. Wer soll die Leistung des Managements beurteilen? In der Regel sind die Gesellschafter zu weit vom Tagesgeschäft weg, um eine Leistungsbeurteilung in dem Sinne zu erstellen, wie wir sie uns in Abschn. 2.2.2 erschlossen haben.

Prinzip 1 für die Vergütung des Managements heißt also:
Kennzahlen und Zielvereinbarung sind für die Vergütung des Managements in besonderer Weise geeignet.

Beispiel

Vor einiger Zeit hat mir ein Bekannter erzählt, dass er die Welt an seinem Arbeitsplatz momentan nicht verstehen würde. Er berichtete, dass es in den letzten Monaten häufiger vorgekommen sei, dass sie freitags im Lager Überstunden machen und samstags arbeiten mussten. Das ginge ja noch, aber sie hätten dann teilweise montags nach zwei Stunden schon keine Arbeit mehr und wären morgens um sieben Uhr nach Hause geschickt worden. Das sei doch mehr als ärgerlich und vollkommen sinnlos. Er war richtig wütend, weil die Erklärung, dass das zum Quartalsende wichtig sei, für die Mitarbeiter keine Erklärung war. Bloß weil der Kalender von einem Quartal ins nächste wechselt, sollten sie sinnlose Sachen machen? Ich konnte das Thema mit meinem Bekannten nicht weiter vertiefen, aber ich machte mir schon meinen Reim auf die Sache.
Was ist passiert?
Ich erkundigte mich bei einer der nächsten Gelegenheiten bei einem der Bereichsleiter, den ich in diesem Unternehmen gut kenne. Er erzählte mir, dass die Bereichsleiter jetzt an Zielen gemessen und vergütet würden. Ein Ziel sei, den Lagerbestand und damit die Kapitalbindung zu reduzieren – sinnvoll und nachvollziehbar, allerdings schwach in der tatsächlichen Wirkung. Die Kennzahl bildet nicht die durchschnittlichen Lagerbestände ab, sondern den Lagerbestand zum Stichtag Quartalsende. Kurz

vor Quartalsende werden noch schnell alle irgendwie möglichen Lieferungen auf den Weg gebracht – und wenn es sein muss samstags. Mehrarbeit wird vergütet, Mitarbeitern wird das Wochenende beeinträchtigt und am Montag die Sinnlosigkeit der Maßnahme vor Augen geführt, wenn sie nach zwei Stunden Arbeitszeit am frühen Morgen nach Hause geschickt werden. Für die Geschäftsprozesse ist die Maßnahme in keiner Weise hilfreich, weil die Kunden ihre Lieferungen teilweise sogar zu früh bekamen und das eigentliche Ziel der reduzierten Kapitalbindung im Lager nicht erreicht wurde, weil sie nur an vier Tagen im Jahr niedriger war, nämlich jeweils am Quartalsende. Aber diese vier Stichtagsergebnisse bildeten einen Teil der Zielvergütung der Bereichsleiter. Wenigstens diese profitierten, aber sonst niemand – das Unternehmen schon gar nicht.

Was wäre eine einfache Lösung gewesen, um diese Fehlsteuerung zu vermeiden? Wenn Lagerbestände zum Quartalsende erfasst werden können, können sie auch zu jedem beliebigen anderen Tag erfasst werden. Stichtagsbetrachtungen sind wenig hilfreich, sondern Durchschnitte über einen längeren Zeitraum hinweg. Das unterstützt nachhaltiges Handeln und reduziert Fehlsteuerungen auf der Basis von „Eintagsfliegen".

Prinzip 2 für die Vergütung des Managements heißt also:

Um nachhaltiges Handeln im Management zu unterstützen, ist es hilfreich, die Zeiträume beziehungsweise die Laufzeiten, die die Grundlage für die Vergütung bilden eher länger als kürzer zu halten und sich eher an längerfristigen, mehrjährigen Durchschnitten als an wenigen Stichtagen zu orientieren. Eine interessante Variante der mehrjährigen Betrachtungszeiträume ist das 40-30-20-10-System. Es werden jeweils 40 % der erreichten variablen Vergütung zeitnah ausgeschüttet, die restlichen 30, 20 und 10 % jedoch erst nach Abschluss der drei folgenden Geschäftsjahre. Der jeweils ausgeschüttete Gesamtbetrag wird bei Zielunterschreitung oder -übererfüllung in der aktuellen Periode entsprechend gekürzt oder erhöht.[1]

Aus dem obigen Beispiel lässt sich noch ein weiteres Prinzip ableiten. Wie wäre die Wahrnehmung der Mitarbeiter im Lager dieses Unternehmens gewesen, wenn sie eine Gruppenprämie bekommen würden, die ebenfalls vom Lagerbestand abhängig wäre? In der Stichtagsbetrachtung wäre es zwar für das Unternehmen immer noch wenig hilfreich, aber die Mitarbeiter hätten wahrscheinlich die Zähne zusammengebissen und wären samstags gekommen. Sie hätten damit ja ihre Prämie positiv beeinflusst. Wir sind uns einig, dass auch dies eine Fehlsteuerung gewesen wäre, aber es lassen sich für diese Grundidee auch viele positive Beispiele finden, wo Management und Mitarbeiter entlang der gleichen prozessbeschreibenden Kennzahlen vergütet werden können. Wohlgemerkt, auch hier geht es erst in zweiter Linie um den Aspekt der Vergütung, in erster Linie geht es um die Frage: „Woran erkennen wir, dass wir gut sind?" beziehungsweise „Was wollen wir denn eigentlich steuern?"

---

[1] Wolf (2011).

Abb. 6.1 Anteile variabler
Vergütung im Management

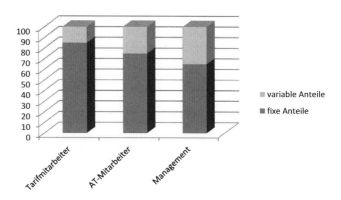

Gute Beispiele dafür sind:

- Umsatz bestimmter Produktgruppen,
- Umsatzsteigerungen bestimmter Produktgruppen,
- Deckungsbeiträge bestimmter Produktgruppen,
- Marktanteile,
- Neukundenanteile,
- Maschinennutzungszeiten beziehungsweise Rüstzeiten,
- Reklamationsquoten,
- Qualität,
- Auftragsdurchlaufzeiten.

All diese Kennzahlen beschreiben die Qualität von Prozessen. Nicht alle sind unbedingt für alle Bereiche des Unternehmens in gleicher Weise relevant, aber es können durchaus für die Mitarbeiter in unterschiedlichen Bereichen unterschiedliche Kennzahlen für eine Gruppen- oder Bereichsprämie relevant sein. Für die Vergütung des Managements können wiederum die verschiedenen Bereichsergebnisse insgesamt relevant sein.

Prinzip 3 heißt folglich:

Nachhaltig wird die Vergütung des Managements dann, wenn Management und Mitarbeiter entlang der gleichen Steuerungsgrößen vergütet werden. Dann ziehen sie am gleichen Strang in die gleiche Richtung.

Prinzip 4 heißt:

Im Management ist Zielvereinbarung wirklich sinnvoll. Dort liegen die Stellhebel auch in wenigen Händen und das ist eine der wichtigsten Voraussetzungen für funktionierende Zielvereinbarungen mit Entgeltwirksamkeit. Die Vorgehensweise ist ausführlich in Abschn. 2.2.3 beschrieben.

Prinzip 5:

Der Anteil der leistungsvariablen Vergütung darf und muss beim Management größer als bei den Mitarbeitern sein. Der variable Anteil richtet sich sinnvollerweise nach Kennzahlen oder wird von der Erreichung vereinbarter Ziele abhängig gemacht. Das Risiko eines Malus darf also beim Management größer sein (Abb. 6.1).

Ich möchte der Vergütung des Managements tatsächlich an dieser Stelle keine weitere Aufmerksamkeit widmen, da sie bis auf die oben genannten fünf Prinzipien der gleichen Logik folgt wie die Vergütung der Mitarbeiter. Für die Wirkung der Vergütung in Bezug auf die Unterstützung der Nachhaltigkeit ist das Prinzip 2 von besonderer Bedeutung.

Außerdem haben sich in den letzten Jahren einige rechtliche Rahmenbedingungen für die Managementvergütung in Richtung Nachhaltigkeit verändert.[2] Mit dem „Deutschen Nachhaltigkeitskodex" und den ethischen Handlungsempfehlungen des „Deutschen Corporate Governance Kodex" wird ein Handlungsrahmen für Nachhaltigkeit in der Unternehmensführung gesetzt. Mit dem Gesetz zur Angemessenheit der Vorstandsvergütung wurde Nachhaltigkeit als verpflichtendes Kriterium für die jeweiligen Vorstandsvergütungen verankert. Die Wirkungen reichen aber schon weiter: Manche Unternehmen fordern von ihren Zulieferbetrieben Nachhaltigkeitsaudits, um selbst hohe Nachhaltigkeitsstandards gegenüber ihren Kunden einhalten zu können. Dabei sind die Führungssysteme immer auch Gegenstand dieser Audits[3] – keine Führungssysteme zu haben, ist dabei keine gute Lösung.

Literatur

DGFP e. V. (Hrsg). (2011). *Personalmanagement nachhaltig gestalten. Anforderungen und Handlungshilfen* (S. 27 ff.). Bielefeld: Bertelsmann.

Wolf. G., (2011).http://arbeitgeber.monster.de/hr/personal-tipps/personalmanagement/vergütung/nachhaltige-boni-79862.aspx. Zugegriffen: 30. Okt. 2013.

---

[2] Vergleiche DGFP e. V. (2011).

[3] Vergleiche DGFP (2011). a. a. O., S. 109 ff. und 135 ff.

Nachlese und Fazit 7

Jürgen Weißenrieder

Zusammenfassung

Dieses Kapitel fasst die zentralen Thesen des Buches zusammen und bringt sie in einen Zusammenhang. Es wird noch einmal deutlich, dass erst das Zusammenspiel von Führung und Vergütungssystemen eine nachhaltige Wirkung entfalten kann.

Das war jetzt viel Input und es mag im Moment so erscheinen, als wäre das anfänglich schon dicke Brett noch dicker geworden. Die Bohrung dauert vielleicht doch länger als erwartet und das Risiko, dass der Bohrer bricht, erscheint im Moment vielleicht doch wieder größer als am Anfang.

Das kann sein.

Wir haben die Alternativen nüchtern geprüft und die Arbeitsschritte transparent gemacht. Somit kann jedes Unternehmen für sich Aufwand und Nutzen abwägen. Vor Kurzem sagte der Geschäftsführer eines neuen Kunden: „Lieber kein Vergütungssystem, als eines, das nicht funktioniert. Das gibt nur Fehlsteuerungsimpulse!"

Dieser Sichtweise kann ich mich nur insoweit anschließen, als dass ein Vergütungssystem, das nicht funktioniert, Fehlsteuerungsimpulse aussendet. Das stimmt! Aber ist dann die Alternative wirklich kein Vergütungssystem zu haben?

Was ist, wenn Unternehmen kein Vergütungssystem haben? Gibt es dann keine Fehlsteuerungsimpulse? Aber sicher! Sie könnten nur dann vermieden werden, wenn trotzdem sinnvolle und nachvollziehbare Unterschiede in der Vergütung von Mitarbeitern gemacht werden. Dann ist es wieder ein System.

J. Weißenrieder (✉)
Am Ranken 9,
88069 Tettnang, Deutschland
E-Mail: j.weissenrieder@wekos.com

J. Weißenrieder (Hrsg.), *Nachhaltiges Leistungs- und Vergütungsmanagement,* 213
DOI 10.1007/978-3-658-04160-1_7, © Springer Fachmedien Wiesbaden 2014

Oder es kommt zu den gleichen Fehlsteuerungen wie in Systemen, die nicht funktionieren: Spitzenleister verdienen zu wenig, Minderleister zu viel und Mitarbeiter im Unternehmen wundern sich über die seltsamen Schräglagen, die die Führungskräfte selbst nicht verstehen und deshalb auch nicht erklären können. Also: Kein System ist auch keine Alternative, sondern es muss das richtige sein und es muss gut gemacht sein.

Aus diesem Grund möchte ich nach den Betrachtungen der vielen Details noch einmal etwas vom Objekt zurücktreten, ein paar wesentliche Aspekte zusammenfassen und das Zitat von Martin Walser wiederholen: „Dem Gehenden schiebt sich der Weg unter die Füße." – Also los!

Leistungsvariable Vergütungssysteme führen nicht, sie unterstützen Führung! Vergütungssysteme haben keinen eigenen Wert an sich und tragen auch nicht durch ihre bloße Existenz zur Wertschöpfung im Unternehmen bei. Vergütung ist ein Nebenprodukt. Vergütungssysteme funktionieren dann nachhaltig, wenn sie als Steuerungssystem verwendet werden und nicht nur der Vergütung dienen. Das können dann sowohl die Methoden Kennzahlen, Zielvereinbarung und Leistungsbeurteilung leisten. Erst das Zusammenwirken von Führung und Vergütungssystem lässt nachhaltiges Leistungs- und Vergütungsmanagement wirksam werden.

Leistungsvariable Vergütungssysteme motivieren nicht, sie steuern nur! Nicht alle Menschen sind aufgrund ihrer Neigungen und Talente in ihrem Beruf. Es wäre schön, wenn es so wäre, aber leider kann es auch anders sein (Abschn. 1.3). Deshalb sind auch nicht alle Menschen intrinsisch motiviert bezüglich der Art und Weise wie sie sich am Arbeitsplatz einbringen. Vergütungssysteme können Menschen beim Arbeiten klare Hinweise geben, welche Erwartungen an sie gerichtet sind und sie geben auch klare Signale, ob diese Erwartungen erfüllt werden. Etwas technokratisch ausgedrückt, würde ich es als Steuer- und Regelkreis bezeichnen. Damit wird Orientierung und Ausrichtung gegeben, und das ist vielleicht ein Teil dessen, was landläufig als Motivation bezeichnet wird. Der größte Teil von Motivation spielt sich wahrscheinlich eher zwischen den beteiligten Menschen ab und nur zum Teil in oder zwischen den Systemen.

Vergütungssysteme regeln Leistung und materielle Gegenleistung! Mein Anspruch an Vergütungssysteme ist weiterhin der der Regelung von Leistung und materieller Gegenleistung. Wenn das gut gemacht ist, dann entsteht eine motivierende Wirkung (Abschn. 1.3) dadurch, dass Leistung und materielle Gegenleistung in einer guten Balance sind. Der Mindestanspruch ist, dass diese Regelungen nicht demotivieren und das ist weit weniger, als sich manche Führungskräfte erhoffen.

Nachhaltige Vergütung braucht auf lange Sicht verschiedene Elemente! Manchmal kann man nicht alles auf einmal erledigen. Aber auf lange Sicht brauchen nachhaltige Vergütungssysteme drei Elemente (Kap. 2), sodass alle wesentlichen Einflussgrößen zum Tragen kommen: die Anforderungen und damit der Wert der Tätigkeit eines Mitarbeiters, die Leistung, die er individuell erbringt oder zu der er in einem Team beiträgt und das Ergebnis des gemeinsamen Handelns, das Unternehmensergebnis. Im Idealfall schlägt sich das Unternehmensergebnis systematisch auf das Entgelt nieder und möglichst sollen die, die mehr zum Ergebnis beigetragen haben, auch mehr von dem „Kuchen" abbekommen. Wenn dann die individuelle Leistung auch die Entwicklung des Entgelts in der Zukunft steuert (Abschn. 2.4), dann wird Vergütung nachhaltig.

Alle Mitarbeiter sind die Zielgruppe! Vergütungssysteme können dann eine nachhaltige Wirkung entfalten, wenn sie nicht nur zur Belohnung für Spitzenleister (A-Mitarbeiter), als Motivation für Leistungsträger (B-Mitarbeiter) oder als Ordnungsinstrument gegenüber Minderleistern (C-Mitarbeiter) verstanden werden, sondern als Steuerungsinstrument für das Unternehmen. Das beinhaltet alle Mitarbeiter ohne den Schwerpunkt bei einer bestimmten Zielgruppe zu setzen (Abschn. 2.2.2.2).

Arbeitsplatzbewertung ist nicht sexy, aber wichtig! Niemand bekommt dabei leuchtende Augen, aber eine funktionierende Arbeitsplatzbewertung (Abschn. 2.1) ist die Basis und elementarer Bestandteil nachhaltiger Vergütungssysteme. Ohne diesen stabilen Sockel halten variable „Aufbauten" nicht lange. Die Kunst besteht darin, bei allem Streben nach Genauigkeit nicht zu detailliert zu werden. Ein summarischer und vergleichender Ansatz führt in der Regel schneller zum Ziel und hält länger als ein analytischer und detaillierter Ansatz. Drei Vergütungskategorien mit insgesamt neun bis zwölf Vergütungsstufen reichen aus (Abschn. 2.1.3). Mehr Vergütungsstufen machen das Unterscheiden nur schwieriger, aber nicht genauer und der Spielraum für den Faktor „Leistung" wird geringer.

You get what you pay for! Die verschiedenen Methoden für leistungsvariables Entgelt (Abschn. 2.2.1: Kennzahlen, Abschn. 2.2.2: Leistungsbeurteilung und Abschn. 2.2.3: Zielvereinbarung) entfalten unterschiedliche Wirkungen. Mit jeder Methode und deren Ausgestaltung können andere Akzente gesetzt werden. Und es ist viel wichtiger, sich zuerst über die Akzente, die man setzen will, Gedanken zu machen, als über das System. Deshalb ist die Frage elementar: „Woran erkennen wir gute Leistung bei *uns* im Unternehmen?" Das Suchen nach den richtigen Antworten kann durchaus ein bisschen Zeit in Anspruch nehmen, aber die Antworten bestimmen in hohem Maße alle weiteren Entscheidungen für die Methoden und deren Ausgestaltung.

Nachhaltigkeit in der Vergütung Während der Suche nach den Antworten auf die Frage: „Woran erkennen wir gute Leistung bei *uns* im Unternehmen?" ist auch die erste gute Gelegenheit, das Thema „Nachhaltigkeit" mit zu überdenken. Wenn nachhaltiges Handeln für das Unternehmen wichtig ist, dann müssten einige Antworten in diese Richtung gehen: der verantwortungsbewusste Umgang mit Ressourcen, sparsamer Umgang mit Materialien, schonender Umgang mit Betriebsmitteln, das Beisteuern von Verbesserungsvorschlägen, der Blick über den Tag hinaus und die Selbstkontrolle von Arbeitsergebnisse sind Beispiele dafür. Wenn es hier nicht auftaucht, wird nachhaltiges Handeln nur mühsam im Unternehmen verankert werden können.

Kennzahlen sind eine wunderbare Methode, … wenn sich individuelle Leistung umfassend mit drei bis vier Kennzahlen fassen lässt (Abschn. 2.2.1). Sie sind klar, sie machen Leistung transparent und sie orientieren sich an Ergebnissen und weniger an dem Aufwand oder dem Weg, der zum Ergebnis geführt hat. Die Aufgabe besteht darin, die Bereiche im Unternehmen zu identifizieren, in denen die Rahmenbedingungen für diese Methode gut sind: stabile Prozesse, geringe Volatilität und wenige Parameter, die Leistung umfassen abbilden. Diese Rahmenbedingungen findet man am ehesten in Produktions- und Vertriebseinheiten.

Leistungsbeurteilung kann richtig cool sein! Leistungsbeurteilung wird in der Regel dann eingesetzt, wenn man viele Parameter für die Erfassung von individueller Leistung bräuchte und diese nur mit unangemessen hohem Aufwand gemessen werden könnten. Sie funktioniert dann gut und nachhaltig, wenn Beurteilungsmerkmale gut definiert und durch Verhaltensanker, also durch beobachtbares Verhalten, beschrieben sind, wenn die Beurteiler die Möglichkeit haben, sich in Beurteilerkonferenzen zu kalibrieren, wenn die Beurteiler Orientierung durch Verteilungsvorgaben erhalten und wenn die Beurteiler nach jeder Runde Feedback erhalten und Lernschleifen bezüglich der Erwartungen an die Mitarbeiter durchlaufen können (Abschn. 2.2.2). Bei allen bekannten Risiken der Subjektivität von Leistungsbeurteilungen tragen diese Ergänzungen zu einer Objektivierung der Leistungsbeurteilung und zur Steigerung der Akzeptanz bei Beurteilern und Beurteilten bei.

Leistungsbeurteilung entwickelt dann eine besondere Dynamik, wenn man nicht versucht, Erwartungen und Leistung ein für alle Mal statisch zu definieren, sondern immer wieder bestrebt ist, diejenigen Mitarbeiter zu erkennen, die in besonderem Maße zum gemeinsamen Ergebnis beigetragen haben. Es kommt also darauf an, das Spitzentrio der Liga im Vergleich zu den anderen immer wieder neu zu identifizieren. Auch hier kommt wieder der vergleichende Ansatz zum Tragen. Vergleichende Leistungsbeurteilungssysteme halten länger als absolute Beurteilungssysteme.

Die nachhaltige Wirkung liegt weiterhin darin begründet, dass nicht nur eine Leistungsbeurteilung zum Zwecke der Steuerung leistungsvariablen Entgelts erstellt wird, sondern durch diesen entwicklungsorientierten Ansatz auch Verhaltensänderungen und Lernprozesse sowohl bei Führungskräften wie auch Mitarbeitern ausgelöst werden.

Zielvereinbarung ist ein hoch wirksames Führungsinstrument, … wenn die Ziele einzelner Mitarbeiter von der Unternehmenszielpyramide abgeleitet sind, wenn die Anforderungsniveaus der Ziele auch im Quervergleich zwischen den Mitarbeitern abgeglichen sind und die vereinbarten Ziele tatsächlich angepeilte, zukünftige Arbeitsergebnisse beschreiben. Ziele sind umso wirksamer, je weiter sie am Ende der Prozesskette liegen, also tatsächlich angestrebte Ergebnisse und nicht notwendige Maßnahmen auf dem Weg zum Ergebnis (Abschn. 2.2.3). Auch hier kommt es darauf an, Zielvereinbarung im geeigneten Umfeld anzuwenden. Die Anforderungen sind die gleichen wie bei Kennzahlen und hinzukommt, dass die Mitarbeiter mit leistungsvariablem Entgelt aus Zielvereinbarung auch tatsächlich Einfluss auf das Erreichen der Ziele haben. Es gilt das Motto: Je höher in der

Hierarchie, umso besser funktioniert Zielvereinbarung als Instrument leistungsvariabler Vergütung.

Zielvereinbarungssysteme werden häufig dann mit Vergütung kombiniert, wenn es darum geht, besondere Leistungen zusätzlich zu vergüten. Sie führen in der Regel zu zusätzlichen Kosten, die nur dann sinnvoll investiert sind, wenn dem ein entsprechender betrieblicher Nutzen gegenübersteht. Sie werden nur selten im Bereich tariflicher Vergütung genutzt.

Leistung steuert auch die zukünftige Entgeltentwicklung! Bei jeder Umstellung von Vergütungssystemen treten Mitarbeiter mit ihren Besitzständen in die neue Welt ein. Die Vergütung von Mitarbeitern, die mit ihrem aktuellen IST-Entgelt über dem neuen Zielentgelt liegen, kann in der Regel nicht spontan gekürzt werden und gleichzeitig sollen Mitarbeiter, die mit ihrem aktuellen IST-Entgelt unter dem neuen Zielentgelt liegen, zügig ins Ziel geführt werden. Wenn Entgelterhöhungen linear für alle gleich erfolgen, ist das nicht ohne erhebliche Kosten zu bewerkstelligen. Der Ausweg besteht darin, dass allgemeine Erhöhungen nicht linear, sondern abhängig von ihrer Entfernung vom Zielentgelt erfolgen. Das belohnt fast ausschließlich Mitarbeiter mit stabil hoher Leistung und führt im Ergebnis dazu, dass sich alte Besitzstände auswachsen. Dies regelt den Übergang und kann gleichzeitig Handlungsmaxime für alle zukünftigen allgemeinen Entgelterhöhungen sein (Abschn. 2.4).

Das Unternehmensergebnis gehört dazu! Wenn Mitarbeiter spüren, wie es dem Unternehmen geht, dann haben sie auch eine faire Chance, ihr Handeln daran auszurichten und sie können davon profitieren. Das ist der Sinn und Zweck von Vergütungselementen, die durch das Unternehmensergebnis gesteuert werden. Die „Größe eines Prämienkuchens" wird durch das Unternehmensergebnis gesteuert und die Verteilung des „Kuchens" kann unterschiedlichen Ideen folgen: Alle erhalten einen gleichen Anteil in Euro oder alle erhalten einen bestimmten Prozentsatz ihres Monatsgehalts oder …? Der Kuchen wird nach Leistung verteilt und das geht systematisch. Je nach Zielsetzung können alle drei Varianten verwendet werden und führen zu unterschiedlichen Ergebnissen (siehe Abschn. 2.3). Spannend!

Es gibt einen Zielkonflikt zwischen Genauigkeit und Komplexität! Es ist in der Tat ein Spagat: Wenn man Vergütungssysteme bis in das letzte Detail präzise ausgestalten möchte, nimmt der notwendige Aufwand in der Regel eine Dimension an, die die Beteiligten schreckt und außerdem nimmt die Verständlichkeit ab. Zugunsten der Übersichtlichkeit und Verständlichkeit neige ich eher dazu, Vergütungssysteme nicht zu kompliziert zu gestalten. Die Genauigkeit muss dabei nicht auf der Strecke bleiben, aber die Übersichtlichkeit und Verständlichkeit für alle Beteiligten hat Vorrang. Man kann fast alle Ergebnisse auch bei Unschärfen erklären, wenn die Beteiligten noch wissen: Was wollten wir eigentlich erreichen? Worum ging es uns denn ursprünglich? Reduzierte Komplexität schafft ab und zu Lücken, aber fordert gleichzeitig die Führungskräfte, sich damit ausein-

Tab. 7.1 Charmante Varianten der Gesamtvergütung

Verwaltungs-/ Entwicklungsbereiche	Produktion und Logistik	Produktion und Logistik	Vertrieb
Gewinnbeteiligung oder andere Unternehmenskennzahlen		Gewinnbeteiligung oder andere Unternehmenskennzahlen	Gewinnbeteiligung oder andere Unternehmenskennzahlen
	Gruppenprämie aus Teamkennzahlen	Gruppenprämie aus Teamkennzahlen	
Individuelle Leistung aus Leistungsbeurteilung	Individuelle Leistung aus Leistungsbeurteilung	Individuelle Leistung aus Leistungsbeurteilung	Individuelle Leistung aus Kennzahlen oder Zielvereinbarung
Grundvergütung	Grundvergütung	Grundvergütung	Grundvergütung

andersetzen zu müssen und Vergütung nicht dem „Automaten" zu überlassen. Das ist gut so, denn Führungskräfte, die gerne den „Automaten" hätten, führen nicht nachhaltig gut! Ich weiß, diese These klingt provozierend für manche Führungskräfte, aber ich nehme sie trotzdem nicht zurück.

Charmante Varianten der Gesamtvergütung Leistungsvariable Vergütung hat eine gewisse Komplexität und ich neige nicht zu vorschnellen Empfehlungen. Trotzdem möchte ich gerne das Bedürfnis derer stillen, die gerne auf die Schnelle eine grobe Struktur für verschiedene Funktionsbereiche im Unternehmen möchten. Das könnte so aussehen wie in Tab. 7.1.

In Abschn. 9 (S.233ff.) befindet sich eine Checkliste mit den wesentlichen Stellschrauben, mit denen die einzelnen Elemente noch weiter vertieft werden können. Ein neues leistungsvariables Vergütungssystem ergibt sich daraus nicht automatisch, aber sie leistet Unterstützung.

Vergütungssysteme sind eigentlich ganz einfach! Die Wirkung der Einführung leistungsvariabler Vergütungssysteme geht weit über das eng gesteckte Feld der Vergütung hinaus. Mit hoher Wahrscheinlichkeit kommen neue Anforderungen auf Führungskräfte zu. Unabhängig von der Leistungsentgeltmethode gilt: Führungskräfte führen. Sie definieren Aufgaben und Erwartungen und Ziele. Sie zeigen auf, warum bestimmte Themen wichtig sind oder auch nicht. Sie setzen die Prioritäten und nutzen die Potenziale der Mitarbeiter, denen sie wiederum Feedback geben, inwieweit sie die Erwartungen erfüllen oder die Ziele erreichen. Dieser Regelkreis ist bei der Anwendung aller drei Methoden leistungsvariablen Entgelts gleich. Vergütungssysteme unterstützen Führungskräfte dabei und leisten damit auch einen Beitrag zur Führungskräfteentwicklung, machen aber auch gleichzeitig Führungskräfteentwicklung notwendig (Kap. 5).

Zum guten Schluss! Leistungsvariable Vergütungssysteme unterstützen Führung, aber sie ersetzen sie nicht. Sie sind ein Instrument und immer nur so gut wie die Virtuosität der Spieler des Instruments. Auch schwache Spieler müssen das Spiel lernen!

Anhang

Beispiele für die Beschreibung der Referenzjobs. (Tab. A.1)

Tab. A.1 Beispiele für die Beschreibung der Referenzjobs

Bewertungsmerkmal	Beschreibung	Maschinenbediener I	Meister II
Notwendige Ausbildung	Typische Berufsausbildung oder vergleichbare Fachkenntnisse, die einer formalen Ausbildung entsprechen		Meister
Erfahrung/ Zusatzqualifikation[a]		Anlernzeit bis zu acht Wochen, CNC-Grundlagen, Umgang mit Längenmessgeräten	Mehrjährige Führungserfahrung, Weiterbildungen im Bereich Management und Personalführung
Entscheidungsrahmen und Verantwortung	Verantwortung für Menschen, Betriebsmittel, Material und Budget/ Personalverantwortung/ Entscheidungsfreiheit, Kompetenzen, Befugnisse/Auswirkungen von Fehlern auf das Unternehmens-/ Bereichsergebnis	Z. B. einfache CNC-Maschinen programmieren, einfache Programmänderungen an CNC-Maschinen durchführen, komplexere technische Zeichnungen lesen, einfache Maschinen nach wiederkehrenden Vorgaben ein richten, Montage von Standardprodukten	Führt homogene Verantwortungsbereiche, hat disziplinarische Führungsverantwortung und nimmt diese auch selbstständig wahr, ist Vorbild
Komplexität	Komplexität der Aufgabenstellung/Kenntnisse über Gesamtzusammenhänge/Grad der Flexibilität/Kreativität/ Grad der Selbstständigkeit/Anforderungen an Selbstorganisation		Abläufe und Zusammenhänge über Abteilungsgrenzen weg kennen, Engpässe rechtzeitig erkennen

J. Weißenrieder (Hrsg.), *Nachhaltiges Leistungs- und Vergütungsmanagement,*
DOI 10.1007/978-3-658-04160-1, © Springer Fachmedien Wiesbaden 2014

Tab. A.1 (Fortsetzung)

Bewertungsmerkmal	Beschreibung	Maschinenbediener I	Meister II
Soziale Kompetenz	Anzahl der Schnitt-stellen/Teamfähigkeit/ Repräsentation nach außen/Anforderungen an die Kommunika-tionsfähigkeit		Kontinuierliche Prozessoptimierung

Bewertungsmerkmal	*Beschreibung*	*Produktmanager I*	*Entwickler III*
Notwendige Ausbildung	Typische Berufsausbil-dung oder vergleichbare Fachkenntnisse, die einer formalen Ausbil-dung entsprechen	Technisches Studium	Ingenieur-Studium (MB, MT, ET)
Erfahrung/ Zusatzqualifikation	Siehe Fußnote a auf Seite 221	Erste Berufserfahrung, betriebswirtschaftliche Grundkenntnisse, gute Englischkenntnisse	Allgemein: Pro-jektmanagement; Erstellung von Pro-jektdokumentationen Speziell Mechanik: … Speziell Mechatro-nik: … Speziell Elektrotech-nik: … Speziell Software: …
Entscheidungs-rahmen und Verantwortung	Verantwortung für Men-schen, Betriebsmittel, Material und Budget/ Personalverantwortung/ Entscheidungsfreiheit, Kompetenzen, Befug-nisse/Auswirkungen von Fehlern auf das Unternehmens-/ Bereichsergebnis	Ist mitverantwortlich für Auf- und Ausbau einer Produktlinie, bil-det Bindeglied zwischen Entwicklung, Ver-trieb, Marketing und Produktion, sowie auch Bindeglied zwischen allen Informations-/ IT-Prozessen. Ist mit-verantwortlich für den Marketingmix	Arbeitet sehr selbstständig und eigenverantwortlich komplexe Projekte ab. Ergreift selbst-ständig Korrektur-maßnahmen bei technischen oder organisatorischen Abweichungen. Koordiniert und gibt die Vorgaben für alle Schnittstellen und Ansprechpartner intern und extern
Komplexität	Komplexität der Aufga-benstellung/Kenntnisse über Gesamtzusam-menhänge/Grad der Flexibilität/Kreativität/ Grad der Selbstständig-keit/Anforderungen an Selbstorganisation	Koordiniert und inte-griert unterschiedliche Funktionsbereiche ent-lang der Prozesskette. Gute Selbstorganisation, unternehmerisches Denken und Handeln	Sehr hohe Kom-plexität, Kreativität und Selbstständig-keit, hohes Maß an Selbstorganisation, unternehmeri-sches Denken und Handeln

Tab. A.1 (Fortsetzung)

Bewertungsmerkmal	Beschreibung	Produktmanager I	Entwickler III
Soziale Kompetenz	Anzahl der Schnitt-stellen/Teamfähigkeit/ Repräsentation nach außen/Anforderungen an die Kommunika-tionsfähigkeit	Gute Kommunikations-fähigkeit, Verhand-lungsgeschick und Durchsetzungskraft nach innen und außen, höchste Anforderungen an Teamfähigkeit da vernetztes Agieren	Abteilungsüber-greifende Schnitt-stellen, gute Kommunikation, Verhandlungsge-schick und Durch-setzungskraft nach innen und außen

[a] Notwendige Anlernzeit/Berufserfahrung im Sinne verwertbarer Kenntnisse und Fertigkeiten/ besondere methodische und/oder manuelle Fertigkeiten, die über eine übliche Berufsausbildung hinausgehen/besondere, für die Tätigkeit notwendige und eine Ausbildung ergänzende Zusatz-kenntnisse (zum Beispiel besondere Sprachkenntnisse)

Entwicklungspfade in der Tätigkeitsfamilie „Entwickler". (Tab. A.2)

Tab. A.2 Entwicklungspfade in der Tätigkeitsfamilie „Entwickler I bis IV"

Arbeitsplatzbewertungsmerkmal	Entwickler I	Entwickler II
Notwendige Ausbildung	Technischer Zeichner	Techniker (MB, MT, ET)
Erfahrung/Zusatzqualifikation	3D-Erfahrung, ausreichende Konstruktionserfahrung	Allgemein: Projektmanagement Konstruktions- und 3D-Er-fahrung, Technische Mechanik Speziell Mechatronik: Simulationstechnik, Konstruktionserfahrung
Entscheidungsrahmen und Verantwortung	Arbeitet selbstständig und eigenverantwortlich Entwick-lungsaufträge ab.	Arbeitet selbstständig und eigenverantwortlich Aufträge und Projekte ab. Überwacht den Projektfortschritt und schlägt bei technischen oder organisatorischen Abwei-chungen Korrekturmaßnah-men vor.
Komplexität	Mittlere Komplexi-tät und Kreativität, hohe Selbstständigkeit	Höhere Komplexi-tät und Kreativität, hohe Selbstständigkeit, gute Selbstorganisation

Tab. A.2 (Fortsetzung)

Arbeitsplatzbewertungsmerkmal	Entwickler I	Entwickler II
Soziale Kompetenz	Abteilungsübergreifende Schnittstellen, gute Kommunikation nach innen und außen	Abteilungsübergreifende Schnittstellen, gute Kommunikation und Verhandlungsgeschick nach innen und außen

Arbeitsplatzbewertungsmerkmal	*Entwickler III*	*Entwickler IV*
Notwendige Ausbildung	Ingenieur-Studium (MB, MT, ET)	Ingenieur-Studium
Erfahrung/Zusatzqualifikation	Allgemein: Projektmanagement; Erstellung von Projektdokumentationen, Konstruktions- und 3D-Erfahrung; FEM-Kenntnisse; Technische Mechanik, Simulationstechnik, Konstruktionserfahrung, Softwareentwicklung; Technische Mechanik	Mehrjährige Erfahrung in der Abwicklung komplexer Projekte, höchste Fachkenntnisse und Lösungskompetenz insbesondere im Spezialgebiet, z. B. durch Promotion
Entscheidungsrahmen und Verantwortung	Arbeitet sehr selbstständig und eigenverantwortlich komplexe Projekte ab. Ergreift selbstständig Korrekturmaßnahmen bei technischen oder organisatorischen Abweichungen. Koordiniert und gibt die Vorgaben für alle Schnittstellen und Ansprechpartner intern und extern.	Arbeitet in einem wichtigen Spezialgebiet komplett selbstständig. Höchstes Maß an Selbstorganisation, unternehmerisches Denken und Handeln. Höchste Eigeninitiative.
Komplexität	Sehr hohe Komplexität, Kreativität und Selbstständigkeit, hohes Maß an Selbstorganisation, unternehmerisches Denken und Handeln	Höchste Komplexität, Kreativität und Selbstständigkeit, hohes Maß an Selbstorganisation, unternehmerisches Denken und Handeln
Soziale Kompetenz	Abteilungsübergreifende Schnittstellen, gute Kommunikation, Verhandlungsgeschick und Durchsetzungskraft nach innen und außen	Abteilungsübergreifende Schnittstellen, gute Kommunikation, Verhandlungsgeschick und Durchsetzungskraft nach innen und außen, fachliche Repräsentation intern und extern auch international (vor allem auf Kongressen)

Übersichtspinnwand Arbeitsplatzbewertung (Auszug). (Tab. A.3)

Tab. A.3 Übersichtspinnwand Arbeitsplatzbewertung (Auszug)

VS[b]	Produktion und Logistik	Vertrieb und Marketing	Entwicklung und Konstruktion
9	Abteilungsleiter I	Gruppenleiter I	Gruppenleiter I
8	Meister III	Teamleiter V Produktmanager II Technischer Berater IV Branchenmanager II	Teamleiter V Entwickler IV Konstrukteur IV Patentingenieur II
7	Meister II	Produktmanager I Technischer Berater III Teamleiter IV	Entwickler III Konstrukteur III Patentingenieur I Versuchsingenieur
6	Meister I Programmierer	Technischer Berater II Teamleiter III Exportkoordinator	Entwickler II Konstrukteur II Versuchsmitarbeiter III Teamleiter III
5	Instandhalter II Teamleiter II	Technischer Berater I Mediengestalter I Exportkoordinator I Messekoordination	Entwickler I Konstrukteur I Versuchsmitarbeiter II
4	Maschinenbediener II Instandhalter I	Messebau Mediengestalter I	Versuchsmitarbeiter I Technischer Zeichner
3	Maschinenbediener I Logistik III	Katalogversand	
2	Produktionshelfer II Logistik II		
1	Produktionshelfer I Logistik I		
VS	*Organisation/Kaufmännisch/ IT*	*Qualitätssicherung*	
9	Gruppenleiter I	Gruppenleiter I	
8	Teamleiter V Externe Rechnungslegung	Werkstoffspezialist Servicetechniker III	
7	Personalreferent II Controller II Technischer Ausbilder II	Teamleiter III Servicetechniker II Koordinatenmesstechniker	
6	Sachbearbeiter IV Personalreferent I Controller I Technischer Ausbilder I Systemadministrator	Servicetechniker I	

Tab. A.3 (Fortsetzung)

VS	Organisation/Kaufmännisch/IT	Qualitätssicherung
5	Sachbearbeiter III IT-Support II Programmierer	Prüfmittelüberwachung
4	Sachbearbeiter II IT-Support I	Qualitätskontrolle
3	Sachbearbeiter I	
2		
1		

[b] VS vergütungsstufe

Beispiele für Beschreibungen der Leistungsmerkmale auf der Basis beobachtbaren Verhaltens (Verhaltensanker)

Was leisten diese Beschreibungen und wie sollen sie verwendet werden?

- „Dienst nach Vorschrift" ist bereits mit dem Grundentgelt abgegolten. Wir suchen hier nach dem, was über die Grundanforderungen hinausgeht.
- Die Beschreibungen der Leistungsmerkmale helfen, Leistungsunterschiede zwischen Mitarbeitern zu finden: Wer im Vergleich zu KollegInnen mehr von den Beschreibungen erfüllt („weiter springt oder schneller läuft"), erbringt eine höhere Leistung und dessen Leistung wird besser beurteilt.
- Es handelt sich nicht um „absolute" Messlatten, sondern vielmehr um Hilfen beim Vergleichen der Mitarbeiter.
- Es geht immer um den Vergleich zu KollegInnen des gleichen Anforderungsniveaus („der gleichen Liga")
- Keine der Formulierungen beschreibt für sich allein genommen Leistung.
- Die Beschreibungen treffen nicht auf alle Arbeitsplätze in gleicher Weise zu.
- Die Beschreibungen sind Beispiele, um das Leistungsmerkmal zu erläutern. Sie sind nicht vollständig.

I. Arbeitsmenge und Effizienz

- Handelt zielorientiert.
- Bewältigt ein überdurchschnittliches Arbeitspensum.
- Arbeitet konzentriert und zielstrebig.
- Arbeitet selbstständig.
- Organisiert sich selbst.
- Trifft selbstständig Entscheidungen im Rahmen seiner Kompetenzen.

- Denkt mit und schaut über den Tellerrand hinaus.
- Stimmt Prioritäten ab und handelt danach.
- Arbeitet rationell und geht sorgfältig mit seiner Zeit um.
- Konzentriert sich auf das Wesentliche.
- Erkennt Probleme und löst sie systematisch.
- Erkennt Zusammenhänge laufender Prozesse und denkt ans Ganze (zum Beispiel an die Arbeitsschritte anderer Beteiligter).

II. Arbeitsqualität

- Handelt nach den Qualitätsstandards und -vorgaben des Unternehmens.
- Hält seinen Arbeitsplatz und seine Arbeitsumgebung sauber und ordentlich.
- Arbeitet sorgfältig und fehlerfrei.
- Kontrolliert seine Arbeit selbst.
- Erzielt auch unter Zeitdruck gute Arbeitsergebnisse.
- Behält auch in kritischen Situationen den Überblick.
- Hält vereinbarte Termine ein.
- Erfüllt im Rahmen der Richtlinien und Vorgaben die Kundenanforderungen.
- Kann sich in die Lage des Kunden versetzen.
- Präsentiert Arbeitsergebnisse und Sachverhalte umfassend und verständlich.
- Verfügt über umfassende und vielseitige Fachkenntnisse, auch in Randbereichen.
- Sammelt, analysiert und bewertet relevante Informationen.
- Denkt und handelt vorausschauend.

III. Einsatzbereitschaft und Flexibilität

- Bringt sich aktiv ein (zum Beispiel bei TPM, in Projekten oder bei Sonderaufgaben).
- Identifiziert sich mit seinen Aufgaben.
- Zeigt eine hohe Eigenmotivation und Eigeninitiative (keine Einstellung „Mal schauen ...").
- Macht Vorschläge zur Verbesserung der täglichen Arbeit.
- Interessiert sich für Neues und unterstützt notwendige Veränderungen.
- Findet sich bei Veränderungen schnell zurecht.
- Übernimmt Zusatzaufgaben.
- Richtet seine Arbeitszeit nach dem betrieblichen Arbeitsaufkommen.
- Ist an verschiedenen Arbeitsplätzen einsetzbar.
- Ist bereit, zeitweise auch Aufgaben zu übernehmen, die nicht direkt in sein Aufgabenfeld fallen.
- Engagiert sich – in kritischen Fällen oder bei wichtigen Terminen – auch über das normale Maß hinaus.
- Kommuniziert Gründe und Inhalte von Veränderungen motivierend und überzeugend.

IV. Verantwortungsbewusstes Handeln

- Hält sich an Anweisungen und die betrieblichen Regelungen.
- Vermeidet unnötige Kosten.
- Behandelt seine Arbeitsmittel pfleglich.
- Handelt bei Arbeitssicherheitsmängeln.
- Hält seine Fähigkeiten und Fertigkeiten aktiv auf dem Laufenden.
- Dokumentiert seine Arbeitsergebnisse.
- Greift bei erkennbaren Abweichungen ein und gibt Informationen weiter.
- Denkt nicht nur lokal, sondern global, das heißt im Sinne des Unternehmens.
- Verhält sich loyal gegenüber Vorgesetzten und dem Unternehmen.
- Hinterfragt, prüft Fakten und wägt verschiedene Möglichkeiten ab.
- Bindet andere in Problemlösungsprozesse ein und sucht fachliche Unterstützung.

V. Zusammenarbeit mit anderen

- Informiert bei Problemen und Erfolgen selbstständig.
- Tritt internen und externen Kunden gegenüber freundlich und zuvorkommend auf.
- Geht offen, ehrlich und respektvoll mit Kollegen und Vorgesetzten um.
- Hat positiven Einfluss auf das Arbeitsklima innerhalb der Abteilung und wirkt motivierend auf die Mitarbeiter.
- Gibt angemessen positiv und negativ Feedback.
- Spricht Konflikte offen und konstruktiv an.
- Vereinbart im Konfliktfall allgemein zufriedenstellende Kompromisse.
- Bietet in Gesprächen aktiv Lösungsvorschläge an.
- Vertritt seinen Standpunkt bei Gesprächen intern sowie extern angemessen.
- Unterstützt andere Kollegen und gibt Informationen weiter.
- Lässt Kritik zu und äußert Kritik angemessen.

VI. Führung (zusätzlich bei Führungskräften und Koordinatoren)

- Unterstützt Unternehmensvisionen und -entscheidungen.
- Handelt als Vorbild.
- Passt das Führungsverhalten situativ an.
- Fördert Teamarbeit und Informationsaustausch.
- Trifft effektive Entscheidungen in komplexem Umfeld.
- Fördert und entwickelt die Fähigkeiten und Kompetenzen des Teams für aktuelle Tätigkeiten sowie künftige Anforderungen.
- Gibt den Mitarbeitern rechtzeitig und konstruktiv Feedback.
- Bezieht die Teammitglieder in die Entscheidungsfindung entsprechend ihrer Funktion und Fähigkeiten ein und schätzt deren Beiträge.
- Kann Arbeitsabläufe koordinieren und angemessen delegieren.

- Gibt klare Anweisungen.
- Gibt Anerkennung bei guten Leistungen.
- Steht für die Mitarbeiter ein.

Beispiele für verschiedene Beurteilungsskalen. (Tab. A.4)

Tab. A.4 Verschiedene Beurteilungsskalen

Bsp.	Stufe 6	Stufe 5	Stufe 4	Stufe 3	Stufe 2	Stufe 1
1	Das Leistungsniveau entspricht nicht den Erwartungen	Das Leistungsniveau entspricht selten den Erwartungen	Das Leistungsniveau entspricht meistens den Erwartungen	Das Leistungsniveau entspricht in vollem Umfang den Erwartungen	Das Leistungsniveau liegt über den Erwartungen	Das Leistungsniveau liegt weit über den Erwartungen
2	Die Grundanforderungen der Arbeitsaufgabe werden nicht erfüllt.	Die Grundanforderungen der Arbeitsaufgabe werden erfüllt: Es sind aber deutliche Verbesserungen notwendig, um zum Leistungsdurchschnitt aufzuschließen	B 3 — Die Anforderungen der Arbeitsaufgabe werden in vollem Umfang, aber mit unterschiedlichen Leistungsergebnissen erfüllt. Der Leistungsdurchschnitt liegt in B2	B 2	B 1	Spitzenleistung: Die Leistung liegt deutlich über dem Leistungsdurchschnitt
3		Das Leistungsergebnis entspricht dem Ausgangsniveau der Stelle	Ohne Beschreibung	Ohne Beschreibung	Ohne Beschreibung	Das Leistungsergebnis liegt weit über den Erwartungen
4		Das Leistungsergebnis liegt deutlich unter dem Leistungsdurchschnitt	Das Leistungsergebnis liegt unter dem Leistungsdurchschnitt	Das Leistungsergebnis liegt im Leistungsdurchschnitt	Das Leistungsergebnis liegt über dem Leistungsdurchschnitt	Das Leistungsergebnis liegt deutlich über dem Leistungsdurchschnitt

Tab. A.4 (Fortsetzung)

Bsp.	Stufe 6	Stufe 5	Stufe 4	Stufe 3	Stufe 2	Stufe 1
5		Das Leistungs-ergebnis erfüllt die Erwartun-gen unzurei-chend	Das Leistungsergebnis erfüllt die Erwar-tungen in vollem Umfang			Das Leistungs-ergebnis übertrifft die Erwartungen
6		Das Leistungs-ergebnis bedarf einer deutlichen Verbesserung	Das Leistungs-ergebnis bedarf einer Verbesserung	Das Leis-tungsergeb-nis liegt im Firma xx-Leistungs-durchschnitt	Das Leis-tungsergeb-nis liegt über dem Firma xx-Leis-tungsdurch-schnitt	Das Leis-tungsergeb-nis liegt deutlich über dem Firma xx-Leistungs-durchschnitt
7		Die Leistung entspricht dem Aus-gangsniveau der Arbeits-aufgabe	Die Leistung entspricht im Allge-meinen den Erwartungen	Die Leistung entspricht in vollem Umfang den Erwartungen	Die Leis-tung liegt über den Erwartungen	Die Leistung liegt weit über den Erwartungen
8		Das Leis-tungsergeb-nis erfüllt die Anforde-rungen nicht ausreichend	Das Leis-tungsergeb-nis erfüllt die Anfor-derungen überwiegend	Das Leistungs-ergebnis entspricht den Anfor-derungen in vollem Umfang	Das Leis-tungsergeb-nis übertrifft die Anforde-rungen	Das Leis-tungsergeb-nis übertrifft die Anfor-derungen deutlich
9		Geringer als Normalleis-tung	Normalleis-tung	Besser als Normalleis-tung	Sehr gute Leistung	Spitzenleis-tung
10		Verfehlt die Erwartungen	Erfüllt die Erwartun-gen nicht vollständig	Erfüllt die Erwartungen	Über-trifft die Erwartungen	Übertrifft regel-mäßig die Erwartungen
11		Entspricht selten den Anforderun-gen	Entspricht i. d. R den Anforderun-gen	Normalleis-tung	Übertrifft die Anforde-rungen	Hervorra-gend

Beispiel für eine Liste offener Fragen (Original)

Grundentgelt
1. Wie gehen wir bei der Arbeitsplatzbewertung vor?
2. Bewerten wir alle Arbeitsplätze?
3. Welche Vorgaben machen wir für die Arbeitsplatzbeschreibungen?
4. Welche Kriterien legen wir für die Arbeitsplatzbewertung fest (Teamfähigkeit, Ausbildung)?
5. Wie bewerten wir Zusatztätigkeiten, wie beispielsweise die Maschinenpflege oder das Kümmern um Ordnung und Sauberkeit?
6. Wie können wir folgendes Problem lösen: Um mehr zu verdienen, werden Positionen geschaffen, die vom Umfang her von der Person nicht geleistet werden „können" → guter Facharbeiter wird Meister et cetera?
7. Lohngruppe nach oben oder unten durch Arbeitsplatzbeschreibung?
8. Lohngruppe neu definieren?

Leistungsentgelt
1. Wie „messen" wir Leistung? (Pünktlichkeit, Flexibilität, persönlicher Einsatz, kostenbewusster Umgang mit Betriebsmitteln, Einbringen von Verbesserungsvorschlägen)
2. Wie stellen wir sicher, dass das Leistungsverhalten des ganzen Jahres einfließt und nicht nur einzelne besonders sichtbare Zeiträume oder Situationen?
3. Faulheit nicht belohnen: Warum muss immer erst etwas in Aussicht gestellt werden? Eigentlich muss über Jahre gute Leistung gebracht werden.
4. Wie wird die Leistungsbeurteilung aussehen?
5. Welchen Beurteilungszeitraum geben wir vor?
6. Was ist mit Mitarbeitern, die zwei bis drei Arbeitsplätze haben? Mehrmaschinenbedienung?
7. Welche Rolle spielt Fortbildung (wird nicht wahrgenommen)?
8. Wie werden Überstunden zukünftig gehandhabt?
9. Welche Verbindung gibt es zum „Vorschlagswesen"?
10. Wie gehen wir mit Hindernissen um, die guter Leistung im Wege stehen, wie zum Beispiel einer schlechten Informationspolitik?
11. Wie wird ein Meister/Vorgesetzter beurteilt und von wem?
12. Wer kontrolliert, ob ein Vorgesetzter seinen Mitarbeiter richtig eingestuft hat? → eventuell Schulung der Vorgesetzten?
13. Wann werden die nächsten Gespräche geführt?
14. Was heißt mehr Flexibilität der Mitarbeiter?

Bonussystem (abhängig von der Entwicklung des Unternehmens)
1. Welchen Einfluss hat der einzelne Mitarbeiter auf die Entwicklung des Unternehmens?
2. Fließt das Urlaubs-/Weihnachtsgeld ein?
3. Wie werden Mitarbeiter über das Jahr hinweg über die Entwicklung des Unternehmens informiert?
4. Prämiensystem beim Weihnachtsgeld?
5. Lohn später abhängig vom Umsatz der Firma?
6. Stimmen die vorgelegten Kennzahlen?
7. Kennzahlen der letzten Jahre?

Zukünftige Erhöhungen
1. Lohnerhöhung: Wer sagt wie viel Prozent Lohnerhöhung es gibt?
2. Komplett vom Tarif abgekapselt?
3. Wann werden die Entscheidungen getroffen? Von Jahr zu Jahr?

Sonstiges
1. Vorgesetztenbeurteilung durch die Mitarbeiter erwünscht. Dem Meister/Vorgesetzten sollen seine Fehler/Defizite aufgezeigt werden.
2. Neue Abteilung → mehr oder weniger Geld? (zurückgestuft/befördert)
3. Haben wir Zugriff auf Löhne?
4. Wie läuft es in anderen Firmen, in denen das neue System eingeführt wurde?
5. Welche Firmen sind das?
6. Sucht die Firma neue Möglichkeiten, um die Mitarbeiter noch mehr über den Tisch zu ziehen?
7. Warum müssen wir überhaupt ein neues Vergütungssystem einführen?
8. Wie sieht das Lohnmodell bei langer Krankheit (Unfall/OP) aus?
9. Werden durch das neue Entlohnungssystem neue Arbeitsverträge aufgesetzt?

EULE-Leistungsbeurteilung. (Tab. A.5)

Tab. A.5 EULE-Leistungsbeurteilung

Leistungsbeurteilung_/200_					
Name:		**Abteilung:**		**Tätigkeit:**	
	Leistungsergebnis bedarf einer deutlichen Verbesserung	Leistungsergebnis bedarf einer Verbesserung	Leistungsergebnis entspricht dem Leistungsdurch-schnitt	Leistungsergebnis liegt über dem Leistungsdurch-schnitt	Leistungsergebnis liegt deutlich über dem Leistungsdurch-schnitt
Gesamteinschätzung (ankreuzen)	**C**	**B3**	**B2**	**B1**	**A**
Arbeitsmenge und Effizienz	Bemerkungen und Erwartungen:				
Qualität der Arbeitsergebnisse	Bemerkungen und Erwartungen:				
Einsatzbereitschaft und Flexibilität	Bemerkungen und Erwartungen:				
Zusammenarbeit mit anderen	Bemerkungen und Erwartungen:				
Sonstige Vereinbarungen und Kommentare (z.B. konkrete Maßnahmen, Weiterbildungen, Qualifizierung etc.):					
Datum:		Mit mir besprochen am:			
		Unterschrift Mitarbeiter:			
Beurteiler:		Kenntnisnahme: Vorgesetzter des Beurteilers			

Tab. A.6 Evaluationsfragebogen

	Erreichung der Ziele		
LEV-Ziele	Nicht erreicht	Teils/teils	Erreicht
Klare Spielregeln für Vergütung schaffen			
Unterschiedliche Anforderungen an unterschiedlichen Arbeitsplätzen im Verhältnis zueinander richtig bewerten und bezahlen			
Leistungsanforderungen transparent machen			
Sicherstellen, dass über Leistung und Ergebnisse gesprochen wird			
Stärkere Differenzierung der Vergütung nach Leistung			
Akzeptanz bei den Mitarbeitern			

Beispiel für eine Evaluationsbefragung nach der ersten Runde

Wir möchten gerne mit etwas Abstand Ihre Erfahrungen aus der ersten LEV[1]-Runde auswerten und in die zweite Runde, die zum xx ansteht, einfließen lassen. Deshalb bitten wir Sie, die folgenden Fragen zu beantworten und bis zum xx an mich zurückzuschicken. Über die Ergebnisse werden wir Sie informieren.

Im Folgenden finden Sie die Ziele, die LEV auf den Weg gegeben wurden (Tab. A.6).

Bitte bewerten Sie, inwieweit diese Ziele durch LEV aus Ihrer persönlichen Sicht bis heute erreicht wurden.

Bitte ankreuzen!

Was ist Ihnen bei der Umsetzung von LEV aus Ihrer Sicht gut gelungen?

_____

_____

Auf welche Schwierigkeiten oder Probleme sind Sie gegebenenfalls persönlich gestoßen?

_____

_____

Ihre Anregungen zu LEV?

_____

_____

Vielen Dank!

Bitte zurück an WEKOS Personalmanagement GmbH

j.weissenrieder@wekos.com

---

[1] LEV = leistungs- und ergebnisorientierte Vergütung

Checkliste mit Stellschrauben für Vergütungssysteme

Mit der folgenden Checkliste können die wichtigen Aspekte leistungsvariabler Entgeltsysteme systematisch geprüft und gestaltet werden. In der rechten Spalte befinden sich die Verweise zu den jeweils relevanten Abschnitten des Buches.

Arbeitsplatzbewertung/Grundentgelt				Abschnitte 2.1
Bewertungsmerkmale festlegen				Abschnitte 2.1.1
Anzahl der Referenzjobs?				Abschnitte 2.1.2
Anzahl der Vergütungskategorien?				Abschnitte 2.1.3
Anzahl der Vergütungsstufen?				Abschnitte 2.1.3
Anzahl der beschriebenen und bewerteten Tätigkeiten?				Abschnitte 2.1.4
Leistungszulage				Abschnitte 2.2
Kennzahlen	Welche Kennzahlen?			Abschnitte 2.2.1
Methode?	Akkord oder Prämie?			Abschnitte 2.2.1.1 und 2.2.1.2
Leistungsbeurteilung				Abschnitte 2.2.2
Leistungsmerkmale mit beobachtbaren Verhaltensbeschreibungen hinterlegt?				Abschnitte 2.2.2.1
Summarisch oder analytisch?				Abschnitte 2.2.2.1
Anzahl der Leistungsmerkmale?				Abschnitte 2.2.2.2
Gewichtung der Merkmale?				Abschnitte 2.2.2.2
Anzahl der Beurteilungsstufen?				Abschnitte 2.2.2.2
Beschreibung der Beurteilungsstufen?				Abschnitte 2.2.2.2
Durchschnittsvorgabe?	Ja	Nein	Welche?	Abschnitte 2.2.2.7
Verteilungsvorgaben?	Ja	Nein	Welche?	Abschnitte 2.2.2.7
Beurteilerkonferenzen?	Ja	Nein		Abschnitte 2.2.2.3

Häufigkeit der jährlichen Beurteilungen?				Abschnitte 2.2.2.7
Leistungs-/Entgeltrelation				Abschnitte 2.2.2.5
Bandbreite des Leistungsentgelts				Abschnitte 2.2.2.5
Zielvereinbarung				Abschnitte 2.2.3
Gibt es einen Unternehmenszielprozess?				Abschnitte 2.2.3.1
Wer vereinbart Ziele mit wem?				Abschnitte 2.2.3.1
Anzahl möglicher Ziele, die vereinbart werden?				Abschnitte 2.2.3.2
Gewichtung der Einzelziele?				Abschnitte 2.2.3.2
Berechnung des Zielerreichungsgrades?				Abschnitte 2.2.3.2
Leistungs-/Entgeltrelation?				Abschnitte 2.2.3.2
Bandbreite des Leistungsentgelts?				Abschnitte 2.2.3.2
Häufigkeit der jährlichen Zielvereinbarungen?				Abschnitte 2.2.3.3
Durchschnittsvorgabe?				Abschnitte 2.2.3.3
Abgleich der Anspruchsniveaus der Ziele zwischen den Führungskräften?				Abschnitte 2.2.3.3
Unternehmensentwicklungskomponente				Abschnitte 2.3
Kennzahl(en) für die Bemessung des „Kuchens"?				Abschnitte 2.3.1
Verteilungsmethode?	Alle gleich viel €?	Alle gleich viel %?	Leistungs-bezogen?	Abschnitte 2.3.2
Form der Auszahlung?				Abschnitte 2.3.3
Form der Mitteilung?				Abschnitte 2.3.3

Druck: KN Digital Printforce GmbH · Schockenriedstraße 37 · 70565 Stuttgart